高等院校法学教材

HETONG FA

合同法

陈慧芳 陈笑影 编著

上海大学出版社

图书在版编目(CIP)数据

合同法/陈慧芳,陈笑影编著.—上海:上海大学出版社,2014.7(2022.10重印)
ISBN 978-7-5671-1324-4

Ⅰ.①合… Ⅱ.①陈… ②陈… Ⅲ.①合同法—中国—高等学校—教材 Ⅳ.①D923.6

中国版本图书馆CIP数据核字(2014)第121204号

责任编辑 傅玉芳
封面设计 柯国富
技术编辑 金 鑫 钱宇坤

合 同 法

陈慧芳 陈笑影 编著
上海大学出版社出版发行
(上海市上大路99号 邮政编码:200444)
(https://www.shupress.cn 发行热线 021-66135112)
出版人:戴骏豪

*

南京展望文化发展有限公司排版
上海华教印务有限公司印刷 各地新华书店经销
开本 787×960 1/16 印张 22.75 字数 408千字
2014年7月第1版 2022年10月第2次印刷
ISBN 978-7-5671-1324-4/D·155 定价:45.00元

前　言

为了保护合同当事人的合法权益，维护社会经济秩序，促进社会主义现代化建设，1999年10月1日起，我国正式实施了《中华人民共和国合同法》。在《合同法》正式实施后，《经济合同法》、《涉外经济合同法》和《技术合同法》，同时废止。

在现代商品经济的社会中，如何签订一份合同？合同经双方当事人合意签订之后就一定有效吗？在履行合同的过程中有什么样的制度能够保护非违约方的权利呢？合同可以变更当事人吗？合同的内容可以变更吗？具体的合同如何适用《合同法》总则的原则呢？等等一些问题都是身处商品经济社会中的人们和团体需要了解的。

本书在编写过程中，充分吸收《合同法》实施十多年来学者的研究成果，力求将《合同法》的精髓理论以及以上所列的诸多问题诠释、演绎深刻。为了便于读者学习、理解，我们在每一节的节后都穿插一个案例，在理论、基本规则的阐述后，通过实践案例对这些理论、规则进行进一步有益探索，还以表格方式明晰相关概念，使本书在理论内容和形式上做到扎实、系统和实用。本书不仅可以作为大学法律、经济、管理类专业学生系统学习的教材，同时对于从事经济和管理工作的实践人士、自考人员也具有学习参考的价值。

由于我们学识有限，在本书的编写过程中有不当之处，还望读者朋友们批评指正。

作　者
2014年4月

目 录

第一章 合同法概论 ... 1
第一节 合同的概念和特征 ... 1
一、合同的概念 ... 1
二、合同的特征 ... 2
第二节 合同的分类 ... 5
一、要式合同与非要式合同 ... 5
二、单务合同与双务合同 ... 5
三、有偿合同与无偿合同 ... 6
四、有名合同与无名合同 ... 6
五、诺成合同与实践合同 ... 6
六、格式合同与非格式合同 ... 7
七、国内合同与涉外合同 ... 7
第三节 合同法基本概念 ... 8
一、合同法的概念与调整对象 ... 8
二、合同法的历史沿革 ... 9
三、合同法的渊源 ... 13
四、合同法的适用范围 ... 15
五、合同法的基本原则 ... 15
【本章思考题】 ... 19

第二章 合同的成立 ... 20
第一节 当事人的订约能力 ... 20

  一、一般规定 …………………………………………………… 20
  二、特别的规定 ………………………………………………… 21
 第二节 合同的形式 …………………………………………………… 23
  一、书面形式 …………………………………………………… 23
  二、口头形式 …………………………………………………… 24
  三、其他形式 …………………………………………………… 24
 第三节 合同订立的程序 ……………………………………………… 26
  一、要约 ………………………………………………………… 26
  二、承诺 ………………………………………………………… 34
 第四节 缔约过失责任 ………………………………………………… 43
  一、缔约过失责任的概念和构成要件 ………………………… 43
  二、缔约过失责任的主要表现形式 …………………………… 44
  三、缔约过失责任的责任内容 ………………………………… 44
  四、侵犯商业秘密的责任 ……………………………………… 45
 第五节 合同条款 ……………………………………………………… 49
  一、一般合同的条款 …………………………………………… 49
  二、合同的示范文本条款 ……………………………………… 51
  三、格式条款 …………………………………………………… 51
 第六节 合同的解释 …………………………………………………… 56
  一、合同解释的概念 …………………………………………… 56
  二、合同解释的原则 …………………………………………… 56
  三、合同解释的方法 …………………………………………… 57
【本章思考题】 ………………………………………………………… 60

第三章 合同的效力 ……………………………………………………… 61
 第一节 合同的生效 …………………………………………………… 61
  一、合同生效的条件 …………………………………………… 61
  二、对附条件与附期限合同 …………………………………… 64
 第二节 效力待定合同的效力 ………………………………………… 66
  一、限制民事行为能力人订立的合同 ………………………… 66

二、无代理权人以被代理人名义订立的合同 ················ 67
　　三、无处分权人处分他人财产权利而订立的合同 ············ 68
　　四、表见代理 ·· 68
　第三节　合同的无效与撤销 ·· 70
　　一、合同的无效 ·· 70
　　二、合同的撤销 ·· 72
　　三、撤销权的消灭 ··· 75
　　四、无效合同和被撤销合同的效力 ····························· 76
　　五、合同被确认无效和被撤销后的法律后果 ················· 78
【本章思考题】 ·· 81

第四章　合同的履行 ·· 82

　第一节　合同履行的概念和原则 ······································ 82
　　一、合同履行的概念 ·· 82
　　二、合同履行的原则 ·· 83
　第二节　合同内容没有约定或约定不明时的处理 ··············· 86
　　一、双方当事人协议补充 ·· 86
　　二、是按照合同有关条款或者交易习惯确定 ················ 86
　　三、补充规定 ·· 87
　第三节　履行承担 ··· 90
　　一、向第三人履行债务 ··· 91
　　二、第三人代为履行债务 ·· 91
　第四节　特殊履行 ··· 95
　　一、提前履行 ·· 95
　　二、部分履行 ·· 96
　第五节　合同债权保全制度 ·· 97
　　一、代位权制度 ·· 98
　　二、撤销权制度 ·· 99
　第六节　双务合同履行中的抗辩权 ·································· 102
　　一、同时履行抗辩权 ·· 102

二、不安抗辩权 …… 104
三、先履行抗辩权 …… 106
【本章思考题】 …… 108

第五章 合同的变更、转让与解除 …… 110

第一节 合同的变更 …… 110
一、合同变更的概念和特征 …… 110
二、合同变更的条件 …… 111
三、合同变更的效力 …… 112

第二节 合同的转让 …… 113
一、合同转让的概念和特征 …… 113
二、合同转让的要件 …… 114
三、合同权利的转让 …… 114
四、合同义务的转让 …… 120
五、合同权利义务概括转移 …… 123

第三节 合同权利义务终止 …… 126
一、合同权利义务终止的概念和原因 …… 126
二、合同权利义务的清偿 …… 127
三、抵销 …… 129
四、免除 …… 131
五、混同 …… 132
六、提存 …… 133

第四节 合同解除 …… 138
一、合同解除的概念和法律特征 …… 138
二、合同解除与相关概念的联系与区别 …… 139
三、合同解除的种类 …… 142
四、合同解除的程序 …… 147
五、合同解除的法律效力 …… 148

【本章思考题】 …… 150

第六章　合同的违约责任 ··· 152
第一节　合同责任概述 ··· 152
一、合同责任的概念和特征 ··· 152
二、合同责任的体系 ··· 153
三、合同责任的归责 ··· 157

第二节　合同违约责任概述 ··· 160
一、违约概述 ··· 160
二、违约责任的概念和特征 ··· 167
二、违约责任的方式和种类 ··· 169

第三节　合同责任竞合 ··· 187
一、责任竞合的概念和特点 ··· 187
二、侵权责任与违约责任竞合的原因 ··· 189
三、违约责任与侵权责任的区别 ··· 190
四、对责任竞合的处理 ··· 193

第四节　合同违约责任免除 ··· 196
一、合同违约责任免除概述 ··· 196
二、不可抗力 ··· 196
三、法律的特别规定 ··· 199
四、约定免责事由（免责条款） ··· 199

【本章思考题】 ··· 203

第七章　转移财产权利的合同 ··· 205
第一节　买卖合同 ··· 205
一、买卖合同的概念和特征 ··· 205
二、买卖合同的主体与买卖合同的标的物 ··· 206
三、买卖合同中买方和卖方的权利与义务 ··· 208
四、标的物意外毁损风险责任负担及孳息归属 ··· 212
五、特殊买卖合同 ··· 212
六、房屋买卖合同 ··· 214

第二节　供用电、水、气、热力合同 ··· 220

一、供用电、水、气、热力合同的概念和特征 …………………… 220
　　二、供用电合同当事人的权利和义务 …………………………… 221
　第三节　赠与合同 ……………………………………………………… 223
　　一、赠与合同的概念和特征 ……………………………………… 223
　　二、赠与合同的效力 ……………………………………………… 225
　　三、赠与合同的终止 ……………………………………………… 226
　第四节　借款合同 ……………………………………………………… 229
　　一、借款合同的概念和特征 ……………………………………… 229
　　二、借款合同当事人的主要义务 ………………………………… 231
　第五节　租赁合同 ……………………………………………………… 236
　　一、租赁合同的概念、特征和种类 ……………………………… 236
　　二、租赁合同的内容和形式 ……………………………………… 237
　　三、租赁合同当事人的权利和义务 ……………………………… 239
　第六节　融资租赁合同 ………………………………………………… 244
　　一、融资租赁合同的概念和特征 ………………………………… 244
　　二、融资租赁合同当事人的权利和义务 ………………………… 245
　【本章思考题】 ………………………………………………………… 253

第八章　完成工作成果的合同 …………………………………………… 255
　第一节　承揽合同 ……………………………………………………… 255
　　一、承揽合同的概念、特征和种类 ……………………………… 255
　　二、承揽合同当事人的权利义务 ………………………………… 258
　　三、承揽中的风险负担 …………………………………………… 261
　　四、承揽合同的终止 ……………………………………………… 262
　第二节　建设工程合同 ………………………………………………… 266
　　一、建设工程合同的概念和特征 ………………………………… 266
　　二、建设工程合同的订立和主要条款 …………………………… 268
　　三、建设工程合同当事人的权利和义务 ………………………… 269
　【本章思考题】 ………………………………………………………… 276

第九章 提供劳务的合同 ... 277

第一节 运输合同 ... 277
一、运输合同的概念与特征 ... 277
二、运输合同的种类 ... 278
三、运输合同的一般权利和义务 ... 279
四、客运合同 ... 280
五、货运合同 ... 283
六、联运合同 ... 286

第二节 保管合同 ... 289
一、保管合同的概念与特征 ... 289
二、保管合同当事人的义务 ... 290

第三节 仓储合同 ... 294
一、仓储合同的概念与特征 ... 294
二、仓储合同的主要内容 ... 295

第四节 委托合同 ... 298
一、委托合同的概念和特征 ... 298
二、委托合同当事人的权利和义务 ... 302
三、委托合同当事人与第三人的关系 ... 306
四、委托合同中的连带责任问题 ... 308
五、委托合同的终止 ... 309

第五节 行纪合同 ... 312
一、行纪合同的概述 ... 312
二、行纪合同当事人的权利和义务 ... 315

第六节 居间合同 ... 319
一、居间合同的概述 ... 319
二、居间合同当事人的权利和义务 ... 321

【本章思考题】 ... 324

第十章 技术合同 ... 326
第一节 技术合同概述 ... 326

一、技术合同的概念和特征 …………………………………… 326
　　二、技术合同的种类 …………………………………………… 327
　　三、技术合同的订立 …………………………………………… 328
　第二节　技术开发合同 …………………………………………… 331
　　一、技术开发合同概述 ………………………………………… 331
　　二、委托开发合同 ……………………………………………… 332
　　三、合作开发合同 ……………………………………………… 335
　　四、技术开发合同的风险责任 ………………………………… 336
　　五、技术开发合同技术成果归属问题 ………………………… 337
　第三节　技术转让合同 …………………………………………… 338
　　一、技术转让合同概述 ………………………………………… 338
　　二、技术转让合同当事人的义务与责任 ……………………… 340
　　三、技术转让合同后续改进的技术成果分享问题 …………… 341
　第四节　技术咨询合同与技术服务合同 ………………………… 342
　　一、技术咨询合同 ……………………………………………… 342
　　二、技术服务合同 ……………………………………………… 345
　　三、技术咨询合同与技术服务合同的后续建设成果的归属 … 347
　【本章思考题】 …………………………………………………… 349

参考文献 ………………………………………………………… 350

第一章 合同法概论

教学要求

通过对本章内容的学习,可以了解我们日常生活中常说的"合同"在法律上的准确的含义;在了解合同的基本概念、特征的同时,要明白合同法与民事法律、行政法规以及司法解释等之间的关系;同时了解区别合同的种类的意义以及现实生活中如何运用合同法的基本原则。

第一节 合同的概念和特征

一、合同的概念

合同,又称"契约"、"合约",英文为"contract",其含义有广义、狭义之分。广义的"合同",指具有法律约束效力的民事协议,其定义通常为:平等主体的自然人、法人、其他组织之间就设立、变更、终止民事权利义务关系而达成的协议;狭义的"合同"专指债权合同,即两个以上的民事主体之间设立、变更、终止债权债务关系而达成的协议。广义合同除债权合同外,还包括物权合同、身份合同等。

除民法上的合同外,还有行政法上的行政合同、劳动法上的劳动合同等合同,这是更广义上的合同了。可见,"合同"这个词因使用的范畴不同其含义也有所不同。

《中华人民共和国合同法》(以下简称《合同法》)第二条规定:"本法所称合同是平等主体的自然人、法人、其他组织之间就设立、变更、终止民事权利义务关系的协议。婚姻、收养、监护等有关身份关系的协议,适用其他法律的规定。"

可见,我国《合同法》所称的"合同"主要指债权协议,不包括身份关系的协议,属狭义上的合同概念。

二、合同的特征

从性质上看,合同属于民事法律事实。法律事实包括事件与行为,因此,更确切地说,合同是一种民事法律行为,即民事主体实施的能够引起民事权利和民事义务的设立、变更、终止的合法行为。因此,可以从以下几个方面理解合同的特征:

(一)合同的主体是民事主体,包括平等主体的自然人、法人和其他组织

"自然人"这个法律术语指依法享受民事权利承担民事义务的个人;"法人"指具有民事权利能力和民事行为能力,依法独立享有民事权利承担民事义务的组织;"其他组织"指那些不具备法人资格的团体,在我国主要有企业法人所属的分支机构、从事经营活动的非法人事业单位和科技性社会团体、非法人企业等。

(二)合同是双方或多方民事法律行为

民事法律行为依其意思表示的多少,分为单方行为、双方行为和多方行为。合同主要属于双方法律行为,即由两个方向相反的意思表示所构成的民事法律行为,通常双方当事人的意思表示达成一致,即合意,即告合同成立。

有的合同意思表示的当事人三个以上,如三个以上企业达成合作联营协议,则此种合同属多方民事法律行为。

(三)合同是主体意思表示一致的协议

合同是当事人协商一致的产物,即两个以上的意思表示相一致的协议。英美法在合同定义上,强调当事人允诺的契合。

(四)合同的内容是有关设立、变更、终止民事权利义务关系的约定

一个协议是否属于法律上的合同,最显著的是看其内容是否包含具体的设立、变更、终止民事权利义务关系的约定。如:当事人就具体的债权债务关系的约定,其内容是合同标的的给付和请求给付。合同内容通过合同条款体现。合同条款包括当事人的名称、住所、标的、数量、质量、价款或报酬、履行期限、履行地点和方式、违约责任、解决争议的方法等等。

(五)合同是合法的民事法律行为

行为依其是否符合法律的规定,分为合法行为和非法行为。合法行为和非法

行为都会产生法律后果。合同是由行为人依照法律的规定进行的行为,其法律后果符合行为人的意愿。只有当事人所作的意思表示是合法的情况下,合同才具有法律约束力。

案例分析

[案情]

1999年,经某市工商局同意,200户个体户到该局投资兴建的轻工业批发市场设摊经营,工商局为其颁发了临时营业执照和摊位证,并分别收取了三年管理费和摊位费。工商局收取的摊位费主要用于市场建设及偿还兴建该批发市场时的贷款。2000年元月,工商局根据有关部门疏通轻工业批发市场消防通道的要求,将该200户个体户的摊位移至该批发市场后面的露天地,9月又移至不属于工商局所有的"星星市场"。这两次摊位移动均未征求200户个体户的意见,为此,双方发生纠纷。200户个体户诉至法院请求工商局返还摊位费,赔偿营业损失。工商局则认为其与200户个体户之间是行政管理关系,收取的摊位费属于行政收费,法院不应作为民事案件受理。

[问题]

本案的关键问题在于正确认识合同的概念和特征,区分行政管理关系和民事合同关系。

[法律依据]

《合同法》第二条规定:"本法所称合同是平等主体的自然人、法人、其他组织之间设立、变更、终止民事权利义务关系的协议。"

[法律运用及处理结果]

在合同法理论上,合同也称为契约,我国学者一般认为,合同在本质上是一种合意或者协议。例如,《中华人民共和国民法通则》(以下简称《民法通则》)第八十五条规定:"合同是当事人之间设立、变更、终止民事法律关系的协议,依法成立的合同受法律的保护。"我国《合同法》继续沿用了《民法通则》第八十五条的规定。《合同法》第二条规定,合同是平等主体的自然人、法人及其他组织之间设立、变更、终止民事权利义务关系的意思表示一致的协议。据此可见,合同具有以下法律特征:

(1)合同是平等主体的自然人、法人和其他组织所实施的一种民事法律行为。

民事法律行为是民事主体实施的能够引起民事权利和民事义务的产生、变更或终止的合法行为。因此，只有在合同当事人所作出的意思表示符合法律要求，合同才具有法律约束力，并受到国家法律的保护。如果当事人作出了违法的意思表示，即使达成协议，也不能产生合同的效力。同时，由于合同是一种民事法律行为，因此民法关于民事法律行为的一般规定，如民事法律行为的生效要件、民事行为的无效和撤销等，均可适用于合同。另外，合同是由平等主体的自然人、法人或其他组织所订立的，这就是说，订立合同的主体在法律地位上是平等的，任何一方都不得将自己的意志强加给另一方。

(2) 合同以设立、变更或终止民事权利义务关系为目的。所谓设立民事权利义务关系，是指当事人订立合同旨在形成某种法律关系(如买卖关系)，从而具体地享受民事权利、承担民事义务。所谓变更民事权利义务关系，是指当事人通过订立合同使原有的合同关系在内容上发生变化。变更合同关系通常是在继续保持原合同关系效力的前提下变更合同内容，如果因为变更使原合同关系消灭并产生一个新的合同关系，则不属于变更的范畴。所谓终止民事权利义务关系，是指当事人通过订立合同，旨在消灭原合同关系。

(3) 合同是当事人协商一致的产物，是意思表示一致达成的协议。合同是合意的结果，它必须包括以下要素：第一，合同的成立必须要有两个以上的当事人。第二，各方当事人须互相作出意思表示。第三，各个意思表示达成一致。

由于合同在本质上是一种协议，因此合同与能够证明协议存在的合同书并不相同。合同书和其他有关合同的证据一样，都只是用来证明协议的存在及协议内容的证据，其本身并不等同于合同关系，也不能认为只有合同书才有协议或合同关系的存在。

根据《合同法》第二条的规定，合同具有以下法律特征：

首先，合同是一种民事法律行为。《民法通则》第五十四条规定："民事法律行为是公民或者法人设立、变更、终止民事权利和民事义务的合法行为。"合同的这种民事法律行为，在主体方面要求有两个以上的当事人，在意思表示方面要求当事人的意思表示一致。

其次，合同以设立、变更、终止民事权利义务为目的。所谓设立，是指当事人订立合同以形成某种法律关系；所谓变更，是指当事人协商一致以使原有的合同关系在内容上发生变化；所谓终止，是指当事人协商一致以消灭原法律关系。

再次，合同当事人法律地位平等，这是理解本案的关键。这也是合同关系与以命令服从为特征的行政关系的根本区别。

具体到本案而言,应当明确的是,工商局对于批发市场具有双重身份,既是工商行政管理机关,又是该市场的投资开办主体。作为工商行政管理机关,工商局对该批发市场进行的市场监督等行政执法行为不受合同法的调整;作为该批发市场的投资开办主体,工商局则成为民事主体,它与其他民事主体在法律地位上是平等的,其收取摊位费的行为是民事行为,而不是行政法上的行政行为,因而应受到民事法律的调整。

[值得注意的问题]

本案的关键问题是理解政府机关在市场活动中的双重身份,以及正确区分政府机关所为行为的属性。

(案例改编自110法律咨询网"合同的概念和特征",www.110.com)

第二节 合同的分类

根据不同的标准可以对合同进行不同的分类。合同的分类有多种方法,本书作以下分类:

一、要式合同与非要式合同

这是以合同是否须具备特定的形式和手续为标准进行的划分。凡是法律要求必须具备一定的形式和手续的合同,为要式合同,包括法律规定应采用书面形式的合同、要求鉴证或公证的合同及须经有关国家机关审批的合同(如中外合资经营企业合同等);法律不规定形式、手续要求的合同即为非要式合同。

进行要式合同与非要式合同分类的意义在于确定合同的成立或生效,如法律规定,中外合资经营企业合同未经主管部门审批的,不生效。

二、单务合同与双务合同

这是根据当事人是否互负义务划分进行划分的。单务合同是当事人一方负担债务而他方不负担债务的合同,如借用合同、赠与合同;双务合同是当事人双方互负债务的合同,如买卖合同、租赁合同等。表1-1以列表方式比较单务合同与双务合同的区别:

表 1-1 单务合同与双务合同

	双 务 合 同	单 务 合 同
甲方	具有履行债务义务	无权要求乙方履行
	自己也有要求乙方履行的义务	如果乙方履行,则自己负有履行的义务
乙方	有要求甲方履行的权利	没有履行的义务
	自己也有履行的义务	如果自己履行,则有要求甲方履行的权利

此分类的意义在于双务合同有对待给付及履行抗辩权等特殊规则,双务合同一方履行不能时,他方可解除合同,单务合同不发生上述问题。

三、有偿合同与无偿合同

这是依据当事人之间的权利义务是否互为对价为标准进行划分的。有偿合同即指当事人在取得合同约定权利的同时承担相应的合同义务,如买卖合同的买方根据合同约定在得到货物的同时应承担支付货款的义务,而卖方依合同可取得出售物货款的权利,但必须承担按约交付货物的义务,买方的付款与卖方货物互为对价;无偿合同即一方当事人取得合同约定的权益无需向对方承担相应的义务,如赠与合同,受赠方得到赠物而无需向赠与人承担义务。

此分类的意义在于注意义务的轻重不同:有偿合同的当事人应对故意和一切过失负责,无偿合同的当事人仅对故意和重大过失负责。

四、有名合同与无名合同

这是依据法律是否设有规定并赋予特定名称进行划分的。有名合同,又称典型合同,指法律明确规范并赋予特定名称的合同,如我国《合同法》分则专门规定并予命名的买卖、租赁、保管、运输等 15 种合同;无名合同,也称非典型合同,是指法律未作规定,也未赋予特定名称,任由当事人自由创设的合同。

区分有名合同与无名合同的意义在于:有名合同的当事人应根据法律的专门规定确定其权利义务及法律责任,在合同发生争议时法院或仲裁机构应按法律的有关规定裁判;无名合同,其成立、生效及纠纷的解决,除适用有关民事法律行为和合同法的一般(总则)规定外,可参照与之类似的有名合同的法律规定。

五、诺成合同与实践合同

这是以合同成立于意思表示之外是否须交付标的物为标准进行划分的。诺成合同,是指各方意思表示相一致即可成立的合同;实践合同,也称要物合同,指那些在意思表示一致之外还须有物交付才告成立的合同。可见,此分类有确定合同应于何时成立之意义。

一般说,买卖、租赁、承揽、委托等合同属诺成合同,借用、借贷、保管、质押、赠与等合同属于实践合同。随着社会经济生活的发展,为充分保障营业者的利益,一些传统的实践合同已变为诺成合同,如借贷合同中的银行信贷合同、保管合同中的仓储保管合同及运送合同中的铁路、航空等运输合同。

六、格式合同与非格式合同

这是根据合同条款是否由一方当事人事先拟定为标准进行的分类。格式合同,又称定式合同、定型化合同、标准合同,指由一方当事人将对所有相对人采用的交易条件(条款)预先拟定,不与相对人协商,仅由相对人决定是否接受的合同;非格式合同则指由双方当事人经过协商对合同条款达成完全一致而确立的合同。格式合同大量存在于金融、电信、交通、保险、电力、煤气等公共服务领域。

格式合同是随着社会化大生产而出现的,它在使经济流转简便、迅捷的同时,剥夺了相对人选择合同条款的自由权,相对人只能在下面两种情形中选择:或者全面接受格式合同的既定条款而订立合同,或者拒绝整个合同。为此,为保护合同相对人的利益,法律对格式合同的条款制定效力及合同的解释都做特别的限制。

七、国内合同与涉外合同

这是根据合同是否含有涉外因素进行的划分。凡合同的主体、标的及履行等要素中含有涉外因素的为涉外合同,反之则为国内合同。如合同一方当事人为外国公司,合同标的交付到境外,产生、变更或者终止当事人权利义务关系的法律事实发生在国外,这些都是合同含有的"涉外因素",此类合同属涉外合同。

许多国家法律对涉外合同与国内合同制定不同的规定,因此,区分国内合同还是涉外合同有重要的意义,如我国《合同法》明确规定:涉外合同的当事人可协议选择外国法律作为解决合同争议所应适用的法律,国内合同是排除这类选择的,而只能适用本国法。

案例分析

[案情]

曹某与陈某两人是好朋友,一日,曹某到陈某家做客,曹某见陈某家里有一幅画,很是喜欢,陈某见状对曹某说:让我先挂几天就送给你。曹某表示不信,陈某当即立据为凭,后因曹某与陈某两人因事发生争执导致关系恶化,陈某一直也就没有将画给曹某。曹某很生气,拿着陈某所立凭据找陈某索要画不成,遂起诉至法院,要求陈某承担违约责任。

[问题]

确定陈某与曹某所订立的合同是否是赠与合同?

[法律依据]

《合同法》第一百八十六条第一款规定:"赠与人在赠与财产的权利转移之前可以撤销赠与。"

[法律运用及处理结果]

我国《合同法》上所规定的赠与合同属于诺成合同,只要双方协商一致,合同关系即可以成立,符合合同生效条件,即从成立之时起生效。首先根据以上法律规定,陈某与曹某签订赠与合同那刻起,赠与合同即成立。因此陈某与曹某所订立的合同是赠与合同。其次,虽然《合同法》第一百八十六条第一款有撤销赠与的规定,但本案中,直至曹某起诉,陈某也没有行使任意撤销权,赠与合同仍有法律拘束力。所以陈某应对曹某承担违约责任。

(案例改编自《合同法经典案例汇编》第27题,www.wenku.baidu.com)

第三节　合同法基本概念

一、合同法的概念与调整对象

关于合同法的概念,国内学术界有不同的观点,本书依据《合同法》第二条的规定,采纳以下的定义:合同法是调整平等主体之间的财产流转关系的法律。据此,可以从以下几方面理解合同法的含义和调整对象:

首先,合同法调整平等主体之间的财产关系。合同法是民法的重要组成部分,而民法调整的是平等主体之间的财产关系和人身关系,因而,作为民法的组成部分,合同法也只调整平等主体之间的民事关系。非平等主体之间的关系,如行政关系,就由行政法调整。

但是,并非所有的平等主体之间的民事关系都由合同法来调整,诸如婚姻、收养、继承、监护等有关身份关系的协议由相应的亲属法调整,不由合同法调整。合同法只调整平等主体之间的财产关系。

其次,合同法只调整平等主体之间财产关系中的财产流转关系。财产关系可分为财产归属关系和财产流转关系。财产归属关系一般由物权法调整,合同法只调整平等主体之间的财产流转关系。这里的财产流转关系,可以是有偿的,也可以是无偿的。合同法调整财产流转关系的结果,可导致设立、变更、终止一定的债权债务关系,而且也可与物权的变动有关,如房屋买卖合同的履行,将导致房屋产权的变更。

再次,合同法是调整平等主体之间财产流转关系的全部过程,而非调整其中某个或某些阶段。即合同法不仅要规范合同的成立、生效、履行、担保、违约处理等方面,还应包括合同之不成立、无效或被撤销等情况。

归纳起来,合同法调整平等主体之间的财产流转关系,可概括为以下两类:

(1) 有偿的商品交换关系。商品交换关系,经济上表现为两项财产或一项财产一项劳务对应流转,如货物买卖,就是出卖物(财产)与价金(另一财产)的对应流转,而承揽、运送协议则是劳务与财产(劳务报酬)之间的对应流转。商品交换关系,具有平等性、协议性、等价有偿等特征,因此,完全可以称之为有偿的民事财产流转关系。

(2) 无偿性民事财产流转关系。即民事主体间发生的以无偿转让财产或提供劳务为内容的民事财产流转关系。在民事活动中,除有偿的商品交换关系外,无偿的民事财产流转关系也是常有发生的。无偿民事财产流转关系,除继承法、亲属法规定的继承关系、遗赠关系外,其发生均须基于当事人之间的合意,因此可由合同法调整。

二、合同法的历史沿革

(一) 古代合同法

在氏族社会晚期,私有财产的出现,产品交换的发展,形成了一定的交易规则,这些交易规则由誓言、习惯等保障实行,进而发展成为社会共同认可的规范所取代,交易规则具有了法律规范性质的形式,主要是习惯法的形式,这是合同法的早期形式。

习惯法具有不成文、不统一、不稳定和非公开性的特点,增加了其适用上的困难。因而,成文法应运而生,代替习惯法。公元前3000多年制定的《汉穆拉比法典》其全部282个条文中,有80多个关于合同法的条文,要求合同奉行严格的形式主义,对违约行为实现严厉的制裁;在古罗马法的《十二铜表法》中,对合同的规定更为严格,立法技术上由明显的进步,如用抽象的概念表述合同,将合同视为当事人之间的法律。日耳曼法体现团体本位思想,注重采用日耳曼人的习惯,具有制度创新,如首先规定保证、违约金制度等。

(二)近代合同法

近代合同法指资本主义自由竞争时期的合同法。体现这个时代特征的合同法,反映市场经济的要求,允许人们依照自己的意愿订立合同,奉行契约自由原则,适应合同主体人格平等的要求,任何人都可自由订立合同,保障和尊重个人责任原则,等等。

这个时期的合同法以《法国民法典》为典型代表,以《意大利民法典》、《德国民法典》为承继,且各具特色。

(三)现代合同法

现代合同法指资本主义进入垄断时期后的合同法。该时期的合同法与近代合同法并无本质的不同,只是近代合同法的古典理念和制度基础受到现代社会变迁的冲击,不得不进行必要的调整,主要表现在:

1. 合同自由受到限制

现代社会经济生活中运用合同进行的交易大量增加,个别磋商的传统缔约方式已不适应,格式合同条款大量采用,同时垄断企业处于独占地位,欠缺真正的缔约自由基础;而消费者运动的兴起,政府保护消费者利益的立法的陆续出台,以强制性规范干预合同的制定,合同自由受到一定的限制。

2. 社会责任进入合同制度

在产品缺陷致损、医疗事故责任等场合下,为保护受害人的利益,越来越多国家立法采取无过错责任(严格责任)原则规范合同责任,同时通过保险机制,将责任分散到全社会,合同责任由个体责任向社会责任转化。

3. 合同领域具体人格日显重要

近代合同法强调的是抽象人格,对主体的具体人格不予重视,而现代合同法强调保护弱者的利益,如在消费合同中,充分考虑消费者的具体化人格保护。

4. 国际统一化趋势加快

在现代社会，国际间交往日益增多，合同统一国际规则成为必需。成立于1926年的罗马国际统一私法协会一直致力于国际货物买卖合同的协调和立法，《国际货物买卖合同成立统一法公约》于1964年获得通过，1980年《联合国国际货物买卖合同公约》通过，1994年统一私法协会制定《国际商事合同通则》，等等。

(四) 新近合同法

这里所说的"新近合同法"指20世纪末21世纪的合同法，亦谓当代合同法。新近合同法的变化受到经济全球化、当代市场经济发展及进来科学技术迅猛发展的挑战，出现一些重大变化，主要有：

1. 合同效力、合同义务扩张

近现代合同法的效力，存于当事人相互之间(合同的相对性原则)，内容上，合同义务以约定或者法定为限；时间上，合同义务仅发生在合同成立后至终止阶段，合同责任仅表现为违约责任。而新近合同法出现在例外情况下合同效力及于第三人现象，突破合同相对性原则；内容上，合同债务人除承担约定法定义务外，还需承担依诚信原则要求的注意、通知、协助、保密、照顾等附随义务，且可能扩及债的当事人之间事先不曾确定的权利义务范围；时间上，当代合同法的合同义务不仅包括合同成立后至终止阶段，且已扩展包括先合同义务和后合同义务。

2. 合同法与侵权法相互渗透

当代社会基于保障人权的需要，侵权法保护的权利范围越来越大，而合同法利用侵权法形成了侵害债权的侵权责任制度，另一方面，产品侵权、医疗事故等侵权法制度与合同责任竞合，构成复杂的责任竞合现象。合同法与侵权法相互渗透。

3. 惩罚性赔偿责任的发展

作为一种趋势，对于恶意的违约行为，尤其是明知其违约将导致人身伤害而仍然为之的违约，当代合同法规定将给予惩罚性赔偿金。这种借鉴侵权法的惩罚金赔偿制度，对于维护诚信原则、维护当代市场经济秩序，具有重要意义。

4. 电子商务发展引发合同法革命性变革

作为全球经济一体化的体现，电子商务迅猛发展，电子数据交换作为合同的书面形式，对传统的合同法提出新的课题，如电子签名如何确立合同的有效性、格式条款的限制、电子合同如何保护消费者权益，等等，都将引起当代合同法的革命性变革。

(五) 我国合同法的历史发展

我国古代民间已普遍实施契约制度，清朝晚期及民国时期的民法立法中也有合同法条款内容。本书所说的我国合同法历史发展仅指新中国成立后我国合同法的产生发展,就其主要特征,我国将其分为以下三大阶段:

1. 新中国成立后至改革开放前的合同法(1950—1978年)

这一时期的合同法经过了反复的曲折的过程。建国初,新中国开展大规模的经济建设,1950—1956年,国家在经济领域广泛推广合同制度,国家机关、国营企业和合作社之间的重要业务,如货物买卖、加工订货、货物运输、修缮建筑等均采用合同形式。1950年9月27日,政务院财经委员会颁布了我国第一个合同规章《机关、国营企业、合作社签订合同契约暂行办法》,随后,中央各部委相继制定了一大批合同规章,对买卖、加工承揽、运输等众多合同加以规定。

1958年,我国经济领域大刮"共产风",搞"一平二调",否定商品交换,取消了合同制度。至1961年中央全会批准国民经济"调整、整顿、巩固、提高"八字方针后,合同制度才得以恢复。

1966年5月16日,"文化大革命"开始,整个十年"文革"期间,合同制度不仅停滞不前,而且已有的成果均被抛弃。

2. 改革开放后至统一合同法制定时期(1978—1998年)

1976年10月,"文革"结束,国家进入新的历史时期,特别是1978年12月,党的十一届三中全会以后,我国大力发展商品生产与交换,实施对内搞活、对外开放政策,对原有的经济体制进行改革,注意运用经济杠杆、经济行政手段相结合管理经济,社会主义民主法制建设恢复发展,为我国合同法的新方针提供了条件。1981年12月13日,五届人大四次会议通过《中华人民共和国经济合同法》,标志我国合同法进入一个崭新阶段;1985年3月21日,六届人大常委会第十次会议通过《中华人民共和国涉外经济合同法》;1986年4月12日,六届人大四次会议通过《民法通则》,明确规定了合同、债权制度,对构建合同法体系起到重要作用;1987年6月23日,六届人大常委会第二十一次会议又通过《中华人民共和国技术合同法》,至此,我国以《民法通则》为基本法,《经济合同法》、《涉外经济合同法》、《技术合同法》三足鼎立的合同法体系正式确立。

3. 统一合同法制定实施的阶段(1999年迄今)

1992年,中央发布《关于经济体制改革的决定》,目标是将我国的经济体制由社会主义有计划的商品经济体制转换为社会主义市场经济体制。市场经济要求统一、科学、现代化的合同立法和与国际接轨的合同立法,为此,我国立法机关迅速采取了两项立法措施:修订《经济合同法》,打破《经济合同法》、《涉外经济合同法》、《技术合同法》三足鼎立的合同法格局。

修订《经济合同法》任务于1993年9月完成。此修订对原《经济合同法》的主要修改为：① 删除了有关指令性经济计划的规定；② 删除有关经济合同管理的规定,废除工商行政机关确认经济合同无效的权力；③ 简化经济合同纠纷处理的程序,实行裁审分离。

修订《经济合同法》并不能根本解决我国合同法立法问题,必须打破建立在有计划的商品经济体制基础上的原《经济合同法》、《涉外经济合同法》、《技术合同法》三足鼎立的合同法体系,制定适应市场经济建立和发展要求的统一合同法。因此,全国人大法工委在通过修订的《经济合同法》不久,即组织展开制定统一合同法工作,经多方努力,多次讨论酝酿,1999年3月15日,九届人大第二会议审议通过《合同法草案》,我国统一的合同法——《中华人民共和国合同法》诞生,并于1999年10月1日起实施。

三、合同法的渊源

合同法的渊源指有关合同的法律规范的表现形式。我国合同法的渊源主要有：

（一）民事法律

民事法律指由全国人民代表大会及其常委会制定和颁布的民事规范性法律文件,是我国民法的主要表现形式。其中,《民法通则》是我国最基本的民事法律。合同法方面的基本法,则是前述的《合同法》。此外,还有其他法律也调整合同关系,如保险法关于保险合同、海商法关于海上货物运输合同关系等,都属涉及合同关系的法律。

《民法通则》与《合同法》虽然都涉及对合同关系的调整,但两者之间不是上位法与下位法的关系,而是两个位阶平等的法律。《合同法》是在《民法通则》之后颁布的,不少内容已经改变了《民法通则》的规定,按照"新法优于旧法"的效力原则,凡《民法通则》与《合同法》相冲突的规定,应适用《合同法》的规定,《合同法》没有规定的,适用《民法通则》的规定。

其他涉及合同关系调整的法律,如保险法、海商法、劳动法与合同法的关系,应视为特别法与普通法的关系,即其他法律有关合同的特别规定应当优先适用,无特别规定方适用合同法的规定。

（二）行政法规与部门规章

行政法规指最高国家行政机关即国务院根据并为实施宪法和法律而制定的关于行政管理活动方面的规范性文件。根据《宪法》第八十九条第一款有关国务院职权的规定,及《立法法》的有关规定,国务院可以根据宪法、法律和全国人大常委会的授权,制定、批准和发布法规、决定和命令。其中有关民事方面的法规、决定和命令,是民法的渊源之一,其效力仅次于宪法和法律。

行政法规中有关合同内容的,如《中华人民共和国技术进出口管理条例》等,构成合同法的渊源。

国务院各部委依法制定的有关合同关系的部委规章,可作为合同法的渊源,如外经贸部制定,2002年1月1日施行的《技术进出口合同登记管理办法》等。

（三）司法解释

指最高人民法院就法院审判工作中具体运用法律、法令问题进行的解释,如《关于适用〈中华人民共和国合同法〉若干问题的解释（一）》等。最高法院并不是立法机关,因此其对法律的解释不是法的效力来源,但在我国现阶段,由于立法的不完备,最高法院作了大量的司法解释文件,这些解释在实践中通常被视为具有法律渊源的地位。

（四）地方形法规和地方政府规章

省、自治区、直辖市的国家权力机关、国务院批准的较大的市国家权力机关制定的有关合同方面的地方性法规,省级人民政府、省会所在地人民政府以及国务院批准的较大的市人民政府制定的有关合同的地方性规章,构成我国合同法的渊源。不过,其效力仅限于所在地域范围,且不得与宪法、法律、行政法规相冲突。

（五）国际条约和国际惯例

国际条约指两个以上国际法主体（国际、具有国际法主体资格的国际组织）就相互间确定权利义务关系达成的协议。国际条约虽然不属于国内法范畴,但我国政府与外国签订或我国批准参加的有关合同的国际条约,对于签订涉外合同的我国当事人具有约束力。因此,我国签订或加入的国际条约也是我国《合同法》的渊源之一。

根据《民法通则》第一百四十二条的规定：中华人民共和国缔结或者参加的国际条约同中华人民共和国的民事法律有不同规定的,适用国际条约的规定,但中华人民共和国声明保留的除外。中华人民共和国法律和中华人民共和国缔结或者参加的国际条约没有规定的,可以适用国际惯例。因此,除我国声明保留的条款外,如果我国法律与我国缔结、参加的国际条约的规定不一致的,优先适用国际条约的规定。

而对于涉外合同,我国法律或我国缔结、加入的国际条约没有规定的,可适用国际惯例的规定。可见,有关国际惯例也可作为合同法的渊源。

四、合同法的适用范围

我国《合同法》第二条规定:"本法所称合同是平等主体的自然人、法人、其他组织之间就设立、变更、终止民事权利义务关系的协议。婚姻、收养、监护等有关身份关系的协议,适用其他法律的规定。"据此,对于我国《合同法》的适用范围,由以下两方面理解:

第一,《合同法》适用于所有平等主体之间的民事权利义务的协议。而根据该条第二款,这里的"民事权利义务的协议"仅限于财产方面的合同,不包括人身性质的合同关系。进言之,《合同法》适用范围是:合同法适用于平等民事主体之间的财产合同关系,主要是财产流转关系的合同。

第二,《合同法》不适用于婚姻、收养、监护等有关身份关系的协议。有关人身性质的协议具有特殊性,不属于财产交易关系,不宜适用《合同法》来调整,而应依有关的《婚姻法》、《收养法》等调整。

五、合同法的基本原则

合同法的基本原则指贯穿在合同法整个领域,指导合同法的制定、解释,合同当事人的合同行为,及合同司法行为的根本准则,是合同法的宗旨和价值判断的集中体现。合同法的基本原则包括:

(一) 平等原则

指当事人的法律地位平等原则。《合同法》第三条规定:"合同当事人的法律地位平等,一方不得将自己的意志强加给另一方。"

平等原则是由商品经济的客观规律决定的。商品交换是以商品价值为标准进行的,而不应考虑交换者的地位身份。无论合同的当事人是自然人还是法人,不问其性质、经济实力如何,在法律上都处于平等的地位,不允许任何一方采取强迫或者其他非法手段使另一方当事人服从自己的意志;平等原则也是合同自身的性质决定的。民事合同是平等主体之间意思表示相一致的协议,只有当事人在平等对话基础上,才能真正订立意思表示相一致的协议。

平等原则表现在:

(1) 合同当事人法律地位平等。即当事人平等地作为合同主体,任何一方都不得主张特权;

(2) 当事人平等地适用合同法决定相互间的权利义务。任何一方当事人都没有超越法律,主张豁免或适用特别法的特权;

(3) 依平等原则的要求,在发生合同纠纷时,当事人应当使用私法上的解决纠纷方法,而不得采用强制命令的方式。

(二) 自愿原则

自愿原则,又称合同自由原则,意思自治原则。指当事人在订立合同时是自愿的,不受任何单位和个人的非法干预。《合同法》第四条规定:"当事人享有自愿订立合同的权利,任何单位和个人不得非法干预。"

"自愿"就是民事主体的意志自由,即意思自治。自愿原则的功能是:意民事权利抗御非正当行使的国家权力,使当事人的自由意志免受来自其他当事人的非法干预。

自愿原则包含以下内容:

(1) 当事人有订立或不订立合同的自由,任何单位和个人不得非法干涉;

(2) 当事人有选择合同相对人、合同内容和合同形式的自由。即有权选择与谁订立合同,如何确立合同条款及采用什么方式订立合同的自由;

(3) 自愿原则是在法律规定范围内享有订立合同的自由,并非随心所欲订立合同的自由。当今社会,随着国家干预经济生活的加强,对合同自由的某些限制成为趋势,这并非旨在剥夺当事人的自由意志。

(三) 公平原则

指在合同订立和履行中,要以公平观念确定实现合同当事人之间的权利义务,即以利益是否均衡作为价值判断标准来确定当事人之间的利益关系,追求公正与合理的目标。

《合同法》第五条规定:"当事人应当遵循公平原则确定各方的权利和义务。"

公平原则的含义主要包括:

(1) 合同中权利义务对等。在合同中享有权利的同时应承担相应的义务,取得的利益要与付出的代价相适应;

(2) 必须充分尊重当事人的真实意愿。一方不得利用自己在社会地位、经济实力等方面的优势或对方当事人的弱势,以威逼、乘人之危等手段订立显失公平的合同;

(3) 在解决合同纠纷过程中,也要适用公平原则认定合同解释、当事人的风险责任和违约责任的承担。对于合同中没有明确约定的事项,应本着公平合理原则确定双方当事人的权利义务。

(四) 诚实信用原则

诚实信用原则,简称诚信原则,指当事人在合同活动中讲诚守信,真诚相待,信守诺言,不欺瞒对方,不损害社会和他人的利益。《合同法》第六条规定:"当事人行使权利、履行义务应当遵循诚实信用原则。"

诚信原则在大陆法系中被视为债法中的最高指导原则或被称为"帝王条款",是一项极为重要的民法和合同法的基本原则。诚信原则主要表现在:

(1) 在合同订立方面,要真实向对方当事人陈述与合同有关的情况,相互合作努力促成合同的成立及生效;

(2) 合同订立后,当事人要积极做好履行合同义务的准备工作;

(3) 在合同履行方面,要全力实施法律和合同约定的义务,以及依该原则产生的各种附随义务;

(4) 合同履行完毕,当事人还要依据诚信原则,履行某些必要的义务(后合同义务),如对在订立合同履行会谈中了解的对方当事人的商业秘密,在合同履行结束后应为对方当事人保密。

需要说明的是,虽然诚信原则是合同法的一项基本原则,但不能笼统地运用这一原则对当事人行为的法律性质进行评价。在有明确的法律规定时,应适用法律的规定。诚实信用原则只有在法律没有明文规定,或即使有规定而其内涵不清楚的情况下,才能作为填补法律漏洞的工具。

(五) 合法性与公序良俗原则

我国《合同法》第七条规定:"当事人订立、履行合同,应当遵守法律、行政法规,尊重社会公德,不得扰乱社会经济秩序,损害社会公共利益。"据此,确立合同法的合法性原则和公序良俗原则。

合法性原则要求当事人订立、履行合同不违法,只有合法的合同才受国家法律的保护。这要求订立合同的主体、合同标的内容、合同的形式不违法。

公序良俗是公共秩序和善良风俗的简称。公序良俗原则是现代民法的一个重要原则。我国《合同法》第七条的规定表明,它也是合同法的基本原则。公序良俗原则要求:当事人在订立、履行合同的过程中,除应当遵守法律、行政法规外,还应遵守社会公共秩序,符合公认的社会道德标准,不损害社会公共利益。

案例分析

[案情]

某山区农民赵某家有一花瓶,系赵某的祖父留下,李某通过他人得知赵某家有一清朝花瓶,遂上门索购,赵某不知该花瓶真实价值,李某用1.5万元买下。随后,李某将该花瓶送至某拍卖行进行拍卖。卖得价款11万元。赵某在一个月后得知此事,认为李某欺骗了自己,通过许多渠道找到李某,要求李某退回花瓶。李某以买卖花瓶是双方自愿的、不存在欺骗为由,拒绝赵某的请求。经人指点,赵某到李某所在地人民法院提出诉讼,请求撤销合同,并请求李某返还该花瓶。

[问题]

赵某请求撤销合同是否符合合同法的基本原则。

[法律依据]

《合同法》第三条规定:"合同当事人的法律地位平等,一方不得将自己的意志强加给另一方。"(平等原则)

《合同法》第四条:"当事人依法享有自愿订立合同的权利,任何单位和个人不得非法干预。"(自愿原则)

《合同法》第五条:"当事人应当遵循公平原则确定各方的权利和义务。"(公平原则)

《合同法》第六条:"当事人行使权利、履行义务应当遵循诚实信用原则。"(诚实信用原则)

《合同法》第七条:"当事人订立、履行合同,应当遵守法律、行政法规,尊重社会公德,不得扰乱社会经济秩序,损害社会公共利益。"(遵守法律和公序良俗原则)

[法律运用及处理结果]

《合同法》的基本原则是指对合同关系的本质和规律进行集中抽象和反映、其效力贯穿于合同法始终的根本原则。《合同法》的基本原则,是制定和执行合同法的总的指导思想,是合同法的灵魂。《合同法》的基本原则,是区别其他法律的标志,集中体现合同法的基本特征。从本案看也不例外:首先要看双方地位是否平等,即李某在购买花瓶时有无利用一些因素形成地位方面的优势;其次要看赵某的卖出行为是否完全自愿,有无被强迫或者欺骗;其三要看双方权利义务约定是否公平,李某有否支付对价;其四要分析赵某是对某些信息不了解造成对自己出售花瓶的错误认识,还是见李某获利后产生的悔约心态;最后还要考虑该合同是否符合其他法律的规定和社会公共道德的评价。本案中,赵某家中的花瓶是祖传的,是清朝的。根据法律、法律的规定可以买卖,符合公序良俗原则。从买卖的过程看,赵某由于是祖传花瓶,当然知道花瓶的来源及价值。李某在购买过程中也没有强迫和误导(欺骗)行为,应当认定公平诚信。1.5万元的价格也说明当时赵某卖出时不是当作日用品出售的,知道卖的是古董价。可见交易双方地位平等,赵某属于自愿的,符合平等自愿原则。古董的拍卖价格是一种随拍卖市场需求随时发生变化的价格,并非古董的真实价值。不知道拍卖价格并不属于重大误解或显失公平的范畴。所以法院应判决合同有效,驳回赵某的诉讼。

(案件改编自 www.wenku.baidu.com 合同法基本原则案例分析)

【本章思考题】

1. 试说明合同有哪些基本特征?
2. 合同的分类有哪些?各自的分类标准是什么?区分的意义是什么?
3. 试述诚实信用原则在《合同法》中的体现。
4. 案例思考题:

案情:甲乙双方签订了一份分期交货的设备买卖合同。此后,由于制造设备的原材料市场价格暴涨,超过签约时的价格近4倍,如果仍按原合同履行,则卖方甲方将承受近90万元的损失。故甲提出修改合同,提高供货价格,乙方不同意,甲遂中止供货。后乙诉至法院。根据上述情况,承办法官认为,本案应将设备价格适当提高,或者解除合同。

问题:本案法官的观点正确吗?符合《合同法》的什么原则?请作必要的分析。

第二章 合同的成立

教 学 要 求

通过本章的学习,可以了解和学会如何签订一份合同,签订合同必须经过的程序以及知晓一份有效合同要成立,必须具备的要素。掌握协商订立合同的当事人的条件,合同的形式,合同订立的过程中会有哪些过失存在,合同有哪些条款,合同应当怎样进行解释等学习内容。

第一节 当事人的订约能力

当事人的订约能力就是规定具有怎样的民事权利能力和民事行为能力的人才能成为协商订立合同的当事人,是对签订合同当事人主体资格的认定。

一、一般规定

(一)亲自签订合同的规定

《合同法》第九条对当事人订立合同的主体资格做了规定:"当事人订立合同,应当具有相应的民事权利能力和民事行为能力。""民事权利能力",是指自然人、法人、其他组织享有民事权利、承担民事义务的资格。"民事行为能力",是指自然人、法人、其他组织通过自己的行为行使民事权利或者履行民事义务的能力。《合同法》第九条所指的"相应的"是指对不同的合同主体,在民事的权利能力和民事的行为能力方面要求不同。因为合同是以签订合同的当事人的意思表示一致为前提的,所以订立合同的当事人必须具备能独立表达自己的意思,并具备承担合同签订后所产生的法律后果的能力,这就要求合同的不同主体,包括自然人、法人和其他组织必须具备一定的权利能力和行为能力。

我国的《民法通则》第九条规定:"公民从出生时起到死亡时止,具有民事权利能力,依法享有民事权利,承担民事义务。"对亲自签订合同的自然人主体而言,权利能力自出生就开始具有,但是签订合同的行为能力则不是每个自然人从出生起就拥有。《民法通则》规定,年满18周岁且不属于不能辨认自己行为的精神病人,都具有完全行为能力。具有完全行为能力的自然人可以订立一切法律允许自然人作为合同主体的合同。我国《民法通则》规定,10周岁以上未成年人和不能完全辨认自己行为的精神病人,属于限制行为能力人;10周岁以下的未成年人和不能辨认自己行为的精神病人属于无行为能力人。限制行文能力的自然人,只能订立一些与自己的年龄、智力、精神状态相适应的合同,其他的合同只能由其法定代理人代为订立或者经法定代理人同意后订立。无行为能力的自然人不能作为合同主体,如果需要订立合同,只能由其法定代理人代为订立。

法人和其他组织一般都具有订立合同的行为能力,但由于对法人和其他组织,法律往往都规定了它们各自的经营、活动范围,也就是说对法人和其他组织的权利能力是有所限制的。因此,法人和其他组织在订立合同时只能在其自身的权利能力范围内,超越经营范围订立的合间有可能导致无效。

(二)委托代理人订立合同

《合同法》第九条第二款规定:"当事人依法可以委托代理人订立合同。"当事人订立合同不一定要事必躬亲,可以委托他人代订合同,受其委托的人被称为委托代理人。在现实生活中,法人的所有行为是通过法人委托的代理人(工作人员)行使的,法人的法定代表人只有一个,而法人的活动往往是大量的,因此许多合同只能由法人的委托代理人订立。代理人订立合同时,一般要向对方出具其委托人签发的授权委托书。

二、特别的规定

《合同法》第四十七条规定:"限制民事行为能力人订立的合同,经法定代理人追认后,该合同有效,但纯获利益的合同或者与其年龄、智力、精神健康状况相适应而订立的合同,不必经法定代理人追认。"限制行为能力人依法不能独立订立合同,必须经过其法定代理人的承认才能生效。但是对于那些纯获法律上的利益而不承担任何义务的合同,如接受赠与、报酬、奖励的合同,限制行为能力的自然人和无行为能力的自然人则可以作为合同的主体。因为在此类合同中,这两类人得到的只是利益,而不会遭受损害。

案例分析

[案情]

2004年10月,李某(当时15岁)因同学高某有急事而向张某借钱,张某与李某的哥哥关系好,遂借给李某2000元,李打借条承诺半年内还清。因到期未还,张某多次向李某的母亲陈某索要,陈某均以事前未征得其同意拒付。张某遂起诉到法院,要求依法追回此款。陈某在庭审中辩称:李某所借之钱借给同学高某,高某现下落不明,故无法还钱。李某系未成年人,其所实施的行为属无效民事行为,所以不能承担民事责任。所以对此款不应归还。

[问题]

未满18周岁的李某是否有签订合同的能力。

[法律依据]

《民法通则》第十二条的规定:"十周岁以上的未成年人是限制民事行为能力的人,可以进行与他的年龄、智力相适应的民事活动;其他民事活动由他的法定代理人代理,或者征得其法定代理人的同意。"

《合同法》第四十七条规定:"限制民事行为能力人订立的合同,经法定代理人追认后,该合同有效。"

《民法通则》第五十八条的规定限制民事行为能力人依法不能独立实施的民事行为是无效民事行为,不能发生法律效力。

《民法通则》第六十一条规定:民事行为被确认为无效或被撤销后,有过错的一方应当赔偿对方因此所受的损失,双方都有过错的,应当各自承担相应的责任。

[法律运用及处理结果]

李某向张某借2000元,并出具了借条,这是双方实施的一种民事借贷行为,确认该民事行为是否有效,首先要看李某是否具有与之相应的民事行为能力。李某实施借钱行为时15岁,属限制行为能力人,他向张某借钱转手给了高某。依照李某的年龄、智力状况,他不能理解这种行为,也不能预见该行为可能发生的后果,与其行为能力不相适应,是限制行为能力人依法不能独立实施的民事行为。而李某的母亲陈某,对李某的借款行为不予追认。根据《民法通则》第五十八条、第六十一条的规定,张某明知李某系未成年人,不能完全独立实施民事行为,又明知李某是为同学借钱,且在没有征得其母陈某同意的情况下,借钱给李某是错误的,应负一定责任,但不是主要责任。李某在未征得父母同意的情况下,借款立据,该行为与其年龄、智力状况不相适应,属无效民事行为,其监护人应承担相应的民事责任。

(案例改编自 http://www.cnfalv.com)

第二节 合同的形式

合同形式是合同当事人所达成协议的表现形式,是合同内容的载体。合同形式一般包括两种主要类型,即书面形式和口头形式。《合同法》第十条规定:"当事人订立合同,有书面形式、口头形式和其他形式。法律、行政法规规定采用书面形式的,应当采用书面形式。当事人约定采用书面形式的,应当采用书面形式。"

一、书面形式

按照《合同法》第十条的规定,法律、行政法规明文规定采用书面形式的,必须采用书面形式,如不用书面形式,合同就无效。因为在许多合同的交易过程中,牵涉到合同的标的数额、品质、交货时间、地点等因素,所以对重大的合同交易,法律会从交易安全和证据学的角度考虑,要求当事人采用书面形式,目的是为了避免发生纠纷时举证困难。例如房地产交易,法律就规定要用书面形式。书面形式的合同优点在于合同有据可查,权利义务关系记载清楚,便于履行,当发生纠纷时容易举证,便于分清责任。

书面形式是指合同书、信件和数据电文(包括电报、电传、传真、电子数据交换和电子邮件)等可以有形地表现所载内容的形式。所谓"有形地表现所载内容"是相对于口头形式而言的,口头形式的合同只有当事人知道,如果合同的当事人不告诉合同当事人以外的人,外界是无法知道合同的内容的,而书面形式的合同则不同,人们只要看到了书面合同的载体,即合同书、信件、数据电文等,就会了解到合同的内容。

"合同书",是指记载合同内容的文书,合同书有标准合同书与非标准合同书之分,标准合同书指合同条款由当事人一方预先拟定,对方只能表示全部同意或者不同意的合同书。非标准合同书指合同条款完全由当事人各方协商一致的合同书。

"信件",是指当事人就要约与承诺的内容往来的普通信函。信件的内容一般记载于传统的纸张上,因而与通过电脑及其网络手段而产生的信件不同,后者被称为电子邮件。

"数据电文"与现代通信技术相联系,包括电报、电传、传真、电子数据交换和电子邮件等。电子数据交换是一种由电子计算机及其通信网络处理业务文件的技术,作为一种新的电子化贸易工具,又称为电子合同。电子数据交换是利用统一的标准编制资料,使用电子方法,将商业资料由一台电脑应用程序,传送到其他的电脑应用程序中去。接受方如果想要这份书面的东西,就可以由电脑打印出来。也就是说,电子数据交换是具备根据要求产生书面文书的。当事人可以通过打印产生纸张的书面单据,也可以把电子数据交换文件储存在磁盘、激光盘等非纸张的中介物上,电子数据交换记录交易的可靠性和精确性,至少等同于用其他技术手段维护的纪录。那些被记忆在中介载体上的记录,也应该被视作"书面"的东西而被接受,因为这些信息构成了明确、可靠的证据,证明合同的存在。这完全符合"书面"合同目的的要求,所以,以电子数据交换形式订立的合同具有特殊的书面性。电报、电传及传真也都是使用电子方式传送信息的,但它们都不是电子数据交换。电报、电传及传真通常总是产生一份书面的东西,即它们的最终传递结果,都是被设计成纸张的书面材料。

二、口头形式

口头形式是指当事人只用语言为意思表示订立合同,而不用文字等书面形式表达协议内容的合同形式。

虽然书面形式合同在合同当事人发生纠纷时较为安全,但书面合同的缺陷是影响交易的便捷,每份合同都要起草条文并签字盖章,有时容易丧失商机,而口头合同的特点正与书面合同相反,能保障交易的便捷和迅速。口头形式的合同优点是迅速、当事人发生交易时简便、缔约成本低,但此类合同在发生纠纷时,不容易取证,不容易分清是非。

三、其他形式

除了书面形式和口头形式以外,合同还有其他一些形式,如公证形式、鉴证形式、批准形式、登记形式等。

案例分析

[案情]

2000 年 5 月 2 日,北京市某公司甲与另一公司乙签订了购买空调 100 台的合同,约定每台空调价格为1 900元,于5月4日交货,合同订立后,乙公司当即支付预付款19 000元。甲公司提供40台空调后,乙公司经检验认为该产品质量不合格,要求退货。甲公司认为自己不可能在合同约定的时间内向乙公司提供合同约定的空调,于是建议由丙公司供货,货款由乙公司向丙公司支付。

双方约定最后应当以书面形式签订合同,但之后双方并未签订书面合同,而是直接通知丙公司向乙公司供货。5月6日,丙公司向乙公司交付空调100台,价款共计190 000元。但乙公司仅向丙公司支付货款171 000元,扣除了已经向甲公司支付的19 000元。丙公司向法院起诉,要求乙公司支付剩余货款,并支付相应的利息。

[问题]

没有书面形式订立的合同是否有效的问题。

[法律依据]

《合同法》第十条的规定:当事人订立合同可以采取多种形式,但"当事人约定采用书面形式的,应当采用书面形式。"

《合同法》第三十二条的规定,该书面合同应当于双方在书面合同上签名或者盖章时成立。但是约定应当采用书面形式订立的合同,即使当事人没有以书面形式订立合同,也不意味着合同就一定不能成立。

《合同法》第三十六条的规定,只要实际上双方已经成立口头合同,当事人一方已经实际履行了其主要合同义务的,即使当事人约定应当采用书面形式订立合同而没有采用书面形式的,也应当认为合同已经成立。

[法律运用及处理结果]

《合同法》的基本精神是尊重双方的意思自治和促进交易,法律之所以规定当事人双方约定采用书面形式的,应当采用书面形式,也是为了尊重双方意思表示达成的合意,但是在双方当事人未采用书面形式而又实际履行了合同义务的情形下,不能因为形式上的规定而否定实质上双方当事人的合意,这既是为了尊重当事人的意思自治,也是为了促进交易。根据《合同法》第十条的规定,本案中,甲公司与乙公司在签订由丙公司交付货物的合同时应当根据约定采用书面形式订立合同。同时根据《合同法》第三十二条以及《合同法》第三十六条的规定,甲公司与乙公司之间所订立的由第三人丙公司交付空调的协议,就交货的时间、价格及支付价款的方式,都有明确的约定,可见双方已经就合同的内容达成口头协议,唯一不足即是没有按照约定签订书面合同。达成口头协议后,丙公司即向乙公司交付了约定的100台空调,乙公司接收并支付了90台的货款。可见双方当事人已经就合同的主要义务为履行,只是由于乙公司已经向甲公司支付过10台空调的预付款,所以乙公司少向丙公司支付了10台空调的价款,才产生了争议。这样依照《合同法》第三十六条的规定,甲公司与乙公司之间就由丙公司代为交付空调的合同已经有效成立。

由于甲、乙双方签订的合同中约定由乙公司直接向丙公司支付空调的价款,因此,丙公司有权向乙公司请求支付剩余价款及其利息。而乙公司有权向甲公司请求返还预付款(当然这与此案无关)。

(案例改编自 http://www.cnfalv.com)

第三节　合同订立的程序

合同的订立,是指协商缔结约定的当事人为达成意思表示一致而进行的行为过程。合同订立的过程,就是反复的要约邀请、要约与承诺的过程。要约和承诺,在我们日常生活中也经常和要约、承诺打交道。比如,到菜市场与小贩讨价还价、在服装店与商家就价位津津有味地反复博弈等。实际上,要约与承诺在法律上所制定的规则,是订立有效合同的技术性规则,学习这些规则,可以使我们看清合同订立过程中各行为人所为行为的法律属性,从而对合同订立的全过程有一个全面的把握。

一、要约

(一)要约的概念

要约又称发盘、出盘、发价、出价、报价,是订立合同的必经阶段。从一般意义上说,要约是一种订约行为,发出要约的人称为要约人,接受要约的人称为受要约人或相对人。我国《合同法》第十四条规定:"要约是希望和他人订立合同的意思表示。"要约只是一种意思表示,既不是事实行为,也不是法律行为。而这种意思表示是希望和他人订立合同的意思表示,要约的目的是希望与相对人订立合同;若无此目的,即不构成要约。在法律上要构成能产生法律后果的意思表示才是要约,所以该意思表示必须符合一定的条件。

(二)要约的构成要件

1. 真实意思要件

要约是特定的合同当事人所为的意思表示。所谓特定的合同当事人,是为外界所能客观确定的人,也就是说通过要约的内容,人们能够知道是谁发出的要约。发出要约的人为要约人,接受要约的人为受要约人。要约就是希望与他人订立合同,只有受要约人知道是谁发出的要约,才能对之作出承诺,从而订立合同。需要注意的是,受要约人一般是特定之人,但也可以是不特定的人,向不特定人发出的定约提议也具有要约的效力,如悬赏广告;另一方面,如果要约人愿意向不特定人发出要约,并自愿承担由此产生的后果,在法律上也是允许的,如向多人散发已经起草的标准合同或向多人提出出售某物品。但是向不特定人发出要约,必须具备两个条件:① 必须明确表示其作出的建议是一项要约而非要约邀请,如申明"本广告构成要约";② 必须明确承担向多人发出要约的责任,同时具有向不特定的相对人作出承诺后履行合同的能力。

2. 目的要件

要约必须具有与他人订立合同的目的。要约是一种意思表示,但这种意思表示须有与受要约人订立合同的真实意愿,其外在表现形式为要约人主动要求与受要约人订立合同。实践中,应根据要约所实际使用的语言、文字和其他情况,判断要约人是否决定与受要约人订立合同。

3. 内容要件

要约的内容必须具体、确定。"内容具体确定",是指要约的内容明确、全面,受要约人通过要约不但能明白地了解要约人的真实意愿,而且还要知道未来订立可能订立的合同的一些主要条款。由于发出要约的目的是为了与对方当事人订立和合同,所以,要约的内容必须包含想要和对方订立合同的主要条款,一般而言,主要包括《合同法》第十二条规定的条款。

4. 约束要件

表明经受要约人承诺,要约人即受该意思表示约束。当要约人将要约向对方当事人发出时,就是为了希望和对方形成合同关系,所以一旦对方当事人接受了要约,作出了承诺,双方就形成要约人与承诺人的关系,要约人要受要约的约束,要约一经到达受要约人,在法律或者要约规定的期限内,要约人不得擅自撤回或者变更其要约。一旦受要约人对要约加以承诺,要约人与受要约人之间的合同订立过程即告结束,合同也就成立了,发出要约的人自然要受已经成立的合同的约束。

(三) 要约与要约邀请

1. 要约邀请的定义和特征

要约邀请又称要约引诱,是指希望他人向自己发出要约的意思表示。《合同法》第十五条规定:"要约邀请是希望他人向自己发出要约的意思表示。"依此定义,要约邀请具有以下特征：① 要约邀请是一种意思表示，所以应具备意思表示的一般成立要件；② 要约邀请的目的在于诱使他人向自己发出要约，然后由自己来承诺，所以要约邀请只是订立合同的预备行为，而非订约行为；③ 要约邀请只是引诱他人发出要约，他人所作出的回复，不是承诺，而是要约，不能约束要约人。行为人撤回其要约邀请，只要没有给善意相对人造成信赖利益的损失，一般不承担法律责任。

2. 要约与要约邀请的区分标准

有鉴于要约邀请以上的特征，在现实生活中区分要约与要约邀请，就显得十分重要，因为，如果一方向对方发出的是要约邀请，一般而言，发出信息的那方不会承担法律责任；而如果一方向对方发出的信息是要约时，就要符合要约的构成要件，受要约的约束。根据我国《合同法》理论和实践，区分要约与要约邀请主要有以下标准：① 根据法律规定区分，要约是当事人自己主动愿意订立合同的意思表示，以订立合同为直接目的；要约邀请是当事人表达某种意愿的事实行为，其内容是希望对方主动向自己提出订立合同的意思表示。② 根据当事人的意愿区分。要约中含有当事人表示愿意接受要约拘束的意思，而要约邀请则不含有当事人表示愿意接受拘束的意思。例如：如果当事人在其订约建议中申明"仅供参考"或者"须以我方最后确认为准"等字样，就表明其不愿受对方要约的约束，因而属于要约邀请；如果商店在其展示的服装上标示"六折出售"字样及价格，则为要约，如果标明为"样品"，则为要约邀请。③ 根据订约提议的内容是否包含了合同的主要条款加以确定。要约必须包括未来订立可能订立的合同主要内容，而要约邀请则不一定包括合同得以成立的主要内容。例如：甲对乙称"我有位于某处的一栋房屋，愿以低于市场价出售，你是否愿意购买"，因没有标明价款，不能认为是要约；如果甲明确提出以80万元出售该房屋，则构成要约。④ 根据交易习惯加以区分。例如：出租车停在扬招点揽客（竖起"空车"标牌），一般认为是要约行为，因为根据当地规定或习惯，出租车司机不能拒载，反之，如果当地的规定和习惯是可以拒载的，则可视为要约邀请；而出租车在行驶过程中，竖起"空车"标牌，一般认为是要约邀请，因为，当司机看到有人扬招时，他可能已经有电话预约任务，不会停车接生意，在这里，路边的扬招被认为是要约行为，司机可以拒绝承诺的。⑤ 根据订约提议是向特定人还是不特定人发出区分。要约大多数是针对特定的相对人的，故要约往往采取对话方式和信函方式，而要约邀请一般是针对不特定多数人的，故往往通过电视、报刊等媒介手段。如商业广告等。

3. 法定的要约邀请

根据《合同法》第十五条规定:"寄送的价目表、拍卖公告、招标公告、招股说明书、商业广告等为要约邀请。"

(1) 寄送的价目表。它是指将印有商品价格的文件寄送给某些人的行为。寄送的价目表上一般只记载商品的名称和价格,其目的是希望收到价目表的人接受该价格并且自己发出订立合同的要约并提出订立合同的条件,从价目表的寄送行为中并不能确定行为人具有一经对方承诺即接受承诺约束的意思表示,因此,价目表的寄送行为只是一种要约邀请,而不是要约。当然,如果在向不特定人派发的商品订单中明确表示愿受承诺的约束,或从其内容中可以确定有此意图,则应认定为要约。

(2) 拍卖公告。拍卖是指拍卖人在众多的报价中,选择报价最高者订立买卖合同的特殊买卖方式。拍卖一般要经过三个阶段:拍卖表示(拍卖公告);拍卖(叫价);拍定。对拍卖公告,各国《合同法》一般认为是要约邀请,因为其中并未包含合同成立的主要条件,特别是价格条款,而只是希望竞买人提出价格条款。拍卖是卖方在众多的买方中,选择最高报价者与之订立合同的买卖方式。其中,卖方称拍卖人,买方称应买人,对所有的应买人称竞买人。"拍卖公告",是拍卖人向竞买人发出的要求对方报价的文件,该文件记载拍卖标的物的名称、质量、数量、拍卖场所、拍卖日期等内容。拍卖公告的对象不特定,而且公告的内容不包括合同得以成立的主要内容(包括标的物的价格),故拍卖公告是要约邀请。

(3) 招标公告。招标是当事人一方向数个相对人或不特定的人公布的订立合同的意思表示,记载该意思表示的文件为"招标公告"。合同的一方当事人采取招标公告的形式向不特定人发出的、以吸引或邀请相对方发出要约为目的意思表示。对招标的回复称为投标。在招标中,标底是不公开的,因此一般认为,招标公告不具备合同的主要内容,招标公告是要约邀请。招标属要约邀请,投标为要约(招标人的决标为承诺)。值得注意的是,如果招标人在招标公告中明确表示将与报价最优者订立合同,则可视为要约。

(4) 招股说明书。招股说明书又称为招股章程,是指专门表达募集股份的意思表示并载明有关信息的书面文件。它是对拟公开发行股票的人,经相关机关批准公开发行股票后,依法于法定日期和证券主管机关指定的报刊上刊登的全面、真实、准确地披露发行股票者的信息以供投资者参考的法律文件。招股说明书一般是向社会公众公开发布、提供股票发行人的各方面信息,从而吸引投资者向发行人发出购买股票的要约,所以属于要约邀请。

(5) 商业广告。广告一词有广、狭义之分。广义者包括商业广告、公益广告及分类广告(寻人、征婚、挂失、婚庆、吊唁、招聘、求购、启示以及权属声明等广告),狭义者仅指商业广告,我国《广告法》所指即为狭义广告,商业广告是指商品经营者承担费用、通过一定的媒介和形式直接或者间接地介绍自己所推销的商品的行为。从其内容、对象、后果等方面判断,商业广告的目的在于宣传商品的优越性,并以此诱引顾客选购自己的商品,所以商业广告一般为要约邀请。但如果商业广告中含有合同得以成立的合同主要条款,又含有广告发布人希望订立合同的意愿并愿意承受约束的意思,也就是说"广告的内容符合要约规定的",这种商业广告可视为要约。

(四) 要约的生效

所谓要约的生效是指要约发生法律效力,即对要约人和受要约人产生法律的约束力。能够对要约人和受要约人产生法律拘束力的要约,才是有效力的。为此,我们需要注意以下几点:

1. 要约的生效时间

要约生效时间是指要约从什么时候开始具有法律约束力的时间。根据《合同法》第十六条第一款规定:"要约到达受要约人时生效。"这一规定表明我国的《合同法》对要约生效的时间采用的是"到达主义"立场。在世界范围内,英美法系对要约生效时间规定为受要约人承诺时,要约生效。而大陆法系采用的是要约到达受要约人时生效。我国也采用到达主义。到达主义,是指要约必须在要约到达受要约人后才能产生法律效力。我国签字参加的《联合国国际货物销售合同公约》第15条第1项规定"发价于送达被发价人时生效",该公约采纳了到达主义的意见。"到达",是指要约送达到受要约人能够控制的地方。要约的送达方式不同,其"到达"的方式也不同:

(1) 到达受要约人与到达代理人(如无行为能力人、限制行为能力人的法定代理人),这是采用直接送达的方式发出要约,记载要约的文件交给受要约人时即为到达;

(2) "到手到达"与"非到手到达"(送达受要约人所能实际控制之处所,如信箱),这是采用普通邮寄送达要约方式的,以受要约人收到要约文件或者要约送达到受要约人信箱的时间为到达时间;

(3) 数据电文要约的到达,采用数据电文形式(包括电报、电传、传真、电子数据交换和电子邮件)发出要约的,电文进入收件人的指定的系统的时间或者在未指定接收信息的系统情况下电文进入收件人的任何系统的首次时间作为要约的到达时间,这里的"系统"一般是指计算机系统。

2. 要约的效力

要约的效力表现在两个方面:

(1) 要约的形式约束力:要约一经生效,要约人即受到拘束,不得随意撤回、撤销或对要约加以限制、变更和扩张。要约人预先申明不受要约约束或依交易习可认为其有此意旨时,不在此限。

(2) 要约的实质约束力:要约人于要约生效时取得依其承诺而成立合同的法律地位,具体表现在:受要约人取得了承诺的权利而非义务,此权利原则上不得由他人继受,但要约人认可者除外;受要约人对于要约人原则上不负任何义务,只有在强制缔约情形下,承诺为法定义务。

3. 要约的期限

要约的期限,即要约的有效期限,也即受要约人的承诺期限,受要约人未在要约期作出承诺,要约就会失效。要约期限可由要约人自由规定,比如甲方向乙方发出一份订购棉花的要约,要约中规定乙方在某年的某月某日之前给予回复,这个某年的某月某日就是要约的期限;另外法律也有直接规定要约期限限制的,比如《中华人民共和国证券法》第九十条规定:"收购要约约定的收购期限不得少于三十日,并不得超过六十日。"要约人可在法定的30—60日内,选择具体的期限向对方发出要约。对于没有规定要约期限的,一般情况下,如果要约是口头形式的,受要约人未立即作出承诺,要约即失效;如果是书面要约,如要约中未规定有效期限,应确定一个合理期间作为要约存续期限,期限的确定应考虑以下因素:要约到达时间;作出承诺所需时间;承诺到达要约人的时间。

(五) 要约的撤回和撤销

1. 要约的撤回

要约的撤回指要约人在发出要约后,于要约到达受要约人之前取消其要约的行为。也就是在要约发生法律效力之前,要约人欲使其不生法律效力而取消要约的意思表示。《合同法》第十七条规定:要约可以撤回。撤回要约的通知应在要约到达受要约人之前或者同时到达受约人。《联合国国际货物销售合同公约》第15条第(2)项规定:"一项发价,即使是不可撤销的,得予撤回,如果撤回通知于发价之前或同时送达被发价人。"

要约能够撤回的法律依据就是在于要约还未生效。根据我国《合同法》的规定,要约在到达对方时生效,在没有生效之前是可以撤回要约的。根据《合同法》第十七条的规定:撤回要约的有效方法有两种:

(1)撤回通知应先于要约到达受要约人。由于要约到达受要约人时才生效,此时,要约还没有生效,受要约人也不知道要约的内容,因此,受要约人不会根据要约作出什么准备工作,更不会有什么承诺,所以,撤回要约对受要约人不会造成任何损害;

(2)撤回通知与要约同时到达受要约人。此时,要约的撤回通知足以抵销要约,受要约人不会信赖要约而行事,受要约人不会因要约的撤回而有什么损害。所以在以上两种情况下,允许要约人撤回要约是有必要的。

2. 要约的撤销

要约的撤销是指要约在发生法律效力之后,要约人欲使其丧失法律效力而取消该项要约的意思表示。《合同法》第十八条规定:"要约可以撤销。撤销要约的通知应当在受要约人发出承诺通知之前到达受要约人。"

要约虽然生效后对要约人有约束力,然而,在有些情况下,考虑到要约人的利益,在不损害受要约人的前提下,要约是应该被允许撤销的。况且合同成立以后,都允许当事人协议解除合同,那么,在合同成立之前的要约行为也应该可以撤销。本条的规定与《联合国国际货物销售合同公约》第 16 条第(1)项的规定内容是一致的。要约被撤销的情况一般包括以下几种:

(1)要约要素不全或者存在缺陷。比如要约对标的的性质或者价格等表述不够全面,词义含糊不清等;

(2)要约人对受要约人缺乏信赖,认为对方一旦承诺,可能存在不能履行合同的情况等;

(3)要约人向两人以上受要约人发出要约,其中有一人已经承诺,要约人希望通过撤销对其他人的要约,以避免对其他受要约人违约的情况等。

撤销要约的通知应当在受要约人发出承诺通知之前进行,因为受要约人一旦承诺,合同即告成立,就谈不上撤销要约的问题,如果要约人坚持撤销要约的话,也只能算是违约的问题了。要约的撤销与要约的撤回不同的地方在于,要约的撤销发生在要约生效以后,而要约的撤回发生在要约生效之前。

3. 不可撤销要约的三种情形

(1)要约人确定了承诺期限。要约人在要约中写明了要约的期限,也即受要约人承诺的期限,意味着要约人有着这样的权利:在规定的期限内,受要约人不承诺,要约失效,但同时,要约期的规定,也是对要约人撤销要约的一个限制,要约人有受要约约束的义务;

(2)要约人以其他方式明示要约不可撤销。以其他形式明示要约不可撤销是指要约人在要约中有诸如"此要约为不可撤销之要约"等文字,以明确的方式表示要约人放弃了撤销权,因此在要约人放弃了撤销权的情况下要约人是不得撤销要约的。况且,在这样的明示下,受要约人会产生信赖,一旦受要约人实施了要约里规定的行为,而又没有及时回复承诺,很有可能会造成信赖损失;

(3)受要约人有理由认为要约是不可撤销的,并且已经为履行合同作了准备工作。"受要约人有理由认为要约是不可撤销的",是指要约没有规定承诺期限或者没有以其他明示形式表明要约不可撤销,但从要约的有关条款中可以推测出要约人不撤销要约的意思表示。比如"事急,请贵方早回话,并早作履行准备,我公司期待与贵方合作",在这种情况下,如果受要约人为履行合同作了准备工作,要约人也不得撤销要约。这样规定的法律依据在于要约人要对自己发出的要约承担法律责任。即使要约人发出的要约内容让人推测要约人已经放弃了撤销权,其实要约人内心并无放弃撤销权的意思,要约人也要对自己的要约意思表达不清的后果负责;同时受要约人已经为履行合同作了准备工作,如果要约人撤销要约,受要约人的信赖利益显然要受到损害,所以要约人必须受到要约的约束,不得撤销要约。

(六)要约的失效

要约的失效,即要约的消灭,要约对要约人和受要约人丧失法律拘束力。依《合同法》第二十条规定,要约失效的事由有以下几种:

1. 拒绝要约的通知到达要约人

拒绝要约的通知到达要约人是指该通知送达到要约人能够控制的地方。这里的"到达"与前文中关于要约的到达主义相通。拒绝的条件是要约人以通知的方式明确表示不接受要约。要约因拒绝要约而失效往往只发生在受要约人为特定的相对人的情况下。对不特定的人发出的要约往往并不因特定人的拒绝而失效。

2. 要约人依法撤回、撤销要约

要约撤回是指要约在发生法律效力之前,要约人欲使其不生法律效力而取消要约的意思表示。要约的撤销是要约在发生法律效力之后,要约人欲使其丧失法律效力而取消该项要约的意思表。只要符合要约撤回、撤销的条件,要约在有效撤回和撤销的那一刻失效。

3. 承诺期限届满,受要约人未作出承诺

受要约人在承诺期限内有承诺和不承诺的权利,当受要约人以自己的不作为形式表明不接受要约中规定的条件,也是一种拒绝要约,要约由于未受到承诺而失效。

4. 受要约人对要约的内容作出实质性变更

从广义的拒绝来看,应当包括受要约人对要约的内容作出实质性变更,但是我国的《合同法》将此作为单项的条件列出。受要约人对要约的内容作出实质性变更,并不是要约,而是受要约人向要约人发出的新要约,并不是对原要约的接受,所以原要约也发生失效的效力。

要约失效后,双方不存在任何的法律关系,要约人只有通过新的要约,才能够建立新的要约人与受要约人之间的关系;要约失效后受要约人又向要约人表示承诺,也不能导致合同成立,受要约人看似承诺的信息,只能被认为是新要约,只有原来的要约人表示承诺时,合同才能成立。但受要约人在拒绝要约后,如果表示后悔,可以向要约人发出撤回拒绝的通知,但该通知必须于拒绝要约的通知到达要约人之前或者同时到达,才发生撤回拒绝要约的效力。

二、承诺

(一)承诺的概念

承诺是当事人一方对他方提出的要约完全同意的意思表示。承诺是一种意思表示,其表示方式同要约方式相同。原则上以通知(口头、书面)作出,例外情况下以行为(推定)作出,而沉默受到严格限制。

受要约人对要约表示承诺,合同即告成立。所以尽管在订立合同中可能有反复的要约邀请、要约,但承诺只有一个。在此意义上,承诺是"一锤定音"的意思表示。然而,在合同订立的实践中,还存在签订合同书或确认书的通常做法,这样有必要进一步探讨承诺的性质。

(二)承诺的要件

1. 主体要件

承诺必须由受要约人作出。由于要约是由要约人向受要约人作出的,当承诺人作出对要约的内容完全同意的意思表示时,要约人要受要约的约束。应当说承诺也符合要约人本身的意思表示。对此我们可以做如下理解:首先,承诺必须是受要约人的意思表示。如果要约是向特定人发出的,承诺须由该特定人作出;如果是向不特定人发出的,不特定人均具有承诺资格。受要约人以外的人,不具有承诺资格,非受要约人向要约人作出的表示接受要约的意思表示不是承诺,而是一种要约;其次,承诺可由受要约人本人作出,也可由其代理人作出,当代理人合法获得要约人的代理权,代理人的行为后果,由本人承担;最后,受要约人向非要约人作出的接受要约的意思表示也不是承诺,非要约人没有订立合同的意图。

2. 内容要件

承诺的内容必须与要约的内容相一致。《合同法》第三十条规定:"承诺的内容应当与要约的内容一致。"受要约人对要约的内容作出实质性变更的,为新要约。承诺是受要约人愿意按照要约的全部内容与要约人订立合同的意思表示。因此,承诺是对要约的同意,这种同意是对要约绝对和无条件的同意。所谓内容一致,具体表现在:受要约人在作出承诺时不得限制、扩张或者变更要约的内容,否则不构成承诺,应视为对原要约的拒绝而作出的新要约,又称为反要约。所谓实质性变更,一般是指《合同法》第十二条所列的八大条款的变更,即有关合同标的、数量、质量、价款或者报酬、履行期限、履行地点和方式、违约责任和解决争议方法等的变更。《合同法》第三十条的规定揭示了承诺的内容要件,即承诺的内容必须与要约内容一致。但承诺的内容并不要求与要约的内容绝对一致或完全等同,对实质性变更也不作僵化理解,即允许承诺对要约的内容作非实质性变更。对要约内容作非实质性变更的,原则上构成承诺。非实质性变更主要是指受要约人在有关合同的标的、数量、质量、价款或者报酬、履行期限、履行地点和方式、违约责任和解决争议方法等方面内容以外对原要约的内容又作了一些补充、限制和修改,这种非实质性变更通常有以下情况:

(1) 承诺人在承诺中增加了一些建议、希望性的条款。这些条款对于要约人来说,是否接受对于原合同无关紧要。

(2) 如果受要约人在承诺中增加了一些法律本来就规定了的义务,那么,这些增加的内容也是一种非实质性变更。

(3) 受要约人在要约的实质内容基础上增加了一些说明性的条款。

(4) 在要约人的授权范围之内,对要约的实质性内容的变更。但《合同法》第31条又规定:承诺对要约的内容作出非实质性变更的,除要约人及时表示反对或者要约表明承诺不得对要约的内容作出任何变更的以外,该承诺有效,合同的内容以承诺的内容为准。由此可见,非实质性变更的承诺在以下两种情况下不能生效:一是要约人及时表示反对;二是要约中明确表示不得作任何变更。

3. 承诺期限要件

指受要约人发出承诺的时间限制。承诺期限有两种情况:一种是要约中规定了承诺期限,即要约中明确规定了承诺期限,比如要约中有"受要约人须在几月几日前给予答复或者给予承诺"、"受要约人在多少天之内给予答复或者给予承诺"的条文。在这种情况下,承诺应当在要约规定的承诺期限内到达要约人。"到达要约人",是指承诺送达到了要约人能够控制的范围,如要约人的信箱等。另一

种为要约中没有规定承诺期限,要约没有确定承诺期限的,承诺应当依照下列规定到达:

(1)要约以对话方式作出的,应当即时作出承诺,但当事人另有约定的除外。"要约以对话方式作出",是指要约人与受要约人通过口头表达的方式向受要约人发出要约,大多数是通过面对面地交谈,也有通过电话方式发出要约的;

(2)要约以非对话方式作出的,承诺应当在合理期限内到达。"要约以非对话方式作出",是指要约人将要约的内容记录在一定的载体上然后再向受要约人发出的行为,非对话方式往往指书面形式。要约以非对话方式作出的,承诺应当在合理期限内到达受要约人。"合理期限"要根据要约发出的客观情况和交易习惯确定,既要保证受要约人有足够的时间考虑,也要使要约人的信赖利益不受损害。如果承诺期限过长而受要约人又没有承诺,那么势必会影响要约人寻找与他人再行交易的机会,要约人会因此受到损失。

承诺期限如何起算,即承诺期限从何时开始计算。要约以电报或者信件作出的,承诺期限自电报交发之日或者信件载明的日期开始计算。"电报交发之日",是指电报交给经营电报业务的单位并发出电报的日期。"信件载明的日期",是指在记载要约内容的信件上标明的要约发出的日期或者信函的落款日期。如果信件未载明日期,自投寄该信件的邮戳日期开始计算。"邮戳日期",是指邮电部门在信封上加盖的邮戳上记载的日期。以电话、传真等快速通讯方式发出要约的,承诺期限自要约到达受要约人时开始计算,对于电话方式而言,即从受要约人知道电话内容开始计算承诺期限,对于传真方式而言,即从受要约人接收到传真件开始计算承诺期。

4. 方式要件:

(1)承诺应当以通知的方式作出。承诺原则上应当以通知方式作出。通知包括口头通知和书面通知,也即受要约人以口头形式或者书面形式明确告诉要约人同意要约内容。通知的方式是承诺的表示方式中采用最多的方式。其优点在于受要约人是否同意要约的内容很明确,不容易发生争议。要约人对通知的方式有特殊要求的,受要约人应按该要求予以通知,否则会构成新要约;

(2)依交易习惯或者要约表明可以通过行为方式作出。承诺除了以明示的方式通知外,还可以依据交易习惯或用行为方式作出。如果根据交易习惯或者要约表明可以通过行为方式作出承诺,则该行为也构成承诺。该行为必须是人们通过它可以依照交易习惯或者要约的规定能判断受要约人作出承诺的行为。这种行为一般为积极的作为,而不是消极的不作为。例如:某建筑公司急需水泥100吨,向某水泥厂发出要约，要求购买 100 吨水泥，水泥厂收到要约后，遂派人将水泥送至某建筑公司，水泥厂的送货行为根据交易习惯完全可以断定为向该建筑公司作出的承诺。但是现实生活中单纯的缄默或不作为通常不能作为承诺的意思表示方式。缄默或者不行为是指一方面受要约人没有作出任何关于是否同意要约的意思表示，另一方面从受要约人的表现也不能判断其具有承诺的意思。

（三）承诺迟到、迟延

1. 承诺的迟到

承诺的迟到是受要约人超过承诺期限而发出承诺，该承诺称为迟到的承诺。迟到的承诺从性质上来看，已经不是承诺了，如果它符合要约的条件，它是一项新的要约。因为，在要约的有效期限内，承诺人未作出承诺，要约失效，在失效后，承诺人再作出承诺，就是对已经失效的要约作出承诺，就不是承诺，而是一项新要约。从权利义务一致的角度上而言，生效的要约对于要约人有约束力，要约人不能擅自撤回。要约人在承诺期限只能等待受要约人的承诺，而不能随意再向第三人发出要约。这是要约人的义务。但是超过承诺期限以后，要约人可能向他人发出了同样内容的要约。这是要约人的权利，要约人在接到迟到的承诺时，当然可以不受之约束。

现实中，法律对于要约人的承认迟到承诺的效力的行为应该予以认可。对迟到的承诺，要约人也可以承认其效力，要约人等于对受要约人延长承诺期限的意思加以认可，但必须及时通知受要约人，因为如果不及时通知受要约人，受要约人也许会认为承诺没有生效或者视为自己发出了新要约而等待要约人的承诺。

2. 承诺的迟延

承诺的迟延是指未迟发而迟到的承诺，即受要约人在承诺期限内发出并按通常情形可适时到达却因传达故障而超过承诺期限到达要约人的承诺。《合同法》第二十九条规定：要约的迟延是指受要约人在承诺期限内发出承诺，按照通常情形能够及时到达要约人，但因其他原因承诺到达要约人时超过承诺期限的，除要约人及时通知受要约人因承诺超过期限不接受该承诺的以外，该承诺有效。"按照通常情形能够及时到达受要约人"，是指承诺按照正常的送达速度能够在承诺期限内到达受要约人，如从某个城市通过邮局发信到达另一个城市一般需要 2 天，这 2 天就是通常情形下的送达速度。如果由于自然灾害或者邮局工作人员的工作失误等原因造成信件 2 天到达不了，那么自然灾害和邮局工作人员的工作失误即属《合同法》中所说的"其他原因"。

与迟到恰好相反，迟延原则上承诺有效。对于承诺的迟延，因受要约人不知其承诺迟到,按诚实信用原则,要约人负有通知受要约人承诺迟延的义务,要约人若怠于履行此义务,承诺视为未迟到,承诺仍然有效,合同仍然得以成立。当然,要约人可以通知受要约人的承诺迟延并接受该承诺。

对于迟延的承诺,要约人也可以不接受它,但必须及时通知受要约人。因为,承诺的迟延是由于传达故障引起的,传达故障是与要约人和受要约人都没有关系的外界因素,在正常情况下,要约人在收到承诺之前并不知道承诺迟延的事实,而以为受要约人在承诺期限内没有承诺,因此,要约人完全有权向第三人发出同样内容的要约,所以,要约人对迟延的承诺是可以拒绝接受的。

3. 迟到与迟延的区别

迟延的承诺和迟到的承诺都是超过承诺期限到达要约人的承诺,只不过迟到的承诺是由于没有在承诺期限内发出承诺,而迟延的承诺是在承诺期限发出承诺但没有及时到达要约人的承诺。迟到的承诺往往被认为是新要约,而迟延的承诺往往被认为是有效的承诺。在学理上往往将迟到的承诺称为一般迟延的承诺,而将迟延的承诺称为意外迟延的承诺,因为意外迟延的承诺常常是由意外的原因引起。

(四)承诺的撤回

承诺的撤回是指受要约人在其作出的承诺生效之前将其撤回的行为,是阻止或者消灭承诺发生法律效力的意思表示。西方世界主要的两大法系由于对承诺生效的时间的规定不同,因此,对承诺的撤回的规定也不不同。大陆法系的多数国家,承诺可以撤回,条件是撤回承诺的通知要在承诺生效之前到达要约人。在英美法系国家,承诺生效的时间在要约人未规定承诺的方式,而邮寄又是可能的情况下,采用发信主义,承诺一经发出即生效,所以不存在承诺的撤回问题。我国《合同法》第二十七条规定:"承诺可以撤回。撤回承诺的通知应当在承诺通知到达要约人之前或者与承诺通知同时到达要约人。"《合同法》的规定与大陆法的观点一致。承诺可以撤回,但不能因承诺的撤回影响要约人的利益,因此,承诺的撤回是有条件的,即撤回承诺的通知应当在承诺生效之前或者与承诺通知同时到达要约人。关于承诺生效的时间,会在接下来承诺生效与合同成立这个问题上阐述。这里的到达是指撤回承诺的通知与承诺通知同时到达要约人控制的范围。在以上两种情况下,要约人由于在接到承诺的同时也已经知道承诺人撤回了承诺,因此,要约人不可能对承诺加以信赖而遭受什么经济损失。承诺一经撤回,即不发生承诺的效力,也就阻止了合同的成立。承诺不存在撤销,承诺人如果对承诺的内容加以反悔,只能通过解除合同的方式或其他途径来解决。

（五）承诺生效与合同成立

1. 承诺生效

合同成立始于承诺生效。生效的承诺会导致合同成立。"承诺生效",是指承诺发生法律效力,即法律的约束力。受要约人发出的承诺在一定的时间内会发生法律效力。承诺一旦具有法律效力,就会对承诺人和要约人产生约束力,因为此时合同已经成立,已经成立的合同对合同当事人有约束力。

在实践合同,若交付标的物先于承诺生效,承诺同样使合同成立,若交付标的物后于承诺生效,则合同自交付标的物时成立。因此,承诺生效的时间在《合同法》上具有重要意义。对于承诺的生效时间,两大法系有着不同的立法例。大陆法系采到达主义或送达主义,认为在承诺的通知到达要约人支配的范围内时承诺才能生效。如德国《民法典》第130条规定,在相对人以非对话方式向其(要约人)为意思表示时,意思表示于通知到达要约人时发生效力。《联合国国际货物销售合同公约》也采纳了这一主张。英美法系采发送主义或送信主义,即主张如果承诺的意思表示是以邮件、电报方式作出,则承诺于投入邮筒或交付电信局时生效,除非要约人与承诺人另有约定。

我国《合同法》采到达主义。《合同法》第二十六条规定："承诺通知到达要约人时生效。承诺不需要通知的,根据交易习惯或者要约的要求作出承诺的行为时生效。"采用数据电文形式订立合同的,收件人指定特定系统接收数据电文的,该数据电文进入该特定系统的时间,视为到达时间;未指定特定系统的,该数据电文进入收件人的任何系统的首次时间,视为到达时间。在承诺的方式要件上,对此点已作详细阐述,这里不作赘述。

2. 合同成立

合同成立是合同当事人对合同的标的、数量等内容协商一致。合同的成立必须基于当事人的合意,即当事人对合同的标的、数量等内容协商一致。合同成立的一般要件是：① 主体要件：须有两个以上的订立合同的当事人；② 内容要件：对合同标的、数量、质量、价款或者报酬等内容达成合意。③ 意思表示要件：合同当事人对订立合同的意思表示一致,协商一致的基础上,订立合同。当事人就合同的主要内容协商一致,合同就成立了。

(1) 合同成立的时间。合同成立时间是当事人之间最终达成债权债务关系协议的时间。在大多数合同中,合同成立时间就是合同生效的时间,因此,合同成立之时就是合同当事人受合同约束之时。但在合同成立的具体时间上,一般有以下几种情况：

一是承诺生效时合同成立。这是《合同法》第二十五条的规定,在现实生活中,往往作出承诺行为的时间,也正是签订合同书的行为的时间。据此,合同于承诺生效时成立。而承诺生效的时间在前文已经阐述,这里不加赘述。

二是合同书签订时合同成立。《合同法》第三十二条规定:"当事人采用合同书形式订立合同的,自双方当事人签字或者盖章时合同成立。"合同书往往由一方当事人制作,但合同书的内容是由合同的各方当事人通过要约承诺方式拟定的,是当事人意思表示一致的体现。当事人采用合同书形式订立合同,但并未签字盖章,意味着当事人的意思表示未能最后达成一致,因而一般不能认为合同成立。双方当事人签字或者盖章不在同一时间的,最后签字或者盖章时合同成立。在实践中,合同书的签订在承诺之后,应以合同书的签订时间为合同成立的时间。

三是确认书签订时的合同成立。《合同法》第三十三条规定:"当事人采用信件、数据电文形式订立合同的,可以在合同成立之前要求签订确认书。签订确认书时合同成立。"确认书一般是在合同成立前签订,因为合同确认书是对合同内容的最终确认,如果合同已经成立再签订确认书就无什么实质意义了。确认书在性质上属于承诺。如果一方当事人在通过信件、数据电文方式订立合同时,提出合同的内容要以最后的确认书为准,那么,在签订确认书之前,双方当事人之间的协议只不过是一个初步的协议,对当事人并没有真正的约束力。因此,在确认书签订之前,任何一方当事人都有权要求签订确认书。确认书是一方当事人对合同内容的进一步确认,是对要约所作出的明确的、最终的承诺。所以确认书具有承诺的性质。如果当事人已经作出了正式的承诺,那么合同已经成立,此时一方当事人在没有事先提出签订确认书的情况下却要求签订确认书,另一方当事人可以拒绝其要求。同样的道理,承诺在确认书之前,以确认书签订的时间为合同成立的时间。

四是合同的实际成立时合同成立。《合同法》第三十六条规定:"法律、行政法规规定或者当事人约定采用书面形式订立合同,当事人未采用书面形式但一方已经履行主要义务,对方接受的,该合同成立。"此时可从实际履行合同义务的行为中推定当事人已经形成了合意和合同关系,当事人一方不得以未采取书面形式或未签字盖章为由,否认合同关系的实际存在。

(2) 特殊订立方式的合同成立的时间:

一是悬赏广告。悬赏广告是指广告人以广告形式声明对完成广告中规定的特定行为的任何人给付广告中标明的报酬的广告行为。关于悬赏广告的性质,虽然在《合同法》中回避了,但在司法实践中,最高人民法院采纳了合同说的观点,按照合同说,悬赏广告是一种特殊的订约方式,广告人发出悬赏广告为要约,行为人完成悬赏广告规定的行为为承诺,合同因承诺而成立。

二是招标投标。招标投标是指由招标人向数人或公众发出招标通知或公告,在诸多投标中选择自己认为最优的投标人并与之订立合同的方式。招标投标程序一般包括以下几个阶段:第一,招标阶段。招标是指招标人采取招标公告或招标通知的形式向数人或公众发出的投标邀请,分为公开招标和邀请招标,其性质为要约邀请。第二,投标阶段。投标是投标人按照招标文件的要求向招标人提出报价的行为,其性质为要约。第三,开标、评标、定标阶段。开标是招标人在其召开的投标人会议上当众启封标书,公开标书内容。评标是由招标人依法组织的评标委员会对有效标书进行评审,并推荐合格的中标候选人。定标是招标人根据评标委员会提出的评标报告,从其推荐的中标候选人中确定中标人。定标若是对投标的完全接受,即构成承诺。合同在承诺时成立。

三是拍卖。拍卖是指以公开竞价的形式,将特定物品或者财产权利转让给最高应价者的买卖方式。拍卖必须有拍卖标的,该标的应当是委托人所有或者依法可以处分的物品或者财产权利。依照法律或者按照国务院规定需经审批才能转让的物品或者财产权利,在拍卖前,应当依法办理审批手续。拍卖公告应当于拍卖日7日前发布,该公告记载有下列事项:拍卖的时间、地点;拍卖标的;拍卖标的展示时间、地点;参与竞买应当办理的手续;需要公告的其他事项。其性质为要约邀请;拍卖师应当于拍卖前宣布拍卖规则和注意事项。拍卖标的无保留价的,拍卖师应当在拍卖前予以说明,拍卖标的有保留价的,竞买人的最高应价未达到该价时,该应价不发生效力,拍卖师应当停止拍卖。竞买人的出价性质是要约。

竞买人的最高应价经拍卖师落槌或者以其他公开表示买定的方式确认后,拍卖成交。其后,买受人和拍卖人应当签署成交确认书,确认书签订时合同成立。

(3)合同的成立地点。合同成立的地点关系到合同发生纠纷后起诉至法院的案件的管辖问题。对于涉外合同,合同成立的地点还可能在实质上影响当事人的权利义务的实现。所以合同的成立地点的确定,具有现实意义。

一是承诺生效的地点为合同成立的地点。采用数据电文形式订立合同的,收件人的主营业地为合同成立的地点。"数据电文形式",是指当事人采用电报、电传、传真、电子数据交换和电子邮件方式。"收件人的主营业地",是指收件人的主要经营场所,即公司营业执照上登记的住所地;如果收件人没有主营业地的,其经常居住地为合同成立的地点。一般而言,没有主营业地的,这种合同主体一般指自然人个人。其经常居住地是指自然人经常居住、生活的地方。一般指自然人连续居住1年以上的并有长期在居住目的的场所;当然,对合同成立的地点当事人可以自由约定,如果有明确约定的,按照约定地点确定为合同成立的地点。当事人另有约定的,按照其约定。

二是书面合同的成立地点为合同的成立地点。《合同法》第三十五条规定:"当事人采用合同书形式订立合同的,双方当事人签字或者盖章的地点为合同成立的地点。"

案例分析

[案情]
某市百货公司通过新闻媒体播发招租启事:将市场装修后分摊位出租,投资装修费2 000元。周某于月初得知该消息后,决定租赁两个柜台,并于月中去银行提前支取了即将到期的定期存单,损失利息近千元。可是就在周某准备去租赁摊位时,百货公司又宣布说:因主管部门未批准,摊位不再招租了,请已办理租赁手续的租户到公司协商处理办法;未办理手续的,百货公司不再接待。周某认为百货公司这种做法太不负责任,所以要求百货公司赔偿自己的预期收入若干万元以及利息损失。双方协商未果,诉至法院。

[问题]
百货公司发布的招租启事是要约还是要约邀请。

[法律依据]
《合同法》第十四条规定:"要约是希望和他人订立合同的意思表示,该意思表示应当符合下列规定:(一)内容具体确定;(二)表明经受要约人承诺,要约人即受该意思表示约束。"第十五条规定:"要约邀请是希望他人向自己发出要约的意思表示。寄送的价目表、拍卖公告、招标公告、招股说明书、商业广告等为要约邀请。商业广告的内容符合要约规定的,视为要约。"

[法律运用及处理结果]
本案中,百货公司发布的招租信息是希望租户向它发出租摊位的要约,而后由百货公司同意与对方签约。如果百货公司发布的招租信息是要约的话,那么意味着所有愿意租摊位的都是承诺,而百货公司的摊位是有限的,不可能满足所有人的要求,这样,百货公司一旦没有满足租户的租赁要求就是违约,这显然是不合常理的。因此百货公司的招租信息是要约邀请。根据《合同法》第十五条的规定,要约邀请人只是发出希望别人向他自己发出要约的信息,他无需受要约邀请的约束,而

要约人要受要约的约束,本案中只有要约邀请,没有要约,更没有承诺,百货公司与周某之间并没有合同关系,因此百货无需赔偿周某的任何损失。

（案例改编自《合同法经典案例》第4题,wenku.baidu.com.）

第四节　缔约过失责任

缔约过失责任制度主要是在没有合同关系或合同没有生效的情况下,当人们遭受损害时,无法追究当事人的合同责任,在不运用侵权责任的情况下,保护当事人的利益。

一、缔约过失责任的概念和构成要件

（一）缔约过失责任的概念

缔约过失责任是在合同订立过程中,一方当事人没有履行依据诚实信用原则所应负的义务,而导致另一方当事人遭受一定损失,在这种情况下,前者要承担相应的民事责任,这种责任即为缔约过失责任。

缔约过失责任制度的建立,有利于交易的促成,维护交易的安全。一方面促使人们在市场中大胆寻求交易伙伴,一旦遭受损害则可以以缔约过失责任为理论武器寻求法的保护;另一方面该责任会提醒从事交易准备活动的人们,要认真、诚实地对待谈判对象,否则的话,会因为自己的过失可能要承担一定的法律后果。

（二）缔约过失责任的构成要件

1. 损失的存在

缔约过失行为使一方当事人遭受了损失。这种损失包括信赖利益的损失,即一方当事人在与另一方订立合同过程时,基于信赖关系相信对方会真诚合作,相信合同最终会成立乃至生效,然而由于对方的过失导致合同不成立或合同无效而造成了自己的损失;也包括一方在缔约过程中没有尽到照顾、保护义务而造成他方损失。

2. 行为人有过错

在我国,缔约过失责任是一种过错责任。缔约过失责任中的"过失"实为过错,它包括故意和过失。这种过失表现为违背诚实信用原则。

3. 缔约过失行为与损失之间有因果关系

所谓因果关系,即损失是由缔约过失行为造成的,而不是由违约行为或侵权行

为造成的。

二、缔约过失责任的主要表现形式

《合同法》第四十二条规定:"当事人在订立合同的过程中有下列情形之一,给对方造成损失的,应当承担损害赔偿责任:(一)假借订立合同,恶意进行磋商;(二)故意隐瞒与订立合同有关的重要事实或者提供虚假情况;(三)有其他违背诚实信用原则的行为。"

(一)假借订立合同,以损害对方利益为目的,恶意进行磋商

这种情况主要是一方当事人并没有订立合同的意思,只是为了损害对方利益或使对方丧失与他人交易的时机。比如一方向另一方发出要约,其目的并非为了与对方签订合同,所以往往在要约中增加一些对方的成本,当对方与其谈判时,其会故意与对方拖时间,当看到对方贻误商机时,其目的达到后又擅自撤销要约。

(二)故意隐瞒与订立合同有关的重要事实或者提供虚假情况

其故意隐瞒的或提供的虚假情况都是诱使对方与其签订合同,使对方在不知道真实情况的条件下,形成错觉,进而造成损失。

(三)其他违背诚实信用原则的行为

这类行为主要是指违反合同前义务的行为,即不是合同规定的义务的行为。常见的有以下情况:① 一方未尽通知、协助等义务,增加了相对方的缔约成本而造成财产损失。如甲、乙双方约定某日订立合同,乙因故不能去而没有通知甲,造成甲为订约往返的费用损失,在这种情况下,乙就要承担缔约过失责任。② 一方未尽告知义务,当事人在订立合同时对一些必要的信息必须告诉对方当事人,如果没有告知对方当事人而让对方当事人遭受损失要承担缔约过失责任。③ 一方未尽照顾、保护义务,造成相对方人身或财产的损害。如顾客在海鲜酒店用餐,在自助点餐的时候,由于点餐区地上湿滑,顾客摔跤后造成骨折。

三、缔约过失责任的责任内容

依据诚实信用原则,当事人在订立合同的过程中,应当负有一定的注意而履行必要的责任与义务,这些责任与义务不属于合同约定的,而是一种合同前责任、义务,或先合同责任、义务。合同前义务不同于合同义务。合同义务是为满足合同的目的当事人约定的,通常表现为给付义务。而合同前责任、义务是基于诚信原则和当事人之间的信赖关系而产生的法定义务,是一种附随义务。旨在维护缔约中的当事人的安全并促成缔约成功。

缔约过失责任内容包括：缔约过失责任往往是基于合同不成立或合同无效而产生的民事责任，违反的是合同前义务；缔约过失责任的责任方式只有赔偿损失；缔约过失责任是基于法律的直接规定，因而具有法定性；缔约过失责任以当事人之间存在特殊的信赖关系为前提，是在订立合同过程中形成的责任。

四、侵犯商业秘密的责任

《合同法》第四十三条规定："当事人在订立合同过程中知悉的商业秘密，无论合同是否成立，不得泄露或者不正当地使用。泄露或者不正当地使用该商业秘密给对方造成损失的，应当承担损害赔偿责任。"

在订立合同中的保密义务也属于合同前义务的范畴。

当事人在订立合同中，因为相互之间的信赖关系，一方可能将自己的一些技术信息和经营信息告诉对方，或者由于双方在要约承诺的合同订立中不经意地知晓了对方的有关技术信息和经营信息。这些技术信息和经营信息一旦对方要求保密，就具有商业秘密的性质。因此，当事人必须负有保守商业秘密的义务。

我国1993年颁布实施的《反不正当竞争法》规定：商业秘密，是指不为公众所知悉、能为权利人带来经济利益、具有实用性并经权利人采取保密措施的技术信息和经营信息。当事人在订立合同的过程中，不得将对方的商业秘密向外公开，即不得将对方的劳动生产、技术操作方面的经验、知识和技巧以及未申请专利的保密的关键性技术、组织计划方面的信息等向外公开；也不得虽未将对方的商业秘密泄露给他人但却利用了这种商业秘密为自己谋利而损害了对方利益。泄露或者不正当使用他人的商业秘密造成对方损失的，行为人要承担损害赔偿责任，这种责任在学理上归属于缔约过失责任。

案例分析

[案情]

原告李红霞于2005年6月21日在第一被告成都跃华汽车服务有限公司（下称跃华公司）购买了一辆哈飞赛马车，价格79 400元。跃华公司的销售人员同时向李红霞推销由第二被告重庆市威力有限责任公司（下称威力公司）生产、跃华公司代销的"精刚"牌车用防盗器，并向原告口头承诺，购买"精刚"牌防盗器就赠送三年盗抢险，如果汽车在此期间被盗抢，由保险公司赔偿汽车实际价值的80%。李红霞遂以 2 680 元的价格购买了该"精刚"牌防盗器。当日,跃华公司的工作人员即将该防盗装置安装在李红霞购买的新车上,并将该防盗器的保修卡和保险凭证交给了李红霞。保险凭证上载明:保险金额 15 万元人民币,被保险人系威力公司,保险期限一年,自 2005 年 6 月 29 日至 2006 年 6 月 28 日;在保险期内,产品使用人在正确安装使用"精刚"牌电子防盗抢装置的情况下,造成汽车全车被盗抢或刹车系统被损坏以及被盗抢车辆的修复损失,经公安部门证明属实者,保险公司在约定的赔偿限额内负责赔偿,由于产品未能正确安装或使用人使用不当造成的一切经济损失,保险公司不负责赔偿;免赔率20%。实际上,该"精刚"牌车用防盗器由生产商威力公司在第三人中华财产保险公司重庆分公司(下称中华财保重庆分公司)就其质量投保了一年期的第三者责任险。然而李红霞因相信跃华公司销售人员的口头承诺,在为该车投保时购买了除盗抢险外的其他所有险种。同年 9 月 25 日,该哈飞赛马车被盗。李红霞向公安机关报案后,多次找二被告及第三人协商赔偿事宜,至今未能获赔。李红霞遂诉至法院,诉称被告在销售防盗器时关于保险的承诺构成原告与第一、第二被告买卖合同的一部分,而且该防盗器价格比市场同类产品价格明显偏高,汽车被盗后被告应该履行其承诺,承担相应的赔偿责任,故请求法院判令二被告连带赔偿其车辆价值损失 79 400 元。

[问题]

李红霞与跃华汽车公司签订买卖合同时,跃华公司是否存在缔约过失的责任。

[法律依据]

《合同法》第四十二条规定:"当事人在订立合同过程中有下列情形之一,给对方造成损失的,应当承担损害赔偿责任:(一)假借订立合同,恶意进行磋商;(二)故意隐瞒与订立合同有关的重要事实或者提供虚假情况;(三)有其他违背诚实信用原则的行为。"第四十三条规定:"当事人在订立合同过程中知悉的商业秘密,无论合同是否成立,不得泄露或者不正当地使用。泄露或者不正当地使用该商业秘密给对方造成损失的,应当承担损害赔偿责任。"第五十八条规定:"合同无效或者被撤销后,因该合同取得的财产,应当予以返还;不能返还或者没有必要返还的,应当折价补偿。有过错的一方应当赔偿对方因此所受到的损失,双方都有过错的,应当各自承担相应的责任。"

[法律运用及处理结果]

本案中存在三种法律关系:一是原告李红霞与跃华公司的买卖合同关系。李红霞持有的防盗器购买发票及买卖双方对买卖事实的一致承认表明该买卖合同的主要内容已经得到履行;二是原告李红霞与被告威力公司间存在的产品使用者与生产者的关系,该关系并非合同关系;三是威力公司与第三人中华财保重庆分公司之间的保险合同关系。根据法律规定以及理论原理,认定本案当事人法律责任的关键,在于辨识其是否符合缔约过失责任的构成要件。

(1) 缔约过失行为发生在合同订立的过程中。这是时间上的要求,指从当事人双方业已具有某种缔约上的联系开始,即为了订立合同的目的而接触、磋商、展开一系列缔约活动并由此建立了一种信赖关系,直到合同有效成立时止的这一过程。有人认为缔约过失行为的发生时间止于合同成立,笔者以为,应将这一时间段延伸至合同生效。因为合同依法成立并不意味着该合同必然有效,其可能由于不具备法律规定的相关要件而无效或者被撤销、变更,变更后的合同虽然有效,但其内容已经不是最初的意思表示内容,并可能因此对他方当事人造成实际损害;还有一些附期限或者附条件生效的合同,其依法成立至生效这段时间,也不排除因当事人的过错行为使其最终无法发生法律效力的情形;而违约责任的承担只能依据生效合同来确定。因此,按照缔约过失责任设立的初衷——将整个合同过程都置于法律的有效监控之下,当事人缔约起至合同生效前这段时间善意当事人的相关利益,都应由该制度来赋予法律的有效保护。

结合本案案情,从时间上分析,原告李红霞到跃华公司购车时,跃华公司的销售人员向其推销防盗器,李红霞亦有一定的购买意向,此时双方就进入了缔约过程之中,应该诚信地履行相关协助、告知、保护等先合同义务。

(2) 一方当事人违背诚实信用原则应负的先合同义务。诚实信用原则乃民法的"帝王条款",对一切民事活动都具有指针作用,也是缔约过失责任产生的理论基础之一。依据诚实信用原则和交易惯例,在缔约过程中,当事人间就已产生了一定的随附义务即先合同义务。我国《合同法》第四十二、四十三条对相关行为进行了一定的列举,包括恶意磋商、欺诈隐瞒、不当使用或泄漏商业秘密等,第四十二条第(三)款"其他违背诚实信用原则的行为"则是一项兜底性条款,包括违反相关的告知、协助、保护等义务的行为。故意或者过失违反上述先合同义务时所产生的民事责任即是一种缔约过失责任。

本案中,跃华公司应该对产品的性能状况以及可能影响买卖关系的相关事实向消费者进行必要和负责任的介绍和说明。案件中的"精刚"牌防盗器由其生产者威力公司就其质量向第三人保险公司投保了一年期的产品质量责任险,并将相关保险凭证随产品一起交付给消费者。然而,跃华公司的销售人员却告知原告购买了防盗器相当于购买了三年的盗抢险。防盗器产品质量责任险和车辆盗抢险是两种性质不同的保险,车辆被盗后,前者的赔付条件需排除产品质量可靠和正常使用的情况,后者则只要不是当事人恶意致险,都可以获得赔付。不过,虽然从保险凭证上的有关内容可以看出该保险的性质是一种产品质量责任险,但是作为非专业人士的消费者,可能无法清楚地区分两种保险,尤其是保险凭证上的描述包含了"汽车全车被盗抢或刹车系统被损坏以及被盗抢车辆的修复损失,经公安部门证明属实者,保险公司在约定的赔偿限额内负责赔偿"的语句,再加之原告信赖销售者的专业知识和商业信誉,以及该产品高于市场同类产品的价格。以上几种因素的结合,使原告充分相信了购买防盗器等于购买盗抢险这一协议构成了买卖合同的一部分且有效成立。可以认为,跃华公司的销售人员没有适当履行其应为的告知义务,即在事关合同的内容或影响合同成立生效的事项上未善尽必要的注意、告知并提醒对方注意的义务。

(3) 造成对方当事人信赖利益的损害。民事责任的承担一般以损害的存在为要件,缔约过失责任也不例外。如果当事人违反先合同义务的结果没有对另一方当事人造成任何损失,比如对方当事人采取了合理的措施避免了实际损害的发生,那么就没有最终责任的承担。对于当事人违反先合同义务给对方当事人造成的损害,普遍认为这是一种对信赖利益的损害,即对方当事人相信合同有效成立,或者按照其事先预知的内容有效成立,而合同结果未能成立、生效或被撤销、变更,使其蒙受的损失。当然,这种受法律保护的信赖利益,必须是一种基于善意、合理的信赖而产生的利益。

本案原告相信自己购买的防盗器含有三年的盗抢险,因此其在为其车辆购买保险时排除了盗抢险。这样就潜伏了一种可能性,如果其车辆被盗抢,且不是由于防盗器的质量问题,那么除非盗车人被公安机关查处并赔付,原告的损失将得不到任何救济。结果,原告的车辆确实不幸被盗,第三人保险公司认定不是保险事故不予赔付;案件能否侦破无法确定,即使侦破,盗车人有无赔付能力也不能确定,总之希望渺茫。因此,原告的损失已经客观存在,而这种损失就是因为信赖盗抢险协议有效成立而导致的信赖利益损失。

(4) 缔约过失行为与损害结果之间具有因果关系。从逻辑上讲,即当事人的有关信赖利益损失是由缔约过失行为所直接或间接造成的。对于本案情形是否构成因果关系,不妨用一种倒推的方式:原告的信赖利益损失在于车辆被盗而未能获赔,原因是其没有购买盗抢险,因为其相信购买防盗器已经含有三年盗抢险,这正是跃华公司销售人员没有恰当履行告知义务,即违反先合同义务的结果。可见,跃华公司的缔约过失行为,直接后果是导致了原告未购买车辆盗抢险,间接后果则致使原告的车辆被盗后索赔不得,使其遭受了信赖利益损失。至此,四个构成要件已经得到满足,足以认定被告跃华公司承担缔约过失责任。

对以上几个要件,我们还可以从证明责任方面来理解,即诉讼过程中主张损害赔偿的当事人所需要证明的事项。我们也可以由此把握缔约过失责任同违约责任和侵权责任的区别。违约责任仅需要证明当事人的行为违反了有效成立的合同规定;而侵权责任一般要证明侵权行为、主观过错、损害结果、因果关系四个要件,例外是过错推定和严格责任的情况。由此可见,缔约过失责任的构成要件和证明对象不同于两者,其举证责任一般要轻于侵权责任、重于违约责任。同时,缔约过失责任在司法中的实际适用过程,也就是对其构成要件——对号入座的过程。

法院结合原告的诉请着重分析了原告与被告跃华公司之间的防盗器买卖合同关系,认为合同中并未含有购买防盗器包含盗抢险的协议条款,但是由于跃华公司的销售人员在推销防盗器时误导原告,使其相信该协议成立而未购买盗抢险,导致其车辆被盗后得不到及时有效的赔付,跃华公司对此负有主要责任;原告购买防盗器的同时收到保险凭证,没有仔细查看并及时询问,因其疏忽负有次要责任。因此,原告的相关损失应由原告和被告跃华公司共同承担,其中被告跃华公司承担60%的责任,原告承担40%的责任。对于损失金额的认定,应为原告基于信赖利益所遭受的损失,即本案中原告误信盗抢险协议成立时可获得的赔付金额"由保险公司赔偿汽车实际价值的80%"。因原告出具的购车发票证明了诉争车辆购买价格为79 400元,法院认定损失金额为79 400×80%=63 520元。故法院依据《消费者权益保护法》第十九条、《合同法》第四十二条,判决被告跃华公司承担60%的责任即38 112元,原告因其过失承担责任的40%即25 408元。

(案件改编自110法律咨询网"缔约过失的司法适用",www.110.com)

第五节 合同条款

合同条款即合同的内容,是对合同当事人权利义务的具体规定。

一、一般合同的条款

合同的条款一般应由当事人自行确定。我国《合同法》采用了提示的方法,概括了签订合同的一般条款,主要是《合同法》第十二条的内容。

(一)当事人的名称或者姓名和住所

当事人的名称或者姓名和住所是指自然人的姓名、住所以及法人和其他组织的名称、住所。自然人的姓名指经户籍登记管理机关核准登记的正式用名,自然人的住所是指自然人长期生活和活动的主要处所。法人、其他组织的名称是指经登记主管机关核准登记的名称,如公司必须以营业执照上的名称为准,法人和其他组织的住所是指它们的主要办事机构所在地。

（二）标的

标的是指合同当事人权利和义务共同指向的对象。标的可以是物,包括实物或者货币,如买卖合同的标的(或叫买卖合同的标的物)是出卖物,借款合同的标的是货币;标的也可以是行为,包括某项工程或者劳务,如建设工程合同的标的是工程;标的还可以是智力成果,如技术转让合同的标的是技术成果。

（三）数量

数量是指衡量合同当事人权利义务大小的尺度,是以数字和计量单位来表示的尺度。以物为标的的合同,其数量主要表现为一定的长度、体积或者重量;以行为为标的的合同,其数量主要表现为一定的工作量;以智力成果为标的的合同,其数量主要表现为智力成果的多少、价值。

（四）质量

质量是指检验标的内在素质和外观形态优劣的标志。国家对质量规定了许多标准,此外,当事人还可以自行约定质量标准。

（五）价款

价款是指以物或者货币为标的的有偿合同中取得利益的一方当事人作为取得利益的代价而应向对方支付的金钱,如买卖合同中的价金、租赁合同中的租金、借款合同中的利息等。"报酬",指以行为为标的的有偿合同中取得利益的一方当事人作为取得该利益的代价而应向对方支付的金钱,如建设工程合同中的工程费、保管合同中的保管费、运输合同中的运费等。

（六）履行期限

履行期限是指当事人履行合同和接受履行的时间。履行期限有履行期日和履行期间两种。履行期日是指履行时间为不可分或者视为不可分的特定时间,如在某年某月某日履行。履行期间指履行时间为一个时间区间,往往有始期和终期之分,如从某月某日至某月某日履行合同或者在某日之前或者之后履行。根据履行期限的不同,合同履行可分为即时履行、定时履行、分期履行。

（七）履行地点

履行地点是指合同当事人履行合同与接受履行的地方。履行地点的约定具有重要意义,它有时是确定标的验收地点的依据,有时是确定运费由谁负担、风险由谁承担的依据,有时是确定标的物所有权转移的依据。

(八) 履行方式

履行方式是指当事人履行合同方式、实施行为方式、验收方式、付款方式、结算方式等等。

(九) 违约责任

违约责任是指合同当事人不履行合同义务或者履行合同义务不符合约定而应承担的民事责任,它以支付违约金和损失赔偿金为主要承担责任方式。

(十) 解决争议的方法

解决争议的方法是指合同当事人解决合同纠纷的手段、地点。手段包括仲裁、诉讼,地点是关于仲裁、诉讼的管辖机关的地点。当事人可以选择仲裁或者诉讼作为解决合同争议的方法。当事人如果在合同中既没有约定仲裁条款,又没有约定诉讼的条款,那么,也可以通过诉讼的渠道解决合同纠纷,因为起诉权是当事人的法定权。

二、合同的示范文本条款

合同的示范文本是指由一定机关事先拟定的对当事人订立合同起示范作用的合同文本。此类合同文本上的合同条款有些内容是拟定好的,有些内容是没有拟定需要当事人自己商定填入的。合同的示范文本只是对当事人订立合同起参考作用,它不是格式合同,也不要求当事人必须采用合同的示范文本,即合同的成立与生效和当事人是否采用示范文本并无直接关系。

三、格式条款

(一) 格式条款的概念和特征

1. 格式条款的概念

格式条款是当事人为了重复使用而预先拟定,并在订立合同时未与对方协商的条款。

2. 格式条款的特征

(1) 由一方当事人预先拟定。格式合同通常由一方当事人事先拟定,固定格式和内容的合同,它的应用适应了社会化大生产的需要,简化了当事人订立合同的过程,提高了交易的效率。格式条款由一方当事人事先拟定,在拟定之时并未征求对方当事人的意见。当然,它不限于一方当事人自己事先拟定,也包括一方采用第三人拟定的格式条款(如主管部门、行业组织订定的合同示范文本,但示范文本本身并非格式条款)。但是,法律规定的合同条款,无论是当然适用的强制性条款,还是具有补充当事人意思作用的任意性条款,都不属于格式条款的范围。

(2) 重复使用。重复使用包括适用对象的广泛性和适用时间的持久性。一般而言,格式条款的拟定是为了重复使用。但有学者认为,重复使用并不是格式条款的本质特征,而仅仅是为了说明"预先拟定"的目的,因为有的格式条款只使用一次,而普通合同条款也可以反复使用多次。

(3) 在订立合同时未与对方协商。此点强调了格式条款的附从性或定型化特征,即格式条款的特点在于订约时不容对方协商(要么接受,要么拒绝),容许协商而不与对方协商或放弃协商的权利,该条款并非格式条款。当然格式条款只有在经过对方当事人的同意的情况下,才会成为合同的内容。在运用格式条款订立合同时,在未经对方当事人的同意时,它不会当然成为合同内容的一部分。对方当事人的同意方式既可以是明示的,即明确表示同意格式条款的内容;还可以是默示的,即从当事人的行为中推断出当事人同意。

(二) 格式条款的订立规则

1. 遵循公平的原则

由于格式条款由一方事先拟定,含有不公平内容的可能性较大,且格式条款事先拟定一方往往会利用其优势地位,在格式合同中列入一些不公平的条款,而合同的另一方当事人由于其自身地位的原因,对格式合同只是被动接受而不管是否愿意,这样的合同实际上违背了公平原则。因此,采用格式条款订立合同,必须遵守公平原则,当事人拟定的格式条款要符合公平的原则,即当事人之间的权利义务的确定要符合公平观念,权利义务要有适当的平衡。

2. 采取合理的方式提请对方注意原则

格式条款订入合同必须经过一定的程序,并不能自动纳入合同。提供格式条款的当事人有义务以明示或其他合理、适当的方式提请对方注意免除或者限制其责任的条款(即免责条款),提请对方注意其欲以格式条款订立合同的事实。提供格式条款的一方采用的方式要能起到让对方注意的作用,如果不能引起对方的注意,那么,这种方式就不是合理的。具体而言,要求免责条款在合同文本上要被明显地标示出来。免责条款,是指当事人约定的排除或者减少未来合同责任的条款;此外,提供格式条款的当事人还有对格式条款进行说明的义务。就是对格式条款的有关内容进行介绍,并根据相对人的要求进行相应的解释;同时提请注意的时间要在订立合同过程中,即在合同成立之前。

（三）格式条款的无效

格式条款在以下几种情况下无效：

1. 符合《合同法》第五十二条规定的情形而无效

即格式条款在以下情况下是无效的：以欺诈、胁迫的手段订立的；恶意串通损害国家、集体、第三人利益的；以合法形式掩盖非法目的的；损害社会公共利益的；违反法律、行政法规的强制性规定的。

2. 符合《合同法》第五十三条规定的情形而无效

即因故意或者重大过失造成对方财产损失。

3. 免除提供格式条款一方当事人主要义务、排除对方当事人主要权利的无效

合同的主要义务是指同类合同通常情况下都应当规定的或者法律本来就规定了的义务。例如，提供合格的标的物的义务就是买卖合同出卖人的主要义务，当事人不能在合同中排除出卖人的产品质量责任。而对方的主要权利，一般认为应依合同性质确定。比如，买卖合同中，买受人有要求出卖人承担产品质量的责任的权利，这是买卖合同买受人的主要权利之一，如果合同的主要权利在合同的约定中被排除，这种约定为无效。

（四）格式条款的解释

对格式条款的解释属于合同解释的范畴。合同解释有广义与狭义之分。广义上的合同解释是人们对合同条款的含义在各自理解的基础上进行分析和说明，解释的主体包括合同当事人和其他人。狭义上的合同解释是受理合同纠纷的法院或者仲裁机构对合同条款的含义所作的有法律拘束力的理解和说明，狭义上的合同解释又称为有权的合同解释。对格式条款的解释，须遵循三个原则：

1. 通常理解原则

对格式条款解释应以一般人的、惯常的理解为准，而不应以格式条款拟定者的理解为依据，对某些特殊术语，也应作出通常的、通俗的、一般意义的解释，即依订约者通常具有的理解能力予以解释。

2. 不利条款提供人的原则

又称不利于条款制作人的原则。这项原则来自罗马法的"有疑义应为表意者不利之解释"原则，对于格式条款的解释适用此项原则，是为了限制提供格式条款的一方利用其优势地位损害另一方当事人的利益的情况发生。

3. 非格式条款优于格式条款的原则

格式条款是当事人为了重复使用而预先拟定，并在订立合同时未与对方协商的条款。非格式条款即个别商议条款，其效力应优先于格式条款。如果格式条款

与非格条款不一致,可视为提供格式条款的一方当事人放弃了格式条款而采用非格式条款。这样既尊重了当事人的意思,也有制于保护广大消费者。

案例分析

[案情]

刘岩系在校大三学生。2011年8月29日,刘岩与江苏淮安恒大房产公司签订一份商品房买卖合同,约定刘岩购买淮安恒大房产公司开发的恒大名都12幢3单元607号房,总价款为813 591元,刘岩应于合同签订之日支付首付款244 591元,余款56.9万元须在2011年8月29日前办理完毕银行按揭贷款申请手续。

双方在签订商品房买卖合同的同日,还订立了份补充协议,其中"关于银行按揭付款方式的约定"的条款约定:如买受人的按揭申请未获银行最终审批同意,买受人应在银行审批终了之日起5日内付清剩余房款。该份补充协议文本由淮安恒大房产公司提供,全文字号为"小五号",前述约定在补充协议中未作任何特别提示。淮安恒大房产公司在与其他买受人签订购房合同时,均签订了与前述内容一致的补充协议。

商品房买卖合同签订后,刘岩依约向淮安恒大房产公司交付了首付款244 591元,并办理了按揭贷款申请。后银行以刘岩为在校学生无还款能力为由,未予批准贷款申请。刘岩在与淮安恒大房产公司协商退房未果后,诉至法院,要求解除双方签订的商品房买卖合同并退还首付款244 591元。

[问题]

一是双方签订的商品房买卖合同补充协议中关于银行按揭付款方式的补充约定是否有效;二是刘岩是否有权单方解除商品房买卖合同。

[法律依据]

《合同法》第三十九条第二款规定:"格式条款是当事人为了重复使用而预先拟定,并在订立合同时未与对方协商的条款。"第四十条规定:"提供格式条款一方免除其责任、加重对方责任、排除对方主要权利的,该条款无效。"

《最高人民法院关于审理商品房买卖合同纠纷案件适用法律若干问题的解释》二十三条规定:"商品房买卖合同约定,买受人以担保贷款方式付款,因当事人一方原因未能订立商品房担保贷款合同并导致商品房买卖合同不能继续履行的,对方当事人可以请求解除合同和赔偿损失。"

[法律运用及处理结果]

根据《合同法》第三十九条第二款规定,本案中的商品房买卖合同补充协议,由淮安恒大房产公司提供,系其为重复使用而事先拟定且在订立合同时未与对方协商的条款。因此,关于银行按揭付款方式的补充约定系格式条款。

"付款方式及期限"系商品房买卖合同中的主要条款,淮安恒大房产公司作为专业从事房产开发与销售的企业,应遵循诚实信用与契约自由原则,在与购房人充分协商的基础上在合同正本中作出详尽的约定。但实际情况是,淮安恒大房产公司并未就如果贷款申请未获批准应如何付款与刘岩协商,而是以格式条款的方式要求:如银行贷款申请未获批准,则买受人应在5日内付清余款。该约定存在两个问题:首先,该格式条款所在的补充协议全文为"小五号",字体较小,淮安恒大房产公司对该条款未作任何加粗或变换字体等特别提示,且也未举证证明其在订约时提请刘岩予以充分注意,因此,该补充约定不能代表双方已就此形成合意;其次,商品房买卖的特点之一即是标的额巨大,对于选择以首付款与银行按揭相结合作为付款方式的购房人而言,如果按揭申请未获批准,则很难在短期内一次性付清余款,因此,该补充约定显然加重了购房人的付款义务。由此,法院认为,淮安恒大房产公司就支付房款的订约方式有违诚实信用原则,其拟定的格式条款,不仅违反了格式条款提供方应公平合理分配双方权利义务的法律规定,同时也显然加重了刘岩的合同义务,属于《合同法》第四十条规定的"加重对方责任"的情形。

最高人民法院《关于适用〈中华人民共和国合同法〉若干问题的解释(二)》第十条规定:"提供格式条款的一方当事人违反合同法第三十九条第一款的规定,并具有合同法第四十条规定的情形之一的,人民法院应当认定该格式条款无效。"根据上述规定,法院认定淮安恒大房产公司就付款方式的补充约定无效。

根据《最高人民法院关于审理商品房买卖合同纠纷案件适用法律若干问题的解释》第二十三条规定:"因不可归责于当事人双方的事由未能订立商品房担保贷款合同并导致商品房买卖合同不能继续履行的,当事人可以请求解除合同,出卖人应当将收受的购房款本金及其利息或者定金返还买受人。"本案中,刘岩虽向银行提交了贷款申请手续,但因其客观的学生身份导致申请未获批准,刘岩对此并不存在过错。在这种情况下,刘岩请求解除与淮安恒大房产公司订立的商品房买卖合同,依法应予准许,淮安恒大房产公司应当退还刘岩支付的首付款。

(案件改编自110法律咨询网"明显加重购房人付款义务的格式条款无效",www.110.com)

第六节 合同的解释

一、合同解释的概念

由于合同订立者受法律知识、语言文字能力理解等的限制,在实际操作过程中,可能会导致不同的人对合同文本得出不同的理解,由此往往会导致纠纷的发生。

合同解释是指对合同及其相关资料所作的分析和说明。合同解释有广义和狭义之分。广义而言,是指任何人都有权对合同及其相关资料的含义加以分析和说明。狭义的合同解释专指有权解释,即受理合同纠纷的法院或仲裁机构对合同及其相关资料所作的具有法律拘束力的分析和说明。

通过对合同的解释,能使合同条款的含义明确,便于当事人之间消除分歧,以实现合同的目的。

二、合同解释的原则

(一)文义解释原则

文义解释是通过对合同所使用的文字词句的含义的解释来确定当事人的真实意思。合同条款由语言文字所构成。欲确定合同条款的含义,必须先了解其所用的词句,确定该词句的含义。因此,解释合同必须由文义解释入手,合同解释的根本目的在于确定当事人的真实意思。但由于语言文字本身的多义性以及当事人本身的语言文字的驾驭能力等原因,可能会导致合同文本词句语义含混不清,合同用语往往不能准确地反映当事人的真实意思,有时甚至相反,这就要求合同解释不能拘泥于合同文字,而应从语法、逻辑等角度对合同予以全面考虑,探求当事人的真意。

(二)整体解释原则

整体解释是指把全部合同条款和构成部分看成一个统一的整体,从各条款及构成部分的相互关联、所处的地位和整体联系上阐明某一合同用语的含义。只有对合同的条款做相互解释,才能确定各个条款在整个合同中的真正意思。合同条款都是经双方当事人协商一致而达成,当事人意图通过语言文字在合同的整个内容中是有组织的,而不是毫无联系、彼此分离的词语排列,通过整体解释把有争议的条款或词语与其上下文所使用的词语联系起来,就能正确、合理地确定当事人的实际意图。同时也要注意到合同不仅有语言文字组成,还包括诸多其他行为和书面材料,在确定某一争议条款或词语的意思的过程中,应将这些材料放在一起进行解释,以便明确该条款或词语的真正意义。

(三) 目的解释原则

如果合同所使用的文字或某条款可以做两种以上解释时,应当采用最适合合同目的的解释。当事人订立合同均为达到一定目的,合同的各项条款及其用语均为达到该目的的手段。因此,确定合同用语的含义乃至整个合同的内容自然须适合于合同的目的。合同的目的,一般而言是当事人所欲追求的具体的经济或社会效果,这是合同目的意思的内容。对此,可分别按以下情况加以确定:

(1) 合同的目的应是当事人双方在合同中通过一致的意思表示而确定的目的;

(2) 当事人双方所欲达到的目的不一致时,以双方均已知或应知的表示于外部的目的为准;

(3) 合同的目的不仅指合同整体目的,还可区分为部分合同目的和条款目的,在进行目的解释时应予以兼顾。

(四) 参照习惯或惯例原则

在合同的文字或条款的含义发生歧义时,应按照习惯或惯例的含义予以明确;在合同存在漏洞,致使当事人的权利义务不明确时,参照习惯或惯例加以补充。当事人之间若存在交易习惯的,而这种交易习惯是在长期反复实践的基础上形成的,则通常当事人对这种交易习惯都存在着依赖,因此,习惯在一定的条件下,可以作为确定当事人内心意思的依据。

三、合同解释的方法

合同解释的方法亦即合同解释的具体规则,它是在合同解释原则指导下产生的合同解释的具体手段。根据实践经验和学者归纳,常用的合同解释规则有:

(1) "明示其一即排除其他"规则。如果当事人在合同中列明了特定的款项,未采用更为一般性的术语,其意图就是排除未列明的项目,尽管未列明的项目与列明的项目相类似。

(2) 特定性条款优于一般性条款规则。条款内容越具体特定,就越可能反映当事人的真实意图。

(3) 手写条款(词语)优于印刷条款规则。手写条款往往是当事人在印刷条款形成之后通过单独谈判而确定的条款,故应优于印刷条款。

(4)不利解释规则。如果一方提供的条款或用语可合理地作出两种解释时,应选择不利于条款或用语提供人的解释。

案例分析

[案情]

某车主向保险公司投保了机动车盗抢险等险种,后该车被盗,公安机关经侦查查明了车辆的下落,但因故致使车主不能取回被盗车辆。

车主为此向保险公司索赔遭到拒绝,车主便起诉到法院。在法院审理时,双方对保险条款中的"经公安机关立案侦查未获者"的理解存在争议,保险公司认为只要公安机关已查找到被盗车辆的下落,保险公司的责任应予免除;车主认为本人并未获得被盗的车辆,保险公司应承担赔偿责任。

[问题]

在对合同条款有不同解释时,法院会不会按照"不利解释"原则去判断。

[法律依据]

《合同法》第四十一条规定:"对格式条款有两种以上解释的,应当作出不利于提供格式条款一方的解释。"

[法律运用及处理结果]

不利解释原则的适用:为方便快捷,实务中一般采用标准格式条款来签订保险合同,但是:① 格式保险合同由保险公司备制并提供,很少反映作为合同另一方的投保人、被保险人或受益人的意思,他们一般只能表示接受或者不接受保险公司已拟就的条款;② 保险合同格式化的同时也实现了合同术语的专业化,保险合同所用术语非一般人士所能理解,客观上有利于保险公司;③ 保险公司因其对保险所具有的专业优势,使其对保险的熟悉程度远远超过投保人、被保险人或受益人。

以上原因使投保人、被保险人或受益人在订立保险合同的过程中明显处于劣势地位,保险合同也具有典型的格式合同的性质。因此,为了保护投保人、被保险人或受益人的利益,避免保险公司以事先拟订好的保险条款,来损害投保人、被保险人或受益人的合法权益,维护双方利益的平衡,一般遵循和适用关于保险格式合同的"不利解释"原则。

我国《保险法》第三十一条明确规定了"对于保险合同的条款,保险人与投保人、被保险人或者受益人有争议时,人民法院或者仲裁机关应当作有利于被保险人和受益人的解释"的原则,给予投保人、被保险人或受益人司法救济。《合同法》第四十一条也规定了对格式条款的理解有两种以上解释的,应当作出不利于提供格式条款一方的解释。

按照上述有关法律规定,适用"不利解释"原则一般应符合以下几个条件:

(1) 保险合同是由保险人事先拟就并提供的,相关保险条款符合格式合同或格式条款的特征;

(2) 对该保险条款有两种或两种以上相反的解释;

(3) 保险人与投保人、被保险人或受益人对该保险条款理解不同,且互相冲突。

法院对上述案例适用"不利解释"原则符合法律规定,实践中也起到了良好的效果。

不利解释原则适用的限制:我国《保险法》对"不利解释"原则规定过于原则,我们认为,"不利解释"原则不能滥用,为适应当今保险业务的开展及形势的变化,是否适用该原则应以实际情况而定。具体而言,以下几种情况适用该原则时应有所限制:

(1) 若保险合同的用语明确、清晰且没有歧义,没有解释的余地,即使对投保人、被保险人或受益人不利,也不应适用"不利解释"原则。

(2) "不利解释"原则是基于公平原则而产生的,如保险监管机构备案或审批时充分考虑到了投保人、被保险人或受益人的利益,保险条款对双方都很公平,该条款不构成格式条款,适用该条款并不会使投保人、被保险人或受益人处于不利地位,即没有适用"不利解释"原则的必要。

(3) 如果投保人、被保险人或受益人是一些大的公司或其他专业机构,具有充分的保险专业知识,其与保险公司订立保险合同及履行时并不一定处于劣势地位,发生争议时如适用"不利解释"原则恐有违该原则的立法初衷。

(4) 《保险法》中有许多保护投保人、被保险人或受益人合法权益的条款,如保险公司责任免除条款应"明确说明义务"等,适用这些条款足以保护投保人、被保险人或受益人的合法权益的,也就没有必要再适用"不利解释"原则。

(5) "不利解释"原则仅仅为解释保险合同的歧义条款提供了一种手段或者途径,它本身并不能取代或排除合同解释的一般原则,也不具有绝对性。如果保险合同条款能够通过其他解释使条款具有确定的含义,且对投保人、被保险人或受益人也公平,也可不适用"不利解释"原则。

根据以上法律规定的运用,法院经审理,以"不利解释"原则为依据判决保险公司向车主赔付。

(案例改编自110法律咨询网"'不利解释'原则的适用",www.110.com)

【本章思考题】

1. 要约与要约邀请的区别是什么？区别它们有何意义？
2. 缔约过错责任的表现形式有哪些？构成缔约过错要承担什么样的责任？
3. 承诺之时是否就是合同成立之时？
4. 怎样认定合同的实质性条款？
5. 《合同法》对格式合同有哪些限制？
6. 简述合同解释的原则。

第三章 合同的效力

教学要求

本章我们将学习《合同法》对合同效力认定的相关知识,通过学习,读者可以了解到合同生效的条件;合同无效的要件;在什么情况下,看似无效的合同,在一定情况下可以有效;在什么情况下,合同可以撤销等合同效力制度的知识,进而在合同实践过程中,能够把握合同的有效和无效。

第一节 合同的生效

合同本身不是法律,而只是当事人之间的协商一致,因此并不能具有与法律一样的效力。双方合一的合同,要在双方之间产生法律的约束力,合同必须有效。合同要生效,即合同要具有的法律拘束力。所谓法律拘束力,是指法律的强制性而言,即法律以其强制力迫使合同当事人必须按照其相互之间的约定完成一定的行为。所以合同的法律拘束力并非直接来自当事人的约定,而是由法律所赋予的。

一、合同生效的条件

合同生效,即合同发生法律效力。合同如何对当事人发生法律的效力,要具备以下几个条件:

(一)合同生效的时间

合同成立是合同生效的前提条件,如果合同不成立就谈不上合同生效的问题,合同成立以后,在合同符合生效条件时合同才能生效。由于在大多数合同中合同成立与合同生效是同时发生的,也就是说合同在成立之时也就生效了,因此,合同成立与合同生效的区别不易引起人们的注意。其实,合同成立与合同生效是两个不同的概念,两者的不同点主要表现在以下方面:第一,合同成立是解决合同是否存在的问题,合同成立制度主要表现了合同当事人的意志。合同生效是解决合同效力的问题,它体现了国家对合同关系的肯定或者否定的评价。第二,合同成立的效力与合同生效的效力不同,合同成立以后,当事人不得对自己的要约与承诺随意撤回,合同生效以后当事人必须按照合同的约定履行。第三,合同不成立的后果仅仅表现为当事人之间产生民事赔偿责任,这种责任一般为缔约过失责任。而合同无效的后果除了要承担一定的民事责任以外,还可能表现为产生行政上的和刑事上的责任。第四,对于合同不成立的问题,因其涉及至合同当事人的合意问题,若当事人不主张合同不成立,国家不会主动干预。而对于合同无效是否构成的问题,在一些情况下,如合同的内容违法,即使当事人不主张合同无效,国家也会主动干预。

我国《合同法》第四十四条规定:"依法成立的合同,自成立时生效。"

那么合同生效的时间应当是成立时,但是在《合同法》第四十四条的规定里,要合同生效还有一个前提条件,即"依法成立"。如果当事人签订的合同并不具有依法成立的条件,那么合同即便成立,但仍然无效。依法成立的合同是指应当具备合同成立要件的合同,即除了当事人之间的合意以外,依法成立的合同还要求其在各方面都符合法律的要求,具体说即在合同主体、合同内容、合同形式等方面都合法。

另外,有些合同,在依法成立的基础上,还要履行一定的手续,才能生效。有些合同,比如中外合资经营企业合同、中外合作经营企业合同,法律、行政法规规定合同的成立或者生效必须经有关部门批准、登记后才能成立。如果法律、行政法规规定合同的成立必须经过批准、登记,那么,当事人对合同的标的、数量等内容协商一致不算合同成立,只有经过批准、登记以后,合同才算成立。此外,法律、行政法规规定有些合同以批准、登记为合同生效的要件而非合同成立的要件,这时当事人达成合意以后合同就已经成立,但是只有经过批准、登记以后合同才能生效。批准登记时,才是合同生效的时间。

(二)附条件合同的效力

附条件的合同是合同当事人约定把一定的条件的成就与否作为合同效力是否发生或者消灭的依据的合同。当事人可以在合同中,对合同的效力附加一定的条件,这种条件是否满足与合同是否生效产生必然的关系。当事人对合同的效力可以约定附条件,这是当事人的权利,并不是法律规定的条件。

关于当事人之间在合同中所附的条件,是指合同当事人选定某种成就与否并不确定的将来事实作为控制合同效力发生与消灭手段的合同附款。合同附款是在合同中特别设定、借以控制合同生效效力的意思表示,是合同的特别生效要件,是合同的组成部分。在附条件的合同中,作为条件的事实必须具备以下要求:① 这种事实在合同成立时没有发生,即须为将来的不确定的事实。② 这种事实应该是可能发生的。如果依照一般人的理解,这种事实是完全不可能发生或者一定会发生的,也不能作为条件。③ 这种事实何时发生是无法预知的。④ 这种事实必须是合法的,标的违法或者严重不当的事实不能设定为条件。⑤ 这种事实是由当事人选定的,而不是法律直接规定。

根据某一事实的发生对合同效力影响的不同,可以将附条件的合同分为附生效条件的合同和附解除条件的合同。《合同法》第四十五条规定:"附生效条件的合同,自条件成就时生效。附解除条件的合同,自条件成就时失效。当事人为自己的利益不正当地阻止条件成就的,视为条件已成就;不正当地促成条件成就的,视为条件不成就。"附生效条件的合同是指合同生效以某种事实的发生作为条件的合同,即如果这种事实发生了合同就生效,否则就不生效。当事人一旦订立附生效条件的合同,合同的权利和义务就已经确定,但合同的效力还有待于生效条件是否成就,即作为条件的事实发生了,只有成就时,该合同才发生法律效力。附解除条件的合同是指已经发生法律效力的合同,当条件成就时,该合同失效,合同要解除,当条件不成就时,合同继续有效。同时附条件的合同一经成立,在条件成就前,当事人对于所约定的条件是否成就,应听其自然发展,而不能为了自己的利益,恶意地促使或者阻碍条件成就。如果以不正当行为恶意促成条件成就的,应视为条件不成就。相反,凡因条件成就而对其不利的当事人,如果以不正当手段恶意阻碍条件成就的,应视为条件已经成就。

(三) 附期限合同的效力

附期限的合同是指合同当事人约定一定的期限作为合同的效力发生或者终止的条件的合同。

"期限",是指合同当事人选定将来确定发生的事实以作为控制合同效力发生或者终止的合同附款。期限必须具备以下条件:① 期限是当事人约定的而不是由法律直接规定的;② 期限是将来确定要到来的事实,其到来在时间上是明确可知的;③ 作为期限的将来发生的事实必须是合法的。期限可以设定某个日历日期、一定期间的存续、一定行为或者不为一定行为的时间等方法。

同样附期限的合同根据期限对合同效力所起作用的不同,可以把合同分为附生效期限的合同与附终止期限的合同。《合同法》第四十六条规定:"当事人对合同的效力可以约定,附生效期限的合同,自期限届至时生效。附终止期限的合同,自期限届满时失效。"附生效期限的合同,是指合同虽已成立,但在期限到来之前暂不发生效力,待到期限到来时合同才发生法律效力。附终止期限的合同,是指已经发生法律效力的合同,这种合同在期限到来时,合同的效力消灭,合同解除。

二、对附条件与附期限合同

(一) 对附条件与附期限合同约束力的争议

《民法通则》和《合同法》对附条件和附期限的合同作了规定,角度虽然不同,但均规定"在条件成就或期限到来时生效或解除"。那么,在条件未成就或期限未到来时,合同是否具有约束力及具有何种约束力则是审判实践中经常遇到的问题。有观点认为,合同生效与否是合同是否具有约束力的依据,附延缓条件和附生效期限的合同自条件成就或期限到来时始具有约束力,但这种观点无疑为当事人任意毁约提供了前提和土壤。学术界和理论界普遍认为,附条件或附期限的合同成立以后,则已经在当事人之间产生了法律关系,双方均应受法律关系的约束。对一方或双方来说,因条件的可能成就而可能使其享受权利,或可能获得一定的利益,这种可能的或有希望获得的权利或利益,在不同的附条件和附期限合同中各不一样。在附停止条件和附生效期限的合同中,一方或双方都希望条件成就或期限到来时取得权利,故有的学者将这种权利称为"希望权";而在附解除条件与附终止期限的合同中,因为条件的成就或期限的到来使合同失效,权利将复归于原权利人,故学者将其称为"复归权"。这两种权利都是对将来的权利或利益的期待,又统称为"期待权"。那么在审判实务中对这种期待权应如何保护,目前仍缺乏系统的研究及规定。笔者认为,对期待权的保护应在现行法律规定的范围内依法予以保护。具体来说,主要包括以下三个方面:

(1) 在条件或期限未决期间,当事人仍应受其法律行为的约束,不得单方撤回或单方随意变更,否则应依约定或《合同法》承担违约责任;

(2) 当事人为自己的利益不正当地阻止条件成就的,视为条件已经成就;不正当地促成条件成就的,视为条件不成就。在这种条件下,当事人应承担履约或履约不能的责任;当事人过失行为致使履行不能的,在条件成就后相对人方可向其主张履行不能的责任;

(3) 第三人侵害期待权。因第三人的原因导致合同履行不能的,有人主张,应赋予期待权人对第三人的损害赔偿权,但目前这种主张没有法律依据。笔者认为,在这种情况下,没有必要赋予期待权人对第三人的损害赔偿请求权,因为依据合同他完全可以向相对人主张违约责任。

(二)对条件或期限是否可以成立的争议

合同所附的条件和期限必须可以成立,也称条件或期限可以容许,这是附条件或附期限合同成立的一个基本要求。但在具体案件中,对条件或期限是否可以成立的判断仍有争议。笔者认为,实践中应区分条件或期限的不同情况。

1. 所附条件是法定条件

所附条件必须是当事人自己选定的,是当事人意思表示一致的结果,而不是法律规定的条件。如果在合同中约定"何时土地收归大集体何时不承包",土地收归集体是法定条件,如果当事人约定的是法定条件,则应当认为合同未附条件,不影响主合同的效力。

2. 所附条件是不法条件

附条件合同中的条件,必须符合法律的规定和社会公共道德。在合同附有不法条件的情形下,合同是否有效呢?有学者认为,合同应无效,也有人认为,该条件无效,但合同仍然有效。笔者同意前一种观点,附有不法条件的合同应为无效。

3. 所附条件或期限是矛盾条件或期限

矛盾条件或期限是指当事人的意思表示与合同的内容相矛盾。如甲向乙表示:"如果丙偿还我某笔债务,就把这笔债务让与你。"或甲向乙表示,把房屋的所有权让与乙至某期限到来为止。在这种情况下,笔者认为,如果条件与合同的主要内容相矛盾,则应认为当事人之间并没有达成合意,合同没有成立。

案例分析

[案情]

甲打算卖房,问乙是否愿买,乙一向迷信,就跟甲说:"如果明天早上7点你家屋顶上来了喜鹊,我就出10万块钱买你的房子。"甲同意。乙回家后非常后悔。第二天早上7点差几分时,恰有一群喜鹊停在甲家的屋顶上,乙正要将喜鹊赶走,甲不知情的儿子拿起弹弓把喜鹊打跑了,至7点再无喜鹊飞来。甲认为甲乙之间的房屋买卖合同成立,乙认为没有成立。

[问题]

甲、乙之间约定买卖房屋的协议是否属于附条件合同。

[法律依据]

《合同法》第四十五条规定:"附生效条件的合同,自条件成就时生效。附解除条件的合同,自条件成就时失效。当事人为自己的利益不正当地阻止条件成就的,视为条件已成就;不正当地促成条件成就的,视为条件不成就。"第十条规定:"当事人订立合同,有书面形式、口头形式和其他形式。法律、行政法规规定采用书面形式的,应当采用书面形式。"

《中华人民共和国城市房地产管理法》第四十条规定:"房地产转让,应当签订书面转让合同。"

[法律运用及处理结果]

本案中涉及的买卖房屋合同属于附条件的合同,虽然乙有主观阻止条件成就的故意,但是在乙还没有实施行为的时候,甲的不知情的儿子把喜鹊打跑了,促使条件没有成就。因此,甲、乙之间的买卖合同成立了,但是因为条件没有成就而未生效。另外,《合同法》第十条规定:"当事人订立合同,有书面形式、口头形式和其他形式。法律、行政法规规定采用书面形式的,应当采用书面形式。"《中华人民共和国城市房地产管理法》第四十条规定,房地产转让,应当签订书面转让合同,合同中应当载明土地使用权取得的方式。因此甲乙之间的房屋买卖合同没有生效。

(案例来源:合同生效问题,www.110.com.)

第二节 效力待定合同的效力

有些合同在成立时,由于缺乏有效合同成立的要件,比如主体不合格,意思表示有缺陷等,从有效合同的角度来讲,这些合同应当是无效的。但是我国《合同法》将有些缺乏有效合同要件的合同,暂定为效力待定的合同。效力待定合同主要是因为有关当事人缺乏缔约能力、处分能力和代订合同的资格所造成的。效力待定合同可以因有权人的承认而生效,从而有利于促成更多的交易和维护相对人的利益。效力待定合同有成立效力,但其效果效力却有待确定。如果有权人对效力待定合同不承认的话,那么这类合同就不能生效。

一、限制民事行为能力人订立的合同

限制行为能力人依法不能独立订立的合同,因为不符合有效合同的主体要件。但是《合同法》第四十七条规定:"经法定代理人追认后,该合同有效。"关于限制民

事行为能力人在前章已经阐述,这里不加赘述。根据《民法通则》第十四条规定:"无民事行为能力的人、限制民事行为能力人的监护人,是他的法定代理人。"法定代理人可以直接依照法律规定的代理权进行代理活动的代理人。他有权是在限制民事行为能力人实施合同行为后,对此行为事后同意或者承认,使得原先缺乏有效要件的合同有效。与限制民事行为能力人订立合同的人,可以催告法定代理人在1个月内予以追认。但法定代理人未作表示的,视为拒绝追认。如果在订立合同时不知道对方是限制民事行为能力人,那么与限制民事行为能力人签订合同的一方,可以行使撤销权,但应当以口头或书面的方式通知对方。

《合同法》第四十七条规定,对"纯获利益的合同或者与其年龄、智力、精神健康状况相适应而订立的合同,不必经法定代理人追认"。"纯获利益的合同",是限制民事行为能力人接受奖励、赠与、报酬等只涉及获得利益而不承担任何义务的合同。"与年龄、智力相适应而订立的合同",一是指根据限制行为能力人的年龄状况和智力发育情况能够为他们完全理解的合同,如标的物为零食、价值较小的文具等等的买卖合同。

二、无代理权人以被代理人名义订立的合同

无权代理一般包括:① 行为人没有代理权,即行为人未经授权而代理他人订立合同。无权代理人实施代理订立合同的行为,根本未经被代理人的授权。② 无权代理人超越代理权的权限而订立合同。即代理人获得了被代理人的授权,但他实施的代理订立合同的代理行为,不在被代理人的授权范围之内。③ 代理权已经终止后仍以被代理人的名义订立合同。即代理人获得了被代理人的授权,但在代理证书所规定的期限届满后,代理人继续实施代理行为而以代理人的身份订立合同。④ 代理授权无效,即授权的人本身无资格授权。

无代理权人以他人名义订立合同,是一种效力待定的合同,而不是绝对无效的合同。这类缺乏代理权的合同,经过被代理人的追认,可以使无代理权人订立的合同有效,但如果不经过被代理人的追认,那么这种无代理权人订立的合同是无效的,对被代理人不发生效力。《合同法》之所以规定无代理权人以他人名义订立合同可因被代理人的追认而有效,主要基于有利于维护交易秩序和保护相对人利益的考虑,因为无代理权人的行为并非都对被代理人不利,而且相对人往往追求合同有效的法律效果。

相对人在知道对方是无权代理人以他人名义订立的合同,有催告权。相对人可以催促被代理人在合理的期限内明确答复是否承认无权代理行为。《合同法》规

定的合理期限为1个月。在1个月内被代理人未作明确答复的视为被代理人对无权代理行为不予以追认。不知道对方是无权代理人的善意相对人对无代理权人以他人名义订立的合同，还有撤回权。应当以口头或书面的方式通知对方。

三、无处分权人处分他人财产权利而订立的合同

无权处分行为是指无处分权人以自己的名义对于他人权利标的所实施的处分行为。无处分权人因为侵害了权利人的财产权利，会导致合同无效。因无权处分而订立的合同在权利人拒绝追认和处分人事后未取得权利的情况下是无效的。在权利人追认和处分人事后取得权利之前，该合同的效力处于待定状态。只有无处分权的人处分他人财产，经权利人追认或者无处分权的人订立合同后取得处分权的，该合同有效。

处分他人财产的行为包括财产的赠与、转让、设定抵押等。处分财产只能由享有处分权的人行使。即使是对共有财产享有共有权的共有人，也只能依法处分其应有的份额，而无权擅自处分共有财产。处分他人财产的行为为无权处分行为。

因无权处分行为而订立的合同在以下两种情况下是有效的：① 经权利人追认。对财产享有处分权的权利人，一般是财产的所有权人。当权利人同意无权处分行为的意思表示时，就等于权利人同意无权处分人处分他的财产。权利人的追认是一种单方的意思表示，目的在于使无权处分的行为具有法律效力。追认必须明确地作出意思表示。追认的意思表示可以直接向相对人作出，也可以向无权处分人作出。如果权利人事后向处分人作出追认，实际上是委托处分人处分自己的财产，在此情况下，合同的主体已经发生了变化，合同的一方当事人由处分人变成了真正享有财产处分权的人。② 无处分权人订立合同后取得处分权。无处分权人在订立合同时对某财产没有处分权，但在订立合同以后，由于继承、买受、受赠等原因取得了该项财产的处分权。无处分权人事后取得处分权也只能从原权利人处取得处分权，因此，无处分权人取得处分权是符合原权利人的意愿的，从而可以消除导致合同无效的因素，使合同有效。

四、表见代理

表见代理是善意相对人通过被代理人的行为足以相信无权代理人具有代理权，基于此项信赖善意相对人与无权代理人进行交易（订立合同），由此造成的法律效果由被代理人承担的代理。构成表见代理的，代理行为有效，由被代理人承担合同的责任。

表见代理制度的设立是为了保护善意相对人的信赖利益和交易的安全。表见代理具有以下要件：① 无权代理人并没有获得被代理人的明确授权。表见代理属于广义上的无权代理。但它与狭义的无权代理不同，狭义的无权代理非经被代理人追认不发生代理的效果，而在表见代理情况下，将直接发生代理的效果。② 客观上存在使善意相对人相信无权代理人拥有代理权的理由。③ 相对人为善意而且无过失，即相对人无从知道无权代理人没有代理权，而且这种不知情并非由于相对人的疏忽所致。

表见代理在无权代理、超越代理权、代理权终止后这三种情况会产生。不管是哪种情况，只要存在使相对人相信无权代理人有代理权的理由就会导致表见代理。对无权代理，只要是由于被代理人的行为，使相对人有完全的理由认为对方存在代理权的，就会构成表见代理；对超越代理权，如被代理人授予代理人一定的代理权，但事后又加以限缩，但相对人并不知情，这种不知情是由于被代理人未以与授权相同的方式让外界知道代理权被限缩的事实，在这种情况下相对人就有正当理由相信行为人有代理权；对代理权终止后，没有告知相对人，使相对人认为该行为人仍然是代理人。

只要构成表见代理的合同没有其他无效或者可撤销的原因，这种合同是有效的，被代理人不得以代理人无代理权，拒绝承担合同的责任。

在实践中，对表见代理的扩大应用的是法人或者其他组织的法定代表人、负责人的行为认定问题。《合同法》第五十条规定："法人或者其他组织的法定代表人、负责人超越代理权订立的合同，除相对人知道或者应当知道其超越权限以外，该代表行为有效。"

案例分析

[案情]

某矿泉水厂（以下简称甲方）为便于联系业务，扩大销路，聘请某机关后勤部门干部朱某当业务顾问并支付津贴。朱某未通过单位有关领导私自以单位的名义，与甲方签订了一份购销矿泉水合同，并采取欺骗手段偷盖了单位印章。合同签订后，朱某又拿着合同到机关下属单位要求按合同购买矿泉水。不久，某机关（简称乙方）领导得知此事，指令机关下属单位拒绝收货。为此，甲乙双方发生纠纷，甲方以乙方不履行合同为由起诉到人民法院，要求乙方履行合同义务并赔偿损失。

[问题]

朱某有权代表乙方签订合同吗?

[法律依据]

《合同法》第四十八条规定:"行为人没有代理权、超越代理权或者代理权终止后以被代理人名义订立的合同,未经被代理人追认,对被代理人不发生效力,由行为人承担责任。相对人可以催告被代理人在一个月内予以追认。被代理人未作表示的,视为拒绝追认。合同被追认之前,善意相对人有撤销的权利。撤销应当以通知的方式作出。"

[法律运用及处理结果]

此案中的朱某虽然是乙方的干部,但他不是乙方的法定代表人或负责人,他若以乙方名义与他人签订合同,必须由乙方的法定代表人授予其代理权方可。其法律依据是《合同法》第四十八条。但朱某在没有取得代理权的情况下,私下代表乙方与甲方签订合同,该行为是无权代理行为。对该代理行为,乙方事后又不予追认。因此,朱某以乙方名义与甲方签订的购销合同,对乙方不发生法律效力。甲方要求乙方履行合同的要求不能支持。甲方的损失,应由行为人朱某自行承担。乙方不承担任何法律责任。

(案例改编自《合同法经典案例汇编》第9题,wenku.baidu.com.)

第三节 合同的无效与撤销

一、合同的无效

无效合同是相对于有效合同而言的,它是欠缺合同的生效要件,自始、确定、当然不发生法律效力的合同。

(一)判断无效合同的依据

1. 一方以欺诈、胁迫的手段订立合同,损害国家利益

一方当事人故意告知对方虚假情况或者故意隐瞒真实情况,即故意欺骗他人而使他人陷入错误,从而作出错误意思表示而与之订立合同的行为为欺诈;一方当事人以非法的手段,以将来要发生的损害或者以直接施加损害相威胁,而使对方当事人产生恐惧并与之订立合同的行为为胁迫。欺诈、胁迫行为属于无效行为,只有该类行为损害国家利益时,合同才无效。损害的如果非国家利益的情况,我们将在可撤销行为中进行阐述。

2. 恶意串通，损害国家、集体或者第三人利益

合同当事人在明知或者应当知道某种行为将会损害国家、集体或者第三人利益的情况下而故意共同实施该行为。该行为无效。

3. 以合法形式掩盖非法目的

以合法形式掩盖非法目的是指当事人从事的行为在形式上是合法的，但在内容上是非法的或者目的是非法的。

4. 损害社会公共利益

公共利益是相对于个人利益而言的，它是指关系到全社会的利益，表现为某一社会应有的道德准则。损害社会公共利益的合同涉及的面比较广，例如：违反公平竞争的行为、损害普通消费者合法利益的行为、有赌博性质的行为、有损人格的行为等等，有些行为即使在法律上没有禁止性规定，也可能归属于损害社会公共利益的行为。损害社会公共利益的合同无效，是《合同法》的公共利益原则的体现。

5. 违反法律、行政法规的强制性规定

法律是指全国人民代表大会及其常务委员会颁布的，行政法规是国务院颁布的规章、命令、条例等行政法规。强制性规定是强制性的法律规范。合同无论违反义务性规范还是禁止性规范都是无效的。这类合同都称为违法合同。当事人订立违法合同，在认定违法合同无效时，一般只需证明存在违反法律的强制性规定的客观事实即可，至于这种合同是出于合同当事人的故意、过失还是对法律的无知，则在所不问。

(二) 免责条款无效的情况

合同的免责条款是指当事人约定免除或者限制其未来责任的合同条款。它是当事人协商同意的合同的组成部分，具有约定性。这与法律规定的不可抗力致使不能履行合同时不负责任不同。当事人可以约定免责事项，即在出现什么情况时会产生免责的问题；也可以约定免除的责任的类型和大小，即免除的是合同责任还是侵权责任，免除的责任是全部免除还是部分免除。免除条款必须是在合同中明示的，不允许以默示的方式作出，也不允许法官推定无效免责条款，是指没有法律约束力的免责条款。

免责条款虽然是当事人约定的，但是并不一定会产生法律约束力。约定的免责条款在以下情况下无效：

1. 造成对方人身伤害的

"人身伤害"是指对人身权的损害，人身权是民事主体依法享有的与其人身不可分离的权利，它包括人格权和身份权两方面的内容。自然人的姓名权、生命权、

健康权、肖像权和法人的名称权都属于人格权范畴,自然人和法人名誉权、荣誉权属于身份权的范畴。

2. 因故意或者重大过失给对方造成财产损失

"故意"是行为人预见到自己行为的结果并且希望其发生或者放任其到来的心理状态。"过失"是行为人对其行为的结果应当预见到或者能预见到但由于疏忽大意而没有预见到,或者虽然预见到而轻信其不会发生的心理状态。衡量行为人是否有过失,以行为人是否应有注意的义务为标准,如果能够注意而没有注意即为过失,情节严重的即为"重大过失"。因行为人故意或重大过失造成对方的物权、债权、知识产权中的财产权等方面的权利的损失,将不能免责。

二、合同的撤销

(一) 合同撤销的概念和特征

1. 合同撤销的概念

可撤销合同是指欠缺生效要件,但一方当事人可依照自己的意思使合同的内容变更或者使合同的效力归于消灭的合同。使合同的内容变更就是使违背当事人一方真实意思表示的那部分合同内容的效力消灭,也就是对合同部分内容的撤销,因此可撤销、可变更合同有时统称为可撤销合同。

2. 合同撤销的特征

可撤销合同主要是意思表示不真实的合同。可撤销合同的效力取决于当事人的意志,它是一种相对无效的合同,这不同于绝对无效的无效合同。可撤销合同制度之设立,体现了法律对公平交易的要求,同时又体现了意思自治原则。可撤销合同与无效合同既有相同之处,但又有不同之处,有自己的特点。它与无效合同的共同之处在于:两者都缺乏合同生效的要件;可撤销合同被撤销后与无效合同的法律后果相同,即对当事人自合同成立时就不具有法律效力。但是,这两者之间又有重大区别,无效合同严重违反法律规定,侵害国家利益、社会公共利益或他人利益,属于绝对无效的无效合同;而可撤销合同主要是当事人真实意思未能得以反映,其效力取决于当事人的意思,属于相对无效的合同。可撤销合同合同具有以下特征:

(1) 是否使可撤销合同的效力消灭,取决于撤销权人的意思,撤销权人以外的人无权撤销合同。也就是说只有合同受害一方当事人可以行使撤销该合同效力的权利,除此以外任何人无权撤销该合同;

(2) 可撤销的合同在未被撤销以前是有效的。即使合同具有可撤销的因素,但撤销权人未有撤销行为,合同仍然有效,当事人不得以合同具有可撤销因素为由

而拒不履行合同义务,拒绝履行合同义务的要承担违约责任;

(3) 撤销权一旦行使,可撤销的合同原则上溯及其成立之时的效力消灭。

(4) 受害人行使撤销权有一定的期限,法定期限届满未行使撤销权的,则丧失撤销权。

(二) 合同撤销的事由

《合同法》第五十四条作如下规定:"下列合同,当事人一方有权请求人民法院或者仲裁机构变更或者撤销:(一)因重大误解订立的;(二)在订立合同时显失公平的。一方以欺诈、胁迫的手段或者乘人之危,使对方在违背真实意思的情况下订立的合同,受损害方有权请求人民法院或者仲裁机构变更或撤销。"

1. 因重大误解订立的合同

重大误解订立的合同是指一方当事人因自己的过失导致对合同的内容等发生误解而订立合同的行为。重大误解有双方误解和单方误解之分,前者是指双方当事人对同一合同关系事实产生相同的认识错误,后者是一方当事人对合同关系事实产生错误认识。在实践中,重大误解一般表现为双方误解,单方误解并不多见。构成重大误解,应符合以下条件:

(1) 误解的一方当事人因为误解作出了意思表示。必须是误解人作出了意思表示,错误认识与其作出的意思表示之间存在因果关系,如果只是错误认识并未作出意思表示,则无法判断是否存在误解;

(2) 误解的当事人对合同的性质、对方当事人的身份、标的物的情况、价款或者报酬等方面发生了重大误解。也就是说误解人的真实意思与其在合同中表示出的意思不一致;

(3) 误解是由误解的一方当事人的过失造成的,而不是因为他方的欺骗或者不正当影响造成的。这种过失往往是由于误解人科学知识水平或者社会生活经验不足而导致错误的认识。

(4) 误解必须是重大的,误解涉及合同的重大事项,直接影响到误解人的重大权益,如果误解是轻微的,则并不涉及误解人的重大的权益,当然也不影响合同的效力。《最高人民法院关于贯彻执行〈民法通则〉若干问题的意见》第七十二条规定:"行为人因对行为的性质、对方当事人、标的物的品种、质量、规格和数量等错误认识,使行为的后果与自己的意思相悖,并造成较大损失的,可以认定为重大误解。"所以在社会实践中,重大误解可以表现为以下几种情况,① 对合同性质发生误解,如对无偿寄存误解为有偿寄存;② 对对方是谁发生误解,如误将新顾客当成老顾客,如果对于对方当事人的身份发生误解,属重大误解;③ 对标的物的性质发生误解,如误将某画作当成某名画家的真迹;④ 对标的物质量发生错误认识,如将等外品误认为优级品;⑤ 对标的物的品种产生误解,如将铝制品误认为不锈钢;⑥ 对标的物的价格发生误解,如将单件价格误认为双件套的价格等。

2. 在订立合同时显失公平

显失公平是指一方当事人在紧迫或者缺乏经验的情况下而订立的明显对自己有重大不利的合同的行为。最高人民法院的《关于贯彻执行〈中华人民共和国民法通则〉若干问题的意见(试行)》第七十二条规定:"一方当事人利用优势或者利用对方没有经验,致使双方的权利与义务明显违反公平、等价有偿原则的,可以认定为显失公平。"所谓利用优势是指一方利用自己拥有雄厚经济实力、先进技术或者优越地位,而使对方难以拒绝对其明显不利的合同条件。所谓无经验是指,欠缺一般的社会生活经验或者交易经验。显失公平的构成要件包括:

(1) 这类合同一般是有偿合同,无偿合同由于不存在对价问题,因而也就不存在双方利益不平衡,一般不会发生显失公平的问题。

(2) 合同内容明显违反公平原则。双方当事人的权利义务严重不对等,经济利益极其不平衡,一方当事人要承担的义务更多或者在经济利益上要承担更多的风险,而享受的权利微乎其微;另一方当事人享受的权利极多,获得经济利益显著,而承担的风险或义务极小,而且这种显著的利益失衡是能够通过一定的价格或收费标准加以确定的。

(3) 这种显失公平的结果是由于另一方当事人没有经验或者情况紧迫所致。一方当事人利用优势或者利用对方没有经验,而有与对方订立使双方权利义务明显违反公平、等价有偿原则的合同的故意。如果订立合同时形成的权利义务并非明显不公平,而是合同订立后由于客观情况发生变化,致使合同履行对当事人不公平,这不属显失公平,而应按照情势变迁原则处理,这对于区分订立合同时的显失公平与正常的商业风险是有意义的。

3. 一方以欺诈、胁迫的手段或者乘人之危,使对方在违背真实意见的情况下订立的合同

一方以欺诈、胁迫的手段或者乘人之危,使对方在违背真实意思的情况下订立的合同,根据《合同法》第五十二条的规定是无效合同,但是与违法合同以及损害国家、集体利益的合同不同,这种合同受害的只是受欺诈、受胁迫、被乘人之危的一方当事人,根据意思自治的原则,受害方可以有选择合同效力的权利,即可以撤销或者变更合同而使合同无效,也可以直接请求人民法院或者仲裁机构确认合同无效,还可以使合同保持有效。根据《最高人民法院关于贯彻执行〈民法通则〉若干问题

的意见》第六十九条规定:"一方当事人乘对方处于危难之机,为争取不正当利益,迫使对方作出不真实的意思表示,严重损害对方利益的,可以认定为乘人之危。"据此,乘人之危订立的合同是指行为人利用他人的危难处境或者紧迫需要,为争取不正当利益,迫使对方接受明显不公平条件而订立的合同。构成乘人之危的合同,应具备下列要件:

(1) 行为人要具有乘人之危的主观故意,如果行为人不知对方的危难处境或紧迫需要而与其订立合同,当然不能以乘人之危为由申请变更或者撤销该合同。因此,在确定行为人具有乘人之危的主观故意时,应以明知对方当事人确实存在危难处境或者紧急需要为前提条件。

(2) 作为受害人而言,其必须处于危难处境或者紧迫需要,急需他人提供帮助,被迫接受了不利条件。

(3) 行为人实施了乘人之危的行为,行为人乘对方当事人处于危难或者紧迫需要,如对方当事人生命垂危急需抢救治疗,经济窘迫急需帮助,或者急需获得某种劳务服务等,行为人乘机提出苛刻条件,争取不正当利益。

(4) 受害人被迫订立合同而遭受严重损失,行为人通过乘人之危的行为,非法争取不正当利益,使受害人蒙受重大损失,如果受害人所受损失并不严重,尽管合同订立不是自愿的,但也可以接受该合同,无需提出申请变更或者撤销该合同。以上所述的因重大误解订立的合同、显失公平的合同,以欺诈、胁迫的手段以及乘人之危订立的合同,都是属于可变更或者可撤销的合同。这些合同一般仅涉及一方当事人的利益,受害方为维护自己的合法权益,可依法行使变更权和撤销权。

三、撤销权的消灭

撤销权的消灭是指依照法律的规定本应当有撤销权但是由于其他原因而使撤销权丧失的现象。

可撤销合同一般只涉及一方当事人意思表示不真实的问题,如果这一方当事人自愿接受这种合同,则法律准许该合同有效。但如果撤销权人长期不行使撤销权时,那么,会导致一些合同的效力不能确定,有损于对方当事人的正当利益,也不利于社会经济秩序的稳定。因此,法律规定撤销权人行使撤销权要经过一定的期间。

根据《合同法》第五十五条规定:"有下列情形之一的,撤销权消灭:(一)具有撤销权的当事人自知道或者应当知道撤销事由之日起 1 年内没有行使撤销权;

(二)具有撤销权的当事人知道撤销事由后明确表示或者以自己的行为放弃撤销权。"

这就规定了撤销权的行使期限与撤销权的放弃。

撤销权应当在自知道或者应当知道撤销事由1年内行使,这1年的时限是除斥期间,除斥期间是法律规定的某种权利的存续期间,期间届满后,权利归于消灭。除斥期间不能中止、中断或者延长。具有撤销权的当事人根据《合同法》第五十四条规定的可以行使撤销权的情况,如因重大误解订立合同或者显失公平等,在事实上已经知道或者根据一般情况其应当知道行使撤销权的情况下,请求向人民法院提起诉讼或者向仲裁机构申请仲裁撤销合同或者部分撤销合同。

撤销权的抛弃是在当事人知道撤销事由以后进行的。当事人知道撤销事由的时间因订立合同时的情况不同而有所不同,一般而言,对于重大误解的合同,误解的一方当事人往往要在合同订立以后才知道自己误解的事实,对于显失公平的合同、乘人之危订立的合同和一方以胁迫手段订立合同,当事人往往在订立合同的当时就知道了撤销事由。可撤销的合同一般存在一方当事人的真实意思表示不真实的情况,而当这一方当事人知道了撤销事由以后,法律应当允许当事人自己选择合同的效力,既可以撤销合同,也可以对可撤销的合同的效力予以承认,承认以后的可撤销合同就体现了双方当事人的真实意思表示了。如果当事人承认可撤销合同,即放弃了撤销权。这种放弃撤销权有两种形式:一是"明确表示",就是指撤销权人向合同的另一方当事人明确表示对合同不予变更或者不予撤销。即享有撤销权的当事人向另一方当事人口头形式或者书面形式放弃撤销权,这种明确表示应该是其真实意思的表示。二是"以自己的行为放弃撤销权",即享有撤销权的当事人在知道撤销事由后,虽然没有明确表示放弃撤销权,而是以自己的行为放弃了撤销权,如明知合同可以撤销,仍继续履行合同规定的义务,或者接受对方的履行,这些行为可以认定权利人以自己的行为放弃了撤销权。

四、无效合同和被撤销合同的效力

(一)自始没有法律约束力

自始没有法律约束力,也即自始无效,是指合同一旦被确认为无效或者被撤销,就将产生溯及力,使合同从订立之时起就不具有法律约束力,以后也不能转化为有效合同。无效的合同和被撤销的合同都是自始无效。但是,无效合同与可撤销合同存在一定区别,无效合同属于绝对无效,而可撤销合同属于相对无效。由于无效合同的违法性和对社会的严重危害性,对其效力的确认,人民法院和仲裁机构可依法审查,无需当事人主张无效;而可撤销合同主要是未能表示当事人的真实意思,因此法律将撤销合同的权利赋予撤销权人,撤销权人可以依法行使撤销合同的权利,但也可以承认合同的效力。无效合同自始、确定、当然无效,对其效力的认定不允许当事人有任何选择的余地;而对于可撤销合同,撤销权人可以主张变更内容,也可以主张撤销,还可以不主张变更或者撤销,使合同继续有效。此外,可撤销合同在未被撤销之前是有效的,而且,如果撤销权人未在除斥期间内行使撤销权,合同同样是有效的,拒不履行是要承担违约责任的。

(二)合同的部分内容无效

合同部分无效是指合同的部分内容无效。无论是无效合同还是被撤销的合同,如果其无效或者被撤销而宣告无效只涉及合同的部分内容,合同的其他部分仍然有效。因为合同往往由众多条款构成,如合同主体;标的;数量;质量;价款或者报酬;履行期限、地点和方式;违约责任;解决争议的方法等,其中有些条款的内容能决定合同的性质和整体效力,这些条款无效将导致整个合同无效。例如,将毒品作为买卖合同的标的物的,就属于违法合同,整个合同无效。但是,也有一些条款具有相对的独立性,与合同整体具有可分性,这部分条款被确认无效时,并不从整体上影响合同的有效性,整个合同的效力继续存在。合同部分无效,不影响合同其他部分的效力的,则其他部分仍然有效。但合同部分无效必须具备两个条件:① 合同内容是可分的。如果合同是不可分式的,合同的条款之间没有相对的独立性,一些条款的无效,会使整个合同无效;② 合同无效或者被撤销的部分必须不影响合同其他部分的效力。就是合同无效或者被撤销的部分与其他部分之间没有直接的、必然的联系,其他部分不含有导致合同部分内容无效或者被撤销的因素。

(三)有关解决争议方法的条款有效

《合同法》第五十七条规定:"合同无效、被撤销或者终止的,不影响合同中独立存在的有关解决争议方法的条款的效力。"合同中解决争议的方法条款具有相对的独立性,不受合同无效、变更或者终止的影响。

不管是自始不发生法律约束力的无效合同,还是合同当事人对合同内容的修改或者补充的变更合同,抑或是消灭没有溯及既往的合同终止,都不影响合同中独立存在的有关解决争议方法的条款的效力。

"解决争议方法"的条款是指规定解决争议方法内容的合同条款。它是存在一个合同名下的另一个有关解决纠纷方法的合同。在合同正常履行的情况下,解决争议方法条款并不需要实施或履行,与此相反,正是在合同履行中发生争议,或者合同变更、解除、终止及无效时，才因此得以实施，这一条款具有独立存在的特点。"解决争议的方法"，是指合同当事人解决合同纠纷的手段、地点，手段包括仲裁、诉讼，地点是关于仲裁、诉讼的管辖机关的地点。合同争议的内容涉及面广，它包括合同本身的争议（合同是否成立）、合同在效力上的争议（是有效还是无效）、当事人履行合同的争议（是违约还是没有违约）、违约方承担责任的大小的争议等等，因此，此条款具有相对的独立性，其效力不受合同无效、合同变更、合同终止的影响，当然，解决争议方法的条款并非一律都是有效的，解决争议方法的条款也存在无效的情况，如当事人排除诉讼作为解决争议的方法的约定就是无效的。此外，如果解决争议方法的条款约定不明确，当事人之间会对该条款存在不同的解释和理解。

五、合同被确认无效和被撤销后的法律后果

无效合同和被撤销合同的法律后果，就是指合同被确认为无效或者被撤销以后会出现法律上规定的一些结果，这些结果不是合同当事人订立合同时所期望发生的结果。合同被确认无效和被撤销后的法律后果，导致合同从订立之日起无效；不发生当事人订立合同时所期望的法律效果，但是，并不是不产生任何后果，实际上当事人之间产生了新的债权债务关系，这种新的债权债务关系是建立在法律规定的基础上的，为此，《合同法》第五十八条明确规定："合同无效或者被撤销后，因该合同取得的财产，应当予以返还；不能返还或者没有必要返还的，应该折价补偿。有过错的一方应当赔偿对方因此所受到的损失，双方都有过错的，应当各自承担相应的责任。"这就明确了无效合同和被撤销合同在民法上有返还财产和赔偿损失两种法律后果。

（一）返还财产

合同被确认无效或者被撤销之后，当事人根据合同所取得的财产应当返还给对方。这就是说一方当事人在准备履行合同和实际履行合同过程中从对方实际得到的财产应当返还给对方。返还财产有单方返还和双方返还两种方式，如果双方当事人都取得了对方交付的财产，则应该双方返还财产；如果只有一方当事人取得了财产，则只存在单方返还财产的问题。返还因合同取得的财产，应该包括该财产及其孳息和所支付的费用，旨在恢复当事人订立合同前的财产状况，即以恢复原状为原则。

返还财产应以能返还为前提，如果不能返还或者没有必要返还的，则应折价补偿。不能返还有事实上不能返还和法律上不能返还两种情形。事实上不能返还指由于某种客观事实而导致财产无法返还,例如,原物灭失而且无替代品、商业秘密的泄露等。法律上的不能返还是指取得财产的当事人已转让给善意第三人,也就是讲,善意第三人取得该财产的所有权是正当的合法的。没有必要返还指根据实际情况,双方当事人经协商后同意不必采用返还原物的方式。在交付财产不能返还或者没有必要返还的情况下,应当折价补偿。根据恢复原状的原则,对取得的财产折合成货币补偿。

(二)赔偿损失

无效合同或者被撤销合同之所以能订立,或者是由于一方当事人的过错,或者是由于双方当事人都有过错。对于因故意或者过失导致合同无效或被撤销的当事人,不能仅仅恢复双方当事人订立合同前的财产状况了事,法律要求凡对合同无效或被撤销有过错的一方当事人,必须赔偿另一方当事人因此而遭受的损失;如果双方都有过错给对方造成损失的,适用过错相抵的原则,应当各自承担相应的责任,以给过错方必要的惩戒。这种损害赔偿责任的构成要件是:① 要有损失事实的存在,即当事人确因合同无效或者被撤销而蒙受损失;这种损失必须是实际发生的损失,包括两个方面:一是在订立合同过程当中所遭受的损失;二是履行合同时所遭受的损失。② 赔偿义务人有过错,即赔偿义务人对合同无效或合同被撤销有主观过错,包括故意或过失,大多是违反了法律的强制性规定。③ 过错行为与损失之间有因果关系,一方当事人所受到的损失确系赔偿义务人的过错行为造成,两者之间存在必然的因果关系。双方或者一方的全部损失,适用过错相抵的原则,由双方根据自身过错的程度和性质,各自向对方承担相应的责任,而不是简单地各自承担自己的损失。如果当事人故意订立违法或者违反社会公共利益的合同而给自己造成财产损失,应由自己承担损失。

(三)收归国家所有或者返还集体、第三人

《合同法》第五十九条规定:"当事人恶意串通,损害国家、集体或者第三人利益的,因此取得的财产收归国家所有或者返还集体、第三人。"使用这一条的前提是"当事人恶意串通",即合同当事人在明知或者应当知道某种行为将会损害国家、集体或者第三人利益的情况下而故意共同实施该行为。在当事人恶意串通订立的合同中,当事人存在共同的过错,而且是故意的,所以此类合同因明显违法而为无效合同,导致合同无效的当事人理应受到制裁。对损害国家利益的无效合同,当事人一方或者双方取得的财产都应当收缴而归入国库。对因损害集体利益的无效合同而取得的财产应当返还给集体。对因损害第三人利益的无效合同而取得的财产应当返还给第三人。

表 3-1　无效合同与可撤销合同的区别

区别	无 效 合 同	可 撤 销 合 同
概念	无效合同是欠缺合同的生效要件,自始、确定、当然不发生法律效力的合同。	可撤销合同是指欠缺生效要件,但一方当事人可依照自己的意思使合同的内容变更或者使合同的效力归于消灭的合同。
依据	1. 一方以欺诈、胁迫的手段订立合同,损害国家利益; 2. 恶意串通,损害国家、集体或者第三人利益; 3. 以合法形式掩盖非法目的; 4. 损害社会公共利益; 5. 违反法律、行政法规的强制性规定。	1. 因重大误解订立的; 2. 在订立合同时显失公平的; 3. 一方因欺诈、胁迫的手段或者乘人之危,使对方在违背真实意思的情况下订立的合同。
特征	1. 无效合同自始没有法律约束力; 2. 合同部分无效,不影响其他部分的效力的,其他部分仍然有效; 3. 合同无效不影响解决争议方法的条款的效力。	1. 是否使可撤销合同的效力消灭,取决于撤销权人的意思,撤销权人以外的人无权撤销合同。 2. 可撤销的合同在未被撤销以前是有效的。 3. 撤销权一旦行使,可撤销的合同原则上溯及其成立之时的效力消灭。 4. 受害人行使撤销权有一定的期限,法定期限届满未行使撤销权的,则丧失撤销权。
法律后果	1. 返还财产; 2. 赔偿损失; 3. 收归国家所有或者返还集体、第三人。	1. 返还财产; 2. 赔偿损失。

案例分析

[案情]

李某酷爱收藏,并且具有相当的古玩鉴赏能力。其家中收藏有一商代酒杯,但由于年代太久远,李某无法评估其真实价值,而只能大略估计其价值在10万元以上。某日,李某将该酒杯带到一古董店,请古董店老板鉴赏,店老板十分喜欢该酒杯,并且知道其价值不下百万元,于是提出向李某买下该酒杯,出价为50万元。李某对此高价内心十分满意,但仔细一想,心知该酒杯价值绝对超过50万元,如果拍卖,超过百万元也有可能。但苦于拍卖成本过高,自身也没有条件拍卖。于是,李某心生一计,同意将酒杯卖给古董店老板,待日后古董店老板高价卖出后再主张合同可撤销,要求变更合同。结果,古董店老板通过拍卖,酒杯被卖到1000万元。此后,李某向法院主张合同显失公正,要求古董店老板至少再补偿900万元。

[问题]

李某可否以显失公平来主张买卖合同可撤销?

[法律依据]

《合同法》第五十四条规定:"下列合同,当事人一方有权请求人民法院或者仲裁机构变更或者撤销:(一)因重大误解订立的;(二)在订立合同时显失公平的。一方以欺诈、胁迫的手段或者乘人之危,使对方在违背真实意思的情况下订立的合同,受损害方有权请求人民法院或者仲裁机构变更或撤销。"

[法律运用及处理结果]

根据我国《合同法》规定,显失公正的合同属于可撤销或可变更合同,本案中的买卖合同不属于此种情况。首先,李某具有相当的古玩鉴赏能力,虽然他不知道酒杯的真实价值,但内心已经知道其价值绝对超过50万元,在此情况下他仍然将酒杯卖给古董店老板,法律上就应该推定其意思表示真实有效,而不属于因缺乏经验导致判断失误的情形,因此李某与古董店老板的买卖合同已经成立,双方意思表示真实并且一致,合同有效;其次,李某将酒杯卖给古董店老板的时候,就已经准备事后主张合同变更,因此当然不存在被骗或者失误的情形,相反,李某心知肚明,不属于合同显失公正;再次,李某主张合同显失公正属于恶意,不应得到支持。根据上面分析可知,法院不应支持李某的请求,应认定合同有效。

(案例改编自合同法典型汇编10,wenku.baidu.com)

【本章思考题】

1. 何谓表见代理?表见代理的构成条件是什么?
2. 简述判断合同无效的依据以及其效果。
3. 简述导致合同撤销的事由及其效果。
4. 简述无权代理的表现形式及其法律后果。

第四章 合同的履行

教 学 要 求

通过本章的学习,读者可以了解我国《合同法》对合同履行过程中出现的种种问题的具体规定,掌握合同履行的法定的原则;合同内容没有明确或约定不明时的处理;履行承担问题;双务合同履行中的抗辩权问题;特殊履行问题;合同债权的保全制度等学习内容。

第一节 合同履行的概念和原则

合同的履行主要是当事人实施给付义务的过程。

一、合同履行的概念

合同的履行是指债务人全面地、适当地完成其合同义务,使债权人的合同债权得到完全实现,是给付行为和给付效果的统一。如交付货物、完成工作、提供劳务、支付价款等等,从而使合同目的得以实现。合同履行,是合同生效以后,合同当事人依照合同的约定实施属于合同标的的行为。

给付行为和给付效果的统一实际上是给付行为的两种状态,从静态和抽象的角度作为合同关系赖以存在的基础而言,给付行为即债务人必须实施的行为(作为和不作为)。从动态的角度而言的,指的是给付的效果,是债务人实施给付的行为,即债务人在履行期限内履行自己的义务,故又称为"履行"或者"清偿"。将第二种状态的给付定位于满足债权的层面,可称为"履行",而定位于满足债权而使合同终止的层面,则为"清偿"。

合同的履行是《合同法》的核心内容,具体表现在以下方面:合同的订立是为了履行合同,合同成立是合同履行的前提;合同的效力既有合同履行之意又是合同履行的依据所在;合同的变更和转让只不过是履行主体的变更,不是对合同履行的否定;合同的终止与合同的履行在保护当事人的合法权益上是一致的;违约责任的制度也能促使债务人履行合同。

二、合同履行的原则

合同履行的原则,即按照合同约定履行义务并且要遵守诚实信用原则。《合同法》第六十条规定:"当事人应当按照约定全面履行自己的义务。当事人应当遵循诚实信用原则,根据合同的性质、目的和交易习惯履行通知、协助、保密等义务。"那么《合同法》的原则分别包括以下内容:

(一)全面、适当履行原则

全面、适当履行原则,即当事人应当按照合同的约定全面履行自己的义务,又称正确履行原则。合同当事人应当依照合同规定的标的、质量、数量、履行期限、履行地点、履行方式等内容完成自己应尽的义务。按照约定履行,既要全面履行合同义务,又要正确适当履行合同义务。

(二)诚实信用原则

诚实信用原则是《合同法》的基本原则,该原则当然适用于合同履行。诚实信用原则在《合同法》中主要表现在如下几个方面:① 当事人在订立合同的过程中,要真实地向对方当事人陈述与合同有关的情况。② 合同订立以后,当事人要认真准备与履行合同有关的工作。③ 在合同履行的过程中,在积极履行合同和法律规定的义务的同时,也要履行依据诚实信用原则而产生的各种附随义务,包括相互协助、照顾,即当事人在履行合同过程中要互相合作,像对待自己的事务一样对待对方的事务,不仅要严格履行自己的合同义务,而且要配合对方履行义务,不隐瞒合同标的物的瑕疵等。④ 在合同履行完毕后,也要履行依据诚实信用原则而产生的各种附随义务,比如保守对方的商业秘密的义务。当事人在履行合同中对属于对方当事人的商业秘密或者对方当事人要求保密的信息、事项不能向外界泄露。⑤ 在当事人就合同条款发生争议时,要依据诚实信用原则对合同进行解释,公平合理地确定双方的权利义务。

(三)情势变更原则

情势变更原则是指在合同依法成立后,因不可归责于双方当事人的原因,发生了不可预见的情势变更,致使合同的基础丧失或动摇,若继续维持合同原有效力,则显失公平,允许其变更、解除合同的原则。但一方因客观情况必须变更合同或者因不可抗力致使合同不能履行时,都应当将有关重要的事项、情况及时通知双方当事人。

（四）经济合理的原则

除了履行通知、协助、保密等诚实信用原则义务以外,当事人还应当履行其他义务,如提供必要的条件和防止损失的扩大。提供必要的条件是指当事人在履行合同中为对方当事人履行合同创造必要的方便条件,该项义务与协助义务紧密相连。当事人相互之间有协助履行的义务；就必须要为对方提供必要的条件。防止损失扩大是在合同履行过程中因某种原因致使当事人遭受损失,双方在有条件的情况下都有采取积极措施防止损失扩大的义务,而不管这种损失的造成与自己是否有关。《民法通则》第一百四十四条规定:"当事人一方因另一方违反合同受到损失的,应及时采取措施防止损失的扩大；没有及时采取措施致使损失扩大的,无权就扩大的损失要求赔偿。"

案例分析

[案情]

2008年2月,甲欠乙20 000元,并出具了欠条一张,欠条上约定甲于2009年2月份还清,2008年5月17日,乙以妻子精神病加重,女儿因草莓状血管瘤疾病急需入院做手术等情形,向人民法院提起诉讼,请求甲偿还所欠款项。

[问题]

本案乙能否用情势变更原则请求法院解除合同。

[法律依据]

情势变更原则是指在合同依法成立后,因不可归责于双方当事人的原因,发生了不可预见的情势变更,致使合同的基础丧失或动摇,若继续维持合同原有效力,则显失公平,允许其变更、解除合同的原则。在目前《合同法》没有规定情势变更原则的情况下,法院可以依据《合同法》第四条规定的"公平原则"和第五条规定的"诚实信用原则"来处理合同履行中因情势变更而产生的显失公平的问题。

[法律运用及处理结果]

情势变更原则运用的要件是:① 客观上,必须有情势变更的事实。这是适用情势变更原则的前提条件。所谓"情势"是指合同成立时所依赖的客观情况;所谓"变更"是指"合同赖以成立的环境或基础发生异常变动"。这里的"客观事实",指一切可能导致合同基础动摇的客观情况,包括自然灾难、意外事故、战争爆发、国家经济政策及社会经济环境的巨变等。客观情势的变化时刻存在,但一般变化不会引起情势变更原则的适用,必须有重大的异常变动致使合同的法律基础丧失时才可适用。② 主观上,情势变更是当事人在订立合同时所不可预见并不可避免的,双方当事人在心态上都不存在过错。不可预见,是指双方当事人没有预见且不可能预见,以合同成立之时具有该类合同所需要的专业知识及正常思维在当时情况下不可能预见为准;应当预见而没有预见的不适用。不可避免,是指事前无法预防,事后尽一切措施也无法消除其影响。③ 时间上,情势变更事由必须是发生在合同有效成立后至合同终止履行前。合同成立以前的情势,无论当事人在订立合同时是否知晓,其作为合同成立的基础都是确定的,无法改变的,不存在变更问题。合同履行完毕后,情势的变更不可能对合同产生任何影响,即使出现了情势变更情形,当事人也不能主张。④ 责任上,情势变更发生的事由须不可归责于双方当事人的事由。双方或一方当事人对情势变更的发生有过错的,不适用情势变更原则。⑤ 结果上,因情势变更会导致合同的履行显失公平。这是情势变更原则的核心要件。情势变更原则只有在合同赖以成立的基础发生巨大变化,致使继续履行将显失公平,导致一方明显有利,另一方明显受损,双方当事人的利益严重失衡时才适用;如果影响轻微,则不适用。⑥ 目的上,情势变更原则的适用,在于消除合同因情势变更而出现的不公平后果,维护双方当事人之间的衡平利益,从而维护市场交易的秩序。⑦ 救济上,必须是当事人无法获得别的救济。如果当事人能从其他途径获得应有的救济,从而减少或消除情势变更的影响,则不适用该原则。⑧ 解决上,情势变更发生后,应先由双方当事人协商解决,如果协商不成,则必须由当事人向人民法院或仲裁机构申请予以裁定是否变更或解除合同。未经人民法院或仲裁机构裁定,一方或双方当事人不得自行变更或解除合同。

至于情势变更的效力,是指由于情势变更发生所引起的法律后果。主要表现为变更合同和终止合同两个方面:① 变更合同:指当事人向人民法院或仲裁机构申请,经法院或仲裁机构审查认为情势变更的情形存在,但认为合同尚有履行的价值时,通过变更合同衡平当事人之间的利益,使合同在公平的基础上得以履行。其变更措施主要有:增减标的数额的给付、延期或分期履行、变更给付物、拒绝先为履行等。② 终止合同:又称解除合同,指法院或仲裁机构通过审理认为合同的履行已无意义或通过变更并不能消除不公平结果,则终止合同关系,彻底消除不公平现象。需要注意的是,并非情势变更出现后当然导致合同的变更或解除。情势变更原则是否适用于具体案件,适用时是发生合同变更的效力还是发生合同解除的效力,当事人虽有权主张,但由法官或仲裁机构最后决定。

本案中借款合同成立之后,合同赖以成立的环境或基础发生异常变动,从民事行为应当尊重社会公德的角度,为了避免双方当事人按约定履行会造成利益失衡的结果,应判令被告提前偿付原告所欠款项。

(案例改编自110法律咨询网"情势变更原则的适用",www.110.com)

第二节 合同内容没有约定或约定不明时的处理

合同生效后,当事人就质量、价款或者报酬、履行地点等内容没有约定或者约定不明可以按照以下步骤处理。

一、双方当事人协议补充

合同成立是当事人对合同的标的、数量等内容协商一致。合同成立以后只要合同符合生效要件,合同就对当事人有约束力。因此,当事人对合同条款的约定应当明确、具体,以便于合同的履行。但是由于某些当事人订立合同知识的欠缺、认识上的错误以及疏忽大意等原因,在合同订立过程中,欠缺某些合同条款或者条款约定不明确,致使合同难以履行。在这种情况下,当事人可以对没有约定或者约定不明确的合同内容通过协商的办法补充协议,该协议是对原合同内容的补充,因而是原合同的组成部分。这种规定提高交易的效率。因为合同只是欠缺个别条款,但这种欠缺不能否认当事人有订立合同的意思表示的事实,也不能否认当事人就合同的大部分内容协商一致的事实,因此一味地确认合同不成立(或者合同无效)还不如通过协商的办法确认这些合同内容,以此鼓励交易。

二、是按照合同有关条款或者交易习惯确定

当合同当事人不能达成补充协议的,还可以按照合同有关条款或者交易习惯确定。它是指在合同当事人就没有约定或者约定不明确的合同内容不能达成补充协议的情况下,可以结合合同的其他方面的内容确定,或者按照人们在同样的交易中通常采用的合同内容而确定。

按照合同有关条款或者交易习惯确定,是关于合同条款约定不明确的补充性

法律规定。它适用的条件有两个：一是已经成立、生效的合同；二是它只适用于部分常见条款的欠缺或者条款不明确，这些条款主要是质量、价款或者报酬、履行地点、履行方式等。这些条款一般是各类合同都应具备的条款，在长期的经济交往过程中，这些条款的内容已经形成一定的规律，即使有欠缺或者不明确，也容易在法律上确立一个公平合理的标准而作出补充规定。如果欠缺或者不明确的是某些合同的特别条款或者专门条款，法律难以补救，这时如果要使合同得以履行，只能靠当事人自己的补充协议，很难通过交易习惯确定。

三、补充规定

合同当事人依照上述两种办法进行处理，但合同内容仍然无法确定的，还可以按照《合同法》第六十二条、第六十三条规定的原则解决。这是对以上两种办法的补充规定。

（1）质量要求不明确的，按照国家标准、行业标准履行；没有国家标准、行业标准的，按照通常标准或者符合合同目的的特定标准履行。当事人在合同中质量要求不明确的，可以按照由国家主管部门制定的国家标准或由行业协会或者多数厂商共同制定的行业标准来处理。通常标准是指与合同标的规格相同或者种类相同的标的在通常情况下采用的标准。按照国际惯例，在确定了应适用的质量标准以后，仍应以给付该质量标准中的中等品质的物或者行为为具体的标准。符合合同目的的标准，是指合同标的所指向的特定用途的质量要求，是一种特殊标准。

（2）价款或者报酬不明确的，按照订立合同时履行地的市场价格履行，依法应当执行政府定价或者政府指导价的，按照规定履行。市场价格是根据市场因素而确定的价格。市场价格随着供求关系等市场形势的变化而变化。政府定价是政府对一些重要产品或者行为确定一个固定的价格，人们在履行合同时特别是一些计划合同时要遵守政府定价，指导价则是政府为了稳定物价、维护市场秩序而制定的非强制性的参考价格。《联合国国际货物销售合同公约》第55条规定："如果合同已有效地订立，但没有明示或者暗示地规定价格或规定如何确定价格，在没有任何相反表示的情况下，双方当事人应视为已默示地引用订立合同时货物在有关贸易的类似情况下销售的通常价格。"此处的"通常价格"与市场价格含义相近。执行政府定价的合同中价格的确定，《合同法》第六十三条还规定：对于"执行政府定价或者政府指导价的，在合同约定的交付期限内政府价格调整时，按照交付时的价格计价。逾期交付标的物的，遇价格上涨时，按照原价格执行；价格下降时，按照新价格执行。逾期提取标的物或者逾期付款的，遇价格上涨时，按照新价格执行；价格下降时,按照原价格执行"。

(3) 履行地点不明确,给付货币的,在接受货币一方所在地履行;给付不动产的,在不动产所在地履行;其他标的,在履行义务一方所在地履行。履行地点约定不明时以债的性质不同而有不同的确定原则。给付货币的,在依照合同的约定享有接受货币债权的合同当事人的所在地履行;给付不动产的在不动产所位于的地方履行;其他标的在债务人的住所地履行。

(4) 履行期限不明确的,债务人可以随时履行。债权人也可以随时要求履行,但应当给对方必要的准备时间。履行期限不明的以随时履行为履行时间。在合同生效以后,债务人可以自由选择履行的时间。债权人也可以自由选择一定的时间要求对方履行合同。但债务人和债权人选择时间应当给对方当事人以必要的准备时间,也就是说要让对方当事人有足够的时间做履行合同或者接受履行的准备工作。这种准备时间的长短以是否合理为判断标准。

(5) 履行方式不明确的,按照有利于实现合同目的的方式履行。履行方式的确定按照有利于实现合同目的的原则进行。合同目的就是当事人在订立合同时所期望达到的法律效果。而债权人和债务人的目的是不同的,因此,从不同的合同当事人的角度考虑出发,根据公平原则来平衡当事人的利益,以有利于实现合同目的的标准来确定履行方式。

(6) 履行费用的负担不明确的,由履行义务一方负担。履行费用由履行义务一方当事人负担。在订立合同的过程中,当事人应该考虑各种履行费用的情况,履行费用也是履行义务的费用,就属于履行义务的成本,如果当事人对履行费用没有约定,可以视为由履行义务一方当事人默认承担。

[案情]

被告某房屋开发公司是依法成立的房地产开发企业,经有关部门批准,在某市东区解放路开发临街坐西朝东第1号、第2号两幢商品住宅楼,各楼的第一、二层为营业用房,第三层以上为住宅套房。2001年3月,原告姚某等10人分别向被告申请购买该1号和2号商品住宅楼的营业房各1套,并按照被告预售商品房的有关规定,填写了《订购商品房申请登记表》。2001年5月20日,被告的职能部门——市场部分别在原告姚某等10人的《订购商品房申请登记表》中"公司审定房屋方位层次"一栏,签署了"同意购买解放路营业房一套"的意见。同年5月25日,被告分别向原告姚某等10人收取了订购营业房预付款各6万元,并出具了收据。2002年,被告根据市建委的决定停止1号和2号商品住宅楼的开发。原告姚某等10位商品房预购人在向市有关部门多次要求解决无果的情况下,于2003年2月11日向人民法院提起诉讼,要求依法确认与被告的商品房买卖关系有效,并要求被告及时交付房屋。被告商品房开发公司答辩:愿意按约履行,但因该工程被停建,无法及时交付预售给原告的商品房,如若交付也只能在2年之后。

某市东区人民法院经公开开庭审理,查明了案情事实和相关证据,认为:被告商品房开发公司依法成立,具有开发、销售商品房的主体资格。被告开发坐落东区解放路第1、2号商品住宅楼,经有关部门批准,手续完备,被告有权自主签订预售商品房合同。原告姚某等10人与被告签订了预售商品房合同,并交纳了预付款。双方签订的商品房预售合同应认定有效,依法受法律保护。该合同中商品房交付期限不明确,原告要求及时交付,依法应予准许,但应给被告必要的建房时间。东区人民法院于2004年1月12日判决:原告姚某等10人与被告商品房开发公司签订的预购预售商品房合同有效,被告应于判决发生法律效力之日起1年内交付房屋。

[问题]

对没有约定交付期的合同如何履行。

[法律依据]

《合同法》第一百三十八条规定:"出卖人应当按照约定的期限交付标的物。约定交付期间的,出卖人可以在该交付期间内的任何时间交付。"第一百三十九条规定:"当事人没有约定标的物的交付期限或者约定不明确的,适用本法第六十一条、第六十二条第四项的规定。"

[法律运用及处理结果]

根据以上法律规定,商品房买卖合同中规定卖方交付房屋的日期,或从合同中可以确定交房的日期,是房屋出卖方应当向购房人交房的日期。在此情况下,卖方早一天或者晚一天交付,均构成违约。如果商品房买卖合同规定了一段交房的时间,或从商品房合同中可以确定一段时间,则除情况表明买方有权选择一个具体日期外,卖方有权决定在这段时间内的任何一天交房,但是在情况表明应由另一方当事人选择履行时间的情况下,那么就应根据其选择的时间加以履行。当事人没有约定房屋的交付期限或者约定不明确的,应当分别情况按照下列规定处理:① 根据《合同法》第六十一条的有关规定,商品房买卖合同生效后,当事人双方对交付期限没有约定或者约定不明的,可就该期限达成补充协议。② 根据《合同法》第六十一条的有关规定,合同生效后,当事人就交付期限不能达成协议的,应按照合同有关条款或者交易习惯确定交付期限。③ 根据《合同法》第六十二条第四项规定,买卖双方当事人就交付期限不能通过协商达成协议,按照合同有关条款的内容或者交易习惯仍不能确定的,出卖人可以随时向买受人交房,买受人也可以随时要求出卖人交房,但必须给对方必要的准备时间。

本案中,人民法院认定双方签订的商品房预售合同有效,应依法受法律保护。该合同中商品房交付期限不明确,原告要求及时交付,依法应予准许,但应给被告必要的建房时间。据此,东区人民法院作出了被告应于判决发生法律效力之日起1年内交付房屋的判决。作者认为,这一判决虽然支持了原告的诉讼请求,维护了原告的合法权益,但是,由于双方在订立商品房买卖合同中对被告即开发商交付房屋的时间未作出明确规定,使原告一直处于期待之中,以至于合同订立和交付预付款5年后才有可能得到所购买的房屋。由此可见,因合同本身所存在的漏洞,即使法院作出的维护原告合法权益的判决也无法保护原告的期限利益。

在商品房买卖合同中,房屋的交付期限是断定房屋出卖人是否履行合同以及是否构成迟延履行的基本依据。如果未在商品房买卖合同中约定出卖人交付房屋的期限,而又不能通过合同的有关条文以及交易习惯加以确定,那么房屋买受人的期限利益将往往因为出卖人有意或无意地不能履行或拒绝履行而受到侵害。如果在商品房买卖合同中约定了出卖人的交房时间,而届时没有交付,那么出卖人将构成迟延交付,为此将承担迟延交付的违约责任。

根据最高人民法院《关于审理商品房买卖合同纠纷案件适用法律若干问题的解释》第十七条的规定,商品房买卖合同没有约定违约金数额或者损失赔偿额计算方法,违约金数额或者损失赔偿额可以参照以下标准确定:逾期交付使用房屋的,按照逾期交付使用房屋期间有关主管部门公布或者有资格的房地产评估机构评定的同地段同类房屋租金标准确定。

(案例来源:http://www.cnfalv.com)

第三节 履行承担

履行承担即代为受领和代为履行的制度。前者又称为向第三人履行债务,后者又称为第三人代为履行债务。

一、向第三人履行债务

（一）向第三人履行债务的概念

向第三人履行即债务人本应向债权人履行义务，但由于债权人与债务人经过约定由债务人向第三人履行义务，但原债权人的地位不变。向第三人履行债务的合同往往被称为"为第三人的利益订立的合同"。

（二）向第三人履行债务的法律特征

（1）第三人不是订立合同的当事人。合同关系的主体不变，仍然是原合同中的债权人和债务人，第三人只是作为接受债权的人而不是合同的当事人，这种接受债权基于第三人可以被看做是债权人的代理人接受履行或者第三人作为受益人接受履行。向第三人履行债务的合同，往往被称为为第三人利益订立的合同。

（2）合同的当事人要协商同意由债务人向第三人履行债务。向第三人履行合同往往是基于债权人方面的原因，因此，债权人必须征得债务人的同意。否则，不发生法律效力。向第三人履行是通过合同的约定赋予第三人一定的权利，即使第三人没有明示同意，也可推定第三人同意。

（3）债务人必须向债权人指定的第三人履行合同，否则的话，不发生清偿的效力。

（4）向第三人履行原则上不能增加履行难度和履行费用。与直接向债权人履行债务相比较而言，向第三人履行义务，不能要求债务人增加履行的费用。如果履行费用增加，增加的部分由债权人负担。当然，如果第三人愿意自己承担，法律也应允许。

（三）向第三人履行的法律效果

（1）第三人可以向债务人请求履行债务。第三人可以根据债权人与债务人的约定所赋予的权利向债务人主张债权，这种主张债权实际上是替代债权人行使权利，因为第三人并非真正的债权人。

（2）债务人未向第三人履行债务或者履行债务不符合约定的，应当向债权人承担违约责任。向第三人履行只是履行方式的变化，履行的义务还是合同中约定的向债权人履行的义务，因此，债务人如果违约，也只能向原债权人而不是向第三人承担违约责任。

二、第三人代为履行债务

（一）第三人代为履行债务的概念

第三人代为履行债务，即当事人约定由第三人向债权人履行债务。从表面上看,第三人代为履行与债务承担有相同之处,都存在第三人代为履行的情况,但是债务承担和第三人代替债务人履行债务存在着如下明显的区别:第一,债务承担主要是债务人与第三人达成转让债务的协议,但要经过债权人的同意,否则,不产生法律效果。而第三人代为履行,第三人并没有与原合同的债权人或债务人达成转让债务的协议。第二,债务承担中,第三人已经成为转让合同的当事人,而第三人代为履行中,第三人只是履行的主体而非合同的当事人。第三,债务承担中,债权人可以直接请求第三人履行债务,因为其已经是合同的当事人。而第三人代为履行时,第三人不适当履行合同时,债权人只能向债务人要求承担责任,因为第三人并非合同的当事人。

通常情况下,合同义务要由债务人向债权人履行,这是由合同目的决定的。一方当事人之所以选择另一方当事人作为交易伙伴,是因为他信任对方,相信对方的履行能力。这是合同履行中的亲自履行规则。亲自履行规则并不排斥由第三人代为履行。第三人替代债务人履行债务,只要不违反法律规定和合同约定,且未给债权人造成损失或增加费用,这种履行在法律上应该是有效的。因为这种替代履行从根本上说是符合债权人的意志和利益的。当然,由第三人替代履行的债务是由法律和合同性质决定不必由债务人亲自履行的义务,第三人向债权人作出履行与债务人的履行在效果上是相同的。当然,第三人代为履行必须符合一定的要求。

(二)第三人代为履行债务的法律特征

(1)与向第三人履行的情况一样,在第三人代为履行的情形中第三人并没有成为合同当事人,合同当事人仍然是原债权人与原债务人。一般而言,第三人只是债务人的代理人或者代理人以外的根据债务人的意思事实上从事债务履行的人,不能将其像合同当事人那样对待。第三人与债权人之间并无合同关系,因此债务人仍然就其债务向债权人负责。

(2)当事人约定由第三人向债权人履行债务,也就是说,合同当事人经过协商一致同意由第三人代替债务人履行合同义务,特别是要征得债权人的同意。至于第三人是否同意,主要是债务人和第三人协商的问题。当然第三人一般是同意代替债务人履行义务的,不然的话,债务人也不会与债权人约定由第三人履行债务。

(3)对债权人没有不利的影响,即第三人代为履行义务不能损害债权人的利益。

(三)第三人代为履行债务的法律后果

(1)债权人应当接受第三人的履行,由于债权人已经与债权人约定由第三人履行债务,如果债权人不接受第三人的履行,视为债务人已经履行了债务而债权人违约。

(2) 第三人违约时，债务人应当向债权人承担违约责任，因为第三人代为履行中的第三人只是替代债务人履行债务，并不是合同的当事人。

案例分析

[案情]

甲公司与乙公司有长期业务往来。2001年10月，双方对账，甲公司尚欠乙公司货款5万元，甲公司承诺该款于2002年3月付清。到期后，甲公司未能还款。在乙公司向甲公司催款过程中，甲公司与丙公司签订了一份还款协议，言明甲公司欠乙公司的货款5万元由丙公司于2002年8月前偿还给乙公司。协议订立后，甲公司将其与丙公司签订还款协议的事实通知了乙公司。2002年5月，乙公司收到丙公司给付的2万元。2002年8月，丙公司未能按约将剩余的3万元偿还给乙公司。乙公司于2002年10月诉至法院，要求甲公司偿还剩余货款。

[问题]

本案属于履行承担还是债务转让。

[法律依据]

我国《合同法》第六十五条规定："当事人约定由第三人向债权人履行债务的，第三人不履行或者履行债务不符合约定的，债务人应当向债权人承担违约责任。"

[法律运用及处理结果]

依据民法通则：规定第三人履行是指当事人约定由第三人向债权人履行合同债务。合同债务转让有广义、狭义两种含义。广义的债务转让是指债权人或债务人与第三人之间达成债务转让的协议，由第三人代替原债务人承担全部债务。狭义的债务转让又称为并存的债务承担，是指原债务人并没有脱离原有合同关系，而是由第三人加入合同关系，并与原债务人一起共同向同一债权人承担合同义务。

在广义的债务转让中，原合同关系之外的第三人（债务受让人）得以承受债务，并得向债权人履行债务，这在形式上与第三人履行相同，但两者有本质的区别：一方面，广义的债务转让是合同主体的变更，原债务人退出合同关系，而由第三人取代成为债务人，即第三人成为合同的当事人，其所履行合同的行为是依据合同所应履行的义务。债权人也得以直接请求该第三人履行合同。在该第三人不履行合同或不适当履行合同时，应向债权人承担违约责任。而在第三人履行情形下，原债务人和债权人之间的合同关系并不发生变化,第三人并不是合同的当事人,并不直接对债权人承担债务。其履行合同的行为是基于法律规定或约定而代替债务人履行合同的行为,债权人不得直接请求第三人履行合同。在第三人不履行或不适当履行合同时,第三人并不对债权人承担违约责任,而应当由债务人承担违约责任;如果第三人已经全面、正确、适当地清偿了合同债务,合同债务即消灭;如第三人仅为部分履行,债权人又已受领的,合同债权则发生部分消灭的后果;对未消灭的部分债权,合同债务人仍应承担责任。另一方面,根据法律规定,债务转让应当取得债权人的同意,未经债权人同意,债务不发生转让,债务人不因此退出其与债权人的合同关系,第三人也不因此承担债务。但债务是否由第三人履行,并不总是需要债权人的同意,如在法定代理人为代为履行第三人时,法定代理人作为第三人履行债务便是根据法律规定而直接发生的。

由于债务转让和第三人履行的性质和法律后果的截然不同,在司法实践中对两者正确加以区分,就显得尤为必要。可以从以下几个方面来区分:

(1) 协议的存在。债务人和第三人之间是否存在一定的协议,是区分债务转让和第三人履行的一个重要方面。第三人可基于法律规定或者是基于无因管理而代为履行,即第三人履行并不一定要求其与债务人之间有合同关系的存在。但债务转让必须由债务人与第三人达成协议。因此,如果债务人与第三人之间没有协议存在,则债务人与第三人之间必然没有债务转让行为发生。当第三人履行时,其行为就可能为第三人履行。

(2) 协议的内容。在债务转让和第三人履行两种情形下,债务人与第三人都有可能达成一定的协议,协议内容的不同,是区分债务转让和第三人履行的基础。如果协议的内容明确为转让债务,则可认定债务人和第三人之间可能发生债务转让。如果协议内容明确为委托第三人履行合同,第三人则为履行辅助人,此时不发生债务转让。

(3) 债权人的同意。我国《合同法》第八十四条规定:"债务人将合同的义务全部或者部分转移给第三人的,应当经债权人同意。"债权人的同意是发生债务转让的前提。只有债权人同意,才能发生债务转让的效果。如果债权人没有表示同意,即使债务人和第三人有债务转让的协议,债务也不因此发生转让。第三人因此而履行债务的行为,并不是对其所承担债务的履行,而只是作为履行辅助人代替债务人对债务的履行。有必要强调的是,债务转让相当于原债权人和债务人之间合同的变更,并在债权人和第三人之间成立新合同,债权人的同意应当是以明示的方式作出,否则不能认为债权人已经同意。同时,债权人的同意必须是对债务转让的同意，而不能仅是对第三人履行债务的同意。如果债权人只是同意接受第三人的履行，即使债务人与第三人有转让债务的协议，也不能由此推定债权人已同意债务转让。

上述案例中，尽管甲、丙两公司签订的还款协议中有债务转让的意思表示，但该还款协议并没有得到债权人乙公司的明确同意。因此，甲、丙两公司的还款协议对乙公司无约束力。丙公司不能成为合同当事人而对乙公司承担债务。丙公司给付乙公司 2 万元的行为应认定是第三人代为履行，根据我国《合同法》第六十五条中"当事人约定由第三人向债权人履行债务的，第三人不履行或者履行债务不符合约定的，债务人应当向债权人承担违约责任"的规定，甲公司应对剩余货款承担偿还责任。

（案例来源：http://www.cnfalv.com）

第四节 特 殊 履 行

特殊履行指的是提前履行和部分履行。

一、提前履行

债务人提前履行是债务人在合同履行期限到来之前就开始履行自己的合同义务。一般情况下，履行应当按照合同的约定期限履行，未约定的或者约定不明确的，应当依照法律的明确规定或者法律规定的原则确定。但是如果债务人要求提前履行债务是否可以呢？一般而言，债务人提前履行债务，在不损害债权人利益的前提下，是完全可以的。但这里会牵涉到一个问题，就是期限利益，即在履行期限届满以前，债务人履行或者债权人要求履行而会使相对人失去的利益称为期限利益。比如在借款合同中，当债务人享有期限利益时，债务人可以抛弃期限利益而提前履行，但债权人不能要求债务人抛弃期限利益而提前履行；在无偿保管合同中，当债权人享有期限利益时，债权人可以抛弃期限利益请求债务人提前履行，但债务人不能要求债权人抛弃期限利益而提前受领。当期限利益既属于债权人又属于债务人时，当事人一方抛弃期限利益的，应该获得对方当事人的许可。抛弃的期限利益，利益人不得请求返还。对于侵害对方期限利益的，由侵害人负赔偿责任。由此，期限利益是否受损，是债权人是否接受提前履行的重要因素。所以《合同法》第七十一条规定"债权人可以拒绝债务人提前履行债务"，是指在债权人享有期限利益的情况下，债权人为了使自己的期限利益不受损害，可以拒绝债务人提前履行债务。当债权人同意债务人提前履行债务的，由债务人承担因提前履行增加的费用。

二、部分履行

部分履行是指债务人没有按照合同的约定全部履行合同义务而只是履行了一部分合同义务。部分履行一般包括两种情况：一是债务人在履行期限内将应当一次履行的债务采取分批履行的办法而全部履行；二是债务人虽然没有分批履行但履行标的物的数量不够。对部分履行是否认可的问题，《合同法》第七十二条规定："债权人可以拒绝债务人部分履行债务，但部分履行不损害债权人利益的除外。债务人部分履行债务给债权人增加的费用，由债务人负担。"由此得到，部分履行在不损害债权人的利益的情况下，法律还是认可的。这里的利益主要是指债权人的履行利益，即债权人因债务人履行合同以后所得到的积极利益。

在实践中，允许债务人部分履行的条件是：① 合同标的物是可分的，也就是说在数量上可以分成不同的部分而不影响其性质和作用，例如标的物是玉米，部分履行不会影响玉米的性质和作用。② 不影响债权人的利益。合同履行过程中要求债务人全面履行合同义务，对于债务人部分履行债务，债权人可以拒绝，因为部分履行债务往往会使债权人的合同目的不能真正实现。当然，如果部分履行不损害债权人利益的，债权人应当接受这种部分履行。③ 不能给债权人增加费用。债务人部分履行而导致债权人比债务人全部履行时多支付的费用，就是给债权人增加了费用，这部分费用应当由债务人负担，因为该费用的产生与债务人的部分履行行为之间具有因果关系。

案例分析

[案情]

2000年3月，某镇供销社与某市副食品公司签订了一份干辣椒买卖合同，合同约定供销社向副食品公司出售特定质量的干辣椒5 000公斤，单价每公斤2.4元，货款总计1.2万元。交货日期为：2000年9月上旬交付3 000公斤，10月中旬再交2 000公斤；交货地点为副食品公司仓库，供销社负责运货，副食品公司验收后付款。合同签订后，2000年9月，供销社按期交付干辣椒3 000公斤，副食品公司验收后付款。9月下旬，供销社电告副食品公司，由于集中收购的干辣椒数量较多,库房十分紧张,为保证干辣椒质量起见,恳请副食品公司能够提前接受第二批干辣椒。副食品公司接此电报后,由于主管人员均出差在外,未作答复。供销社未见到副食品公司的回音,考虑到由于自己库房紧张,可能因长期挤压严重影响辣椒和其他货物的质量,遂于9月26日向副食品公司发出了第二批货物即2 000公斤干辣椒。货抵副食品公司后,供销社要求验货付款,副食品公司则认为供销社擅自将货物运来,未经其同意,违反了合同约定的交货时间,同时自身的库房也紧张,于是拒绝接收货物。后经法院调解,副食品公司同意接收货物并支付货款,但其因另租仓库存放干辣椒而产生的费用由供销社承担。

[问题]

本案涉及的是一方当事人提前履行合同的法律效力。

[法律依据]

《合同法》第六十条的规定:"当事人应当按照约定全面履行自己的义务。"当事人应当遵循诚实信用原则,根据合同的性质、目的和交易习惯履行通知、协助、保密等义务。《合同法》第七十一条的规定:"债权人可以拒绝债务人提前履行债务,但提前履行不损害债权人利益的除外。债务人提前履行债务给债权人增加的费用,由债务人负担。"

[法律运用及处理结果]

在本案中,供销社与副食品公司签订的干辣椒买卖合同合法有效,双方均应遵照履行。但是,供销社由于库房紧张且考虑到干辣椒的质量,遂提前履行了第二批干辣椒的交货义务。副食品公司拒绝接受货物也是出于正当理由,因为在收货方库房也紧张的情况下,接受对方的提前履行将使其必须另行寻找库房并导致保管费用的增加。所以在这种情况下,根据《合同法》第七十一条的规定,副食品公司经过调解同意接受提前履行而引起另租库房的费用,就应由供销社承担。本案中法院调解达成的协议,合理也合法,符合当事人双方的利益。

(案例来源:法律快车网)

第五节　合同债权保全制度

合同的债权保全制度是指法律为防止因债务人无奈的财产不当减少而给债权人带来危害,而授权债权人采取的积极预防和救济措施。所谓积极预防就是允许债权人代债务人之位向第三人行使债务人的权利。所谓救济措施指的是请求法院撤销债务人与第三人之间的民事行为的法律制度。对于债权,债权人只能向债务人请求履行,原则上是不能向第三人请求的。但当债务人与第三人的行为危及债权人的利益时,法律就允许债权人对债务人与第三人的行为行使一定的权利,以排除对其债权的危害,这一制度称为债的保全或者债权保全。债的保全包括代位权制度和撤销权制度。

一、代位权制度

债权人代位权指除债权专属于债务人自身的以外,因债务人怠于行使其到期债权,对债权人造成损害的,债权人可以向人民法院请求以自己的名义代位行使债务人的债权的权利。

(一)代位权的成立要件

(1)债权人与债务人、债务人与次债务人之间的债权均为到期债权。

(2)债务人怠于行使其债权。怠于行使是指对于应行使的权利,能行使而不行使,至于不行使的理由如何,则在所不问。就是债务人完全有能力由自己或者通过其他代理人去行使权利或者不及时行使权利,权利就有可能消灭或者减少其财产价值,而且不存在任何行使的障碍的情况下,根本不主张权利或者迟延行使权利。

(3)债务人怠于行使权利的行为对债权人造成损害。因债务人怠于行使权利而使债权人应得到的利益而没有得到,从而使债务人不能履行与债权人之间发生的债务,这样就侵害了债权人的债权。

(4)债权人有保全债权的必要。当债务人怠于行使自己的债权,导致债权人的债权具有不能实现的危险时,即债务人的财产是否不能或者不足以清偿债务时,债权人有保全债权的必要。

(二)代位权行使的限制

代位权行使的方式主要是通过债权人起诉次债务人,同时将债务人列为第三人。但有以下限制:

(1)权利限制。代位行使的权利的性质是非专属于债务人自身的权利。不能行使专属于债务人自身的权利。专属于债务人自身的权利是指只有债务人本身才能享有的权利,包括专属于债务人的人身权和专属于债务人的财产权利。比如抚养请求权、夫妻财产的约定权、救济金请求权、维持生存所需要的劳动收入请求权等。

(2)范围限制。代位权的行使范围以债权人的债权为限,即债权人代位行使债务人权利所获得的价值应与所需要保全的债权的价值相当。如超出保全债权的范围时,应分割债务人的权利行使。只有在不能分割行使的情况下,才能行使全部权利。如果债权人行使债务人的一项权利,足以保全自己的债权,则不应就债务人的其他权利行使代位权。如果债权人行使债务人的部分债权,足以保全自己的债权,则不应就债务人的全部债权行使代位权。

(三)代位权的效力

代位权成立的,由次债务人向债权人履行清偿义务,债权人与债务人、债务人与次债务人之间相应的债权、债务关系即予消灭。

(1)对于债权人而言:① 债权人行使代位权的必要费用,由债务人负担。债权人已经支付了,有权要求债务人予以返还,也就是说该费用应由债务人承担;② 如果次债务人向债务人履行债务,债务人拒绝受领,则债权人有权代债务人受领。但是在接受以后,应当将财产给债务人,不能独占该财产并用该财产充抵自己的债权。

(2)对于债务人而言,代位权行使的直接效果应归属于债务人,即债务人对次债务人的请求权或者有关的权利消灭,所获得的财产应归债务人。债权人不得直接以此财产清偿。如债务人不主动履行债务时,债权人可请求强制履行而受偿。

二、撤销权制度

撤销权制度是指因债务人放弃其到期债权或者无偿转让财产或者以明显不合理的低价转让财产,并且受让人知道该情形的,对债权人造成损害,债权人可以请求人民法院撤销债务人行为的权利。

(一)撤销权的成立要件

(1)债务人有放弃其到期债权或无偿转让财产或以明显不合理的低价转让财产且受让人知道该情形的积极行为。这些行为是危害债权的行为,包括债务人的处分行为和债务人与第三人实施一定的民事行为。

(2)债务人的处分行为必须以财产为标的。债务人的行为虽然会导致其财产减少。

(3)债务人的行为有害债权。债务人在实施危害行为时其主观上具有恶意,债务人的危害行为会导致财产的减少将会使债权得不到清偿。

(4)债权人对债务人须存在有效的债权。债务人危害债权的行为必须发生在债权成立之后,在债权成立之前,债务人的行为并无发生危害债权的可能性。

（二）撤销权行使的限制

（1）范围限制。撤销权的行使的范围以债权人的债权为限，债权人行使撤销权而得到的财产价值与债权人的债权价值相当。

（2）时效限制。撤销权行使的诉讼时效期间为1年，自知道或应当知道撤销事由之日起起算。

（3）除斥期间限制。撤销权的除斥期间为5年，自债务人的行为发生之日起5年内没有行使撤销权的，该撤销权消灭，债权人无权就债务人的侵害其债权的行为请求人民法院撤销。

（三）撤销权的效力

（1）债权人的撤销权诉讼经过法院审理后认为撤销权成立的，债务人危害债权的行为自始无效。第三人因该行为取得的财产，返还债务人。如果债务人对返还的财产不行使请求权的，债权人可以行使代位权。

（2）行使撤销权收回的利益作为全体债权人的共同担保，撤销权人没有优先受偿权。

（3）撤销权行使的必要费用由债务人承担。

表4-1 代位权与撤销权的区别

区　　别	代　位　权	撤　销　权
概　　念	债权人代位权指除债权专属于债务人自身的以外，因债务人怠于行使其到期债权，对债权人造成损害的，债权人可以向人民法院请求以自己的名义代位行使债务人的债权的权利。	撤销权制度是指因债务人放弃其到期债权或者无偿转让财产或者以明显不合理的低价转让财产，并且受让人知道该情形的，对债权人造成损害，债权人可以请求人民法院撤销债务人行为的权利。
成立要件	1. 债权人与债务人、债务人与次债务人之间的债权均为到期债权； 2. 债务人怠于行使其债权； 3. 债务人怠于行使权利的行为对债权人造成损害； 4. 债权人有保全债权的必要。	1. 债务人有放弃其到期债权或无偿转让财产或以明显不合理的低价转让财产且受让人知道该情形的积极行为； 2. 债务人的处分行为必须以财产为标的； 3. 债务人的行为有害债权； 4. 债权人对债务人须存在有效的债权。

续 表

区 别	代 位 权	撤 销 权
效 力	1. 对于债权人而言：① 债权人行使代位权的必要费用，由债务人负担；② 如果次债务人向债务人履行债务，债务人拒绝受领，则债权人有权代债务人受领。债务人的请求权或者有关的权利消灭，所获得的财产应归债务人。 2. 对于债务人而言，代位权行使的直接效果应归属于债务人。	1. 债权人的撤销权诉讼经过法院审理后认为撤销权成立的，债务人危害债权的行为自始无效； 2. 行使撤销权收回的利益作为全体债权人的共同担保，撤销权人没有优先受偿权； 3. 撤销权行使的必要费用由债务人承担。

案例分析

[案情]

甲公司为开发新项目，急需资金。2000年3月12日，向乙公司借钱15万元。双方谈妥，乙公司借给甲公司15万元，借期6个月，月息为银行贷款利息的1.5倍，至同年9月。到了9月12日无法偿还欠乙公司的借款。某日，乙公司向甲公司催促还款无果，但得到一信息，某单位曾向甲公司借款20万元，现已到还款期，某单位正准备还款，但甲公司让某单位不用还款。于是，乙公司向法院起诉，请求甲公司以某单位的还款来偿还债务，甲公司辩称该债权已放弃，无法清偿债务。

[问题]

乙公司可否针对甲公司行使撤销权或者代位权。

[法律依据]

《合同法》第七十三条规定："因债务人怠于行使其到期债权，对债权人造成损害的，债权人可以向人民法院请求以自己的名义代位行使债务人的债权，但该债权专属于债务人自身的除外。代位权的行使范围以债权人的债权为限。债权人行使代位权的必要费用，由债务人负担。"第七十四条规定："因债务人放弃其到期债权或者无偿转让财产，对债权人造成损害的，债权人可以请求人民法院撤销债务人的行为。债务人以明显不合理的低价转让财产，对债权人造成损害，并且受让人知道该情形的，债权人也可以请求人民法院撤销债务人的行为。撤销权的行使范围以债权人的债权为限。债权人行使撤销权的必要费用,由债务人负担。"

[法律运用及处理结果]

首先,甲公司与乙公司之间的借贷合同关系,系自愿订立,无违法内容,又有书面借据,是合法有效的。甲公司系债务人,负有按期清偿本息的义务;乙公司为债权人,享有按期收回本金、收取利息的权利。甲公司因新项目开发不顺利,不能如约履行清偿义务,构成违约。

第二,乙公司可行使撤销权,请求法院撤销甲公司的放弃债权行为。债权人对于自己享有的债权,完全可以根据自己的意志,决定行使或者放弃。但是,当该债权人另外又系其他债权人的债务人时,如果他放弃债权的行为使他的债权人的权利无法实现时,他的债权人享有依法救济的权利。本案中,甲公司放弃对某单位享有的债权,表面上是处分自己的权益,但实际上却损害了乙公司的债权,依照我国《合同法》的规定,乙公司可以行使撤销权,撤销甲公司放弃债权的行为。

第三,乙公司可以行使代位权。根据《合同法》第七十三条的规定,债权人可享有代位权,在债务人怠于行使自己的到期债权,危及债权人的权利时,债权人可以向人民法院请求以自己的名义代位行使债务人的权利,实现自己的债权。乙公司可以直接向某单位行使代位权。

(案件改编自合同法经典案例汇编,www.wenku.baidu.com)

第六节　双务合同履行中的抗辩权

双务合同履行中的抗辩权是指在符合法定的条件下时,当事人一方对抗对方当事人的履行请求权,暂时拒绝履行其债务的权利。它包括同时履行抗辩权、不安抗辩权和先履行抗辩权。

一、同时履行抗辩权

(一)同时履行抗辩权的概念

同时履行抗辩权是指双务合同的当事人一方在未为对待给付之前,有权拒绝对方请求自己履行合同的要求的权利。在合同当事人未约定先后履行顺序的双务合同中,当事人应当同时履行,一方在对方未为对待给付之前,有权拒绝其履行要求。同时履行抗辩权只适用于双务合同,如买卖、互易、租赁、承揽、保险等合同。只有在双务合同中,当事人之间才存在对待给付,即当事人之间的给付具有对等关系或对应关系,一方为给付是为了换取对方的给付。正是这种对应关系,使得同时履行抗辩权具有公平性。单务合同(如赠与合同)和不真正的双务合同(如委托合同)不适用同时履行抗辩权。

(二)同时履行抗辩权的成立条件

1. 在同一双务合同中互负对待给付义务

主张同时履行抗辩权,必须基于同一双务合同中当事人互负的对待给付义务。如果双方当事人的债务不是基于同一合同而发生,即使在事实上有密切关系,也不得主张同时履行抗辩权。一方履行的义务和对方履行的义务之间具有互为条件、互为牵连的关系而且在价格上要基本相等。这种相等并非经济学上的完全等价,而是依据当事人的意愿而确定是否等价。当然这种等价的确定还要符合公平合理的原则。

2. 在合同中未约定履行顺序,即没有先后履行顺序

在这种情况下往往要求当事人同时履行。所谓同时履行,是指双方当事人所负担的给付应同时提出、相互交换。例如:在买卖合同中,如当事人没有约定履行的先后顺序,买方的价金交付与卖方的所有权移转应同时进行。在非同时履行的双务合同中,无论是先履行方还是后履行方,均不得主张同时履行抗辩权。

3. 双方债务均已届清偿期

同时履行抗辩权制度旨在使双方当事人所负的债务同时履行,因此,只有在双方所负债务同时届期时,才能主张同时履行抗辩权。这就意味着,同时履行抗辩权仅适用于同时履行的双务合同。

4. 对方当事人未履行债务或者未按照约定正确履行债务

一方向他方请求履行债务时,须自己已为履行或提出履行,否则,对方可行使同时履行抗辩权,拒绝履行自己的债务。但是,如果一方未履行的债务或未提出履行的债务与对方所负债务无对价关系,对方不得主张同时履行抗辩权。对方当事人未按照约定正确履行债务,即履行债务不符合约定,是有瑕疵的履行。一方交付的标的物有瑕疵,这种情况也可成为同时履行抗辩由。履行有瑕疵包括标的物全部有瑕疵和部分有瑕疵两种,前者如交付的货物的质量都不合格,后者如交付的货物中部分存在质量问题。一方履行债务全部有瑕疵时与债务不履行对另一方的效果是一样的,因为合同的目的仍然没有实现,因此在此种情形下另一方可以行使同时履行抗辩权拒绝其履行债务的要求。一方履行债务部分有瑕疵,另一方可以对有瑕疵的履行部分行使同时履行抗辩权。

5. 对方的对待给付是可能履行的义务，对方的债务可能履行

同时履行抗辩权的宗旨是促使双方当事人同时履行债务，如果对方所负债务已经没有履行的可能性，则同时履行的目的已不可能实现，这种情况下不发生同时履行抗辩权的问题，而应依合同解除制度解决。

（三）当事人一方违约与同时履行抗辩权

1. 迟延履行与同时履行抗辩权

关于迟延履行与同时履行抗辩权之间的关系，存在两种对立的学说：第一种学说认为，同时履行抗辩权的存在本身即足以排除迟延责任。对此，有人从抗辩权排除债务之届期的角度加以论证，有人以下述理由加以阐释：因有抗辩权之存在，迟延履行系非可归责于债务人的原因。第二种学说主张，同时履行抗辩权须经行使才能排除迟延责任，它有两种见解：其一，抗辩权之行使，溯及地排除已发生的迟延效果；其二，已发生的延迟责任，不因抗辩权的行使而受影响。

2. 受领迟延与同时履行抗辩权

在双务合同中，债权人受领迟延，其原有的同时履行抗辩权不因此而消灭。所以，债务人在债权人受领迟延后请求为对待给付的，债权人仍可主张同时履行抗辩权。

3. 部分履行与同时履行抗辩权

债务人原则上无部分履行的权利，因此，双务合同的一方当事人提出部分履行时，对方当事人有权拒绝受领，但若拒绝受领违反诚实信用原则时，不在此限；若受领部分给付，可以提出相当部分的对待给付，也可以主张同时履行抗辩权，拒绝自己的给付，除非如此违背诚实信用原则。

4. 瑕疵履行与同时履行抗辩权

债务人瑕疵履行，债权人可请求其消除缺陷或另行给付，在债务人未消除缺陷或另行给付时，债权人有权行使同时履行抗辩权，拒绝支付价款。

二、不安抗辩权

（一）不安抗辩权的概念

不安抗辩权是指当事人互负债务，有先后履行顺序，负有先履行义务的当事人有充分的证据证明后履行义务的一方当事人将不履行义务或无力履行义务时，有权暂时中止履行的权利。

（二）不安抗辩权的成立条件

（1）双方当事人因同一双务合同而互负债务。不安抗辩权为双务合同的效

力表现,其成立须双方当事人因同一双务合同而互负债务,并且该两项债务存在对价关系。只有在双务合同中才存在当事人双方互负债务,才有先后履行债务的问题。

(2)债务有先后履行顺序。后履行债务的一方当事人的债务尚未届履行期限。

(3)后履行债务的一方当事人有丧失或者可能丧失履行债务能力的情形。

不安抗辩权制度保护先给付义务人是有条件的,不允许其在后给付义务人有履行能力的情况下行使不安抗辩权,只有在后给付义务人有不能为对待给付的现实危险,危害先给付义务人的债权实现时,才能行使不安抗辩权。

有丧失或者可能丧失履行债务能力的情形,是指后给付义务人的履行能力明显降低,有不能为对待给付的现实危险,包括:其经营状况严重恶化;转移财产、抽逃资金,以逃避债务;丧失商业信誉;谎称有履行能力的欺诈行为;其他丧失或者可能丧失履行能力的情况。经营状况严重恶化是指后履行债务的当事人经营状况发生恶劣的变化从而导致财产大量减少,难以履行债务,从而引起履行债务的能力丧失或可能丧失。转移财产、抽逃资金是指后履行债务的当事人以逃避债务为目的,将自己的财产转移到别的地方或者将自己对企业投入的资金撤回。丧失商业信誉指后履行债务的当事人在商业行为上已经给人留下了失去了诚实信用的感觉。履行能力明显降低,有不能为对待给付的现实危险,须发生在合同成立以后。如果在订立合同时即已经存在,先给付义务人若明知此情而仍然缔约,法律则无必要对其进行特别保护;若不知此情,则可以通过合同无效等制度解决。

(三)不安抗辩权的行使

为了兼顾后给付义务人的利益,也便于其能及时提供适当担保,先给付义务人行使不安抗辩权的,应及时通知后给付义务人,行使不安抗辩权的当事人应当将中止履行的事实、理由以及恢复履行的条件及时告诉对方。不安抗辩权的行使取决于一方当事人的意思,没有必要取得另一方的同意。规定通知义务的目的是为了避免对方因中止履行合同而受到损害,同时也便于对方在得到通知以后及时提供担保以消灭不安抗辩权。

在对方提供适当担保后,先给付义务一方应当恢复履行。令先给付义务人负上述举证义务,可防止其滥用不安抗辩权,不允许其借口后给付义务人有丧失或可能丧失履行能力而随意拒绝履行自己的债务。如果先给付义务人没有确切证据而中止履行,应当承担违约责任。

（四）不安抗辩权的效力

1. 先给付义务人中止履行

按《合同法》第六十八条规定，先给付义务人有确切证据证明后给付义务人的履行能力明显降低，有不能为对待给付的现实危险的，有权中止履行。所谓中止履行，就是暂停履行或者延期履行，履行义务仍然存在。在后给付义务人提供适当担保时，应当恢复履行。适当担保是指在主合同不能履行的情况下，担保人能承担担保债务人履行债务的责任，也即担保人有足够的财产履行债务。至于担保的类型，可以是保证，也可以是抵押、质押。

2. 先给付义务人解除合同

按《合同法》规定，先给付义务人中止履行后，后给付义务人在合理期限内未恢复履行能力并且未提供适当担保的，先给付义务人可以解除合同。解除的方式，由先给付义务人通知后给付义务人，通知到达时发生合同解除效力；但后给付义务人有异议时，可以请求人民法院或与仲裁机构确认合同解除效力。后给付义务人的行为构成违约时，应负违约责任。

三、先履行抗辩权

（一）先履行抗辩权的概念

先履行抗辩权是指当事人互负债务，有先后履行顺序的，先履行一方未履行之前，后履行一方有权拒绝其履行请求，先履行一方履行债务不符合债的本旨的，后履行一方有权拒绝其相应的履行请求。

在传统民法上，有同时履行抗辩权和不安抗辩权的理论，却无先履行抗辩权的概念。我国《合同法》首次明确规定了这一抗辩权。先履行抗辩权发生于有先后履行的双务合同中，基本上适用于先履行一方违约的场合，这是它不同于同时履行抗辩权之处。

（二）先履行抗辩权的成立要件

（1）由同一双务合同产生互负债务。互负债务是当事人互相承担债权债务关系，这种债权债务有牵连关系。

（2）债务的履行有先后顺序。有先后顺序是指履行义务有先后的时间顺序，这种顺序一般由当事人在合同中约定，也有根据交易习惯能够确定的情况。

（3）先履行一方未履行或其履行不符合约定的。先履行一方未履行，既包括先履行一方在履行期限届至或届满前未予履行的状态，又包含先履行一方于履行期限届满时尚未履行的现象。履行债务不符合约定是履行债务有瑕疵。

(4) 应该先履行的债务有可能履行,如果不可能履行则谈不上先履行抗辩权的问题。

(三) 先履行抗辩权的效力

先履行抗辩权的成立并行使,产生后履行一方可一时中止履行自己债务的效力,对抗先履行一方的履行请求,以此保护自己的期限利益、顺序利益;在先履行一方采取了补救措施、变违约为适当履行的情况下,先履行抗辩权消失,后履行一方须履行其债务。可见,先履行抗辩权亦属一时的抗辩权。先履行抗辩权的行使不影响后履行一方主张违约责任。

案例分析

[案情]

甲公司与乙公司签订一份买卖木材合同,合同约定买方甲公司应在合同生效后15日内向卖方乙公司支付40%的预付款,乙公司收到预付款后3日内发货至甲公司,甲公司收到货物验收后即结清余款。乙公司收到甲公司40%预付款后的2日即发货至甲公司。甲公司收到货物后经验收发现木材质量不符合合同约定,遂及时通知乙公司并拒绝支付余款。

[问题]

甲公司可否行使先履行抗辩权拒绝支付余款。

[法律依据]

《合同法》第六十七条规定:"当事人互负债务,有先后顺序,先履行一方未履行的,后履行一方有权拒绝其履行要求。先履行一方履行债务不符合约定的,后履行一方有权拒绝其相应的履行要求。"

[法律运用及处理结果]

乙公司虽然将木材如期运至甲公司,但其木材质量不符合合同约定的质量,其履行债务不符合合同约定,根据《合同法》第六十七条的规定,甲公司有权拒绝支付余款。同时甲公司可以行使的是先履行抗辩权。先履行抗辩权的行使应当具备以下三个条件:① 双方当事人须由同一双务合同互负债务。② 须双方所负的债务有先后履行顺序。③ 应当先履行的当事人未履行债务或履行债务不符合约定。甲公司与乙公司签订的买卖合同是一份双务且又先后履行顺序,由于乙公司履行合同不符合约定,甲公司可以行使先履行抗辩权拒绝支付余款。

[案情二]

甲乙两公司签订钢材购买合同,合同约定:乙公司向甲公司提供钢材,总价款500万元。甲公司预支价款200万元。在甲公司即将支付预付款前,得知乙公司因经营不善,无法交付钢材,并有确切证据证明。于是,甲公司拒绝支付预付款,除非乙公司能提供一定的担保,乙公司拒绝提供担保。为此,双方发生纠纷并诉至法院。

[问题]

先履行合同义务的一方发现缔约对方有严重的财务恶化情况,可否行使不安抗辩权拒绝履行合同。

[法律依据]

《合同法》第六十八条规定:"应当先履行债务的当事人,有确切证据证明对方有下列情形之一的,可以中止履行:(一)经营状况严重恶化;(二)转移财产、抽逃资金,以逃避债务;(三)丧失商业信誉;(四)有丧失或者可能丧失履行债务能力的其他情形。"

[法律运用及处理结果]

根据《合同法》第六十八条规定,不安抗辩权的适用条件是:① 须是同一双务合同所产生的两项债务,并且相互为对价给付。② 互为对价给付的双务合同规定有先后履行顺序,且应先履行债务的一方的履行期届至。③ 应后履行债务的一方当事人,在合同依法成立之后,出现丧失或有可能丧失对待履行债务的能力。④ 应后履行债务的当事人未能为对待给付或为债务的履行提供适当的担保。本案中甲公司作为先给付的一方当事人,在对方于缔约后财产状况明显恶化,且未提供适当担保,可能危及其债权实现时,可以中止履行合同,保护权益不受损害。因此在发生纠纷时,法院应支持甲公司的主张。甲公司拒绝支付余款是合法的。

(案例改编自合同法经典案例汇编,www.wenku.baidu.com)

【本章思考题】

1. 合同履行的原则是什么?
2. 合同内容没有约定或约定不明确时该如何履行?
3. 简述履行承担的内容。

4. 在什么样的情况下,债务人可以提前履行或部分履行债务?
5. 简述债权保全制度的内容及其意义。
6. 简述双务合同履行的抗辩权的种类以及他们的区别。
7.《合同法》关于债务人向第三人履行债务和由第三人向债权人履行债务的构成要件是什么?

第五章　合同的变更、转让与解除

教学要求

通过本章的学习,可以了解在合同签订之后到履行完毕之前,合同的内容能否进行变更,合同的当事人能否将合同进行转让,进行变更与转让有哪些基本特征、要件及法律效力;明确合同权利义务终止的含义和导致合同终止的各种原因;掌握合同债务的清偿、抵销、提存、免除的基本法律原理;清楚合同约定解除、法定解除的区别。

第一节　合同的变更

一、合同变更的概念和特征

(一) 合同变更的概念

合同变更分为广义变更和狭义变更。狭义的变更指合同成立以后,尚未履行或履行完毕前,当事人以协议方式对合同的内容进行修改与补充,即对合同内容的协议修改;广义的变更则不仅包括合同内容的变化,还包括合同主体的改变。我国《合同法》第七十七条规定:"当事人协商一致,可以变更合同。"因此,根据《合同法》的此项规定,合同变更仅指狭义的变更。

(二) 合同变更的特征

1. 合同主体不变

即合同当事人不改变,对内容变更后的合同继续享有权利,承担义务。

2. 合同变更基于当事人协商一致的结果

合同成立后任何一方当事人不得擅自单方面变更合同。当然,许多国家法律规定在出现不可抗力、情势变更、欺诈、胁迫、重大误解及显失公平等法定事由时，受害方享有请求法院或仲裁机构变更合同的权利。

3. 合同变更只能发生在合同成立之后尚未履行完毕之前

合同未成立，当事人之间尚不存在合同关系，当然谈不上合同变更；合同已完全履行，合同关系结束，也不存在变更问题。

4. 合同变更是合同内容的局部变化而非实质性或根本性变化

合同变更只是对原合同的内容作某些修改和补充，不是对合同的全部改变。如合同内容已发生全部改变，则实际上导致原合同关系的消灭，一个新合同的产生。同样，对原合同内容的修改补充仅限于非实质性或非根本性的局部变更，如对合同标的数量的少量增减、履行地点的改变、履行期限的顺延等，如变化的是合同根本要素，如买卖标的由羊毛衫改为买卖拖拉机，则合同关系失去了连续性，不属于合同变更，而属合同的更新。

5. 合同变更仅在变更范围内使原合同内容部分消灭，变更之外的原合同内容继续有效

合同的变更一般不也涉及已履行的部分，只是对未履行的部分发生效力。

二、合同变更的条件

合同变更必须符合以下条件：

（一）当事人之间本存在有效的合同关系

合同变更是在原合同的基础上通过双方当事人的协商改变合同的一些内容。所以，原不存在合同关系就谈不上合同变更问题。如果合同被确认为无效，则自始不发生法律拘束力，也不能变更合同。

（二）须经双方当事人协商一致

任何一方当事人未经与对方协商不得单方面改变合同内容，否则构成违约。合同变更也经要约和承诺阶段，任何一方当事人不得采取欺诈或胁迫强制对方变更合同。如果当事人之间没有形成一致意思表示，不能变更合同。

我国《合同法》第七十八条规定："当事人对合同变更的内容约定不明确的，推定为未变更。"因此，当事人对合同内容变更的约定不明确的，不产生变更的效力，原合同视为未变更，当事人应原合同规定履行其义务。

"当事人对合同变更的内容约定不明确"即当事人对合同变更的内容约定含糊，难以明白判断约定的新内容与原合同内容的区别所在。之所以作这样的规定，是为了减少当事人就合同变更产生纷争，维护合同关系的稳定。

(三)必须符合法律规定的程序和方式要求

我国《合同法》第七十七条第二款规定:"法律、行政法规规定变更合同应当办理批准、登记等手续的,依照其规定。"一般来说,在法律法规没有明确规定的情况下,当事人变更合同的形式可以自行决定,一般与原合同形式一致,如原合同为书面形式,变更合同的形式也为书面形式,原合同为口头形式,变更合同的形式可以采取口头形式,也可采用书面形式。

而对某些特定的合同,为维护国家利益、社会公共利益,维护社会经济秩序,预防减少不必要的纠纷,有关法律、行政法规对特定的合同的成立与变更,在形式程序作明确的规定要求,否则不生效。如:《担保法》规定抵押、保证合同,应当采用书面形式;《城市房地产法》要求房地产买卖合同,必须办理登记过户手续;《中外合资经营企业法》规定,中外合资方就合资企业重要经营事项协商变更的,必须经审批机关的批准才能生效。因此,法律、行政法规规定应当办理批准、登记等手续才生效的合同,其变更也要按照规定办理批准、登记等手续,否则,即使当事人就变更合同协商一致,该变更也是无效的。

三、合同变更的效力

合同的变更是当事人在保持原合同关系的基础上,就合同内容进行协商作部分修改、补充。在合同变更后,当事人应按照变更后的合同内容履行合同。因此,合同变更原则上向将来发生效力,对已经履行的部分没有溯力,未变更的部分继续有效,对尚未履行的部分,双方当事人按照变化后的合同内容来履行。

合同变更是否影响当事人要求赔偿损失的权利?对此,《合同法》没有直接规定,而《民法通则》第一百一十五条明确规定:"合同的变更或者解除,不影响当事人要求赔偿损失的权利。"当然,当事人在协议变更合同时对此另有约定的,应从其约定。

案例分析

[案情]

华达贸易商行于 1 月份向某服装厂订购了一批童装,总价值 18 万元。华达贸易商行预付了货款的 20% 即 3.6 万元,约定年底交货,2 月需方打电话给服装厂的厂长要求变动一下童装的部分花色,当时厂长不在,接电话的人员草草记下电话内容后,就忘了此事,等到3月中供方将童装交给需方时,需方才发现,童装的花色并未变更,仍和合同规定的一样,需方询问供方厂长时,供方说并不知道需方要求变更花色,需方说在2月底打过电话,供方接电话人员见闯了祸就矢口否认接过此电话,需方即以供方违约为由拒付货款,供方见要不回货款,即提起诉讼,要求需方承担违约责任,支持货款及违约金。

[问题]

合同的变更是否成立。

[法律依据]

《合同法》第七十七条规定:"当事人协商一致,可以变更合同。法律、行政法规规定变更合同应当办理批准、登记等手续的,依照其规定。"第七十八条规定:"当事人对合同变更的内容约定不明确的,推定为未变更。"

[法律运用及处理结果]

当事人需要变更合同时,应及时通知对方,经过双方协商一致达成变更协议后,合同的变更行为一般才算完成。变更合同一般采用书面形式,口头变更合同在任何一方不承认或未有确切证据表明对方同意时,法院是不承认的,如同本案中的需方,变更花色时只打了个电话,也未签任何书面协议,由于缺乏必要的证据需方只能败诉,法院判决只以原合同为基础,需方在收到货后拒不付款,显然是违约行为,而供方完全按合同内容履行了义务,无任何过错,自然胜诉。

(案例改编自法律快车网)

第二节 合同的转让

一、合同转让的概念和特征

(一) 合同转让的概念

合同转让,也称合同的让与,指合同当事人一方将其合同权利或/和义务全部或部分地让给第三人享有或承担。合同转让按转让的对象不同,可分为合同权利的转让、合同义务的转让和合同权利义务的概括转让三种情形;按转让程度不同,可分为部分转让和全部转让。

合同转让实质上是合同主体的变化,是在不改变合同内容的前提下,由新的债权人、债务人代替原合同当事人,或第三人加入到合同关系中成为合同的当事人,享有合同的权利或/和承担合同义务。

(二) 合同转让的特征

(1) 合同转让将发生合同主体的变化。合同转让将导致第三人代替原合同当事人一方而成为合同新当事人，或第三人加入到合同关系之中而成为合同当事人，新合同关系由此产生。

(2) 合同转让并不改变原合同的权利义务内容。转让不引起原合同内容的变更，转让后的合同内容与转让前合同内容具有同一性。

(3) 合同转让涉及两种不同的法律关系，即原合同当事人之间的关系、转让人与受让人之间的关系。合同转让在转让人与受让人之间进行，但因为合同转让涉及原合同当事人的利益，所以法律通常要求权利的转让须通知原合同的债务人，合同义务的转让须取得原合同债权人的同意。

二、合同转让的要件

一般来说，合同转让要产生法律效力，须符合以下要件：

(一) 须有合法有效的合同关系存在

这是合同转让的前提。如果合同关系不处理、无效或已消灭，转让的标的不存在或不能，转让人应对善意受让人遭受的损失承担赔偿责任。

(二) 须转让人与受让人之间协商一致

该转让协议应符合合同的有效要件，否则，该转让行为属为无效或可撤销的行为。转让行为如被宣告为无效或被撤销，有过错一方应赔偿无过错方的损失，受让人已接受债务人履行的，则应返回原物或不当得利。

(三) 符合法律规定的程序

合同转让影响原合同当事人的利益，因此要求在转让合同时，应当通知债务人 (债权转让) 或取得原合同债权人的同意 (债务转让)。不符合法律规定的这些要求，合同转让无效；对于法律、行政法规规定应当由国家批准的合同，其转让也应经过原审批机关批准，否则该转让也无效；当事人有特别约定的，合同转让也应遵守。

(四) 合同转让须合法且不违背社会公共利益

违反法律强制性、禁止性规定转让权利，以及违背社会公共利益的转让为无效。

三、合同权利的转让

(一) 合同权利转让的概念与特征

1. 合同权利转让的概念

合同权利转让，又称为债权让与、债权转让，指合同的债权人 (转让人) 将其在合同中的债权全部或部分转让给第三人(受让人)的行为。

合同权利转让可分为全部转让和部分转让。全部转让的,受让人取代原债权人成为合同关系的新债权人,原债权人脱离合同关系;部分转让的,受让人加入到原合同关系中,与原债权人共同享有债权,合同权利人由一人变为数人,合同之债成为多数之债。原债权人与受让一部分债权的第三人或按约定的份额分享债权,或共同享有连带债权。

2. 合同权利转让的特征

(1)转让的对象为合同债权。债权本身是一种无体权利,以实存利益为基础,可作为转让的标的。这里要注意债权转让与物权转让的不同,如土地使用权转让及共有人转让共有份额行为,尽管也通过协议方式进行,但这是物权的转让,是所有权权能的分离和处分行为,其转让关系受合同法调整,但其物权处分行为又受到物权法的调整,物权法关于交付、登记等规定应适用于此类转让行为。

(2)合同权利转让不改变合同权利的内容,而由债权人将合同权利转让给第三人。债权人与第三人之间合同权利转让的内容,就是原债权人与债务人之间达成的合同权利的内容。当然,转让合同权利必须转让有效的权利。

(3)合同权利既可全部转让,也可部分转让。在合同权利全部转让时,受让人取代转让人而成为合同的新当事人,原合同关系消灭,形成新的合同关系;在合同权利部分转让时,受让人作为第三人加入到原合同关系中,与原债权人共同享有债权,合同之债成为多数人之债。

(二)合同权利转让的性质

关于合同权利转让的性质学术界大体有以下三种学说:

1. 不要因准物权合同说

以德国法为代表。此学说以物权行为理论为基础,认为债权转让合同与被转让的合同是相分离的,此种转让是否有原因以及原因是否有瑕疵,不影响合同转让的法律后果;

2. 要因买卖合同说

以法国法为代表。该学说认为债权转让合同是一种要因的买卖合同,买卖的标的是原合同中的债权,出卖人应对作为买卖标的物的权利在法律上承担瑕疵担保责任;

3. 合同说

此说为英美法所采纳,我国学者一般也认可该说。此说认为债权转让实际上是权利人对自己权利的处分,是将合同权利本身作为转让的标的,所以转让合同权利应在转让人与受让人之间达成协议。

(三) 合同权利转让的要件

合同权利转让须具备以下要件：

1. 须以有效的债权存在为前提

如果债权人转让的债权不存在或为无效，即属给付不能，转让合同当然不成立，如受让人由此受到损害，转让人应予赔偿。

但下列债权仍然可以转让合同的标的：

(1) 已过诉讼时效的债权。因为，尽管过了诉讼时效，但不等于债务自然消灭，债务人尚有对债权人履行的可能性，故这种债权可作为转让的标的；

(2) 因可撤销法律行为而生的债权。此种债权在撤销债权人行使撤销权前为有效债权，况且其撤销权可能永久不行使，故此债权可为债权转让合同的标的；

(3) 附条件债权。包括附解除条件及停止条件两种。此种债权在条件成就前为或然债权，即效力未定的债权，但均可为有效成立的债权，故可为债权转让合同的标的。

上述几种债权被转让后，如果债务人以时效完成拒绝履行或者撤销权人行使撤销权而使债权归于无效，或者因条件成就或不成就而使债权失去效力时，受让人得主张债权转让合同无效。

2. 转让的债权具有可转让性

合同债权转让是为了使债权人的债权转让与受让人，因此，必须是转让的债权具有可转让性。多数国家的立法对克让与的债权未作规定，而列举不得让与的债权的种类。我国《合同法》第七十九条规定了以下三种合同权利不得转让：

(1) 根据合同性质不得转让。此类合同是指根据合同权利的性质，合同只能在特定的当事人之间生效。如果转让给第三人，将会使转让前后的合同内容失去同一性和连续性，同时也违背了当事人订立合同的目的。主要有以下几种：① 基于个人信任关系而产生的债权。如雇佣合同、委托合同中当事人的权利。此类合同中当事人之间有一种特殊的信赖关系，如果此类合同发生权利转让，势必将损害相对人的利益。因此，此类合同权利不得转让。② 以特定的债权人为基础的债权。如，演出合同中所选定的演员、出版合同中所选定的作者。如所选定的合同当事人发生变更，将导致合同转让前后的内容发生根本变化。因而此类合同权利也不得转让。③ 合同内容中包含了针对特定当事人不作为义务。④ 从权利。从权利依附于主权利而存在，不能与主权利分离而单独转让。⑤ 以特定身份为基础的权利。如基于特定身份关系而产生的请求支付抚养费、扶养费、赡养费的权利。

有学者认为,以上几种权利如果经债务人同意,也不是绝对不能转让。

(2) 按照当事人约定不得转让。这是指同一合同中债权人与债务人之间约定,债权人不得将其权利转让给第三人,而不是指债权人在根据该合同实现债权后不得再将所获得的权利转让给第三人的约定。一些国家的法律规定,当事人之间的这种特约不得对抗善意第三人,即受让人如果不知道或不应该知道不得让与的约定而接受债权转让的,那么转让对受让人有效,而债务人仅能对由此造成的损失要求原债权人负违约责任。

(3) 依照法律规定不得转让。法律规定不得转让的合同权利当然不能转让。但法律规定禁止债权人转让权利的现象非常罕见。我国《担保法》第六十一条规定"最高额抵押的主合同债权不得转让"属于这样的规定。

3. 转让人与受让人须就合同权利转让达成协议

合同债权转让是转让人与受让人意思表示一致的结果,这是合同权利转让的法律依据。

4. 须通知债务人

债权转让对原合同债务人有一定的影响,从维护其利益出发,对债权转让应作适当的约束。我国《合同法》第八十条第一款规定:"债权人转让权利的,应当通知债务人。未经通知,该转让对债务人不发生效力。"即以"通知主义"的要求对债权转让进行适当约束。要求债权人将权利转让的事实及时通知债务人,便于债务人及时了解,避免其因毫不知情遭受损失浪费。

债权人转让权利的通知到达债务人后,转让生效,债权人不得撤销该通知。我国《合同法》第八十条第二款规定:"债权人转让权利的通知不得撤销,但经受让人同意的除外。"可见,这一规定是为了保护受让人的利益。如果债权人任意撤销债权转让通知,将使受让人的权利处于不稳定状态,所以,非经受让人同意不得撤销。

5. 须遵守法律规定的形式

我国《合同法》第八十七条规定:"法律、行政法规规定转让权利应当办理批准、登记等手续的",须办理批准、登记等手续,否则债权转让无效。

应注意的是,依据我国法律规定,引起债权移转的情形除合同债权转让外,大致还有(无需以合同协议而债权发生转让效力)以下几种情形:

(1) 继承。在继承开始后,继承人承受被继承人生前的债权;

(2) 合同地位上的概括承受。根据《合同法》第二百二十九条的规定,如果出租方将财产所有权转移给第三方时,租赁合同对财产新的所有人继续有效。原出租方对承租方所享有的债权移转于财产的新所有人;

(3) 连带债务人之间的求偿权。连带债务人中的一人或数人清偿了全部债务而使全体债务人免责后,就其超出自己应负担的部分有权向其他连带债务人求偿,这种求偿权的性质为代位权,即原债权人的债权移转于新的债务人;

(4) 担保人的追偿权。我国《担保法》第三十一条规定:"保证人承担保证责任后,有权向债务人追偿。"该法第五十七条规定:"为债务人抵押担保的第三人,在抵押权人实现抵押权后有权向债务人追偿。"该法第七十二条规定:"为债务人质押担保的第三人,在质权人实现质权后,有权向债务人追偿。"

(5) 保险。被保险标的的损害应由第三人负责时,保险人应投保人的请求,依保险合同进行赔偿后,即取代被保险人的地位,拥有向造成损害的第三人追偿的权利。

(四) 合同权利转让的效力

合同权利转让有效成立后,即产生法律效力。该效力包括对内效力和对外效力两个方面:

1. 合同权利转让的对内效力

对内效力,或称内部效力,指合同权利转让在转让人(原合同债权人)与受让人(新债权人)之间产生的法律效力。表现在:

(1) 合同债权由转让人移转给受让人。如果合同权利全部转让,则受让人取代转让人成为合同的新债权人,转让人脱离原合同关系;如果是合同权利的部分转让,则受让人加入合同关系,与原债权人一道成为共同债权人。

(2) 受让人有权要求转让人转移证明债权的凭证和材料。债权转让人应将有关主张债权的一切必要情况如履行期限、履行地点、履行方式、可主张的抗辩权及债权担保等情况告知受让人,转让人占有的担保物及文书也应全部交付。当然,债权部分转让的,有关证明文件、材料等的交付,应依当事人的约定。

(3) 依附于主债权的从权利也一并转移,但该从权利专属于债权人自身的除外。依附于主债权的从权利包括抵押权、留置权、定金债权、保证债权、利息债权、违约金债权及损害赔偿请求权等,这些从权利随合同主债权的转让一同转移于受让人。

(4) 转让人承担瑕疵担保责任。即转让人应保证其所转让的合同权利有效存在并且不存在权利瑕疵。在权利转让后,受让人因权利有瑕疵而造成损失的,有权要求转让人赔偿,但受让人明知的除外。转让人对债务人的债务履行能力,不负担保责任,除非当事人另有约定。当然,也有学者认为,合同债权转让时,该债权原有的瑕疵也一并移转至新债权人。理由是:合同权利的转让只是变更合同债权的主体,而并不改变债权的内容,所以,如果原来的合同债权含有瑕疵,那么,该瑕疵必须随同合同债权移转于新债权人。我们认为,该说有一定道理,关键在于转让人对有瑕疵的债权的转让是否善意,即是否告知受让人,否则,隐瞒债权瑕疵而转让,对不知情的受让人是不公平的(除非受让人明知或应知之),这种情况下,受让人因受让权利有瑕疵而造成损失的,有要求转让人赔偿的权利。

(5)转让人在某项合同权利转让后,不得就转让的权利再度重复转让,否则会出现多个受让人之间究竟谁取得该项权利的问题。处理方法是:先前的受让人优于在后的受让人取得该权利;有偿的受让人优先于无偿的受让人;全部转让的受让人优于部分转让的受让人取得权利。

2. 合同权利转让的对外效力

合同权利的对外效力,指合同权利转让对原合同债务人产生的法律效力。表现在:

(1)合同权利全部转让的,转让人脱离原合同关系,不得再向原合同债务人请求给付,债务人也无需再向转让人履行债务;合同权利部分转让的,转让人与受让人约定按份享有债权时,他们只能依其份额请求债务人给付,债务人也依其份额履行债务,构成连带债权时,应按连带之债处理;

(2)合同债权转让时债务人得对转让人主张的抗辩,可对受让人主张,法律另有规定的除外。我国《合同法》第八十二条规定:"债务人接到债权转让通知后,债务人对让与人的抗辩,可以向受让人主张。"

抗辩权主要是针对请求权的权利,其效力在于阻止请求权的效力,从而使抗辩权人能够拒绝向债权人履行义务。抗辩权有一时兴抗辩权和永久性抗辩权。一时性抗辩权,是暂时地阻止请求权的抗辩权,例如同时履行抗辩权。永久性抗辩权地阻止请求权的抗辩权,如时效完成的抗辩、债权业已消灭的抗辩、债权从未发生的抗辩、债权无效的抗辩等。

债务人的抗辩权包括:

其一,法定的抗辩事由。指由法律规定的,合同当事人一方用以主张对抗另一方当事人的免责事由。依《合同法》的规定,合同责任的法定免责事由为不可抗力。该法第一百一十七条第一款规定:"因不可抗力不能履行合同的,根据不可抗力的影响,部分或者全部免除责任,但法律另有规定的除外。当事人迟延履行后发生不可抗力的,不能免除责任。"

其二,合同订立后,发生的债务人可据以对抗原债权人的一切事由,债务人可以对抗债权的受让人:一是可撤销的合同,债务人享有撤销权的,对债权受让人也可行使其撤销权。如因重大误解订立、显失公平的合同,即便在债权转让后,债务人也可向债权受让人主张撤销该合同,受让人不得以其受让时不知道该情形为由对抗债务人;二是原债权人的行为引起的债务人的抗辩权,如原债权人的违约行为,原债权人有关免责的意思表示等,都可以作为对抗债权受让人的抗辩;三是债务人的行为所产生的可以对抗原债权人的一切抗辩事由均可以之对抗债权人的受让人。如债务人对原债权人已为履行行为,可以对抗新的债权人。

关于抗辩权的行使,《合同法解释(一)》第二十七条规定:"债权人转让合同权利后,债务人与受让人之间因履行合同发生纠纷诉至人民法院,债务人对债权人的权利提出抗辩的,可以将债权人列为第三人。"

(3) 债务人接到债权转让通知时,如对原债权人享有到期债权或者与被转让债权同时到期的债权,可向受让人主张抵销。因抵消造成受让人损失的,在转让人与受让人之间处理。我国《合同法》第八十三条规定:"债务人接到债权转让通知时,债务人对让与人享有债权,并且债务人的债权先于转让的债权到其或者同时到期的,债务人可以向受让人主张抵销。"

既然受让人接受了转让人的债权,那么,为了保护债务人的利益不受侵害,受让人对于转让人基于同一债权而应承担的义务也应承受,包括债务人的清偿抵销权。

债务人向受让人主张抵销权,除具备《合同法》第一百零五条规定的条件外,还应具备如下要件:其一,债权转让发生效力,即债务人接到债权转让的通知;其二,债务人对原债权人享有到期债权,该债权已届清偿期。

四、合同义务的转让

(一) 合同义务转让的概念与特征

1. 合同义务转让的概念

合同义务转让,又称为合同义务转移、债务承担。指债务人、债权人与第三人经协议一致,债务人将其合同义务全部或部分转移给第三人,第三人全部或部分替代原债务人履行合同义务而成为新的债务人,原债务人全部或部分退出合同关系的情形。合同义务转让包括全部转让与部分转让两种形态。

2. 合同义务转让的特征

(1) 合同义务转让情况下,原合同内容没有发生变化,而债务人发生变化。或者是原合同债务人退出由第三人替代,或者是原债务人不退出而新债务人(第三人)加入,成为共同债务人。合同义务转让后出现新合同关系,但并不消灭原债务成立新债务,新旧合同关系在内容上是相同的。

(2) 合同义务转让可以是部分转让,也可以是全部转让。不论是何种转让,都要求债务是确定的并且具有可转让性,如果是属于必须由债务人亲自履行的债务,不得转让。否则不发生义务转让的法律效力。

(3) 在合同债务转让后,从属于原债务的从债务如利息等,也随同转移于第三人,或由第三人和原债务人共同承担。

要注意的是,合同义务转让与《合同法》第六十五条规定的合同义务"由第三人履行"(替代履行)有所不同,两者的主要区别见表5-1。

表5-1 合同义务转让与合同替代履行的区别

区 别	合同义务转让	合同义务的替代履行
法律性质	债务移转,第三人履行的是自己的债务	没有发生债务移转,第三人履行的仍然是原债务人的债务
债务承担人	新的债务人	不是新的债务人,只是合同效力涉及的第三人
是否须由债权人同意	义务转让基于债权人、债务人及第三人的协议,须经债权人同意	经债权人同意
违约处理	如第三人不履行债务,债权人可直接请求其履行债务、承担违约责任	如第三人不履行债务时,债权人只能请求债务人履行债务、承担违约责任
第三人的地位	是合同关系的当事人	不是合同的当事人

(二) 合同义务转让的条件

合同义务转让须具备一定的条件,主要包括:

1. 须有有效的债务存在

这是债务转让的前提。如果债务不存在、已经消灭或债务无效,则无法转让或不产生转让的法律效力。对未来发生的债务,当事人也可以转让,且这种转让与对已有的债务的转让效力相同,但这种转让协议只有在债务实际成立时才能生效。

关于自然债务转让问题。自然债务是指已经超过诉讼时效的债务。此种债务因时效完成,不再受法律的强制保护,但债务人与第三人就超过诉讼时效的债务达成转让协议的,且经债权人同意的,对债权人发生法律效力。债务人与受让人之间的转让协议是合法有效的,应受法律的保护。债务的受让人取得对债权人的抗辩权,即可以诉讼时效对抗债权人;如果受让人对债权人履行了债务,则这种履行发生法律上的效力,不得再以受让时不知该债务已经超过诉讼时效而要求使履行归于无效。

2. 债务必须具有可转让性

在性质上不能进行转移的债务,或者法律、行政法规禁止转让的债务,不得转让。性质上不能转移的债务,如果经债权人同意的,在大多数情况下也是可以转让的;如果当事人在合同中约定不得转移债务的,债务人不得转让债务,否则无效,在债务转让人与受让人之间不发生法律效力,但是只要取得债权人的同意的,则原约定不得转让债务的协议视为被撤销,债务变为可以转让的债务;法律、行政法规禁止转让的债务,即使经债权人的同意,也不发生债务转移的法律效力。

3. 债务人与第三人达成了债务转让协议

如果该协议无效或被撤销,第三人则不负清偿义务,仍应由原债务人履行合同义务。

4. 须经债权人的同意

这是合同义务转让最基本的条件,也是合同义务转让生效的必经程序。我国《合同法》第八十四条规定:"债务人将合同的义务全部或部分转移给第三人的,应当经债权人同意。"之所以这样要求,是因为合同相对人的资信状况和偿债能力等与债务能否顺利履行关系很大,更直接关系到债权人的债权能否实现。而债权人对债务转让的受让

人的资信等情况更少了解,所以债务可否转让一定要征得债权人的同意。

5. 合同义务转让程序合法

债务人、债权人、第三人之间约定转移合同债务,必须符合法定的程序。法律、行政法规规定应当办理批准、登记等手续的,应依法办理相关手续。

(三) 合同义务转让的法律效力

合同义务转让经债权同意成立后,将产生以下法律效力:

(1) 如果是合同义务全部转让,则债务人脱离合同关系,由受让人直接向债权人承担债务;如果是部分转让,则根据转让协议由原债务人和受让人(新债务人)共同承担或分别按份承担,即形成连带之债或按份之债。

(2) 合同义务转让后,债务人基于合同关系所取得的对债权人的抗辩权移归于受让人。但专属于原合同当事人的解除权、撤销权,只能由原债务人行使。我国《合同法》第八十五条规定:"债务人转移义务的,新债务人可以主张原债务人对债

权人的抗辩。"受让人享有的抗辩权,须符合下列条件:① 合同义务转让已经生效,即债务人将合同的义务全部或部分转让给第三人,在债权人同意后,发生债务转移的效力。如果合同义务转让还没有生效,新债务人身份没有确定,谈不上抗辩权;② 这种抗辩权在债务转移时就已经存在。原债务人没有行使或没有行使完毕的抗辩权,新债务人都可以对债权人主张。

(3) 从属于原债务的有关从债务一并转移于新债务人承担。主债务发生转移,从债务也随之转移,新债务人应当向债权人承担相关从债务,如附随于主债务的利息等。我国《合同法》第八十六条规定:"债务人转移义务的,新债务人应当承担与主债务有关的从债务,但该从债务专属于原债务人自身的除外。"以下两种从债务并不随主债务一同转移于新债务人:① 专属于原债务人自身的从债务,如原债务人与债权人约定,以原债务人的劳务冲抵主债务的利息,这种从债务不能随主债务一同转移于新债务人;② 他人为原债务人履行债务提供的担保,具有一定的独立性,如果担保人没有明确同意,那么对其原担保的主债务转移,并不对新债务人继续承担担保责任。

(4) 新债务人不得以属于原债务人的债权,对债权人主张抵销,但可以自身对债权人已届清偿期的债权主张抵销。

五、合同权利义务概括转移

(一) 合同权利义务概括转移的概念

合同权利义务概括转移,也称合同承受,是指合同当事人一方将其权利义务一并转移给第三人,由第三人全部承受这些权利义务。第三人取代转让人的身份,成为合同的新当事人。

合同权利义务概括转移后,转让方当事人将完全退出原合同关系,受让的第三人替代转让方取得会同当事人地位,承担合同义务,享受合同的权利。

(二) 合同权利义务概括转移的分类

合同权利义务概括转移根据其发生依据的不同,分为约定转移和法定转移。

1. 合同权利义务约定概括转移

(1) 合同权利义务约定转移指合同当事人一方经他方当事人同意,与第三人订立协议,将其合同权利义务转移给第三人。我国《合同法》第八十八条规定:"当事人经对方同意,可以将自己在合同中的权利和义务一并转让给第三人。"

(2) 合同权利义务约定转移须具备以下要件:① 合同须为双务合同。只有双务合同的当事人一方才能同时将会同权利义务转移给第三人。单务合同的当事人仅享受权利或仅承担义务,不可能同时转让合同权利与义务;② 原合同当事人一方与第三人达成合同转让协议,且该转让协议合法有效;③ 须经原合同对方当事人同意。因为合同权利义务概括转让,包括了合同义务转移,其转让将实质性影响对方当事人的利益,必须取得会同对方当事人的同意。

(3) 合同权利义务约定转移后将产生以下法律效力:

① 受让人取得转让方所享有的一切合同权利、承担一切义务,转让方脱离合同关系;

② 受让人拥有对抗合同转让方的事由,不得用以对抗对方当事人;

③ 依《合同法》第七十九条有关合同债权转让的有关规定,如该条规定不得转让的债权,也不得进行合同权利义务的概括转让;

④《合同法》第八十一条和第八十六条规定的债权转让和债务转让的"从随主"原则,也适用于合同权利义务概括转让的情况;

⑤《合同法》第八十三条有关债务人对债权人的抵销权的规定,进行合同权利义务概括转让的,应当同样有效;

⑥《合同法》第八十五条规定的债务受让人抗辩权规定,对于合同权利义务概括转让的,也同样适用。

2. 合同权利义务法定概括转移

(1) 法定概括转移指依据法律的直接规定而不是当事人的约定发生的合同权利义务的一并转让。导致合同权利义务法定概括转移的法律依据主要有:①《民法通则》第四十四条第二款的规定:"企业法人分立、合并,它的权利义务由变更后的法人享有或承担。";②《合同法》第九十条的规定:"当事人订立合同后合并的,由合并后的法人或者其他组织行使合同权利,履行合同义务。当事人订立合同后分立的,除债权人和债务人另有约定的以外,由分立的法人或者其他组织对合同的权利和义务享有连带债权,承担连带债务。"

(2) 合同权利义务法定概括转移的主要情形有:

① 企业合并。企业合并包括吸收合并和新设合并。吸收合并(又称为"兼并")指一个企业吸收其他企业,被吸收的企业丧失法律人格的情况。新设合并指两个以上企业合并为一个新的企业,原各企业解散,新企业取得法律人格。为保护相对人的利益,依主体的承继性原则,企业合并前订立合同形成的债权债务,由合并后的企业承受。这种情况下的债权债务的转移属于法定转移,不需取得相对人的同意,只须经合并后的企业的通知或者公告发生效力。通知到达相对人或公告期满时,原债权债务即移转于合并后的新企业,该企业属于合同关系的当事人,享

有债权承担债务。

② 企业分立。指一个企业根据法律规定或合同约定裂变为两个及两个以上企业的法律行为。企业分立包括派生分立和新设分立。派生分立是将一个企业的部分分出成立一个或几个新的企业,原企业继续存在;新设分立是指将一个企业分割为两个或两个以上的企业,原企业的法律人格消灭。依《合同法》第九十条的规定:当事人订立合同后分立的,除债权人和债务人另有约定的以外,由分立的法人或者其他组织对合同的权利和义务享有连带债权,承担连带债务。我国《公司法》第一百七十六条规定:"公司应当自作出分立决议之日起 10 日内通知债权人,并于 30 日内在报纸上公告。"据此,公司分立的,当债权人收到通知或公告期满时起,由分立后的新公司享有债权承担债务,即发生概括转移的效力。

③ 企业改制。是指企业依据公司法的有关规定,采取由法人、其他经济组织或自然人投资入股或股份转让,将企业改造为有限公司或股份公司。改制后,原企业的债权债务应概括转移于改制后设立的公司。在改制过程中,企业可能会与某些债权人达成清偿享有,但这种享有不得损害其他债权人的利益。

④ 企业整体转让。这是指企业出资人将企业作为一项整体的财产转让给他人,同时也将企业的债权债务一同转让。企业整体转让与股权转让是不同的,股权转让步发生债权债务的概括转让。

⑤ 营业转让。这是指基于一定目的将一系列财产或营业转让给他人,受让人在吸收其财产和营业的同时,也要概括转让人的债权债务。

案例分析

[案情]

2003 年 4 月 10 日,永兴商厦向万方服装厂订购一批服装。合同约定,永兴商厦 4 月 20 日前支付全部货款 100 万元,万方服装厂 7 月 10 日交货。双方未就合同转让事宜进行约定。永兴商厦按照合同约定支付了货款。5 月 10 日,永兴商厦因忙于改制,将该合同转让给梅园商场,并通知了万方服装厂。7 月 10 日,梅园商场要求万方服装厂按期交货,万方服装厂予以拒绝,称合同是与永兴商厦签订的,永兴商厦将合同转让给梅园商场应经过万方服装厂同意,未经同意,该转让行为无效。

[问题]

万方服装厂认为永兴商厦将合同转让给梅园商场应经过万方服装厂同意的观

点是否符合法律规定？永兴商厦将合同转让给梅园商场的行为是否有效？

[法律依据]

《合同法》第八十条第一款规定,债权人转让权利的,应当通知债务人。未经通知,该转让对债务人不发生效力。"

[法律运用及处理结果]

万方服装厂认为永兴商厦将合同转让给梅园商场应经过万方服装厂同意的观点不符合法律规定。因为,永兴商厦已经按照合同约定支付了货款(即它已经履行了合同义务),此后,它将合同转让给梅园商场,实际上是合同权利的转让,而根据我国《合同法》的有关规定,当事人转让合同权利的,应通知债务人,但并不要求征得债务人同意。因此,本案万方服装厂认为永兴商厦将合同转让给梅园商场应经过万方服装厂同意的观点是错误的,没有法律根据。而因为永兴商厦将该合同转让给梅园商场,已经通知了万方服装厂,符合法律规定,因此,永兴商厦将合同转让给梅园商场的行为是有效的。

(案例来源：2006年会计职称考试试题)

第三节 合同权利义务终止

一、合同权利义务终止的概念和原因

(一) 合同权利义务终止的概念

合同权利义务终止,又称合同终止、合同消灭,指因一定法律事实的出现而使当事人之间的权利义务关系不复存在。

合同终止不同于合同变更。合同终止意味着合同关系消灭,合同效力完全终结,当事人不再受合同权利义务的约束;而合同变更是指不改变合同主体的情况下,仅改变合同的内容,原合同关系仍然存在。

合同终止也不同于合同中止。合同中止指合同效力的暂时停止,一般是指因债务人的抗辩,合同债权效力的暂时停止,待抗辩权消灭后,合同即恢复原有效力,因此,因抗辩权而引起的合同中止,并不是合同效力归于消灭;而合同终止则是指合同效力消灭。

合同终止也不同于合同的解除。合同解除是当事人提前终止合同关系的行为,属合同终止的情形之一;而合同终止的内涵及外延显然更为广泛,即合同可因解除而终止,但还可因其他原因终止。

(二)合同权利义务终止的原因

合同终止的原因大致可分为三类:一是根据当事人的意思终止,如债权人免除债务人的债务,合同双方协商解除合同;二是自然性终止,如合同已经履行完毕、债权债务同归于一人;三是基于法律的规定,如合同无效、被撤销。

我国《合同法》第九十一条规定:"有下列情形之一的,合同的权利义务终止:(一)债务已经按照约定履行;(二)合同解除;(三)债务相互抵销;(四)债务人依法将标的物提存;(五)债权人免除债务;(六)债权债务同归于一人;(七)法律规定或者当事人约定终止的其他情形。"

二、合同权利义务的清偿

(一)清偿的概念

清偿,又称为"履行",指合同债务人按照合同的约定已向债权人履行义务,实现合同目的的行为,即我国《合同法》第九十一条导致合同终止原因中的第一种"债务已经按照约定履行"的情形。

学术上,对清偿的法律性质有不同的说法,主要有法律行为说、非法律行为说和折中说三种。法律行为说认为,清偿须有清偿的意思,即为消灭债务的意思,如果欠缺清偿意思,不发生合同消灭的效果;非法律行为说认为,清偿不是法律行为,因而无需有清偿的意思,理由是给付行为与清偿不同,给付是为清偿所为的行为,清偿为给付目的的达到;因清偿所为的给付行为可能是事实行为,也可能是法律行为,也可能是不作为,但不论其性质如何,均属清偿的手段;折中说认为,清偿视情况可以是法律行为,也可以不是法律行为。

(二)清偿主体

清偿主体,即清偿的当事人,包括清偿人与清偿受领人。

1. 清偿人

指向受领人(通常为债权人)履行义务的人。

合同债务人负有清偿债务的义务。包括合同当事人债务人、债务人的代理人、连带债务人、保证人、债务转让的第三人。债务人履行债务须有民事行为能力,如为无行为能力或限制行为能力者,则应由其法定代理人清偿或取得法定代理人同意。

如按法律规定或当事人约定的合同性质决定,债务不是必须由债务人亲自履行的,且在给付行为系法律行为时,债务清偿可由债务人的代理人清偿。

第三人也可作为清偿人,法律规定、当事人约定或者合同性质决定债务不得由第三人履行的除外。

2. 清偿受领人

即受领清偿利益的人。债务的清偿当由清偿人向有清偿受领权的人给付,并经受领后,才产生清偿的效力。

债权人是当然的受领人,但在某些情况下,债权人不得受领:① 债权出质。非经质权人同意,债权人不得受领;② 债权人破产。其债权由破产清算人、管理人受领;③ 按民事诉讼法规定,对债权人的债权采取强制执行时,债权人不得自行受领。

其他清偿受领人主要包括:债权人的代理人、债权人的破产管理人、债权质权人、代位权人、债权人和债务人指定受领清偿的其他人等。

债务人向无受领权人清偿的,不发生清偿效力。

(三) 清偿标的

清偿标的,即债务履行标的。

债务人应该按合同的约定全面履行合同义务,只有在特殊情况下,才可以部分清偿和代物清偿。

可以部分清偿的条件是:双方当事人同意,并且,部分清偿不损害债权人的利益。

代物清偿,是指以他种给付代替原定给付的清偿。代物清偿的要件是:① 须有债权债务的存在。如债权债务关系不复存在,自无代物清偿之必要;② 须以他种给付代替原定给付,如以提供财产代替原定的提供劳务。同为给付财产的,以他物替代原物也是代物清偿,如以交付录像机代替原合同约定的交付电视机;③ 须有当事人的合意。代物清偿并不要求原定给付与他种给付在价值上完全相同,因此,当事人在达成代物清偿协议时,应就其价值差额的处理同时作出约定,以免日后争讼。

代物清偿一经成立,即发生合同终止的后果。

(四) 清偿地、清偿期、清偿费用

1. 清偿地

清偿地即清偿人履行债务的场所。对履行地,当事人有约定的,按约定;当事人没有约定的,根据法律规定、认可的履行地履行债务。我国《合同法》第六十二条第三款规定:履行地点不明确,给付货币的,在接受货币一方所在地履行;交付不动产的,在不动产所在地履行;其他标的,在履行义务一方所在地履行。

2. 清偿期

清偿期指清偿人清偿债务的期限。对清偿期,当事人有约定的,按约定;当事人没有约定或约定不明确的,应依法律规定。我国《合同法》第六十二条第四款规定:"履行期限不明确的,债务人可以随时履行,债权人也可以随时要求履行,但应给对方必要的准备时间。"同时,根据该法第七十一条之规定,债务人提前履行对债权人造成不利的,债权人可以拒绝受领。

3. 清偿费用

清偿费用指履行债务所产生的相关费用。清偿费用按照法律规定或当事人约定处理。当事人没有约定,或法律没有规定的,由履行债务一方承担。如因债权人原因使清偿费用增加的,增加部分应由债权人负担。

三、抵销

(一)抵销的概念

抵销是指当事人互负债务,各以其债权充作债务的清偿,而使其债务与对方之债务在对等额内相互消灭的合同终止制度。双务合同的双方当事人均有履行债务的责任,通过抵销,当事人可不再履行债务而使债的关系消灭,既便利了当事人,也可以节省履行费用,这是抵销制度的主要意义。

对抵销的法律性质,有不同的学说。主要有"事件说"与"单独行为说"的区别。法国民法以依双方的债权的对立而当然抵销,因此,抵销是为"事件";德国、瑞士民法则规定仅双方互有债权不发生抵销效力,只有依一方的意思表示而生抵销的效力,因此,抵销是"单独行为"。我国立法及司法实践采纳"单独行为说"。

(二)抵销的种类

抵销依其产生的依据不同,可分为法定抵销与意定抵销两种。

1. 法定抵销

指合同当事人双方互负到期债务,且其债务的标的种类、品质相同,任何一方当事人作出的使相互间相当数额债务归于消灭的意思表示。我国《合同法》第九十九条规定的抵销为法定抵销。该条规定:"当事人互负到期债务,该债务的标的物种类、品质相同的,任何一方将自己的债务与对方的债务抵销,但依照法律规定或者按照合同性质不得抵销的除外。当事人主张抵销的,应当通知对方。通知到达对方时生效。抵销不得附条件或附期限。"

2. 意定抵销

意定抵销指双方当事人经协商一致而产生的抵销。我国《合同法》第一百条规定的抵销为意定抵销。该条规定:"当事人互负债务,标的物种类、品质不相同的,经双方协商一致的,也可以抵销。"

法定抵销和意定抵销均产生债务消灭的效果,但两者有明显的不同:① 双方债务是否届清偿期不同。法定抵销,须双方债务均届清偿期;而意定抵销,双方所负债务是否到期在所不问。② 抵销的标的物是否相同上有区别。法定抵销要求抵销的标的物"种类、品质相同";而意定抵销的,双方经协商一致,抵销的标的物在种类、品质上可以有所不同。③ 抵销的方法不同。法定抵销的,只须抵销权人通知对方当事人即可;而意定抵销的,须双方协商订立抵销协议。④ 是否可附条件、期限不同。法定抵销的,不得附条件或附期限;而意定抵销没有这样的要求,换言之,可附条件或附期限。见表5-2。

表5-2 法定抵销与意定抵销的区别

区别	法定抵销	意定抵销
债务要求	已届清偿期	到期、非到期均可
抵销标的物要求	种类、品质须相同	种类、品质可不同
抵销方法	通知对方	须双方订立抵销协议
可否附条件、期限	否	可
法律效果(相同处)	相关债务消灭	相关债务消灭

(三)抵销的要件

1. 法定抵销的要件

(1)双方互享债权、互负债务。这是抵销的前提。双方的债权债务应合法有效,如合同不成立或为无效,债权不能有效存在,当然不能抵销;附条件的债权,如所附条件为停止条件,在条件成就前,债权尚不发生效力,不能抵销。如属附解除条件,则条件成就前债权有效存在,应可用于抵销。行使抵销权后条件成就时,抵销仍为有效。

超过诉讼时效期间的债权,不得主张抵销;附有同时履行抗辩权的债权,不得以之为主动债权而主张抵销,否则即为剥夺对方的抗辩权。但如其为被动债权,可认为抵销权人已抛弃同时履行抗辩权,可主张以之抵销。

(2)双方债务均已届清偿期。可用于抵销债务的债权,应该是能够请求履行的债权,否则无异于强迫债务人提前履行债务。不过,根据《破产法》,在破产程序中,破产债权人对其享有的债权,无论是否已届清偿期,也无论是否附有期限或解除条件,均可抵销。

(3) 双方债的标的、品质相同。如所负债务标的种类不同,如允许抵销,则不免使一方或双方当事人的合同目的难以实现,与债的目的相悖。但按破产法,所有债权在申报时,均以金钱计算,所以,即使债的标的种类不同,仍可抵销。

(4) 债务依其性质或法律规定可以用于抵销。依债务性质非清偿不能实现债的目的的,不能抵销,如提供劳务的债、与人身不可分离的抚养费等,不得抵销;依法律规定不得抵销的债务,如禁止强制执行的债务等,不得抵销。

当事人约定不得抵销的债务,应按当事人之约定,不得抵销。

2. 意定抵销的要件

意定抵销的要件在双方互享债权、互负债务上,与法定抵销是相同的,此外,意定抵销还有一个实质要件是:双方当事人达成抵销的协议,此协议除法律有禁止规定外,在抵销的标的种类、品质可以不同,抵销可以附条件或附期限。

(四) 抵销的方法、效力

1. 抵销的方法

根据《合同法》第九十九条的规定,法定抵销的抵销权人以发通知方式告知对方当事人,该通知到达时,产生抵销效力。抵销的意思表示发出后不得撤销。意定抵销双方当事人达成抵销的协议,产生抵销效力。

2. 抵销的法律效力

(1) 债的各项依抵销数额消灭。双方债权数额相同的,其互享的债权或互负的债务全部归于消灭;双方债权额不等的,就其相等额部分消灭。

(2) 抵销有追溯力。抵销生效时,双方债权的消灭效力溯及抵销权发生之时,因而产生以下效果:① 自抵销权发生时,就消灭了债务,不再发生支付利息的债务;② 抵销权发生后的延迟给付责任归于消灭;③ 抵销权发生时,免除债务人的违约责任。

四、免除

(一) 免除的概念、特征

1. 免除的概念

免除是指债权人单方抛弃债权,从而部分或全部消灭合同关系的法律行为。我国《合同法》第一百零五条规定:"债权人免除债务人部分或全部债务的,合同的权利义务部分或全部终止。"

2. 免除的法律特征

(1) 免除是一种单方法论行为。免除是债权人自主处分自己权利的行为,毋需经债务人的同意而生效力。

(2) 免除是一种无因法律行为。债权人因何原因放弃权利,法律在所不问。

(3) 免除是一种无偿法律行为。免除不以债权人取得相应对价为条件。

(4) 免除是一种不要式法律行为。免除的意思表示不要求特定的方式,口头、书面表示均可。当然,免除作为一种法律行为,适用法律行为的基本要求,如债权人须具备相应的行为能力、意思表示真实、可以附条件、期限,可以进行代理等。

(二) 免除的成立条件

尽管免除是一种单方的法律行为,但也应具备法律行为成立的一般条件,主要包括:

1. 债权人须具有处分能力

如是法律禁止抛弃的债权,债权人的免除行为无效。

2. 须向债务人作免除的意思表示

债权人应向债务人或其代理人作免除的表示,该意思表示到达债务人或其代理人时生效。如果是债权人与债务人订立名称协议的,则该协议达成时生效。

3. 免除不得损害第三人的利益

债权人行使抛弃债权的行为不得损害他人的利益,如已就债权设定质权的债权人,不得免除债务人的债务而损害质权人。

(三) 免除的效力

免除的直接效力是使合同权利义务终止,合同关系消灭。债务全部被免除的,全部合同关系消灭;债务部分被免除的,合同关系在免除范围内部分消灭。

主债务因免除而消灭的,从债务随之消灭;但只免除从债务的,主债务仍须继续履行。

债权人免除连带债务人中一人债务的,其他连带债务人的债务视为一同免除;但如债权人明确表示仅免除共同债务人中一人的债务份额的,则其他债务人的债务不予免除。

五、混同

(一) 混同的概念

混同指债权债务同归于一人而使合同关系归于消灭的法律事实。债的关系须有债权人和债务人同时存在方能成立,当债权人和债务人合二为一了,债权债务当然消灭。

（二）混同的原因

只要债权债务同归于一人就形成混同的事实。导致混同的原因通常因债权或债务的承受而产生。包括：

1. 概括承受

概括承受指合同一方当事人概括承受他人权利与义务。分为企业法人和其他组织之间的概括承受和个人的概括承受。前者如企业合并，债权人甲企业与债务人乙企业合并成立新企业丙，原甲乙的债权债务消灭；后者债权人继承债务人、债权人继承债务人，债权债务因同归于继承人而混同消灭。

2. 特定承受

特定承受指因债权转让或债务承担而承受权利和义务，如债务人自债权人受让债权，或债权人承担债务人的债务发生的混同，合同归于消灭。

（三）混同的效力

混同的效力是消灭债的关系，并且主债务消灭，从债务也随之消灭，如保证债务因主债务人与债权人混同而消灭。

但在例外情况下，即在涉及第三人利益时，虽然债权人和债务人混同，但合同并不消灭，如债权出质时，债权不因混同而消灭。

在连带债务中，一人与债权人混同时，债的关系仅在该连带债务人应该负担的债务额度内消灭，其他连带债务人对剩余部分的债务仍负法律责任。

六、提存

（一）提存的概念

提存是指因债权人原因债务人无法履行债务时，依法将合同的标的物提交给提存机关，从而消灭合同关系的法律行为。为履行清偿义务而将合同标的物交付提存的债务人为提存人；国家认可的办理提存业务的有关机构，如公证机关、办理价款提存的银行等，称为提存机关；债权人为提存受领人。

债务人履行债务，需要债权人的协助。如果债权人无正当理由拒绝受领或因其下落不明、主体变更等原因债权人无法确定，致使债务人无法履行义务、结束合同关系，这对债务人是不公正的。提存制度有助于防止和解决债务人与债权人之间的债权债务关系久悬未决的状态，既维护债权人的债权，也使债务人免受不应有的损失。

（二）提存的法律性质

关于提存的法律性质，学术界说法较多，主要有以下观点：① 公法上之关系说；② 国家处理非讼事件的公法上的法律关系说；③）寄托契约关系说；④ 向第三人给付的契约关系说；⑤ 私法上的寄托契约，并且有为第三人利益的契约性质说。

我们倾向认为提存属于私法上的契约关系说，或特别契约说。因为：① 债务人在进行提存后产生了提存机关对提存物的保管合同关系，这种合同关系具有为第三人设定利益的特点；② 提存产生债务清偿的效果，这是私法上的效力范畴；③ 尽管提存将使提存人和提存机关发生关系，但提存人并没有向提存机关提存的义务，不是债务人对国家负有的义务，更不是公法上的义务，而是一种权利。

提存人与提存机关之间具有寄托的特点，但又与寄托有明显的不同：① 寄托人与受托人之间是委托合同关系，而提存人与提存机关不是基于委托合同关系，而是基于法律的规定；② 寄托的风险和费用由寄托人承担，而提存的风险和费用由债权人承担；③ 寄托物的所有权归寄托人，而提存物的所有权归债权人所有。

（三）提存的原因

债务人进行提存，必须存在使债务人无法履行债务的法定原因，否则应直接对债权人履行其合同义务。我国《合同法》第一百零一条规定："有下列情形之一的，难以履行债务的，债务人可以将标的物提存：① 债权人无正当理由拒绝受领；② 债权人下落不明；③ 债权人死亡未确定继承人或丧失民事行为能力未确定监护人；④ 法律规定的其他情形。"因此，构成提存的原因包括：

1. 债权人无正当理由拒绝受领

在正常情况下，债权应该受领债务的债务履行，如无正当理由拒绝受领，债务人可向提存机关提存标的物，消灭合同关系。

2. 债权人下落不明

债权人下落不明，债务人无从履行债务。下落不明，包括债权人住所不清、地址不详、债权人失踪又无代理人或代管人等情况。由于提存所要解决的是债务人由于债权人的原因无法履行债务问题，因此，这里的"下落不明"并不要求债权人生死不明。

如果下落不明的债权人有法定代理人，或先前指定了代理人，或根据《民法通则》已被宣告为失踪人并由法院指定了财产管理人的，则债务人不能提存。

3. 债权人死亡未确定继承人或丧失民事行为能力未确定监护人

债权人死亡未确定继承人，则债务人失去债务对待履行的对象，可以将标的物提存；如果债权人无行为能力，则他们不能通过自己的行为行使民事权利、承担民事义务,应由其法定代理人代理民事活动,如果债权人在丧失行为能力后,还没有确定监护人代理其进行民事活动的,则债务依合同约定或依法律规定履行债务时,就失去了履行债务的受领人,其债务难以履行,此时,可将标的物进行提存处理。

4. 法律规定的其他情形

除《合同法》第一百零一条规定的上述三种情况外,债务人还可依据《合同法》其他条款或其他法律的有关规定,对债务标的作提存处理。如：根据《合同法》第七十条规定,债权人分立、合并或者变更住所没有通知债务人,致使债务人履行债务发生困难的,可将标的物提存；根据《担保法》第四十九条规定,抵押人转让抵押物所得的价款,应当向抵押权人提前清偿所担保的债权或者向与抵押权人约定的第三人提存。

（四）提存的要件

根据《合同法》第一百零一条的规定,提存的要件应为：

（1）须有合法的提存人。

提存人负有对提存受领人清偿债务的义务,包括债务人及其代理人、作为债务清偿的第三人。提存人必须在提存时具有民事行为能力。

（2）存在可以提存的合法原因。

（3）提存之债须真实、合法并已届清偿期。存在真实、合法的债权债务关系,债务人才有履行债务的义务,也才可能在履行受阻情况下将标的物提存。同时,应当履行的债务须已届清偿期。这是提存的前提。

（4）提存的标的与债的标的相符且适合于提存。提存的标的物应与合同约定给付的标的物相符,并且,由于涉及提存机关保存提存物,因此提存的对象应以有体物为限,如标的是债务人的行为、劳务等,则不适合提存。即便是有体物,也须是适宜于提存之物,如容积过大之物、易燃易爆的危险物、易腐烂变质的蔬菜水果等物品,提存费用过高的物品等,一般不予提存,债务人可以申请提存机关拍卖或变卖标的物,提存所得价款。

（五）提存的程序

我国司法部1995年6月2日发布《提存公证规则》。根据该规则,提存的程序如下：

1. 申请

提存人向提存机关提出申请。根据该规则第九条规定,申请人应填写申请表并提交有关材料,如提存人的身份证明、债权债务关系的有关证据、提存受领人的姓名、地址等详细情况；提存标的物的种类、质量、数量、价值等情况以及能证明提存系债之履行的标的物等。

2. 受理

提存部门收到申请后,通过询问申请人和初审,对符合条件的申请决定受理。条件是:① 申请人对提存受领人负有清偿或担保义务;② 存在提存的原因;③ 申请事项属该公证处管辖;④ 申请人提交的材料齐全。

作出受理决定的日期为收到申请之日起 3 日内。对有不符合上述条件的申请的,提存部门应在收到申请之日起 3 日内作出不予受理的决定,并告知申请人如不服决定的复议程序。

经审查认为符合法定条件的,提存机关应予以提存,并对提存人提交的提存物进行验收并登记。

3. 提存公证

提存公证机构自提存之日起 3 日内出具公证书。从提存之日起债务即算清偿。

4. 通知受领人

我国《合同法》第一百零二条规定:"标的物提存后,除债权人下落不明的以外,债务人应当及时通知债权人或债权人的继承人、监护人。"可见,债务人具有向债权人进行通知的义务。法律如此规定的目的,一方面是债务人向债权人表明自己已经履行了合同义务,与债权人之间的债权债务关系已经终止;另一方面是为了催告债权人及时到提存机关领取提存物,否则将要支付更多的费用。如果债务人没有及时履行通知义务而给债权人造成额外负担,应由债务人承担。

如果债权人下落不明,债务人可无直接通知的义务。这种情况下,由提存公证机关公告方式通知。依《提存公证规则》第十八条规定:提存人应将提存事实及时通知提存受领人。以清偿为目的的提存或提存人通知有困难的,公证处应自提存之日起 7 日内,以书面形式通知提存受领人,告知其领取提存物的时间、期限、地点、方法。提存受领人不清或下落不明、地址不详无法送达通知的,公证处应自提存之日起 60 日内,以公告方式通知。

(六) 提存的效力

提存涉及债务人、债权人及提存机关三方的关系,必然会在债务人与债权人之间、债务人与提存机关之间以及提存机关与债权人之间产生法律效力。

1. 债务人与债权人之间的效力

自提存之日起,债务人的债务归于消灭,合同终止。我国《合同法》第一百零三条规定:"标的物提存后,毁损、灭失的风险由债权人承担。提存期间,标的物的孳息归债权人所有。提存费用由债权人负担。"据此,提存对债务人与债权人的效力表现在：

（1）自提存有效成立时起，债务人与债权之间的合同关系消灭，其从合同也随之消灭；

（2）提存期间，标的物的收益归债权人所有，其毁损灭失的风险由债权人承担。提存物的保管及拍卖、出卖费用，由债权人负担。

2. 债务人与提存机关之间的效力

（1）标的物提存后，提存机关负有保管提存物的义务。

（2）债务人（提存人）进行提存后，除能证明系出于错误或提存原因已消灭者外，不得取回提存物。提存人依法取回提存物的，应向提存机关支付提存保管费用。

3. 提存机关与债权人之间的效力

我国《合同法》第一百零四条规定："债权人可以随时领取提存物，但债权人对债务人负有到期债务的，在债权人未履行债务或者提供担保之前，提存部门根据债务人的要求应当拒绝其领取提存物。债权人领取提存物的权利，自提存之日起五年内不行使而消灭，提存物扣除提存费用后归国家所有。"所以，根据法律规定，在提存后，债权人与提存机关之间会形成一定的权利义务关系。主要包括：

（1）提存后，债权人可以随时领取提存物。对标的物在提存期间产生的收益，债权人有权要求返还。债权人领取提存物时，应提供身份证明、提存通知书或公告，以及有关债权的证明。如果债权人负有对待给付义务的，应提供履行对待给付义务的证明；在债权人未履行债务或未提供履行担保之前，提存机关应当拒绝债权人领取提存物。

（2）除另有约定外，提存费用由债权人承担。提存费用包括：提存公证费、公告费、邮电费、提存机关保管、评估、变卖、拍卖提存物的费用等。提存后，标的物的风险已移转于债权人，所以，因不可归责于提存机关的原因而致提存物灭失的，提存机关不负责。

（3）债权人超过一定期限不领取提存物的，丧失领取权。根据《合同法》的规定，债权人自提存之日起5年内不领取提存物的，丧失领取提存物的权利，在扣除有关的提存费用后归国家所有。

案例分析

[案情]

2006年2月1日，乙为发展家庭养殖业向甲借款5万元，期限为一年。后甲告知乙,到期还款时直接将钱交给丙,作为甲向丙所办的合伙企业的投资。2007年1月1日,甲家被盗,向乙借2万元应急,还期1个月。2007年2月1日,乙向丙交款3万元,丙则拿着乙给甲所写的借款欠条5万元,向乙索要另外2万元,为其所办合伙企业的集资。乙则称2万元作为甲向其借款到期债权抵销了。丙认为乙无权向自己主张抵销,遂向法院提起诉讼,要求乙支付所欠的另外2万元。

[问题]

本案是一起关于合同债权转让后债务人(乙)可否向债权受让人(丙)主张债权抵销的案件。

[法律依据]

《合同法》第八十三条的规定,债务人接到债权转让的通知时,债务人对让与人享有到期债权的,可以向受让人主张抵销。

[法律运用及处理结果]

本案中,甲将乙所写的借自己5万元欠条给丙,作为向丙所在合伙企业的5万元出资,并通知乙到期还款时直接交给丙,这是甲将自己拥有的债权的转让行为,丙作为该笔债权转让的受让人,成为乙欠款的新的债权人,因此向乙索要5万元欠款是合法的。但是,在5万元还款到来之前,原债权人甲因急需又向乙借款2万元,这表明乙对甲拥有2万元的债权,而这笔债权与原甲对乙拥有5万元债权同时(2007年2月1日)到期,尽管甲已将自己拥有的债权转让给了丙,根据《合同法》的上述规定,这两个债权种类相同(都是欠钱),均已到期,可以对抵,即乙有权将自己拥有的2万元债权部分抵销自己所欠5万元欠款,只须另还3万元就可以了。法院应判驳回丙的诉讼要求。

(案例来源:杜万华主编《合同法精解与案例评析》,法律出版社1999年版)

第四节 合同解除

一、合同解除的概念和法律特征

(一)合同解除的概念

合同解除是指合同有效成立后,没有履行或履行完毕前,根据法律规定或当事人的约定,使合同关系提前归于消灭的法律行为。

(二)合同解除的特征

(1)合同解除以合同有效成立为前提。合同解除的目的是解决有效合法合同提前消灭的问题,所以,合同解除的前提是合同有效成立。无效合同无需解除本身即不具有法律约束力。

(2) 合同解除须具备法定或约定的条件。合同一经有效成立,即具有法律效力,当事人双方都必须严格遵守,适当全面履行合同义务,不得擅自解除。因此,合同解除必须具备法定或约定的条件。法定条件,指法律规定的当事人可以解除合同应具备的条件;约定条件,指当事人相互之间约定的享有解除权的条件,只有符合这样的条件,才可行使解除合同的权利。

(3) 合同解除须有当事人的解除行为。日本等国家立法采用当然解除主义,即只要符合解除条件,合同自动解除,不必当事人作解除之意思表示。我国《合同法》则强调当事人的解除行为。解除行为分为:① 由当事人双方协商一致解除合同;② 由享有法定或约定解除权的一方作出解除合同的意思表示,该意思表示须通知对方,合同自通知到达对方时解除。

显然实施解除行为的当事人,首先必须有解除权,其次解除权的行使除受法定除斥期间限制外,必须在合同有效成立后,履行完毕前行使。

(4) 合同解除原则上具有溯及既往效力。合同解除将导致合同的权利义务消灭。而解除合同使合同关系自始消灭还是向将来消灭,各国立法有不同,学术界也有认识分歧。依我国《合同法》第九十七条规定,合同解除后,尚未履行的,终止履行;已经履行的,根据履行情况和合同性质,当事人可以要求恢复原状、采取其他补救措施,并有权要求赔偿。由此可见,合同解除原则上具有溯及既往效力。当然,不排除当事人对合同解除后效力的另行约定(合同解除不具有溯及既往效力的约定)。

二、合同解除与相关概念的联系与区别

在了解合同解除的概念特征时,有必要分析它与相关的概念的联系于区别,如合同解除与合同无效、合同的撤销、附解除条件合同等的区别。分述如下:

(一) 合同解除与合同无效

合同无效指合同因欠缺法定生效条件而不能产生预期的法律效果,它与合同解除的相同点在于,两者都不对当事人产生法律约束力,且都有追溯力。但两者有明显的不同(表5-3):① 产生的原因不同。合同无效是因其不具备法律规定的生效条件,合同关系不成立;合同解除则是在具备解除条件时,由当事人一方意思表示或双方协商,消灭合同关系。② 行为性质不同。合同无效的确认权归法院或仲裁机构,所以,合同无效宣告为司法行为,而合同解除则是当事人的民事行为。

③ 适用原则不同。合同无效即便当事人不主张，法院或仲裁机构也应干预；而合同解除适用自愿原则，虽具备解除条件，如当事人不行使解除权，国家也不干预。
④ 法律后果不同。无效合同自始无效，合同解除则自解除行为生效时起原合同效力才消灭。

表 5-3　合同无效与合同解除的比较

比　较	合　同　无　效	合　同　解　除
发生原因	合同不具备法律规定的生效条件	对有效合同，当事人一方宣告或双方协议
行为性质	宣告合同无效为司法行为	解除合同为民事行为
适用原则	国家干预原则	当事人自愿原则
法律后果	合同成立即无效	合同解除后才无效
相同点	不对当事人产生约束力	不对当事人产生约束力

（二）合同解除与合同撤销

合同撤销指因当事人意思表示不真实，通过行使撤销权，使已经生效的合同归于无效，它与合同解除一样都会使合同发生溯及既往的效力，但两者又有不同之处（见表 5-4）。

表 5-4　合同解除与合同撤销的比较

比　较		合　同　解　除	合　同　撤　销
相同点		都使合同发生溯及既往的效力	
不同点	适用范围	适用于确定生效的合同	适用于虽已有效但欠缺生效要件的合同
	发生原因	法律规定，或当事人约定	撤销原因由法律直接规定
	发生时间	合同成立之后，尚未履行或尚未全部履行之前	发生在法定除斥期间一年之内，在此期间无论合同是否已履行完毕，均可撤销
	程序上	不必经过诉讼或仲裁程序	需要通过诉讼或仲裁程序
	发生效力	原则上有追溯力，但当事人有特别约定的除外	都有追溯力

合同解除与合同撤销的不同主要表现在：① 适用范围的不同。合同撤销适用于虽然已有效，但欠缺生效要件的合同，而合同解除适用于确定生效的合同。② 发生原因的不同。合同撤销的原因由法律直接规定，而合同解除原因既有法律

规定的,也有当事人约定的。合同撤销的原因在合同成立时已存在,而合同解除的原因大多发生在合同成立以后。③ 发生时间的不同。合同撤销发生在法定除斥期间一年之内,在此期间,无论合同是否已履行完毕,均可撤销;而合同解除则发生在合同成立之后,尚未履行或尚未全部履行之前。④ 行使程序上的不同。合同程序需要通过诉讼或仲裁程序,合同解除并不必然需要经过诉讼或仲裁程序,只有在各方当事人对合同解除产生争议时,才有提起诉讼或申请仲裁的必要。⑤ 法律效力上由不同。合同撤销将发生溯及既往的效力,而合同解除原则上发生溯及既往的效力,但对于某些特殊合同,当事人如对解除合同的效力有特别约定,则不发生溯及既往的效力。

（三）合同解除与附解除条件合同

民事法律行为可以附条件,包括附生效条件与附解除条件,附解除条件的合同,当所附的解除条件成就时,合同关系消灭,在这方面,它与合同解除是相同的,但两者也有不同(表5-5)：

表5-5 合同解除与附解除条件合同比较

	比　　较	合　同　解　除	附解除条件合同
	相同点	效力上,都导致合同关系消灭;程序上,都不必经过诉讼或仲裁程序	
不同点	适用范围	适用于有效成立的合同	适用一切合同
	发生原因	法律规定,或当事人约定的某些事实	当事人约定的某种事实出现
	发生时间	合同成立之后,尚未履行或尚未全部履行之前	发生在法定除斥期间一年之内,在此期间无论合同是否已履行完毕,均可撤销
	发生效力	原则上有追溯力,但当事人有特别约定的除外	原则上无追溯力

(1) 适用范围不同。合同解除适用于有效成立的合同,而附解除条件的合同可以适用于一切合同。

(2) 产生原因不同。合同解除条件成就的原因是当事人约定的某种事实的出现;而合同当事人解除权产生的原因,除当事人约定的某种事实出现外,还可以是法律规定的某些客观事实的出现。

(3) 适用条件不同。附解除条件的合同因其解除条件成就,其合同效力自动消灭,无需当事人再作任何意思表示;而合同解除,仅有解除权还不够,还需当事人作出解除合同的意思表示,合同才能解除,合同消灭。

(4)法律效力不同。附解除条件的合同一旦解除条件成就,合同的权利义务关系自动消灭,原则上无溯及力;而合同解除,通常有溯及力地消灭合同关系。

三、合同解除的种类

根据解除权发生的不同,可以将合同解除分为:

(一)约定解除

约定解除是指当事人双方在原合同中或另订协议,明确约定一定的条件,在合同有效成立后,未履行或未履行完毕前,当事人一方在出现某种情况下,可以行使合同解除权而消灭合同关系的方式。我国《合同法》第九十三条规定:"当事人协商一致,可以解除合同。当事人可以约定一方解除合同的条件。解除合同的条件成就时,解除权人可以解除合同。"

约定解除的基本特点是,通过原有合同或者另订协议约定解除合同的条件,当约定的条件出现时,当事人即可行使解除权而解除合同,因此,约定解除是单方解除合同。约定解除的具体特点包括:

(1)解除权由当事人双方以合同、协议的形式约定产生。既可以在订立合同时在合同中约定一方解除合同的条件,也可以在订立合同以后另行约定一方可解除合同的条件。解除权的约定也是双方当事人订立的合同,它是一方行使解除权解除原合同的基础。

(2)约定的解除条件是可能发生也可能不发生的事实,一旦发生解除合同的条件,则将使一方享有解除权。约定解除权的内容及行使方式由当事人自行决定,但须符合民事法律行为的生效要件,否则约定解除权的条款无效,当然该条款无效不影响合同本身的效力。

(3)约定解除是对将来合同效力的约定,约定了解除权本身并不导致合同的解除。当事人双方约定将来享有解除权,只是赋予当事人在某种情况下享有解除合同的权利,但合同的权利义务在约定解除权时并不终止。

(4)约定解除条件的发生,并不导致合同的自动解除。这是约定解除与附(解除)条件合同的明显不同之处。在发生了约定的解除合同的条件以后,只有约定享有解除权的一方当事人根据自己的情况,作出解除合同的意思表示,合同的权利义务才得以终止,如当事人不作解除合同的意思表示,即便发生了约定的解除合同的条件,合同的权利义务也不终止。

(5)约定的解除合同条件出现后,只要约定享有解除权的一方当事人作了解除合同的意思表示,合同的权利义务就终止,而无需再获另一方的同意。

(二)协商解除

协商解除又称为协议解除、合意解除或双方解除,是指合同有效成立之后,未履行或未完全履行之前,当事人双方通过协商而解除合同,使合同效力归于消灭的行为。因其是在合同成立之后而不是在合同订立时约定解除条件,所以又称为事后协商解除。

协商解除有以下特点:

(1)协商解除须双方协商一致,是将原合同加以解除的协商一致,也就是在双方之间又重新成立一个新合同,是以一个新合同取代既有合同,内容是放弃原合同,使原合同的权利义务终止。这须以双方协商一致为前提,并非如约定解除权那样以解除权的存在为前提。

(2)根据合同自愿原则,协商解除的内容由当事人双方自行决定,但该内容不得违反法律、行政法规的强制性规定,不得违背国家利用和社会公共秩序,否则,解除协议无效,当事人仍然要按原合同履行义务。

(3)当事人在协商解除合同时,应就解除合同后责任的分担与损失的分配等内容一并确定。如就上述问题发生争议,当事人还得继续协商。

协商解除不同于约定解除,主要区别如下(表5-6):

表5-6 合同约定解除与协商解除的比较

	比较	约定解除	协商解除
不同点	协议性质	事前约定,约定解除权条件	事后(合同成立后)约定
	内容上区别	约定解除权,本身不导致合同解除	确定合同解除,导致合同解除
	与违约责任关系	常与违约责任相连	不与违约责任关联
相同点		都是双方协商约定,都导致合同权利义务终止后果	

(1)约定解除属事前的约定,其约定的解除条件在将来发生时,一方享有解除权;而协商解除的协议属事后的约定,是当事人双方根据合同履行过程中发生的情况,在不违背国家和社会公共利益的前提下,通过协商作出解除的决定,是通过订立一个新的合同来解除原合同的合同。

(2)约定解除权本身不导致合同的解除,而协商解除的协议的内容并非确定解除权问题,而是确定合同的解除,所以一旦达成解除协议,即可导致合同解除。

(3)约定解除权常与违约的补救和责任相联系,只要合同一方违反合同规定的主要义务,且约定的解除条件成就时,另一方则享有解除权,所以,这种解除的发生就成为对违约的一种补救方式;协商解除也可能在违约的情况下发生,但它完全是双方协商的结果,性质上是对双方当事人权利义务重新安排、调整合分配,而不是针对违约而寻求补救措施,协商协议通常包括一些责任的分担、损失的分配等条款,这些条款是约定解除权条款所不包括的。

(三) 法定解除

法定解除,指合同成立后、履行完毕前,当事人一方行使法律规定的解除权而使合同效力归于消灭的行为。法定解除是法律赋予当事人的一种选择权,当守约的一方认为解除合同对自己有利时,可以通过解除合同保护自己的利益。

我国《合同法》第九十四条规定了可以解除合同的法定原因,即:

(1) 因不可抗力致使不能实现合同目的。我国《民法通则》规定,不可抗力是指"不能预见、不能避免并不能克服的客观情况"。不可抗力的具体外延,我国立法上尚无明前的规定。一般说,不可抗力主要包括以下几种情形:一是自然灾害。如地震、台风、海啸等。二是政府行为。即当事人订立合同后,因政府发布新的法律和行政法规而导致合同客观上不能履行,为一种不可抗力。如果仅是国家经济政策的调整使客观情势发生巨大变化,致使合同类型将对一方当事人没有意义或造成重大损害,则属意外事件由情势变更原则规制。三是社会突发事件。如战争等社会事件的突然发生,使合同不能履行。

不可抗力对合同的影响程度不同,有时只是暂时性的影响,这可以通过延期履行来实现合同的目的,也就是说,发生不可抗力,并不必然导致合同解除,只有当不可抗力的发生致使合同的目的不能实现,一方才可解除合同。所谓"合同目的不能实现"应指当事人在订立合同时所追求的目标和基本利益不能实现。在这种情况下合同解除权是由合同双方当事人享有的,任何一方都可以主张解除合同。

合同因不可抗力被解除后,一般也不存在损害赔偿问题。法律上之所以作此规定,目的在于让当事人互通信息,相互配合,共同采取措施减少损失。

(2) 因预期违约导致合同被解除。预期违约(anticipatory breach of contract),或先期违约,原是英美法的一个概念,指合同一方在合同规定的履行期届满之前毁弃合同。所谓毁弃合同(repudiation of contract),就是否认合同的有效性,或者说,就是明确表示不履行自己的合同义务。如果合同的任何一方毁弃合同,另一方可以将这种毁弃作为现时发生的重大违约,并可立即追究其违约责任。

我国《合同法》实际借鉴了英美法的预期违约制度,将其作为解除合同的法定原因之一。该法第九十四条第二款规定:"在履行期限届满之前,当事人一方明确表示或者以自己的行为表明不履行主要债务",可解除合同。预期违约有两种情形：

一是明确表示不履行,即拒绝履行。拒绝履行原是大陆法的概念,指债务人能够履行债务而违法地作不为履行的意思表示,它是违约的一种形态。拒绝履行的要件包括：① 有合法的债务存在,而且该债务可能履行；② 债务人有明确的拒绝履行表示；③ 债务人的拒绝是违法的,没有正当理由的拒绝。从拒绝的时间上看,拒绝履行有两种：一种是履行期到来之前的拒绝履行；另一种是履行期限到来之后届满之前的拒绝履行。履行期限到来是指履行期限的开始时间的来临；"履行期限届满之前"指合同的履行期限的最后一天或者当天结束之前。学理上,有人将履行期限到来之前的拒绝履行称为预期违约,且属预期违约中的明示预期违约。

二是以自己的行为表明不履行。指当事人一方通过自己的行为,使对方当事人有确切的证据肯定,其在履行期限届满时将不履行或不能履行合同主要义务。如某甲与乙订立合同将某特定物出售给乙后,又与丙订立合同,将该特定物以更高的价格转让给丙。虽然某甲没有明确告知乙不履行合同,但其再出售行为表明其将不履行与乙所订的合同。按合同法规定,当发生预期违约时,非违约方可行使法定解除权解除合同。因为,预期违约的事实表明毁约当事人根本不愿受合同约束,合同对其已形同虚设,此种情况下守约方有权选择解除合同,从而避免不必要的损失。

(3) 当事人一方迟延履行主要债务,经催告在合理期限内仍未履行的,解除合同。迟延履行又称给付迟延,指债务人对于履行期届满的债务,能履行而未履行的情形。迟延履行的要件包括：① 履行是可能的。如果履行是不可能的,债务人不存在履行问题,也就谈不上迟延履行。② 在履行期届满后,债务人没有履行(不包括不适当履行、履行不完全)债务。③ 迟延履行没有正当理由。

虽有迟延履行情形,但并不必然导致解除合同,根据《合同法》第九十四条第三款规定,当事人一方迟延履行时,另一方主张解除合同必须符合以下要求：

一是债务人迟延履行的是主要债务。"主要债务"是指合同规定的具有重要地位的、决定合同性质的合同义务。主要债务不履行将导致合同根本性未履行、合同目的根本没有实现。二是须经债权人催告。债务人迟延履行主要债务时,债权人应催促其履行,如果债权人没有催告,不能随意解除合同。三是债务人迟延履行主要债务,在债权人催告后的合理期限内仍然没有履行债务。只有债务人超过合理期限仍不履行时,债权人才有权解除合同。当然,如果迟延履行本身构成根本违约,则债权人无需催告可直接行使解除合同权。

(4) 因根本违约导致合同解除。根本违约指当事人的行为构成重大违约，致使合同的目的根本性地不能实现的情形。《联合国国际货物买卖合同公约》第25条规定："一方当事人违反合同的结果，如使另一方当事人蒙受损害，以至于实际上剥夺了他根据合同有权期待得到的东西，即为根本违反合同，除非违反合同一方并不预知而且一个同等资格、通情达理的人处于相同情况中也没有理由预知会发生这种结果。"根据该合同公约，当事人一方根本违约，另一方可解除合同。

我国《合同法》第九十四条第四款规定，当事人一方迟延履行债务或者有其他违约行为致使不能实现合同目的的，可解除合同。此规定与《合同公约》规定的"根本违反合同"含义是一致的。

当事人违约有多种表现，除迟延履行外，还表现为拒绝履行、不适当履行与不完全履行。拒绝履行是指债务人无正当理由拒绝履行合同规定的全部义务，这是一种严重的违约行为，对此，债权人可不经催告即解除合同。不适当履行，是指债务人交付的标的物质量不符合合同规定的要求，即履行有瑕疵。不适当履行能否导致债权人有坚持解除合同的权利，各国法律对此是加以限制的，就是说，不适当履行并不当然使债权人拥有解除合同权。根据我国《合同法》第九十四条第四款的规定，不适当履行如果致使债权人"不能实现合同目的"的，可解除合同。比如，出卖人交付的货物严重的假冒伪劣，则买受人可解除合同，不予接受。该法第一百六十六条规定，如不适当履行已构成根本违约，非违约方有权解除合同。所谓不完全履行，指合同履行的数量、地点、方式等不符合合同规定的要求。只有不完全履行构成根本违约，非违约才可解除合同。

迟延履行本身如构成根本违约，如合同规定出卖人应在中秋节当天上午交付月饼，而实际上出卖人没有在该时间交货，则买受人不必再催告而直接宣告解除合同。因为，这种商品交货迟延将使买受人无法"实现合同目的"，构成根本违约，当然可以依法解除合同，不再接受过时的月饼。

(5) 法律规定的其他情形导致的合同解除。

除上述四种情形外，如果法律另有规定的，当事人可以根据法律规定，解除合同。如《合同法》第六十八条规定的不安抗辩权，当事人行使不安抗辩权中止合同的，如果没有在合理期限内恢复履行能力或未提供适当担保的，中止履行的一方可以解除合同；又如，《合同法》第二百六十八条规定："定作人可以随时解除承揽合同，造成承揽人损失的，应当赔偿损失。"不过，这种随时解除合同的权利，因不需要法定的事由，因而被称为任意解除权，有学者认为，这是另一种法定解除。

四、合同解除的程序

无论是协议解除,还是法定解除,只是解除权的赋予,并不当然发生合同解除的效力。当解除合同的条件成就时,享有解除权的一方当事人欲使合同解除,尚需经过一定的程序,包括协商解除的程序、行使解除权程序。

(一)协商解除程序

协商解除是双方当事人经过协商一致将合同关系予以解除。协商解除取决于双方当事人意思表示的一致,是以一个新合同(解除原合同的合同),达到解除合同的目的。所以,要使合同解除有效成立,也须经要约、承诺程序。这里的"要约"是解除合同的要约,其内容是要消灭既存的合同关系,包括已经履行的部分是否返还、责任如何分担等问题;这里的"承诺"是同意解除合同的意思表示。

协商解除合同是否必须经过法院或仲裁机构的裁判,各国立法规定不尽一致,主要有三种类型:一是须经法院裁决解除,如《法国民法典》第1184条第三款规定:"解除契约应当向法院请求之,并且法院得视情形给予被告一个期限。"二是解除权人以意思表示通知对方解除,不必经法院裁决,如《德国民法典》第340条规定:"解除合同,应以意思表示向另一方当事人为。"三是解除的条件具备,合同当然且自动解除,如《日本商法典》第525条的规定。我国《合同法》对协商解除合同没有要求当事人通过法院或仲裁机构裁判的规定。可以理解为,当事人协商一致,达成解除合同协议,合同即发生解除效力。

(二)行使解除权的程序

解除权是一种形成权,因此,我国《合同法》第九十六条规定,解除权人主张解除合同的,应当通知对方,合同自通知到达对方时解除。对方有异议的,可以请求人民法院或者仲裁机构确认解除合同的效力。法律、行政法规规定解除合同应当办理批准、登记等手续的,依照其规定。因此,行使解除权的程序为:

(1)通知对方。当事人约定解除条件的,在解除合同的条件成就时,享有解除权一方欲行使解除权解除合同,应当通知对方当事人;发生法定情形而使当事人享有解除权的,解除权人如果选择解除合同,同样应当通知对方当事人。合同自通知到达对方当事人时解除。

(2)异议及处理。当事人一方解除合同的通知到达对方后,对方有异议的,可以向人民法院起诉,请求法院确认解除合同的效力,也可以根据仲裁协议向仲裁机构申请仲裁,请求仲裁机构确认合同解除的效力。

(3)依法履行有关手续。依照法律、行政法规规定,合同解除应办理登记、批准等手续的，当事人只有在依法履行了上述手续后，解除合同的协议、通知才产生终止合同的效力，否则合同不能终止。如，根据《中外合资经营企业法》的规定，合营企业如发生严重亏损、一方不履行合同和章程规定的义务、不可抗力等，经各方协商同意，报请审查批准机关审批，并向国家工商行政管理机关登记，可终止合同。另外，根据有关法律规定，以不动产、机动车辆、船舶为标的物的买卖合同的解除，应到原登记部门办理注册登记手续；否则，不能产生解除合同的效力。

在解除权行使方面，要注意解除权消灭问题，即在一定情形下，依当事人约定货依法律规定，当事人的解除合同权丧失。对于约定解除权，当事人就解除权的消灭有特别约定的，依其约定而消灭；否则，约定解除权与法定解除权可因下列原因而消灭：① 抛弃。合同解除权行使与否取决于当事人的意志，法律允许其放弃解除权，当事人抛弃解除权，则解除权消灭。② 除斥期间届满。《合同法》第九十五条规定："法律规定或者当事人约定解除权行使期限，期限届满当事人不行使的，该权利消灭。法律没有规定或者当事人没有约定解除权行使期限，经对方催告后在合理期限内不行使的，该权利消灭。"

五、合同解除的法律效力

合同解除发生合同关系终止效力本无争论。不过，学术上有不同的观点，主要有以下学说：① 直接效力说（直接效果说）。认为解除溯及于契约成立时消灭契约之效力，即因解除契约如同自始不存在，从而未履行之债务归于消灭。既已给付者，发生原状回复请求权；② 间接效力说。解除非消灭债之功效，不过阻止其已生之效力。尚未履行发生拒绝履行之抗辩权，已履行者发生新返还请求权；③ 折中说。认为解除之际，债务尚未发行者，自其时债务消灭，既已履行者，发生新返还请求权。

我国《合同法》对合同解除的效力，视情况做务实性规定。该法第九十七条规定："合同解除后，尚未履行的，终止履行；已经履行的，根据履行情况和合同性质，当事人可以请求恢复原状，或者采取其他补救措施，并有权要求赔偿损失。"据此，合同解除原则上具有溯及既往的效力，但应视具体情况而定。合同解除的效力可归为：

（一）恢复原状

指恢复到订约前的状态。若合同尚未履行即被解除，因合同的权利义务关系全部消灭，自不必去履行；如果合同已经开始履行，恢复原状要求，原物存在的，返还原物，原物不存在的，如果原物是种类物，用同一种类物返还；如果原物为特定物，按合同解除时该物的价值返还；原物为货币，应返还同等数额的金钱，并附加法定利息；如原"物"为劳务或物之使用权，应以受领时该劳务之价格或该使用权之价格折合以金钱返还。

除返还原物外,还应补偿因返还所支付的费用;如返还的是能产生孳息的物,除原物外,还以应返还孳息;一方在占有标的物时为维护标的物支付的必要费用,也应返还。

"返还"不是必定的措施,而要"根据履行情况和合同性质"。所谓根据履行情况,是根据履行部分对债权的影响。如果债权人的利益不是必须通过恢复原状才能得到保护,不一定采取恢复原状。所谓根据合同性质,是指根据合同标的的属性。标的的属性是不可能或者不容易恢复原状的,就不需要恢复原状。① 以行为标的的合同。如劳务合同,对已经履行的劳务,很难用同样的劳动者和同质量的劳务返还;② 以使用标的为内容的连续供应合同。如水、电、气、煤、热的供应合同,显然对以往的供应不可能恢复原状。③ 涉及第三人利益的合同。如合同的标的物所有权已经转让给他人,如果返还会损害第三人利益。委托合同,如果允许已经办理的委托事务恢复原状,将使委托人与第三人发生的法律关系失效,使第三人利益受损。上述情况的合同,恢复原状均不适宜。对不必恢复原状的,当事人可采取其他补救措施或请求赔偿损失。

(二) 赔偿损失

对于解除合同的同时,当事人可否要求赔偿损失,各国法律的规定不尽相同。我国法律是认可解除合同与赔偿损失并存的。《民法通则》第一百一十五条和《合同法》第九十七条均规定,合同解除并不影响当事人要求赔偿损失的权利。同时,为切实保护无过错方的合法权益,合同解除时,除法律另有规定或当事人另有约定外,债权人可请求损害赔偿的范围,不仅包括债务人不履行的损害赔偿,还包括因合同解除而产生的损害赔偿,如债权人订立合同所支出的必要费用、因相信合同能够履行而作准备所支出的必要费用、因失去同他人订立合同的机会而丧失的利益等。

案例分析

[案情]

2000年3月15日,某纺织厂与某服装厂签订一份布料买卖合同,双方约定:由纺织厂于2000年4月15日前提供真丝双绉面料1 000米,服装厂先支付货款8万元,并于5月20日将货款一次性全部支付。2000年4月15日,服装厂通知纺织厂按合同约定的时间交货,纺织厂回函言:因设备老化,按时交付有一定困难,请求暂缓履行,服装厂因为要抢在夏季到来之前上市销售该批真丝服装,没有同意纺织厂迟延履行的要求。2000年4月25日,因纺织厂没有履行合同,服装厂致函纺织厂,要求纺织厂最迟在5月10日前履行合同,否则解除合同。2000年5月20日,纺织厂仍未履行合同,服装厂只好从别的渠道用每米90元的价格购买了真丝双绉面料1000米,总价款9万元,同时通知纺织厂解除合同,返还8万元货款及利息,并要求纺织厂赔偿误工损失及购买布料多支付的1万元价款。2000年8月10日,纺织厂要求履行合同,称服装厂解除合同没有征得纺织厂的同意,因而合同没有解除,服装厂应当接受货物。在遭到拒绝后遂起诉至法院。

[问题]

服装厂是否有权解除合同?服装厂能否要求损害赔偿?

[法律依据]

《合同法》第九十四条规定,当事人迟延履行主要债务,经催告后仍不履行的,当事人可以解除合同。《合同法》第九十六条的规定,当事人依照法律规定解除合同的,应当通知对方,合同自通知到达对方时解除。

[法律运用及处理结果]

依照《合同法》第九十四条规定,本案中,纺织厂迟延履行主要债务,在服装厂的催告后,在合理的期限内仍未履行,因此服装厂有权解除合同。依照《合同法》第九十六条的规定,本案中,服装厂在解除合同时通知了纺织厂,纺织厂对此没有提出异议,依照法律的规定,合同自解除的通知到达纺织厂时就已经生效,不需要纺织厂的同意。因此纺织厂的主张,法院不会支持。依据法律有关规定,解除合同与损害赔偿可以并存,当事人解除合同后如果有其他损失的仍可以要求赔偿损失。因此服装厂可以要求损害赔偿。

(案例改编自合同法经典案例汇编)

【本章思考题】

1. 说明合同变更的要件。
2. 简述合同权利义务概括转让的条件和情形。
3. 简述导致合同终止的原因。

4. 比较合同约定解除与法定解除的不同。

5. 说明合同解除的法律效力。

6. 案例思考题：

甲木材公司与乙家具公司签订了一份木材买卖合同。合同约定：总价款50万元。乙家具公司先支付10%的货款，甲木材公司送货后15日内，乙家具公司付清全部货款。乙家具公司先支付了5万元，甲木材公司送货后，由于家具公司销路不畅，遂与木材公司协商，由丙公司承担20万元的债务，甲木材公司同意了。据此，请回答下列问题：

(1) 丙公司的地位如何？其加入债务人，如果没有取得木材公司的同意，而只是通知甲木材公司，是否发生效力？

(2) 设丙公司加入后，以甲木材公司欠其前次购买木材支付了预付款而没有给付木材为由主张债务抵销应具备什么条件？

(3) 若合同履行期届至，而甲木材公司突然从其住所地消失，则乙丙两个公司应如何履行自己的义务？

(案例来源：教学辅导中心《合同法配套测试》，中国法制出版社2007年版)

第六章 合同的违约责任

教 学 要 求

通过本章的学习,明确合同责任的法律概念、特征,合同责任的种类;各种合同责任的构成要件,尤其是合同违约责任的前提、条件。同时,了解当事人承担合同责任的方式,如何对合同违约进行处理,以便在实践中正确应用合同法有关规则,维护自己的合法权益。

第一节 合同责任概述

一、合同责任的概念和特征

(一)合同责任的概念

合同责任,指合同法领域中,缔约人或合同当事人违反先合同义务、合同义务或后合同义务应承担的法律责任。这是广义的合同责任,狭义的合同责任仅指当事人违反合同约定义务的违约责任。

(二)合同责任的特征

1. 合同责任是违反合同义务的法律后果

民法上,责任是违反义务的法律后果。合同责任,是当事人违反合同义务的法律后果。

这里的"合同义务"包括先合同义务、合同约定义务、合同附随义务及后合同义务。当事人违反合同义务,既有约定义务,也有法定义务。在违约责任中,当事人违反的合同义务主要是约定义务;在其他的合同责任中,特别是违反附随义务所引起的合同责任中,最主要的是违反法定义务。

2. 合同责任违反的义务包括先合同义务、合同约定义务、合同附随义务及后合同义务

合同责任所违反的合同义务,是广义的合同义务,最主要的义务是本体的合同义务,也包括先合同义务、合同附随义务及后合同义务。违反这些义务都发生合同责任。

3. 合同责任既可以是约定责任,也包括法定责任

约定责任,指当事人在合同中约定的,一方如违反合同规定的义务应承担的法律责任。作为当事人自愿原则的体现,当事人当然可以在合同中约定违反合同应承担的违约责任;法定责任,指根据《合同法》或其他法律规定,当事人在合同订立、履行、解除等过程中应遵守的法律义务。如,在合同成立前的先合同义务、合同履行过程中的预期违约责任及合同终止后的后合同义务,就是法定的合同责任。

二、合同责任的体系

传统的合同法认为,合同责任范围就是违约责任,如《民法通则》第六章的规定,这种观点是有一定局限的。《合同法》的立法内容实际上已经突破了这种局限,而呈现为更广泛的合同责任体系。违约责任解决的是合同有效成立之后,债务人不履行合同约定义务,或者履行合同义务不适当、不完全所应承担的民事责任问题,不包括在合同成立之前和合同履行之后发生的不履行法定或约定义务的当事人的民事责任问题。这些不能包括进来的合同责任,如缔约过失责任、合同无效责任和后合同责任,与合同违约责任一道,共同构成广义的合同责任体系。

(一) 缔约过错责任

1. 缔约过错责任的概念

缔约过错责任,指合同成立之前,在缔约过程中,由于当事人一方的过错,给另一方当事人造成损失,依法应承担的民事责任。

我国《合同法》第四十二条规定:"当事人在订立合同过程中有下列情形之一,给对方造成损失的,应承担损害赔偿责任:(一)假借订立合同,恶意进行磋商;(二)故意隐瞒与订立合同有关的重要事实或者提供虚假情况;(三)有其他违背诚实信用原则的行为。"

2. 缔约过错责任的构成要件

(1) 时间上,缔约过错责任发生在合同成立前。具体说,发生在缔约过程中。如果双方合同关系已经建立,一方过错给对方造成损失,要承担的不是缔约过错责

任,而是违约责任。

(2) 行为人在缔约过程中有行为过错。这是其承担缔约过错责任的主观要件。这里的过错,包括故意和过失。故意是指行为人明知自己的行为会给对方造成损失而仍然为之,如隐瞒与订立合同有关的重要事实,或提供虚假信息等。过失是指行为人对自己的行为可能会给对方造成损失因疏忽而未预见,或虽然有预见但又认为不会发生,致使对方的权益受损,如合资合同一方可行性研究准备考虑不周,使合资合同迟迟不能生效,而给对方造成的商业机会利益损失等。

根据《合同法》的上述规定,行为人的缔约过程中的过错行为包括:

① 假借订立合同,恶意进行磋商。恶意磋商行为的行为人并没有订立合同的真实意思,只是为了损害对方利益,如故意与对方谈判,提出苛刻条件拖延时间,让对方丧失与他人交易的机会;又如,与对方假借谈判故意增加对方的缔约成本等。② 故意隐瞒与订立合同有关的重要事实或者提供虚假情况。③ 有其他违背诚实信用原则的行为。这类行为主要是指违反合同前义务的行为,常见的有以下情况:一是一方未尽通知、协助等义务,增加了相对方的缔约成本而造成财产损失。如甲、乙双方约定某日签订合同,甲因故不能去但没有通知乙,造成乙往返的费用损失,在这种情况下,甲应承担缔约过错责任。二是一方未尽告知义务。行为人在订约过程中对某些必要的信息必须告诉对方当事人,如果因没有告诉对方而使对方造成财产损失要承担过失责任。三是一方未尽照顾、保护义务,造成相对方人身或财产的损害。

(3) 损失的存在。行为人的过错行为使相对方遭受损失。包括:① 信赖利益的损失,即一方基于信赖相信对方会真诚合作,相信合同最终会成立生效,然而由于对方的过失导致合同不能成立或不生效造成己方的损失;② 一方未尽照顾、保护义务,造成相对方人身或财产的损害。

损失的存在是构成缔约过错责任的必要条件。如果行为人虽然有缔约过错,但并没有给另一方造成损失,无需承担什么责任。

(4) 损失与行为人的过错之间有因果关系。要求过错行为方承担缔约过错责任,必须是其过错与对方遭受的损失之间有内在联系,即因果关系,如果两者之间没有关联,则不能要求其承担赔偿责任。缔约过错责任不同于合同违约责任:① 发生时间不同。违约责任是基于有效成立合同而产生的民事责任,违反的是合同义务,而缔约过错责任往往是基于合同不成立而产生的民事责任,违反的是合同前义务;② 责任方式不同。缔约过错责任的责任方式只有赔偿,而违约责任的责任方式既包括赔偿损失,也包括支付违约金、实际履行、解除合同等方式;③ 责任属性上的不同。违约责任具有约定性,即当事人可以在合同中约定责任内容,如约定违约金数额、计算方法,而缔约过错责任谈不上约定问题,它是基于法律的直接规定,具有法定性。

(二)违反先合同义务责任

先合同义务,是指双方在缔约过程中,任何一方对于缔约过程中了解到的对方的商业秘密,负有不得泄露或正当使用的法律义务,主要是保密义务。这种义务发生于双方合同关系建立之前,故称为先合同义务。

如果双方合同最终合法成立,一方所负有的保护对方商业秘密的义务,并入合同义务之一。行为人违反先合同义务,依法要承担法律责任。我国《合同法》第四十三条对此明确规定:"当事人在订立合同过程中知悉的商业秘密,不论合同是否成立,不得泄露或者不正当地使用。泄露或不正当地使用该商业秘密给对方造成损失的,应当承担损害赔偿责任。"

根据我国《反不正当竞争法》第十条的规定,所谓"商业秘密",指不为公众所知、能为权利人带来经济利益、具有实用性并经权利人采取保密措施的技术信息和经营信息。技术信息,是指在生产劳动、技术操作方面的经验、知识和技巧的总称。技术信息主要包括未申请专利的保密的关键性技术,如秘密配方、技术诀窍等;经营信息,是有关筹划经营、组织计划方面的信息,主要指企业经营运作中的保密性重要信息,如客户名单、供货渠道、市场开发计划等。

技术信息和经营信息都具有相当的经济价值,会导致拥有者在竞争中取得优势地位。当事人在订立合同过程中,基于相互信任,一方会将自己独到的技术信息、经营信息告知对方,或者一方在合同谈判中不经意地知晓了对方的技术信息、经营信息。知晓他方技术信息、经营信息的一方,有义务为对方保密,而不能泄露或自己不正当地进行使用。否则,由此给对方造成损失的,应承担赔偿责任。

一般认为,这样的赔偿责任就是缔约过错责任的表现,但本书作者认为,我国《合同法》分别在第四十二条和第四十三条单独规定发生缔约过程中的两类法律责任,表明两者是有所不同的,由此,分开并列为两种单独法律责任:缔约过错责任与违反先合同义务责任。我们觉得,两者的差异在于:缔约过错责任表现为一方在缔约过程中,故意或过失地破坏合同的成立,使另一方遭受损失,是对缔约事务的破坏;而违反先合同义务责任主要表现在于一方对于在缔约过程中接触到的对方的商业秘密的过失行为(泄露或不当使用),而不在于破坏缔约事务,阻止合同的成立。

(三) 合同无效责任

合同无效责任指因一方当事人的过错,导致已缔结的合同不符合法律规定的生效条件而不具有法律约束力,过错方应承担的法律责任,简言之,就是由于合同无效而引发的民事责任。我国《合同法》第五十二条规定合同无效的情形分别为:① 一方以欺诈、胁迫手段订立合同,损害国家利益;② 双方恶意串通,损害国家、集体和第三人利益的;③ 以合法形式掩盖非法目的的合同;④ 损害社会公共利益的;⑤ 违反法律、行政法规的强制性规定。

根据《合同法》第五十八条的规定,导致合同无效的有过错方当事人,应该赔偿对方因此所受的损失,双方都有过错的,各自承担相应的责任。这就是合同无效责任,是广义的合同责任体系中的一种。

(四) 预期违约责任

预期违约指合同履行期届满之前,一方当事人明示地表示不履行合同义务或以其行为表明届时将不履行合同义务的情形。根据我国《合同法》第一百零八条的规定,预期违约方应承担相应的法律责任。

(五) 实际违约责任

这是合同责任的最基本形态,即违约责任,指合同当事人不履行或不适当履行合同约定义务所应承担的民事责任。我国《合同法》第七章对这种合同责任作了详细的规定。实际违约责任是广义违约责任中的一种,除它之外,还包括预期违约责任和加害给付责任,这三种合同责任都属于违约责任。

(六) 加害给付责任

加害给付责任是违约责任的一种特别形式,指债务人违反合同义务的行为造成债权人履行利益以外的其他利益损失所应承担的民事责任。尽管《合同法》没有直接规定加害给付责任,但该法第一百二十二条规定的违约责任与侵权责任竞合的内容,其含义主要是加害给付行为,可以说,《合同法》实际上是确认加害给付责任的。

(七) 后合同责任

后合同责任也是合同责任的组成部分。我国《合同法》第九十二条规定了后合同义务:"合同权利义务终止后,当事人应当遵循诚实信用原则,根据交易习惯履行通知、协助保密等义务。"但是《合同法》没有直接规定违反这种后合同义务应承担何种责任的条款,这并据此得出我国合同责任不包括后合同责任的结论。因为,规定义务就意味着责任,不履行义务必然要承担责任。《合同法》第九十二条规定后合同义务之后,接着是第七章违约责任的安排,可以理解为:违反后合同义务要承担的是违约责任。

三、合同责任的归责

(一) 合同归责原则概述

"归责"是指债务人的行为违反约定或否定义务,致使合同债务不能履行,或者造成债权人以损害的事实发生后,应以何种根据使其负责,此种根据体现了法律的价值判断,即法律应以行为人的过错还是应以已发生的损害结果为价值判断标准,而使债务人承担合同责任的过程。

合同责任的归责原则,是指确定行为人违反合同义务承担合同责任的一般准则,是确定行为人对自己的行为所造成的后果是否要承担合同责任的原则。

对于合同责任的归责原则,我国学术界历来有不同的观点,即便是《合同法》颁布实施后,也有不同的说法,主要有以下代表性学说:

1. 统一严格责任说

这是多数学者持有的观点,即认为《合同法》规定的是无过错责任原则,即严格责任。理由是:违约责任是由合同义务转化而来的,本质上出于双方当事人的约定,法律确认合同具有拘束力,在一方不履行时追究其违约责任,不过是执行当事人的意愿和约定而已。因此,违约责任与一般的侵权责任相比,应该更严格。出于当事人意愿约定而承担违约责任,本身就具有了充分的说理性和说服力,无须再要求使违约责任具有合理性和说服力的其他理由。因此,《合同法》的规定就是绝对的无过错责任原则。

2. 有主有从的归责原则体系

这种观点认为,在合同责任中单一的归责原则是不适当的,应当在一种归责原则作为主要归责原则的前提下,还要有补充的归责原则,以适应合同责任的不同情况。

在这种观点中,其中一种意见认为合同责任归责原则是以过错责任原则为主,以无过错责任原则为辅。

另一种意见认为以无过错责为主,以过错责任为辅。房维廉:《中华人民共和国合同法实用讲座》。

3. 法律规定严格责任但过错责任原则更合中国实际说

有学者对《合同法》第一百零七条规定合同责任为严格责任表示质疑,认为实行单一的严格责任调整合同责任,难免导致合同法内部体系矛盾,法官和民众也难以接受,因而应当考虑对严格责任的规定慎重适用,终究要以过错责任原则作为主要的归责原则,调整合同责任的归属问题。

4. 归责原则二元论

有学者认为,我国合同责任如果仅仅实行单一的严格责任原则是不适当的。首先,《合同法》规定的合同责任并不是单一的违约责任,而是一个宽泛的概念,将合同的缔结阶段即先契约阶段和后契约阶段包括其中,因而包括缔约过失责任在内;其次,在各种合同责任中,并不是通行单一的归责原则,而是适用不同的归责原则;第三,在同一个合同责任中,也并不一定只适用单一的归责原则,即使是在实践违约责任中,对继续履行的责任形式实行严格责任,对损害赔偿的责任形式实行过错责任。因此,我国合同责任的归责原则是双轨制、二元化,是一个责任和过错责任并存的归责原则体系。而过错责任原则有两种表现形式,即一般的过错责任原则和推定的过错责任原则。也可以说,我国合同责任归责实行严格责任原则、过错责任原则和过错推定三元化。

本书作者偏向于采纳上述第四种合同责任归责原则,即合同责任归责上宜认可过错责任原则、推定过错责任原则与严格责任原则并存的学说。

(二) 我国合同责任归责原则体系

如前所述,应理解为我国合同责任的归责原则实行过错责任原则、推定过错责任原则与严格责任原则并存的三元体系,而三种归责原则所调整的内容各不相同。

1. 过错责任原则

过错责任原则的基本要求是:要求当事人承担合同责任,必须其行为主观上有过错。过错责任的调整范围是:① 缔约过错责任;② 合同无效责任中的损害赔偿责任和收归国家、集体所有、返还个人责任;③ 预期违约责任;④ 加害给付责任;⑤ 实际违约责任中的惩罚性赔偿金责任。

对实行过错责任原则的合同纠纷案件,实行的是一般的举证责任,即谁主张谁举证,原告主张权利,原告负举证责任,被告不承担举证责任。举证的内容,是全部合同责任成立的要件。

2. 过错推定原则

过错推定原则也是合同责任的归责原则。过错推定原则,指当事人如果不能证明自己的行为没有过错,则推定其有过错,应对不能履行合同义务承担法律责任。过错推定原则的适用范围:① 在违约损害赔偿责任中,应适用过错推定原则;② 对于后合同责任,应当实行过错推定原则。实行过错推定的合同责任,应注意其范围限制,同时要注意举证责任的特殊情况。

过错推定实行举证责任倒置。被告承担自己没有过错的证明责任,举证证明成立的,免除其责任;不能证明的,推定其有过错,合同责任成立。

3. 无过错责任原则

无过错责任原则,常有称为严格责任原则,指当事人一方有违约行为,不问其主观上有无过错,均承担合同责任的原则。无过错责任原则的适用范围是:① 违约责任中的继续履行责任,采取补救措施责任及违约金责任;② 合同无效责任中的返还财产和适当补偿责任;③ 违约金责任。对于其他种类的合同责任,不得适用严格责任。

实行无过错责任原则的合同纠纷案件,责任成立要件的证明责任由原告承担,属于一般的举证责任。如果被告主张自己具有免责事由,则实行举证责任倒置,证明成立的,免除其责任;不能证明的,推定其有过错,合同责任成立。

案例分析

[案情]

甲油料厂与某供销社订立一份农副产品供销合同,双方约定由供销社在1个月内向甲油料厂供应黄豆30吨,每吨单价1 000元。在合同履行期间,乙公司找到供销社表示愿意以每吨1 500元的单价购买20吨黄豆,供销社见其出价高,就将20吨本来准备运给甲油料厂的黄豆卖给了乙公司,致使只能供应10吨黄豆给甲油料厂。甲油料厂要求供销社按照合同的约定供应剩余的20吨黄豆,供销社表示无法按照原合同的条件供货,并要求解除合同。甲油料厂不同意,坚持要求供销社履行合同。

[问题]

(1) 甲油料厂的要求是否有法律依据?

(2) 在合同没有明确约定的情况下,甲油料厂如果要求供销社继续履行合同有无法律依据?

(3) 供销社能否只赔偿损失或者只支付违约金而不继续履行合同?

[法律依据]

《合同法》第一百零七条:"当事人一方不履行合同义务或者履行合同义务不符合约定的,应当承担继续履行、采取补救措施或者赔偿损失等违约责任。"第一百零八条:"当事人一方明确表示或者以自己的行为表明不履行合同义务的,对方可以在履行期限届满之前要求其承担违约责任。"第一百零九条:当事人一方未支付价款或者报酬的,对方可以要求其支付价款或者报酬。

[法律运用及处理结果]

违约责任是指当事人不履行或不完全履行生效合同所应当承担的法律责任。我国的合同法律制度规定了当事人承担违约责任主要包括承担继续履行合同、采取补救措施和赔偿损失等内容,这三种违约责任形式可根据不同的情况具体适用,既可以单独适用,也可以适用两个或全部责任形式。

(1)甲油料厂要求供销社继续供货是有法律依据的。因为,双方合同约定由供销社供应甲油料厂黄豆 30 吨,现黄豆只供应了 10 吨,所以甲油料厂有权要求继续供货。

(2)若合同没有明确约定是否继续供应黄豆,依我国合同法的规定甲油料厂有权要求供销社继续供货。《合同法》第一百零七条规定:"当事人一方不履行合同义务或者履行合同义务不符合约定的,应当承担继续履行、采取补救措施或者赔偿损失等违约责任。"

(3)订立合同的目的就在于通过履行合同获取预定的利益,合同生效后当事人不履行合同义务,对方就无法实现权利。如果违约方有履行合同的能力,对方(受损害方)认为实现合同权利对自己是必要的,有权要求违约方继续履行合同。违约方不得以承担了对方的损失为由拒绝继续履行合同,受损害方在此情况下,可以请求法院或者仲裁机构强制违约方继续履行合同。所以供销社不能只赔偿损失或者只支付违约金而不继续履行合同。

[值得注意的问题]

应重点把握哪些行为属于违约责任;一旦对方有违约责任的形式;违约责任规则、原则的阐述;

(案例来源:http://blog.sina.com.cn/s/blog_5d8ce7e60100btco.html)

第二节 合同违约责任概述

一、违约概述

(一)违约的概念和特征

1. 违约的概念

违约指合同当事人不履行合同义务或其履行义务不符合合同的约定或法律规定的要求的行为。

2. 违约的特征

违约行为主要有以下法律特征：① 违约的前提是合同合法成立。合同不成立或无效，无从违约。② 违约的主体只能是合同关系的当事人。一般情况下，违约行为的主体为债务人；在受领迟延场合，违约行为的主体为债权人。③ 违约行为性质上是违反了合同义务。合同义务包括当事人双方约定的义务，但也包括法律规定的合同当事人必须遵守的义务，以及依诚实信用原则派生的附随义务。④ 违约的后果导致对合同债权的侵害，并应相应承担违约民事责任。如果违约行为又侵犯了债权人的人身或其他财产权利，则产生违约责任与侵权责任的竞合。

（二）违约的形态和种类

1. 违约形态的概念

违约的形态是指违约行为的形态。违约种类指具体的违约形式、违约表现。违约形态分类的主要意义在于：一方面，有助于当事人在对方违约的情况下，寻求良好的补救方式以维护自己的利益。违约行为形态总是与特定的补救方式和违约责任联系在一起的。确定违约形态有利于当事人选择补救方式，维护其利益；另一方面，违约形态的确定也有利于法院根据不同的违约形态确定违约当事人应负的责任，并准确确定合同是否可以被解除。

2. 违约形态的种类

关于违约形态的分类，各国立法、学说上无统一标准。在不同法系乃至同一法系的不同国家中，由于受社会经济状况、历史发展、法律传统等诸因素的影响，对违约形态的分类也是不同的。我国有学者认为：总体而言，大陆法系更注重违约形态的抽象划分，而英美法系并未像大陆法系那样将违约行为划分为不同的违约形态并设置相应的救济措施。英美法系否定违约形态分类的根据在于，任何违约均会导致合同义务的违反，并使受害人享有获得救济的权利。

不过，笔者倒认为，虽然英美法系并未像大陆法系那样将违约行为抽象地划分为不同的违约形态，但其判例、学说早有将违约进行种类划分，并对不同种类的违约设置相应的救济措施。如传统英国法即将违约划分为违反条件与违反担保两大类，当事人不履行合同主要条款即构成"违反条件"，其他情形的违约则属于"违反担保"。如果当事人违约属于"违反条件"，则受害方有权宣告解除合同，并要求损害赔偿，而如果违约状况仅属于"违反担保"，则受害方只能要求损害赔偿，而不能解除合同。法官的任务则在于判定当事人的违约到底属于违反条件还是违反担保，从而给予相应的救济措施。后来，鉴于违约的实际情形纷繁复杂，非黑即白地把违约行为分为违反条件与违反担保两种，可能导致不公平的结果，如迟延交货属于违反担保,但具体一个合同中的迟延交货,给买方造成重大损失,如按"违反担保"处理,当事人不能解除合同,这对买方并不公平。因此,英国法律又发展出第三种违约分类"违反中间条款"。如果构成违反中间条款,由受害人决定要不要解除合同。

综合有关论述,可将违约形态作以下分类:

(1) 单方违约与双方违约。这是根据违约行为的主体进行的分类。单方违约,指合同的一方当事人的违约,另一方不违约。自然,违约方承担违约责任;双方违约,即合同的双方当事人均违反其合同义务。我国《合同法》第一百二十条规定:"当事人双方都违反合同的,应当各自承担相应的责任。"双方违约的构成要件包括:① 双方当事人按合同规定,均须履行相应的义务。即双方违约适用于双务合同;② 双方当事人都违反了合同义务;③ 双方不履行义务无正当理由。如果一方当事人因行使履行抗辩权而暂不履行己方义务,则不属违约。双方违约的法律后果:违约各方各自承担相应的违约责任。

(2) 根本违约与非根本违约。这是根据违约行为造成的后果进行的分类。《联合国国际货物买卖合同公约》(下称《合同公约》)对违约分为根本违约与非根本违约两种情形。根本违约,指一方当事人的违约行为严重使对方当事人不能实现合同目的。《合同公约》第 25 条的定义是:"一方当事人违反合同的结果,如使另一方当事人蒙受损害,以至于实际上剥夺了他根据合同有权期待得到的东西,即为根本违反合同,除非违反合同的一方并不预知而且同样一个通情达理的人处于相同情况中也没有理由预知会发生这种结果。"至于怎样才算构成这样的结果,则需根据每一个案件的具体情况来定,例如,违反合同所造成的损失金额的大小,或者违反合同对受害一方其他活动的影响程度等。按《合同公约》规定,构成根本违反合同,受害方可宣告解除合同,并要求赔偿损失。我国《合同法》第九十四条第四款规定的一方当事人可以解除合同的情形也属于"根本违约"。该款规定:"当事人一方迟延履行债务或者有其他违约行为致使不能实现合同目的的"非根本违约,指违约行为的程度并不严重或没有使另一方当事人遭受重大损害。如果违约行为属于非根本违约,按《合同公约》规定,受害方可以要求损害赔偿,但不能解除合同。我国《合同法》的规定与此相同。

(3) 预期违约与实际违约。依我国《合同法》第九十四条、第一百零七条、第一百零八条的规定,违约形态可分为预期违约和实际违约两种形式。预期违约又包括明示的预期违约和默示的预期违约。

预期违约(anticipatory breach of contract),或先期违约,原是英美法的一个概念,指合同一方在合同规定的履行期届满之前毁弃合同。所谓毁弃合同(repudiation of contract),就是否认合同的有效性,或者说,就是明确表示不履行自己的合同义务。我国《合同法》第九十四条第二款规定的当事人可解除合同的情形就属于预期违约。在违约处理章节中,《合同法》再次将预期违约作为违约情形之一。该法第一百零八条规定:"当事人一方明确表示或者以自己的行为表明不履行合同义务的,对方可以在履行期届满之前要求其承担违约责任。"

预期违约包括两种情形:

一是明确表示不履行,即拒绝履行。拒绝履行原是大陆法的概念,指债务人能够履行债务而违法地作不为履行的意思表示,它是违约的一种形态。拒绝履行的要件包括:① 有合法的债务存在,而且该债务可能履行;② 债务人有明确的拒绝履行表示;③ 债务人的拒绝是违法的,没有正当理由的拒绝。从拒绝的时间上看,拒绝履行有两种:一种为履行期到来之前的拒绝履行;另一种是履行期限到来之后届满之前的拒绝履行。履行期限到来是指履行期限的开始时间的来临;"履行期限届满之前"指合同的履行期限的最后一天或者当天结束之前。学理上,有人将履行期限到来之前的拒绝履行称为预期违约,且属预期违约中的明示预期违约。明示预期违约的法律后果:根据我国《合同法》第九十四条和第一百零八条的规定,对方当事人可以根据自身利益作出选择,或者视为提前违约而解除合同,立即行使赔偿请求权;或者置预期违约于不顾,继续保持合同的效力,等待对方届时履约,若届时不履约,再提违约赔偿诉讼。再提违约赔偿诉讼。

二是以自己的行为表明不履行,也称为默示预期违约。指当事人一方通过自己的行为,使对方当事人有确切的证据肯定,其在履行期限届满时将不履行或不能履行合同主要义务。如某甲与乙订立合同将某特定物出售给乙后,又与丙订立合同,将该特定物以更高的价格转让给丙。虽然某甲没有明确告知乙不履行合同,但其再出售行为表明其将不履行与乙所订的合同。

默示预期违约的法律后果:根据我国《合同法》第九十四条第(二)款和第一百零八条的规定,对方当事人可解除合同,并要求赔偿损失。而按英美法和国际条约的规定,如果合理地预见到另一方当事人将不会或不能履约,他可以另一方当事人对其履约提供充分保证;他在收到此保证前,可以中止与他尚未得到给付的相对应的那部分给付;在被要求提供履约保证的一方未能在合理的时间内提供充分的保证时,另一方可以立即解除合同,请求赔偿。

默示预期违约与合同履行中的不安抗辩权有相似之处,如两者的发生条件极相似,都是一方预计并掌握另一方有届时将不能履行合同的证据,有一方当事人的履行未至,但两者仍然有质的区别(表 6-1):① 不安抗辩权适用的条件之一是债务人履行的时间有先后之别,而默示预期违约规则则无此要求;② 在适用不安抗辩权时,要求先履行一方的履行期限已至,而默示预期违约则无此要求;③ 不安抗辩权的成立无须对方主观上有过错,而默示预期违约的成立要求违约方主观上由过错;④ 不安抗辩权的行使主体为先履行方,而默示预期违约无此限制。

表 6-1 默示预期违约与不安抗辩权的比较

比　　较		不安抗辩权	默示预期违约
相同处		一方当事人履行期未至,一方届时将不能履行合同义务	
不同之处	义务履行有无先后之别	有	无
	是否一方履行期已至	有此要求	无此要求
	不能履行方主观过错	不要求过错	要求过错
	行使主体	先履行方	双方均可

所谓实际违约,指在合同履行期到来之后,当事人不履行或不完全履行合同义务的违约行为。实际违约又包括不履行和不完全履行两大类。再细分的话,不履行包括履行不能和拒绝履行,不完全履行则包括迟延履行、不适当履行、其他不完全履行情形。

第一,履行不能。对于违约形态的最早分类始于罗马法。罗马法将违约形态分为给付不能与给付迟延。履行不能即罗马法的给付不能。所谓给付不能,在罗马法上有两种含义:一是指实际上的无给付的可能。此为狭义的给付不能;另一种是指虽然给付是可能的,但给付的结果是在当事人之间的显失公平,也属于给付不能,这种情况属于广义的给付不能。我们认为,就违约形态而言,宜取狭义的履行不能。即指债务人由于种种原因不可能履行其合同义务的情况。学说上,履行不能可有多种再分类,包括自始不能与嗣后不能、主观不能与客观不能、实事不能与法律不能、永久不能与一时不能、全部不能与部分不能。显然,阻碍当事人履行合同义务的原因是各种各样的,有法律上的原因,有实事上的原因;有主观上的原因,也有客观上的原因,等。

《德国民法典》把给付不能分为自始不能与嗣后不能两种不同情况。所谓"自始不能",是指在合同成立时该合同即不可能履行;所谓"嗣后不能",是指在合同成立时,该合同是有可能履行的,但在合同成立后,由于出现了阻碍合同履行的情况而使得合同不能履行。根据《德国民法典》第 306 条的规定,凡是以不可能履行的东西为合同的标的者,该合同无效。即如属于自始不能的情况,合同在法律上无效。但是,如果一方当事人在订约时已经知道或可得而知该标的是不可能履行的,则对于信任合同有效而蒙受损害的对方当事人应负赔偿责任。至于"嗣后不能",则须区别债务人是否对此有过错,而作不同的处理:其一,非因债务人过失所致的"嗣后不能"。按德国法,这种情况下的给付不能,债务人不承担违约责任。如,合同成立后,发生不可抗力致使合同不可能履行,则债务人不承担违约责任;其二,由于债务人的过失而致的给付"嗣后不能"。原则上,债务人应承担损害赔偿责任。如果属于部分不能履行,则部分履行对债权人无利益时,债权人也可以拒绝部分履行,而请求全部债务不履行的损害赔偿;其三,不可归责于任何一方而引起的给付不能。按照《德国民法典》第323条的规定:因不可归责于双方当事人的事由,致使自己不能履行应履行的给付者,双方均可免除其义务。

第二,拒绝履行。这里的拒绝履行,指实际违约形态的拒绝履行,而不是前述预期违约形态的拒绝履行。其含义是指:合同履行期到来,债务人能够履行债务而违法地作不履行其义务之意思表示的行为。拒绝履行的要件包括:① 有合法的债务存在,而且该债务可能履行;② 债务人有明确的拒绝履行表示;③ 债务人的拒绝是违法的,没有正当理由的拒绝。拒绝履行的法律后果:一方拒绝履行其合同义务,另一方可要求违约方承担违约责任;根据《合同法》第九十四条的规定,如果拒绝履行构成根本违约,则非违约方可解除合同,并同时要求赔偿损失。

第三,迟延履行。这里的迟延履行取广义,包括债务人给付迟延和债权人受领迟延。狭义的迟延履行仅指债务人的给付迟延。迟延履行属于违约行为,是实际违约中的一种。合同合法成立后,当事人应严格按合同约定履行其义务。如果当事人在合同中明确约定了履行期限,就应当按照约定的期限履行合同义务,否则就可能构成迟延履行;如果当事人在合同中没有约定履行期限或者约定不明确的,按照《合同法》第六十一条和第六十二条的规定,当事人可以协议补充,不能达成补充协议的,按照合同有关条款或者交易习惯确定,按照上述规则仍然不能确定的,债务人可以随时履行,债权人也可以随时要求履行,但应当给对方必要的准备时间;给对方必要的准备时间后,对方当事人仍然没有履行的,则可能构成迟延履行。

给付迟延,指债务人能够履行债务,但在履行期限届满时没有履行债务。其构成要件是:① 有合法的债务存在;② 履行须有可能。以履行期到来衡量,如果履行期到时不可能履行,则为履行不能;③ 债务已届履行期。对于定期债务,债务人到期不履行,则不必经过催告即可构成迟延履行。对于未定期债务,债务人在债权人指定的合理期限届满未履行的,则构成迟延;④ 须因可归责于债务人的事由而未履行。如果债务人确有正当理由暂时不能履行债务则不构成迟延履行之违约。

迟延履行的法律后果：① 赔偿因迟延而给债权人造成的损失；② 如有违约金约定，则债权人可要求其支付迟延履行违约金；③ 根据《合同法》第九十四条规定，迟延履行主要义务经催告后在合理期限内仍然未履行的，或迟延履行构成根本违约的，他方当事人可解除合同；④ 在迟延履行后，如遇不可抗力致使合同标的毁损，债务人应承担履行不能的违约责任，不能主张免责。

受领迟延，指在履行期到来时债权人对债务人的给付能够受领而不受领。受领迟延也是一种违约行为。构成受领迟延的要件是：① 须有债权存在；② 须是债务人的履行需要债权人的协助。如果债务履行不需要债权人的协助，则不发生受领迟延问题，如不作为债务不需要债权人协助，债务人可自行完成；③ 债务已达履行期；④ 债务人已实行或提出履行。提出履行，如债务人通知债权人领取标的物、将标的物送达履行地点等。如果债务人提出履行或实行履行不符合合同的要求，债权人得拒绝受领，则不构成受领迟延；⑤ 债权人未接受履行，且没有正当的理由。

受领迟延的法律后果：① 债务人注意义务减轻，仅对故意或重大过失负责。因债权人受领迟延而致履行不能，债务人免除履行义务，债务因而消灭。如在受领迟延后发生履行不能，除债务人故意或有重大过失外，应认为系可归责于债权人的事由所致，债务人不但免除自己的履行义务，且得请求债权人为对待给付。此时，标的风险也移转于债权人。② 停止支付利息。③ 债务人可请求保管标的物所生的必要的费用，及要求赔偿相应的损失。④ 债务人可自行消灭债务。债权人迟延后，标的为动产时，债务人可以提存方式消灭债务，标的为不动产时，债务人可抛弃占有以消灭债务，并尽可能通知债权人。

第四，不适当履行。不适当履行，又称不完全履行、瑕疵履行，指债务人虽然履行了合同义务，但其履行不符合合同约定的标准，即履行有瑕疵或给债权人造成损害。不适当履行主要包括以下情形：

一是瑕疵给付。瑕疵给付，指债务人交付的标的不符合合同约定的质量标准，给债权人造成履行利益损失。履行利益指债务人如按照合同约定要求履行债权人本可以获得的利益。由于债务人没有按照合同规定的标准交付标的，这种"履行利益"债权人不能得到。对于瑕疵给付，债权人有权要求补正(即修理、更正、重作)。对虽然能够补正，但对债权人已无利益的，债权人有权解除合同，请求损害赔偿。

二是加害给付。加害给付，指债务人违反合同义务的行为造成债权人履行利益以外的其他利益损失，如债务人交付有传染病的家畜，致使债权人的其他家畜感染死亡等。加害给付是一种特殊的不完全履行行为,侵害的是债权人履行利益以外的其他利益。履行利益以外的其他利益,又称为固有利益或维护利益,是指债权人享有的不受债务人和其他人侵害的现有财产利益和人身利益。如债务人交付不合格电器发生爆炸,不但电器被毁,还炸伤了债权人、损坏债权人的家具,债权人的人身安全和家具即属于履行利益以外的其他利益。因加害给付而使债权人其他利益受损的,无论是人身损害还是财产上的损失,债务人均应赔偿。这构成违约责任和侵权责任的竞合,债权人可选择行使请求权。我国《合同法》第一百二十二条明确规定:"当事人一方的违约行为,侵害对方人身、财产权益的,受损害方有权选择依照本法要求其承担违约责任或者依照其他法律要求其承担侵权责任。"如给第三人造成损害,则应对第三人承担侵权责任。

三是部分履行。部分履行,指债务人虽然履行了合同但履行数量不足的情况。显然,部分履行也是一种不完全(不适当)履行,属违约行为。债权人可要求其承担违约责任。

四是其他不完全履行。债务人的不完全履行行为除上述情形外,还有其他种类,主要包括:① 履行方式不符合合同约定。如合同要求一次交付,但债务人却分批交货 等;② 履行地点不适当;③ 提前履行;④ 超量履行等。

二、违约责任的概念和特征

(一) 违约责任的概念

违约责任,又称为债务不履行的民事责任,是指合同当事人不履行义务或者履行合同义务不符合约定时所应承担的民事责任。英美法中通常称为"违约救济",而在大陆法中则被包括在债务不履行的责任中,或被视为债的效力的范畴。

(二) 违约责任的法律特征

违约责任作为民事责任的一种,当然具有民事责任的一般特征,又具有不同于其他民事责任(如侵权责任)独自的特征。一般认为,违约责任具有以下法律特征:

1. 违约责任是合同当事人不履行合同义务或履行合同义务不符合约定或法律规定时所产生的民事责任

违约责任的产生以合同债务存在为前提,即以有合法的合同关系存在为前提。违约责任是违反合同义务的法律后果,没有违反合同义务的行为,也没有违约责任可言。

2. 违约责任是一种财产责任

违约责任的财产性表现为该责任可以用货币来衡量。违约责任主要适用于补偿合同债权人所受的财产损失、支付违约金抡财产性民事责任的形式,而不适用于赔礼道歉等非财产性民事责任形式。

违约责任的财产性与合同关系的基本特征有关。合同是财产流转的法律形式,合同义务通常可用金钱来衡量,因此,合同违约责任主要体现为财产性法律责任。

3. 违约责任具有补偿性

违约责任的补偿性指违约责任的主要目的在于填补当事人因对方违约行为所遭受的损失。一方违约给对方造成损失的,可通过支付赔偿金、违约金等形式进行补偿。

4. 违约责任具有相对性

违约责任的相对性指违约责任只能由合同当事人承担,合同关系以外的第三人不承担违约责任,合同当事人也不对第三人承担违约责任。违约责任的相对性是合同相对性的具体体现。它主要包括以下两方面的内容:

(1) 在因第三人的行为造成违约的情况下,由合同债务人向债权人承担违约责任,第三人并不是向债权人承担违约责任的主体。我国《合同法》第一百二十一条规定:"当事人一方因第三人的原因造成违约的,应当向对方承担违约责任。当事人一反和第三人之间的纠纷,依照法律规定或者按照约定解决。"如卖方已将货物交给了承运人,而由于承运人的原因使货物丢失,使作为收货人的买方未能收到货物。卖方根据买卖合同向买方承担违约责任,然后根据运输合同关系追索承运人的法律责任,而不是作为第三人的承运人直接向买方承担违约责任。这是合同相对性原则的体现。

(2) 债务人应为其履行辅助人的行为向债权人承担违约责任。履行辅助人是根据债务人的意思辅助债务人履行债务的人,包括债务人的代理人和其他债务人的辅助人。在履行辅助人的行为造成违约的情况下,债务人为其行为向债权人承担违约责任。因为辅助人并不是合同的当事人,其行为是根据并服从债务人要求进行的,其行为不当的后果应由债务人来承担。

(三) 违约责任的构成要件

违约责任的要件指当事人承担违约责任应具备的法律条件,而其承担违约责任的条件应依据其承担合同责任的归责原则。本书认为,我国《合同法》规定体现的合同责任归责原则三元化原则体系,据此,违约责任的构成要件是:

1. 必须有合法有效的合同关系存在

当事人承担违约责任的前提是合同合法成立,如果合同不成立、被撤销或者属于无效合同,当事人之间就不存在承担违约责任问题。如果一方要追究另一方的法律责任,其责任则是缔约过错责任,而不是违约责任。

2. 必须有违约行为

违约行为指合同成立后当事人不履行合同义务或履行合同义务不符合约定或法律规定的行为。本书前面内容对此已有详细的阐述。

要说明的是,虽然当事人有违约行为,但如果存在法定的或约定的免责事由,则不需要承担违约责任。此内容本书随后将作详述。

3. 某些违约行为的过错责任原则

虽然对一般的违约责任的承担,法律不要求行为人主观上有过错,即一般实行无过错责任原则。但我《合同法》规定的归责体系是过错责任原则、推定过错责任原则与严格责任原则并存的三元化体系,而不是实行单一的无过错责任原则,所以,对某些违约行为,当事人承担违约责任的条件还包括:其行为主观上有过错,或推定其有过错,否则,不能要求其承担违约责任。

要求具有过错或推定过错作为承担违约责任的范围包括:① 预期违约责任;② 加害给付责任;③ 实际违约责任中的惩罚性赔偿金责任;④ 违约损害赔偿责任。

二、违约责任的方式和种类

违约责任的方式或种类,指当事人承担违约责任的方式。英美法从另外一个角度,将违约责任问题规定为"违约救济"(remedy),即在一方违约的情形下,法律允许受害方当事人可以采取的相应的救济措施。根据我国合同法的规定,违约责任的方式包括:实际履行、损害赔偿、支付违约金、解除合同及更换、重作、修理、减价等其他违约责任方式。

(一)实际履行

1. 实际履行的概念

实际履行,又叫继续履行、依约履行,指违约方违反合同约定不履行合同义务时,另一方有权请求法院强制违约方按合同规定的标的履行义务,不得以支付违约金或赔偿金等其他方式代替履行合同义务。

我国《合同法》第一百零七条规定:"当事人一方不履行合同义务或者履行合同义务不符合约定的,应当承担继续履行、采取补救措施或者赔偿损失等违约责任。"从上述规定看,《合同法》将继续履行列在违约方应承担的违约责任中的首位,这和一些大陆法系国家法律规定相同。

实际履行的法律性质，学者们认识不一。前苏联和我国有些学者认为它不是一种违约责任的形式，因为实际履行并没有增加债务人的负担。其实，实际履行虽然是要求违约方继续履行合同义务，但由于这种履行已赋予了国家强制性，不论违约方是否愿意，只要受害人有继续履行的要求，违约方有继续履行的可能，就必须继续履行，因此，这里的继续履行就不是单纯的履行合同义务问题，而是违约责任的一种形式。

2. 构成实际履行的要件

根据《合同法》第一百一十条的规定，构成实际履行应具备以下要件：

（1）必须存在违约行为。继续履行是违约责任的一种，因此只有在当事人一方有违约行为的情况下，才涉及此种违约责任的承担问题。严格来说，继续履行是针对当事人一方不履行合同义务的违约行为规定的责任形式，而针对瑕疵履行而采取的修理、更换、重作等补救措施不属于继续履行的范畴。当然，对履行数量不足的违约行为，可以适用继续履行来补救。

（2）必须由受害人请求违约方继续履行合同义务。在当事人一方违约后，受害方可以选择其认为适当的违约救济措施来要求违约方承担责任，是否继续履行应尊重受害方的意愿。一般来说，当事人订立合同不是为了获得违约金或损害赔偿金，而是为实现合同履行所得到的实际利益，因此，要求违约方继续履行实现合同目的是理所当然的。但如果继续履行不利于其维护其利益，他也可以选择要求违约方支付违约金或赔偿损失等补救措施。

（3）必须是违约方能够继续履行。如果法律上或事实上不能履行，或者债务标的不适合强制履行或履行费用过高的，不能适应继续履行。

（4）债权人应在合理期限内提出实际履行要求。如果债权人在合理期限内要求继续履行的，不得强制实际履行。根据《合同法》第一百一十条的规定，对于非金钱债务，以下情况下不能适用继续履行措施：

第一，法律上或事实上不能继续履行。所谓法律上不能继续履行，是指由于法律上的原因使得合同不能履行，例如，在合同履行期间，新颁布的法律禁止该合同标的物买卖，致使合同不能继续履行；所谓事实上不能履行，是由于发生了某些事实状况，使得合同标的的给付在事实上成为不可能，如特定标的物毁损、灭失，标的物已转让给第三人，且第三人已经取得该标的物的所有权。不论是法律上不能还是事实上的不能，都使得债务人客观上不可能再继续履行，就不能强人所难要求继续履行，而应采取其他措施寻求救济。

第二，债务的标的不适于强制履行或者履行费用过高。债务标的不适于强制履行是从性质上讲,该合同债务不能强制履行。如某些合同具有人身专属性的合同,例如委托合同、演出合同等,如果允许对这类合同实施强制继续履行,会产生对债务人的人身加以强制的现象,这与现代社会尊重人格和保护人身自由的法律理念相违背。所谓履行费用过高,指如果强制债务人履行,其所要花费代价过大。如债务人已经停止生产某种作为债务履行标的物的产品,如果强制债务人生产并交付该产品,那么债务人还要重建生产线,债务人继续履行花费的代价要远远高于债权人获得的履行利益。在这种情况下,可以要求债务人赔偿债权人的损失,而由债权人另行购买替代物,这样对双方都有利,还可以避免社会资源的浪费。

第三,债权人在合理期限内未要求继续履行。为了督促债权人及时主张权利,合同法要求债权人须在合理的期限内向违约方提出继续履行的请求。如果债权人不积极行使其履行请求权,主张强制履行,待很长一段时间后始主张强制履行,则对债务人未免不公,从利益衡量的立场出发,对债权人主张强制履行的权利应作一适当限制,以尽早结束债务人责任承担方式不确定的状态。

而所谓"合理期限",既非诉讼时效,也非除斥期间,究竟何为"合理期限",由法官根据具体案件的具体情况综合认定,所以它是一个司法实践问题。

(二)损害赔偿

1. 损害赔偿的概念

损害赔偿,又叫赔偿损失,是指合同当事人不履行合同义务或履行义务不符合合同约定给对方造成损失时,依法或根据合同规定应向受害方赔偿其所受损失的一种违约责任形式。

损害赔偿在合同法中的应用是十分广泛的,也有人认为它是合同责任中最常见、应用最广泛的形式,在《合同法》第四十二条、第四十三条、第五十八条、第一百零七条、第一百一十二条以及相关的条文中都有规定。在各种合同责任中,都可以适用损害赔偿的责任方式,换言之,在一切造成损失的合同领域,都可以适用损害赔偿责任。

多国法律,尤其是英美法系国家法律,一般将损害赔偿作为一方发生合同违约,另一方可以采取的最重要的救济措施,而强制实际履行则应该少用的救济措施。英美法认为,即便一方违约,可以要求其承担违约责任的最合适的方式是损害赔偿,只有在赔偿损失的措施不能实现公平正义的情况下,衡平法上的实际履行救济手段才予采取。

《联合国国际货物买卖合同公约》明确规定,损害赔偿是最主要违约救济措施,即便当事人已经采取了修理、更换、继续履行乃至解除合同等救济措施,也不妨碍受害方当事人要求损害赔偿的权利。我国《合同法》第一百一十二条也规定:"当事人一方不履行合同义务或者履行义务不符合约定的,在履行义务或者采取补救措施后,对方还有其他损失的,应当赔偿损失。"

这表明:损害赔偿既可以作为一种独立的救济措施,也可以作为一种辅助性救济措施。这里,我们所述的损害赔偿是一种独立的违约救济措施,是在承认合同有效的前提下,使违约方赔偿履行利益的救济手段。

2. 损害赔偿的法律特征

违约损害赔偿责任有以下特征:

(1)以合同有效成立为前提。合同关系的存在是损害赔偿责任存在的前提。如果因一方的过错而使合同不成立、无效或被撤销,造成对方当事人损失的,其要承担的责任是缔约过错责任,而不是违约赔偿责任,是当事人违反合同义务所产生的一种民事责任。

(2)损害赔偿主要体现补偿性,不排除特定情形下的惩罚性。对于损害赔偿的法律性质,学界有不同的观点。一种观点认为损害赔偿同时具有补偿性和惩罚性,损害赔偿应体现法律对违约方的财产制裁,具有惩罚的性质;另一种观点则认为,损害赔偿只是为了弥补受害人遭受的实际损失,而不是惩罚违约人的过错,其性质主要是补偿性,这是大多数学者所持的观点。但是,这并不排除特定情形下违约赔偿的惩罚性,最典型的,如为了保护消费者的合法权益,合同法特别规定经营者对消费者提供商品或服务有欺诈行为的,依照消费者权益保护法,按实际损失额的一倍予以赔偿。这体现了赔偿的惩罚性。

(3)损害赔偿具有一定的任意性,同时也具有国家强制性。当事人在订立合同时,可以预先约定一方在违约时应向对方当事人支付一定的金钱(违约金),这种约定可采取用某种损害赔偿的计算方法来确定,这体现了它的任意性。但如果违约发生后,债务人不愿承担其应负的赔偿责任,受害人可以请求人民法院强制债务人承担赔偿责任,这也体现了它的强制性。

(4)损害赔偿以完全赔偿为原则,但受到合理限制。赔偿的完全性指违约方应补偿因其给对方造成的全部损失,包括直接损失和间接损失,但赔偿数额受到合理的限制。我国《合同法》第一百一十三条规定:"当事人一方不履行合同义务或者履行合同义务不符合预定,给对方造成损失的,损失赔偿额应当相当于因违约所造成的损失,包括合同履行后可以获得的利益,但不得超过违反合同一方订立合同时预见到或者应当预见到的因违反合同可能造成的损失。"

3. 损害赔偿的构成要件

(1) 有违约行为发生。损害赔偿既是违约责任的一种,当然应有违约行为的发生,这是违约赔偿的前提。违约行为是当事人不履行合同义务或履行合同义务不符合合同约定,其具体表现为明示毁约、履行迟延等,本书之前的"违约行为"一节已有详述,此处不赘。各种不履行合同义务或履行义务不符合约定的违约行为,都可以产生违约损害赔偿的责任。

(2) 有损失存在。违约行为的事实后果可以是多种多样的,有些可以用金钱货币形式进行计算,有些则无法用货币进行计算。如果将违约所造成的后果统称为"损害"的话,损失应当是"损害"中的一种,是指可以用货币计算的财产损害。违约责任中的"损害赔偿"是指由违约方赔偿受害人的这种可以用货币金钱计算的财产损害,即此狭义的"损失"。有时违约行为虽对债权人造成损害,但却没有造成财产损失,此时就不适用损害赔偿的救济方法。就是说,构成损害赔偿的必要条件是存在这种财产性的"损失"。

(3) 损害事实与违约行为之间具有因果关系。所谓因果关系,是指两个事物之间存在的内在的关联性,前者为"因",后者为"果",前"因"导致后"果","果"离不开"因"。按照因果关系理论,债务人仅就因其违约行为("因")所造成的损害后果("果")承担违约赔偿责任,如果损害的发生系与债务人无关的原因所导致的,债务人就可不承担赔偿责任。

如前所述,违约行为并不必然导致损失的发生,但在受害人已受损失时,因果关系就成为判断能否适用损害赔偿这一救济措施的必要条件了。

4. 损害赔偿的责任范围

关于违约赔偿责任范围,其基本原则是完全赔偿原则,即赔偿违约给受害人造成的全部损失。我国《民法通则》第一百一十二条规定:"当事人一方违约合同的赔偿责任,应当相当于另一方因此所受到的损失。"《合同法》第一百一十三条规定:"当事人一方不履行合同义务或者履行合同义务不符合约定,给对方造成损失的,损失赔偿额应当相当于因违约所造成的损失,包括合同履行后可以获得的利益,但不得超过违反合同一方订立合同时预见到或者应当预见到的因违反合同可能造成的损失。"上述规定明确了我国法律对合同违约赔偿所采纳的完全赔偿原则,违约方应赔偿受害人遭受的全部损失。

全部损失一般是指债权人的财产损失,包括积极损失和消极损失。所谓积极损失,是指现有财产的灭失、损坏和费用的支出,它是一种现实的财产损失;消极损失,又称为可得利益损失,是指违约行为导致受害人丧失了"合同履行后可以获得的利益",它具有以下特点:① 未来性。可得利益是未来利益,它在违约行为发生时并没有为合同当事人所实际享有,而必须通过合同的实际履行才能实现;② 期待性。可得利益是当事人订立合同时期望通过合同的履行所获得的利益,是当事人在订立合同时能够合理预见到的利益,而可得利益的损失也是当事人所能预见的损失;③ 一定的现实性。就是说只要合同如期履行,可得利益就会被当事人所得到。可得利益损失虽然不是现有实际财产的损失,但它本是可以得到的利益的落空,即如果没有违约行为发生,合同当事人便能够实际得到的财产利益,这样的利益的丢失,因违约行为所致,因此,也可要求违约方进行赔偿。

5. 损害赔偿的责任限制

虽然损害赔偿实行完全赔偿原则,即应赔偿全部损失,但这里的"全部损失"如何算?有没有法律限制?答案是:有限制!完全赔偿原则受"合理预见规则"的限制。我国《合同法》第一百一十三条规定的"但不得超过违反合同一方订立合同时预见到或者应当预见到的因违反合同可能造成的损失"就是"合理预见规则"的体现。

根据"合理预见规则",只有违约方在订立合同时预见到或者应当预见到其违约行为会给对方造成何种损失的情况下,违约方才对这些损失承担赔偿责任。合理预见应具备以下要件:

(1) 预见的主体是违约方。原因有二:一是只有在已发生的损失是违约方能够合理预见时,才表明该损失与违约行为之间存在因果关系;二是违约方比一般人更了解非违约方的情况从而在违约行为发生时减少可能遭受的损失。

(2) 预见的时间应当在订立合同时。当事人在订立合同时要考虑风险,如果风险过大,当事人可达成有关限制条款来限制责任;如果要由当事人承担在订立不应当预见的损失,则当事人会鉴于风险太大而放弃交易。

(3) 预见的内容是有可能发生的损失的种类及其各种损失的具体大小。也有学者认为,预见的内容为违反合同可能造成损失的大致范围。并不要求预见到损害的程度或数额,解释上应认为只要预见损害的类型而无须预见到损害的程度。

(4) 判断违约方能否预见应采取主客观相结合的标准。预见标准有主观标准和客观标准及主客观相结合的标准三类。主观标准是对具体的违约人进行判断,即根据其智力、教育、经历、职业、身份等状况,判断其是否能够预见;客观标准,是以一个抽象的"合理人"作为参照标准,如果这个抽象的一般人在该背景下能够或应当预见的,就判定违约人能够或应当预见;主客观相结合的标准,即通常以同类型的社会一般人(理智正常的人)的预见能力为标准。如果违约方的预见能力比与其同类型的社会一般人高,则以违约方的实际预见能力为标准,但受害人对此应负举证责任,否则仍应以同类型的社会一般人的预见能力为标准。

如果违约方的预见能力较同类型的社会一般人低,则以违约方的实际能力为标准,但违约方对此应负举证责任,否则仍应以同类型的社会一般人的预见能力为标准。

6. 赔偿责任限制的例外

虽然违约损害赔偿责任以违约人订立合同时已预见或应当预见到的给受害人造成的全部损失为限,但这一可预见的全部损失原则有一个例外:经营者对消费者欺诈损害例外。我国《合同法》第一百一十三条第二款规定:"经营者对消费者提供商品或者服务有欺诈行为的,依照《中华人民共和国消费者权益保护法》的规定承担损害赔偿责任。"而《消费者权益保护法》第四十九条规定:"经营者提供商品或者服务有欺诈行为的,应当按照消费者的要求增加赔偿其受到的损失,增加赔偿的金额为消费者购买商品的价格或者接受服务的费用的一倍。"

因此,当经营者行为构成对消费者欺诈性违约时,其对消费者的损害赔偿不受上一款"预见到或应当预见到的因违反合同可能造成的损失"的限制。

7. 过错相抵规则、双方违约问题

过错相抵规则,又称为"与有过失规则"或"混合过错规则",是指在受害人对损失的发生或扩大也有过失时,可以减轻或免除责任的规则。我国《民法通则》第一百一十三条规定:"当事人双方都违反合同的,应当分别承担各自应负的民事责任。"

我国《合同法》第一百二十条规定:"当事人双方都违反合同的,应当各自承担相应的责任。"民法学者们认为:《民法通则》与《合同法》的上述规定就是有关过错相抵的规定。过错相抵是从诚实信用原则发展而来的,通过比较当事人双方的过错,使当事人各自承担自己应承担的责任,从而最终确定赔偿损失责任服务的大小。由此可见,该规则体现了在受害方有过错时适当保护违约方的理念。我们认为,过错相抵规则更恰当地说,体现的是合同法中公平原则。

适用过错相抵规则的要件是:① 受害人也有过错。如果受害人的行为虽然也是发生损害的共同原因,但只要他没有过错,仍不能适用过错相抵规则,违约方不能以受害人无过错的行为作为减轻或免除责任的事由。② 受害人的过错行为必须促进损失的发生或者扩大,即受害人的过错必须是损失发生或者扩大的共同原因之一。受害人的过错行为,既可以是直接造成损失的行为,也可以是直接扩大损失的行为；既可以是促进违约方的违约行为，又可以是一种违约行为；既可以是积极行为，也可以是消极行为；既可以与违约方的违约行为同时发生，也可以发生于前或后。

过错相抵规则的效果，是减轻或免除责任。即比较违约方和受害人各自过错的程度减免，在双方当事人的过错程度相同的情况下，应比较双方行为原因力的强弱。一般来说，违约方为故意或重大过失时，法院仅可减轻责任而不能免除责任；受害人为故意或重大过失时，法院可免除违约方的责任。

以上有关民法学的过错相抵规则在学术上无可非议，但将我国《民法通则》第一百一十三条、《合同法》第一百二十条的上述规定理解为过错相抵规则的法律依据恐怕是一种误解。其实，上述规定明白无疑的是有关"双方违约"的规定，即双方都有违约的，根据各自的违约情形，各自都承担相应的违约责任，而没有拿一方的违约抵销另一方违约责任的问题（尽管司法实践中为节约司法成本可能这么做！）。上述法律规定更压根就不含有以受害方的有过错抵消违约方赔偿责任的意思！可以说，民法学的过错相抵规则并没有引入《民法通则》和《合同法》中。

我们理解，之所以没有引入该制度，是为司法方便考虑，因为，在具体案件中要分清双方的过错程度大小本身就困难重重，更何况有些情况下不同行为的过错是难以放在一起比较的，有形货物交付的过错与劳务履行的过错怎么比较？所以，立法上简明规定，双方都有违约的，根据各自的违约情形，各自都承担相应的违约责任，由此体现公平原则。

显然，《合同法》第一百二十条是有关双方违约的规定。有人认为，提出双方违约的概念没有意义，因为，合同法上有同时履行抗辩权制度，当事人在对方未履行义务时拒绝履行本方义务，属正当行使权利，不构成"违约"，此种观点有一定的道理，但不能由此说双方违约的法律规定没有意义。实践中确实存在双方违约的现象：① 双方均作了履行，但履行都不符合合同规定。如，甲方依据合同向乙方发运了货物，乙方也向甲方支付了货款，但甲方交的货与合同规定不符，乙方的付款方式与合同约定不符。② 在双务合同中，双方所负的债务不都具有对价性，他们所负的各项债务有些是相互牵连的，但也有一些双方各自负有彼此独立的合同义务。如果他们各自违反这些相互独立的义务，既不能适用同时履行抗辩权，也不能适用不安抗辩权，因此将产生双方违约问题。③ 一方作出的履行不符合合同的规定，而另一方违反了合同规定的不得妨碍对方履行的义务，则构成双方违约。④ 一方履行不符合合同的规定（如标的物不符合合同规定等），另一方接受履行迟延，则双方违约。

双方违约的构成须具备以下要件：① 双方分别违反合同义务，如果一方违反了合同义务，而另一方仅是违反了法定义务，如损失的减少义务，这种情况下则不能认为是双方违约。② 双方违约必须双方都应履行资金的合同义务而没有履行。如果在双务合同中一方当事人以另一方当事人没有履行义务而行使同时履行抗辩权而拒不履行自己的义务，就不属于双方违约。

双方违约责任的承担方式是由各自承担相应的违约责任，即由违约方向非违约方各自独立地承担自己的违约责任，而不是以一方的违约与另一方的违约进行责任相抵。在司法实践中，如果原告一方以另一方违约诉诸法院，而原告也有违约行为的，另一方（被告）有权提起反诉，法院依据《合同法》第一百二十条的规定，判令各自承担相应的责任。

8. 减轻损失规则

减轻损失规则，指在一方违约情况下非违约方不得就其本可采取合理措施予以避免的损失要求赔偿的规则。另一种归纳是：在一方违约情况下，非违约方有采取合理措施减轻因对方违约所造成的损失的义务，否则不得对因其未采取合理措施而导致的扩大部分的损失要求违约方赔偿的规则。

我国立法对此有明确的规定。《民法通则》第一百一十四条规定："当事人一方因另一方违反合同受到损失的，应当及时采取措施防止损失的扩大；没有及时采取措施致使损失扩大的，无权就扩大的损失要求赔偿。"《合同法》第一百一十九条规定："当事人一方违约后，对方应当采取适当措施防止损失的扩大；没有采取适当措施致使损失扩大的，不得就扩大的损失要求赔偿。当事人因防止损失扩大而支出的合理费用，由违约方承担。"

非违约方的减轻损失义务或称防止损失扩大义务在民法上称为"不真正义务"。所谓不真正义务，是强度较弱的义务，是指债权人对自己利益的维护照顾义务。此种义务的违反，仅使债权人遭受权利受损或者丧失的不利后果，而不发生损害赔偿问题，所以称为"不真正义务"。

这一义务在性质上是一种法定义务，其产生的理论根据是损失的公平分配及风险的有效控制制度。当损害发生时，受害人是能最有效地控制这一损失扩大的人，同时，由其承担这一责任成本也最小。当他未控制这一风险的扩大时，就应将这种扩大的损失分配给他，同时，这一责任的分配也会对受害人的减损行为产生有效的激励，避免社会资源的浪费。

适用减轻损失规则应具备以下要件：

（1）一方有违约行为，且违约行为导致另一方财产性损失；

(2) 受害方未及时采取合理或适当措施防止损失的扩大,而实际发生了损失扩大的后果;

(3) 损失的扩大既可以是受害人没有采取防止扩大措施,也可以是受害人采取了不适当的措施所致。

减损规则直接影响到受害人所可获得的损害赔偿的范围,而该规则的适用则要看受害人是否采取了适当措施。在判断受害人采取的措施是否得当时,主要有两个问题需要解决:一是措施本身是否合理;二是采取措施的时间是否合理。"适当措施"是一个极为弹性的概念,在对其进行判断时,应确定一个标准。对此有三种观点:第一种观点是"合理人"标准,即以一个理智、正常的一般抽象人作为判断时参照的标准;第二种观点是善意标准,即行为人是否采取了善良管理人的注意;第三种观点是经济合理标准。

合理的抽象人的标准是比较适宜的,因为善意标准仍然是一个需要确定的标准,即仍需要用一个一般合理人的标准去衡量他,而经济合理标准对于违约人来说又未免过于苛刻。所以,我们认为,只要受害人采取了在同样的情况下一个正常的、合理的人应当及时采取的措施,就视为已采取了"适当措施"。

受害人为防止损失进一步扩大而采取合适措施支出的合理费用由违约方承担,这是因为采取防止损失扩大而导致的费用的支出是由违约方的违约行为引起的,所以让违约方承担这部分费用是合理的。

(三) 支付违约金

1. 违约金的概念

违约金是指当事人约定或法律规定的,在一方当事人违约时向对方支付一定数额的金钱。向对方支付违约金是合同违约人承担责任的一种方式。我国《合同法》第一百一十四条第一款规定:"当事人可以约定一方违约时应当根据违约情况向对方支付一定数额的违约金。"

2. 违约金的特征

(1) 违约金主要由当事人协商确定。违约金直接来源于当事人双方在合同中的约定,如果当事人在合同中没有约定违约金条款,除法律另有规定外,不产生违约金责任。我国《合同法》第一百一十四条第一款规定的就是约定违约金。约定违约金是合同自愿原则的体现,允许当事人约定违约金可以激发当事人履行合同的积极性,督促当事人自觉履行合同义务。

(2) 违约金具有从合同性质。约定违约金具有从合同性质,它以主合同的存在为必要条件,主合同不成立、无效或被撤销时,约定违约金条款不能生效;主合同终止,约定的违约金责任也终止,但因一方违约发生合同解除时,非违约方应仍可请求违约方支付违约金。另外,违约金合同在当事人意思表示一致时成立,并不需要在签订合同时先交付,所以,这是一种诺成性合同。违约金在当事人违约时给付,没有违约则没有违约金。

(3) 违约金的形式一般为金钱。违约金一般是一定数额的金钱,这便于交付实行。也有人认为,当事人也可以约定以物和权利等作为违约金,这是极罕见的。顾名思义,违约金的"金",指"金钱",实践中,极少看到具体合同中这样的约定:"甲方如违约,应给付乙方500箱苹果、30筐梨,以此作为支付给乙方的违约金"。

(4) 违约金是违约责任的一种方式。尽管当事人约定违约金的目的在于确保当事人履行合同义务,但在性质上它不是债的担保方式。违约金同债务履行一样,是以债务人的一般财产为责任财产的,因此,违约金虽然有促进债务人履行债务的功能,但没有保证债权实现的担保功能。

3. 违约金的种类

(1) 法定违约金与约定违约金。法定违约金,指由法律直接规定违约金的数额、固定比例,或者由法律直接规定违约金的比例幅度,具体比例由当事人在此幅度内商定。法定违约金是法律预先规定的,不由当事人协商而改变,也不论是否写入合同条款,违约方违约时都要支付。

约定违约金,是指违约金的数额和支付条件都是由当事人双方约定的违约金。从我国现行法律规定来看,约定违约金主要有两种情况:一是法律、法规对违约金未作具体规定,完全允许当事人约定的违约金;二是法律、法规虽规定了违约金的数额、比例或幅度,但又允许当事人自行协商,或规定当事人的约定优于法定的违约金。法定违约金具有强制性,是国家干预合同关系的表现。随着我国市场经济的发展完善,法定违约金的规定逐渐减少。

(2) 赔偿性违约金与惩罚性违约金。赔偿性违约金,指受害人只能选择请求强制实际履行或支付违约金,不能双重请求,违约金只是当事人双方预先估计的损害赔偿总额;所谓惩罚性违约金是指受害人除请求实际履行或损害赔偿以外,同时还可请求违约方支付违约金,违约金的支付有对违约行为的惩罚性质。大陆法系国家有赔偿性违约金与惩罚性违约金之分。英美法系国家,违约金被视为对当事人损害赔偿额的预定,原则上只允许赔偿性违约金,而不允许惩罚性违约金。

在我国学理上,一种观点认为,我国的违约金制度应完全采纳英美法模式,取消惩罚性违约金,使违约金仅保留补偿性质。其理由有二:一是惩罚性违约金破坏了民法的平等、等价有偿原则,同时为一方牟取不正当利益提供了条件;二是惩罚性违约金的形成除法律传统和价值取向等原因外,经济体制是一个重要的原因。随着我国改革的深入,市场经济体制的确立完善,在违约补救措施方面会转向注重其补偿功能,而不注重以往惩罚性违约金在维护合同交易秩序方面的功能。另一种见解则认为,我国的违约金制度应在规定赔偿性违约金的同时承认惩罚性违约金,以赔偿性违约金为原则,以惩罚性违约金为例外。或者说,我国实行的是以赔偿性违约金为主、惩罚性违约金为辅的原则。

这后一观点为我国学界通说。其法律依据是《合同法》第一百一十四条的规定:"当事人可以约定一方违约时应当根据违约情况向对方支付一定数额的违约金,也可以约定因违约产生的损失赔偿额的计算方法。约定的违约金低于造成的损失的,当事人可以请求人民法院或者仲裁机构予以增加;约定的违约金过分高于造成的损失的,当事人可以请求人民法院或者仲裁机构予以适当减少。当事人就迟延履行约定违约金的,违约方支付违约金后,还应当履行债务。"

上述规定第二款表明,当事人约定的违约金与违约给对方造成的损失有差异的,法院或者仲裁机构可以进行增减,这表明我国的违约金制度体现的是赔偿性原则,即违约金体现违约行为给受害方造成损失的补偿。而第三款就迟延履行合同义务这种违约形式而言,除支付约定的违约金外,受害方还有权要求违约方继续履行,即违约金与继续履行并用,这又表明,此时的违约金带有惩罚性质。

还有,如果一方有违约行为,但违约时尚未给对方造成财产损失,双方原约定有违约金条款,要不要执行?我们认为应执行,这种情况下违约金的支付也有惩罚违约的性质。

3. 违约金责任的成立要件

违约金责任的成立应以合同关系的有效存在且违约金条款有效为前提自无争议。而违约金责任的成立基本要件为:违约行为的存在。一般说来,各种违约形态都可导致违约金的支付,但如果当事人在合同中仅就某种具体特定的违约行为约定了违约金,只有发生了该特定违约行为才导致违约金的支付。如果发生的并非该特定违约行为,也可依法律规定请求支付违约金。对于违约金的交付要不要以实际损失发生为要件,不同种类的违约金要求不同。

就法定违约金而言,惩罚性违约金不以实际损失的发生为条件,赔偿性违约金仍应以实际损失的发生为要件,不过只要发生了损失,不论损失的大小,都应支付违约金。

就约定违约金而言,一般不以实际损失的发生为要件,除非当事人双方已明确约定违约金责任以实际发生损失为条件。

要说明的是,违约金的支付虽不以损失的存在为要件,但仍应以损害事实的存在为必要。这里就要区别损害与损失。违约行为本身就意味着对对方信赖利益的损害。在下列情况下,违约金条款无效:① 载有违约金条款的合同无效、不成立或被撤销;② 在法律规定了违约金的固定比例或幅度时,当事人约定的违约金违反了该固定比例或幅度,则该约定部分无效。法律同时规定约定违约金优于非独违约金的,该约定有效。

4. 违约金的调整

如前所述,违约金约定是合同自愿原则的体现,但我国法律对当事人约定违约金在特定情况下可进行干预。所谓的"特定情况"指的是约定的违约金低于或过分高于违约造成的损失。《合同法》第一百一十四条第二款规定:约定的违约金低于造成的损失的,当事人可以请求人民法院或者仲裁机构予以增加;约定的违约金过分高于造成的损失的,当事人可以请求人民法院或者仲裁机构予以适当减少。这就是违约金的调整问题。对此,宜作如下理解:

(1) 调整的前提是约定的违约金低于或过分高于实际损失。如果约定的违约金低于实际损失,则难以补偿受害人的损失,如果约定违约金过分高于实际损失,则无疑是对违约方的过严惩罚,与违约金主要体现补偿性原则的立法用意相悖,也会使非违约方过分地额外获利,与民法等价公平原则不符。所以,特定情况下对违约金进行调整是必要的。要注意的是,法律对违约金增减的条件是不同的:当事人可以请求人民法院或仲裁机构增加违约金的条件是约定的违约金低于造成的损失,而可以请求法院或仲裁机构适当减少违约金的条件是约定的违约金过分高于造成的损失。对于增加违约金只要约定违约金低于损失即可,而对于减少违约金则要求违约金过分高于损失,换言之,不过分高的话,可维持之,算是对违约人的小小惩罚。

(2) 调整违约金要由当事人提出请求,法院或仲裁机构不得主动调整。通常,提出增加违约金的是受害方,而提出减少违约金要求的是违约方。

(3) 调整的机构是人民法院或仲裁机构。当事人自己不能单方调整,除法院或仲裁机构外,其他机构或组织也没有调整违约金的权力。这是因为调整违约金涉及对当事人合同自由的干预,为保证违约金调整的公正性和严肃性,宜由法院或仲裁机构裁判调整。

5. 违约金与其他违约责任方式或合同制度的关系

(1) 违约金与继续履行。违约金分为赔偿性违约金与惩罚性违约金。对于违约金能否与继续履行措施并用,一般赔偿性违约金不与继续履行同用,但还要应视具体情况而定。在履行不能时,非违约方只能请求支付违约金,不得要求继续履行;在拒绝履行时,非违约方可以在请求支付违约金与继续履行之间选择其一,不得并用;在不适当履行(尤其是迟延履行)时,非违约方既可请求支付违约金,还可以同时请求继续履行或采取其他补救措施。

(2) 违约金与定金。我国《合同法》第一百一十六条规定:"当事人既约定违约金,又约定定金的,一方违约时,对方可以选择适用违约金或者定金条款。"按这一规定,合同中同时约定有定金和违约金的,一方违约的,非违约方只能请求违约方或者支付违约金,或者执行定金条款(定金罚则),不能同时适用违约金和定金罚则。以避免对违约方的过重处罚。

但也有学者认为,应对上述法律规定作具体分析。认为应区分定金的不同种类和性质,决定是否可以将违约金和定金并用。定金可分为成约定金、证约定金、解约定金和违约定金四种形式,它们具有不同的功能,因而与违约金的关系也不一样。

违约定金不能与违约金并用;如果是成约定金、证约定金、解约定金,由于这三种形式的定金与违约金各具不同的目的、性质和功能,因而两者可以并罚。因此,对《合同法》第一百一十六条所规定的定金,应限制解释为违约定金。

而实际上,在当事人既约定违约金又约定了定金而一方确实违约的情况下,也并不是都存在要选择适用违约金还是定金条款的问题,因为当事人违约如果不属于由于自身的原因履行不能或者拒绝履行的情况,就谈不上适用定金条款的问题,而只能适用违约金责任。

(3) 违约金与损害赔偿。违约金责任与损害赔偿责任,都是违反合同的民事责任形式,且都具有补偿的性质。但两者又有区别(表 6-2):① 违约金责任是以约定或法定的违约金条款为根据,只要有违约行为原则上就可发生;而赔偿责任不仅应有违约行为的存在,而且还须以另一方因此而遭受损失的事实存在为必要。② 违约金责任的承担方式是金钱支付,而赔偿责任可以是赔偿金钱,也可以是与之价值相等的有价物。③ 违约金责任数额的确定,具有某种任意性,只要在法律规定的范围内,可由当事人在订立合同时自由议定,当然,约定的违约金低于或过分高于造成的实际损失,当事人可请求法院或仲裁机构进行适当的增减。而赔偿责任的赔偿数额,通常是根据损失,并且只能在违约以后确定,当事人可以约定因违约产生的损失赔偿额的计算方法,但其数额多少必须与因违反合同所造成的损失相当。

表6-2 违约金责任与损害赔偿责任的比较

比 较	违 约 金	损 害 赔 偿
责任依据	违约金条款、违约行为	违约行为、损害事实
责任方式	金钱支付	金钱或等值物
数额认定	当事人订约时先自行议定	违约及损失发生后再确定

还有一个问题是：违约金与赔偿损失措施可否同时适用。对此，我国《合同法》仅对违约金与继续履行、违约金与定金能否并同作了规定，但没有对违约金与赔偿损失措施可否同时适用问题作直接规定。国内学界存在相反的观点：一是认为，如果违约金的支付不足以弥补实际损失，受害人还可以要求赔偿损失，故违约金责任与损害赔偿责任可以并存。另一种观点认为，当事人只能在请求支付违约金与损害赔偿之间选择其一，而不得并用，理由是，并用使得违约金丧失了作为损害赔偿预定额的作用。

还有一种"违约金与损害赔偿竞合"说。该说的观点是：按照原理，违约金与违约损害赔偿是一致的，适用违约金，在没有造成损失的时候，就是惩罚性违约金，造成损失，就是赔偿性违约金，既然是赔偿性违约金，就应当与违约的损失相结合（违约金责任与损害赔偿责任竞合）。"竞合说"实质上是认可违约金与损害赔偿责任的可并存性。

违约金与损害赔偿两者的关系主要取决于一国立法对于违约金性质的规定。在英美法中，因强调违约金的补偿性，因此违约金实际上取代了预定的损害赔偿方式，而大陆法因承认违约金的补偿性和惩罚性，因而不同性质的违约金与损害补偿分别发生着不同的联系。

我国合同法规定的违约金是补偿性违约金，《合同法》第一百一十四条规定："约定的违约金低于造成的损失的，当事人可以请求人民法院或者仲裁机构予以增加；约定的违约金过分高于造成的损失的，当事人可以请求人民法院或者仲裁机构予以适当减少。"该条的立法精神包括：① 应优先适用约定违约金条款，只有在约定的违约金低于或过分高于实际损失的情形下，才予以增加或适当减少。这样做的理由有二：一是充分尊重当事人预先确定损失赔偿额的自由；二是违约金本身优势所在，其支付避免了损害赔偿方式适用中常常遇到的计算损失的范围和举证的困难，从而节省了计算上的花费，甚至可避免旷时费神的诉讼程序。② 法定损失赔偿额对违约金的适用具有约束性。约定违约金条款生效后，其具体的违约金数额确定还有赖于实际损失额的大小,以实际损失额为参照标准进行或升或降的调整。③ 我国的约定违约金具有一定的惩罚性。只有当约定违约多过分高于造成的损失时,司法机构才可予以适当减少,由此可见,立法者是允许约定违约金适当高于实际损失额的,此时司法机关无需再进行调整。既然允许约定违约金适当高于实际损失额而适用,那么其高出部分正好体现出约定违约金的惩罚性。

补偿性违约金是损失赔偿额的预定,故无论发生了何种违约形态,补偿性违约金的支付均应与违约损失相适应。约定的违约金过分高于造成的损失的,当事人可以请求人民法院或者仲裁机构予以适当减少。至于何为"过分高于",如何"适当减少",应由法官行使自由裁量权进行裁判。

(四)解除合同

根据法律规定,因一方当事人违约,另一方当事人可以采取解除合同方式进行救济的有三种情形:① 一方严重违约,致使合同对方不能实现合同目的;② 一方预期违约的;③ 一方迟延履行,在经对方催告后的合理期限内仍不履行合同义务的。上述解除合同的情形是一方违约情况下,另一方以解除合同方式进行救济,并同时可要求赔偿。

(五)其他违约补救措施

其他违约补救措施,指当事人一方履行合同有瑕疵,受害方可以要求违约方承担的修理、更换、重作、退货、减价等责任方式。我国《合同法》第一百一十一条对此明确规定:"质量不符合约定的,应当按照当事人的约定承担责任。对违约责任没有约定或者约定不明确,依照本法第六十一条的规定仍不能确定的,受损害方根据标的性质以及损失的大小,可以合理选择要求对方承担修理、更换、重作、退货、减少价款或者报酬等违约责任。"

采取上述补救措施的基本要件是:

(1)债务人履行债务有瑕疵,这是适用上述补救措施的前提。与其他违约不同,债务人履行了合同义务,但履行不适当,主要是履行标的的质量不符合合同约定,而这种不符合并不构成重大违约,受害人只能要求采取补救措施,而不能解除合同。

(2)采取补救措施必须有可能。包括标的本身有补救的可能,违约方有补救的条件。履行不当的违约责任当事人有约定的,按约定;没有约定或约定不明,又不能按《合同法》第六十一条规定确定的,则采取修理、更换、重作、退货、减少价款或者报酬等方式补救。

(3)补救措施一般应由受害人提出。受害人提出有关补救措施的依据是合理地"根据标的性质以及损失的大小"。修理、更换、重作称为标的物的补正。如果标的物补正对于债权人能够实现合同目的并且对债权人没有什么损失的,可采用补正的方式;如果不经补正债权人也能勉强使用而且债权人也同意使用的,可以减少价款或报酬(减价);如果标的补正或减价对债权人都已无意义,即合同目的已经无法实现,那么,债权人可以要求退货。债权人在补正、减价、退货这几种方式之中有权选择,但这种选择权的行使要合理:一是要根据标的性质以及损失的大小;二是要遵循公平的原则,适当考虑债务人的利益。

(4) 受害方在要求违约方采取合理的补救措施之后,若仍有损失的,还有权要求损失赔偿。我国《合同法》第一百一十二条规定:"当事人一方不履行合同义务或者履行合同义务不符合约定的,在履行义务或者采取补救措施后,对方还有其他损失的,应当赔偿损失。"

案例分析

[案情]

某村委会与村民袁某于 2006 年 8 月 20 日就该村窑上土地签订一份土地承包合同书,约定,袁某作为承包方,承包期限为 15 年,承包款总额为 22 500 元,一次性付清,而村委会要于 2007 年 3 月 12 日之前交付土地给袁某使用。同时双方约定违约金为 15 000 元。袁某按合同约定于合同签订之日一次性付款 22 500 元,但村委会未按合同约定于 2007 年 3 月 12 日之前交付窑上土地给袁某使用,却就该土地又与他人签订一份租赁合同,将该土地租赁给他人使用。由此导致袁某与村委会之间签订的合同无法履行,袁某起诉至法院要求村委会退还原告承包款 22 500 元,支付违约金 15 000 元,并解除合同。在诉讼中,村委会经法院传票传唤无正当理由没有到庭也没有提供书面答辩。

[问题]

本案当事人对违约金的要求是否合理合法,在被告没有提出要求的情况下,法院是否可以主动核调违约金的数额?

[法律依据]

《民法通则》第一百一十二条第二款规定:"当事人可以在合同中约定,一方违反合同时,向另一方支付一定数额的违约金。"

《合同法》第一百一十四条第一款规定:"当事人可以约定一方违约时应当根据

违约情况向对方支付一定数额的违约金,也可以约定因违约产生的损失赔偿额的计算方法。"《合同法》第一百一十四条第二款规定:"约定的违约金低于造成的损失的,当事人可以请求人民法院或者仲裁机构予以增加;约定的违约金过分高于造成的损失的,当事人可以请求人民法院或者仲裁机构予以适当减少。"

[法律运用及处理结果]

本案在审理过程中,就能否全额支持袁某主张的违约金存在两种不同意见:

第一种意见认为在本案中,当事人约定的违约金过高,若全额支持对该村委显失公平,人民法院应当予以干预,适当减少袁某主张的违约金,这体现了合同正义原则适当限制合同自由原则的立法思想。

第二种意见认为在本案中,由于村委会经法院传票传唤无正当理由没有到庭也没有提供书面答辩,其并没有提到违约金是否过高的问题,人民法院不能依职权减少袁某主张的违约金,而是应该全额支持。

笔者同意第二种意见。

关于违约金的适用,我国《民法通则》第一百一十二条第二款规定:"当事人可以在合同中约定,一方违反合同时,向另一方支付一定数额的违约金。"《合同法》第一百一十四条该第一款也明确规定:"当事人可以约定一方违约时应当根据违约情况向对方支付一定数额的违约金,也可以约定因违约产生的损失赔偿额的计算方法。"

当事人自由约定违约金,是合同自由原则的体现。法律规定当事人协商议定约定违约金,通过约定违约金预防违约,有利于社会经济的稳定发展,有利于保护当事人的合法经济利益。

另外,《合同法》第一百一十四条第二款规定:"约定的违约金低于造成的损失的,当事人可以请求人民法院或者仲裁机构予以增加;约定的违约金过分高于造成的损失的,当事人可以请求人民法院或者仲裁机构予以适当减少。"从中可以看出,违约金强调补偿性,但亦承认其惩罚性。违约金可以对合同的有效顺利履行提供强有力的保障。如果约定了明显具有惩罚性的违约金,当事人双方即会权衡利弊而选择继续履行合同。若一方当事人执意不履行合同或不适当履行合同义务时,显然是对合同不能履行的一种"故意",则须按合同约定向对方当事人支付约定的违约金。

同时,当国家认为当事人约定的违约金有过高或过低情形时,国家倾向于予以调整。当然,从本款的规定也可以看出,国家予以调整是基于一方当事人请求才采取的措施。一方当事人不提出违约金过高或过低,在不违反法律时,国家一般不予干涉,而是尊重当事人的约定。

具体到本案中,袁某与村委会签订的违约金条款符合订立合同的一般原则性规定,合法有效。由于村委会经法院传票传唤无正当理由没有到庭也没有提供书面答辩,没有提到违约金过分高于给袁某造成的损失而请求人民法院予以适当减少,故人民法院应该全额支持袁某的违约金主张,不能在村委会未要求适当减少的情况下而依职权予以减少。

[值得注意的问题]

合同违约处理时,如果当事人没有提出要求,仲裁机构或法院不能主动调整违约金的数额。

(案例来源:江苏省新沂市人民法院陈雪艳、谢立华,http://china.findlaw.cn/hetongfa/zuixinhetongfa/htal/15595.html)

第三节 合同责任竞合

一、责任竞合的概念和特点

(一)责任竞合的概念

民事责任竞合,是指行为人实施某一违反民事义务的行为符合多种民事责任的构成要件,从而在民法上导致多种责任形式并存和相互冲突。民事责任竞合在实践中最常见的是违约责任与侵权责任的竞合,经常存在于买卖、承揽、运输、仓储、技术开发与技术服务等合同场合。本节讨论的就是合同违约责任与侵权责任的竞合问题。

(二)责任竞合的特点

1. 责任竞合因某个违反义务的行为所引起

民法上,有义务才有责任,责任是违反义务的结果,行为人虽负有义务,但如确实地履行了义务,不会产生责任后果,更不产生责任竞合现象。当然,责任竞合系因一个违反义务的行为而引起的,不是数个违反义务行为分别符合违约责任和侵权责任的构成条件。

2. 同一违反义务行为同时满足两个或两个以上民事责任构成要件

同一行为同时违反两个或两个以上相对独立的民事法律规范,符合两个或者两个以上民事责任的构成要件,是民事责任竞合的决定性条件。如,侵权行为法与合同法、不当得利法律制度相对独立,同一行为既违反了侵权法,又违反了合同法或者不当得利的法律规定,将产生责任竞合。

3. 数个责任之间相互冲突

一方面,行为人承担不同的法律责任,在后果上是不同的;另一方面,相互冲突意味着数个责任既不能相互吸收,也不应同时并存,只能择一而用。所谓相互吸收,是指一种责任可以包容另一种责任,如在某些情况下,运用赔偿性违约金可以包容损害赔偿责任;所谓同时并存,是指行为人依法应承担数种责任形式,如返还原物后不足以弥补受害人的损失的,还应要求不法行为人承担损害赔偿责任。如果数种责任是可以相互包容和同时并存的,则行为人所应承担的责任已经确定,不发生责任竞合的问题。

研究责任竞合的规则,即当责任竞合发生时,行为人应当如何承担民事责任,这是各国民法界十分关注的一个问题,各国的做法也不尽相同,由此也产生了不同的责任竞合理论。目前在国际上较有影响的理论有三种:

一是法条竞合说。该说认为,违约行为和侵权行为都是侵害他人权利的不法行为,两者在性质上是相同的,只是侵权行为违反的是权利不可侵犯的一般义务,而违约行为是违反基于合同而产生的义务的特别义务。因此,当一个违法行为具备侵权行为和违约行为的构成要件时,按照特别法优于普通法的原则,只能适用违约责任的规定,受害人只能有合同上的请求权,而不能有侵权的请求权。

二是请求权竞合说。该说认为,一个违法行为同时具备侵权责任与违约责任的构成要件时,应根据各自的法律规范加以判断。因而产生的侵权行为的损害赔偿请求权与违约行为的损害赔偿请求权可以并存,权利人可以选择其中一项请求权,也可以同时行使两种请求权。

三是请求权规范竞合说。该说认为,一个行为符合违约行为和侵权行为两个要件时,并非产生两个独立的请求权,论其本质,仅产生一个请求权,但支持这一请求权的法律基础则有两个:一为合同关系,一为侵权关系。因请求权基础不同,举证责任也不一样。假如某项法律基础不成立,不能排除其他法律基础成立的可能性。

各国在处理违约责任和侵权责任竞合问题上,具体做法也有三种:

一是禁止竞合制度。禁止竞合制度以法国为代表。法国法认为,合同当事人不得将对方的违约行为视为侵权行为,只有在没有合同关系时才产生侵权责任。原因是:法国法认为,承担合同义务的债务人应当对其债务的范围及不履行债务的后果有所预见,但对合同关系之外的责任(侵权责任)却不可能预见。但禁止竞合制度的效果并不好,每个双重违法案件首先要确定是否与有效的合同有关,然后才能决定法律的适用,这就使程序复杂化;同时,为避免竞合,必须通过大量的特别法和判例来解释合同法和侵权法。禁止竞合制度也有例外。一些例外是基于法律对第三人的规定,如:旅客运输合同的受害人的近亲属可以接受也可以不接受死者在合同中为第三人(受益人)约定的条款,如其接受,就承运人来说其承担的是合同责任,反之则为侵权责任。另有一些例外则是基于债务人不履行义务和欺诈过错产生的,如:合同订立时,一方有欺诈行为,则另一方不仅可以请求确认合同无效,而且可以请求欺诈方承担侵权责任。

二是允许竞合和选择请求权制度。该制度以德国法为代表。德国法认为,合同法和侵权法不仅适用于典型的违约行为和侵权行为,而且共同适用于双重的违法行为。受害人基于违法行为而产生两个请求权,他可以提起合同之诉,也可以提起侵权之诉。如果一项请求权因时效届满而被驳回时,还可以行使另一项请求权。但受害人的双重请求权因其中一项请求权的实现而消灭,无论如何不能使两项请求权同时实现。例如,德国的铁路运输法规定,承运人依合同对顾客未申报的贵重物品的损失不负赔偿责任,但如果物主能够证明承运人能够构成侵权行为,则可依侵权法要求赔偿。

三是有限制地选择诉讼制度。该制度以英国法为代表。英国法原则上承认责任竞合,但其对责任竞合的处理原则与德国法的处理原则不同。英国法认为,解决责任竞合问题是诉讼制度问题,主要涉及诉讼形式的选择权。英国法对责任竞合选择之诉规定了严格适用限制:① 选择之诉当事人必须存在于有偿合同关系;② 合同当事人以外的人,不能基于双重诉因提起选择之诉;③ 当事人的疏忽行为和非暴力行为在造成经济损失时,不构成一般侵权行为。在英国和美国司法实践中还存在着另一种更实际的原则:只有在被告既违反合同又违反侵权法,并且后一行为即使在无合同关系下也已构成侵权时,原告才有双重诉因的诉权。

可以看出,各国法律无论采纳哪种解决责任竞合制度,实际上都排斥可以同时实现两项请求权的主张,均认可受害人只能实现一项请求权,加害人不负双重民事责任的做法。

我国《合同法》第一百二十二条规定:"因当事人一方的违约行为,侵害对方人身、财产权益的,受害方有权选择依照本法要求其承担违约责任或者依照其他法律要求其承担侵权责任。"这一规定也是有关违约责任与侵权责任竞合的规定。

二、侵权责任与违约责任竞合的原因

传统民法将侵权行为与违约行为加以分离,使两种行为可导致不同的法律责任的产生。

然而,在现实生活中,同一违法行为常具有多重性质,同时符合合同法和侵权法中不同的责任构成要件,导致责任竞合现象的产生。

其原因为:

(1) 合同当事人的违约行为同时侵犯了法律规定的强行性义务,包括保护、照顾、通知、忠实等"附随义务"或者其他法定的不作为义务。在某些情况下,一方当事人违反法定义务的行为,同时违反了合同担保的义务。

(2) 在某些情况下,侵权行为直接构成违约的原因,这即是所谓"侵权性的违约行为",如保管人依保管合同占有对方的财产并非法使用,造成财产毁损灭失。同时,违约行为亦可能造成侵权的后果,即所谓"违约性的侵权行为",如供电部门因违约中止供电,致使对方当事人财产和人身遭受损害。

(3) 不法行为人实施故意侵犯他人权利并造成对他人损害的侵权行为时,在加害人和受害人之间事先存在着一种合同关系。这种合同关系的存在,使加害人的损害行为,不仅可以作为侵权行为,也可以作为违反了当事人事先规定的义务的违约行为,如医生因重大过失造成病人的伤害和死亡,既是一种侵权行为,也是一种违反了医疗服务合同的违约行为。

(4) 一种违法行为虽然只符合一种责任要件,但是,法律从保护受害人的利益出发,要求合同当事人根据侵权行为制度提出请求或提起诉讼,或将侵权行为责任纳入合同责任的运用范围。例如,现代产品责任法取消了传统的"合同相对性"原则的限制,允许因产品瑕疵遭受损害的合同当事人和第三人向加害人(无论与其有无合同关系)提起侵权之诉,或者提起违约之诉。

三、违约责任与侵权责任的区别

尽管违约责任和侵权责任的竞合不可避免,但竞合现象毕竟不能抹杀两类责任之间的区别,也不应导致两者的完全融合。通常,各国法律对这两种责任竞合的处理是允许受害人选择其一提出请求,因此比较两者的不同以利当事人正确选择更显其重要性。违约责任与侵权责任的主要区别如下:

(一) 归责原则不同

侵权责任以过错责任原则为一般归责原则,以严格责任、公平责任为补充,无过错责任为特例;违约责任以严格责任原则为一般原则,以过错责任为补充。归责原则的差异直接决定了当事人的举证责任的不同。根据我国侵权行为法的规定,对侵权责任采用过错责任、严格责任、公平责任原则,实际上是采用了多重归责原则。在侵权之诉中,只有在受害人具有重大过失时,侵权人的赔偿责任才可以减轻;而在合同违约之诉中,只要受害人具有轻微过失,违约当事人的赔偿责任就可以减轻。

(二)举证责任不同

侵权责任之诉一般实行"谁主张谁举证",即受害人对其加害人应当承担侵权责任的主张负举证责任,但法律规定的特殊侵权行为除外;而违约责任之诉一般实行举证责任倒置,即由违约人证明其违约行为存在免责事由。

(三)违反义务不同

合同的义务内容往往是根据合同当事人的意志和利益关系协商确定。因此,违约行为违反的是合同当事人之间的约定义务;在侵权行为中,义务的内容是由法律规定的。因此,侵权行为违反的是不得侵害他人财产或人身的法定义务。某些形式上的双重违法行为,依据侵权法已经构成违法,但依据合同法却可能尚未达到违法的程度,如果提起合同之诉,将不能依法受偿。侵权责任和违约责任发生竞合以当事人存在合同关系为条件。

(四)诉讼时效不同

根据我国《民法通则》的规定,因侵权行为所产生的损害赔偿请求权一般适用2年的诉讼时效,因身体受到伤害而产生的损害赔偿请求权的诉讼时效为1年。而因违约行为产生的赔偿请求权,诉讼时效一般为2年,但在出售质量不合格的商品未声明、延付或者拒付租金以及寄存财物被丢失或者毁损的情况下,则适用1年的时效,规定国际货物买卖合同和技术进出口合同争议的诉讼时效为4年。

(五)责任构成条件和免责条件不同

侵权责任以损害事实为构成要件,无损害即无责任;违约责任不以实际损害为条件,如支付违约金。违约金是由法律规定或当事人约定的,因而在违约事实发生以后,违约金的支付并不以对方发生损害为条件。在违约责任中,除了法定的免责条件(如不可抗力)以外,合同当事人还可以事先约定不承担责任的情况(故意或重大过失的除外);在侵权责任中,免责条件或原因只能是法定的,当事人不能事先约定免责条件。

(六)责任形式不同

违约责任除采用损害赔偿责任以外,还采用违约金等形式。在适用损害赔偿时,当事人可以约定损害赔偿额的计算方法。而侵权责任主要采取损失赔偿形式,损害赔偿是以实际发生的损失为前提条件的,不能通过当事人约定办法来解决。

（七）责任范围不同

合同的损害赔偿责任主要是财产损失的赔偿，不包括对人身伤害的赔偿和精神损害赔偿，且法律通常采取"可预见性"标准来限定赔偿的范围；而对侵权责任来说，损害赔偿不仅包括财产损失的赔偿，而且包括人身伤害和精神损害的赔偿，其赔偿范围不仅应包括直接损失，还应包括间接损失。

（八）对第三人的责任不同

在合同责任中，如果因第三人的过错使债务人违约，债务人首先应向债权人赔偿，然后再向第三人追偿。《合同法》第一百二十一条规定："当事人一方因第三人的原因造成违约的，应当向对方承担违约责任。当事人一方和第三人之间的纠纷，依照法律规定或者按照约定解决。"而在侵权责任中，贯彻"对自己行为负责"原则，侵权行为人对因自己的过错致使他人损害直接赔偿。在合同责任中，债务人的代理人或使用人，对于债务不履行有故意或过失时，债务人应依自己的故意或过失，负同样的责任。但是，代理人或使用人实施侵权行为给被代理人和他人造成损害的，应由代理人或使用人承担责任，除非被代理人知道代理人的代理行为违法而不反对的，才由被代理人一道承担连带责任。

（九）诉讼管辖不同

根据《民事诉讼法》第二十四条、第二十五条、第二十九条的规定，合同纠纷提起的诉讼，由被告住所地或者合同履行地人民法院管辖，合同当事人还可以在书面合同中协议选择被告住所地、合同履行地、合同签订地、原告住所地、标的物所在地人民法院管辖；而因侵权行为提起的诉讼，由侵权行为地或者被告住所地人民法院管辖。

上述区别表明适用违约责任或者侵权责任将对纠纷的管辖、加害人的责任方式、范围、免责事由以及受害人的权利保护产生不同的影响。

表 6-3 违约责任与侵权责任的区别

区别	违约责任	侵权责任
归责原则	严格责任为主	过错责任为主
违反义务	约定义务及法定义务	法定义务
责任构成条件和免责条件	以违约为条件，不以损害为条件 法定或约定免责事由	以造成损害为条件法定事由免责
责任范围	财产损失赔偿，不包括人身损害和精神损害 受"可预见性"限制	既包括财产损失赔偿，也包括人身损害和精神损害赔偿

续　表

区　别	违 约 责 任	侵 权 责 任
责任形式	除赔偿损失外,还可包括支付违约金等当事人可约定赔偿损失的计算方法	以损失赔偿为主,不由当事人约定计算损失
第三人责任	债务人对因第三人过错的违约向债权人负责	第三人对过错致损直接承担责任
诉讼时效	违约诉讼时效一般为2年,另有1年短时效和4年长时效	一般侵权诉讼为2年
诉讼管辖	被告住所地、合同履行地法院;当事人可协议选择管辖法院	侵权行为地、被告住所地法院,当事人不得协议选择
举证责任	一般举证倒置及被告举证	一般原告举证

四、对责任竞合的处理

(一) 处理责任竞合的一般规则

从我国多年来的司法实践看,在出现责任竞合的情况下,法院通常的做法有两种:一是允许受害人就两种责任同时提出请求,并使两种责任得到并用;二是由法院来决定应当采用哪一种责任,而不是由当事人自己选择责任的运用。对于"侵权性违约行为"和"违约性的侵权行为",一般地都是按照违约行为处理,而对于已经发生责任竞合的案件(交通事故、医疗事故及产品责任案件)都是按照侵权行为处理的,可见我国司法实践过去主要采取的是禁止责任竞合的制度。

1999年10月1日生效的《中华人民共和国合同法》确认了违约责任与侵权责任竞合现象,并对竞合的处理也作了明确的规定。该法第二十二条规定:"因当事人一方的违约行为,侵害对方人身、财产权益的,受害方有权选择依照本法要求其承担违约责任或者依照其他法律要求其承担侵权责任。"此规定确立如下三项规则:

1. 确认了责任竞合的构成要件

责任竞合指"因当事人一方的违约行为,侵害对方人身、财产权益的",即必须是一种违约行为同时侵害了非违约方的人身权和其他财产权益的,才构成责任竞合。如果是因为多种行为而侵害了对方人身、财产权益的,或者当事人一方的违约行为并没有侵害对方人身和其他财产权益的,不构成责任竞合。

2. 允许受害人就违约责任和侵权责任在请求时作选择

所谓"受害方有权选择依照本法要求其承担违约责任或者依照其他法律要求其承担侵权责任",是指在发生责任竞合后,应当由受害人作出选择,而不是由司法审判人员为受害人选择某种责任方式。通常情况下,受害人能够选择对其最为有利的责任方式,如果受害人的选择不适当也应由受害人自己负担不利的后果。允许受害人自己选择是私法自治和合同自愿原则的体现。

3. 受害人只能在违约责任和侵权责任中选择其中一种责任提出要求

受害人只能选择一种责任形式提出要求,法院也只能满足受害人的一种请求,而不能使两种责任同时并用。如果受害人在提出一种请求以后,因为时效届满等原因,而使该项请求被驳回或不成立,受害人可以提出另一种请求,无论如何不能同时基于侵权责任和违约责任提出请求。

(二)处理违约责任与侵权责任竞合时应当考虑的几个因素

在处理违约责任与侵权责任竞合问题时,审判实践中一般考虑以下几个因素:

(1)必须使债权人能够得到充分有效的保护。民法是以权利为中心,在一个具体的民事法律关系中,一方当事人因对方当事人的违约或侵权行为,遭受财产、人身损害而成为有请求权的债权人时,法律总是要通过一定的制裁措施,惩戒不法行为人来保护债权人的利益的。为使债权人能得到充分的保护,理应允许债权人在法律许可的范围内,就如何获得赔偿作最有利于自己的选择。

(2)在一个行为同时符合违约责任与侵权责任的构成要件时,应赋予债权人较多的请求权,否则责任竞合无从谈起。

(3)应允许债权人就请求权的行使作出自己的选择,但法律有特别规定或当事人另有约定时除外。允许债权人可以选择请求权,并不意味着完全放任当事人选择请求权,而对其作一定的限制:① 因不法行为造成受害人人身伤亡和精神损害的,当事人之间存在合同关系,也应按侵权责任处理。因为合同责任并不能对受害人所受到的人身伤亡、精神损害提供补救。② 当事人之间事先存在着某种合同关系,而不法行为人仅造成受害人的财产上的损害,此时按合同纠纷处理对受害人更为有利。③ 在责任竞合情况下,如果当事人事先通过合同约定,双方仅承担合同责任而不承担侵权责任,如果这种约定不违法,则原则上应依当事人的约定。④ 如果法律特别规定在特殊情况下应减轻当事人的注意义务和责任时,则应依据法律的规定合理地确定责任。如,在保管合同中,许多国家法律规定保管人的注意程度因合同的有偿、无偿而有差异。在无偿保管合同中,保管人只须同具有与保管自己所有物同样的注意义务,如果保管人因其不注意造成保管财产灭失的,则只承担合同责任而不承担侵权责任。

案例分析

[案情]

甲某将放有大量鞭炮的行李包存入其在 B 火车站附近的光明行李包裹寄存处。甲在存包时未向保管人说明包内有易燃易爆危险品,只按一般物品交付了寄存费,寄存处也只按一般物品进行存放。保管人员张某将其他物品放在该包上,因挤压引起爆炸起火,烧伤了张某的双腿,烧毁了寄存人价值 4 000 余元的物品,使寄存处停业一天。张某依照《民法通则》相关规定,要求甲某赔偿,甲某拒绝。张某诉至人民法院。

法院经审理查明:张某治疗烧伤花去医疗费 500 元,误工损失 200 元,寄存处财物损失 4 000 元,停业损失 300 元。法院判决甲某赔偿张某医疗费 500 元、误工损失 200 元,赔偿寄存处损失 4 300 元。

[问题]

本案的人身、财产损失的责任应由谁承担?可否要求寄存人同时承担违约责任和侵权责任。

[法律依据]

《合同法》第二十二条规定:因当事人一方的违约行为,侵害对方人身、财产权益的,受害方有权选择依照本法要求其承担违约责任或者依照其他法律要求其承担侵权责任。第三百七十条:寄存人交付的保管物有瑕疵或者按照保管物的性质需要采取特殊保管措施的,寄存人应当将有关情况告知保管人。寄存人未告知,致使保管物受损失的,保管人不承担损害赔偿责任;保管人因此受损失的,除保管人知道或者应当知道并且未采取补救措施的以外,寄存人应当承担损害赔偿责任。

[案件分析及法律后果]

本案是一个合同违约责任与侵权责任竞合的案件,甲某将放有易燃易爆危险品的行李包裹存放到光明寄存处,未向保管人说明,严重违反了保管合同委托人的义务。由于其违法行为造成了张某的身体伤害,寄存处的财产经济损失。张某和寄存处可依合同法要求甲某承担违约赔偿责任,也可以按照《民法通则》要求甲某承担侵权损害赔偿责任。本案法院判决是让甲某同时承担违约责任和侵权责任。

[值得注意的问题]

应注意某些合同纠纷存在的合同违约责任与侵权责任竞合问题,以及我国法律对竞合情况下的法律规定。

（案例来源：杜万华主编《合同法精解与案例评析》,法律出版社1999年版）

第四节 合同违约责任免除

一、合同违约责任免除概述

违约责任免除,又称免责条件、免责事由,是指法律规定或者合同当事人对其不履行或不适当履行合同义务免于承担违约责任的原因和理由。通常包括受害人过错、不可抗力和免责条款。概括起来,即包括法定的免责事由和约定免责事由两大类。

法定免责事由,指根据法律规定违约方可以主张免责的理由,主要包括不可抗力、对方当事人过错和其他的法定免责事由。如《合同法》第一百九十一条规定,除附义务的赠与外,赠与的财产有瑕疵的,赠与人不承担责任。

受害人过错,是指受害人对违约行为或者违约损害后果的发生或者扩大存在过错。将受害人过错作为抗辩事由体现了法律对当事人过错的谴责和非难。违约责任虽然实行严格责任,但受害人的过错可以成为违约方全部或者部分免除责任的依据。例如,在约定检验期间的买卖合同中,买受人就标的物数量或者质量不符合约定的情形怠于通知出卖人,出卖人不承担违约责任。

约定的免责事由,是指当事人通过合同约定的免除责任的事由,包括免责条款和当事人约定的不可抗力条款。一般来说,当事人约定的不可抗力条款只是对法定的关于不可抗力的免责条件的补充。如果不违反法律规定,则在这些约定的事由发生以后,法律承认它们的免责效力。

二、不可抗力

（一）不可抗力的概念和构成要件

1. 不可抗力的概念

不可抗力,是违约责任免责的法定事由。我国《合同法》第一百一十七条第二款规定:"本法所称不可抗力,是指不能预见、不能避免并且不能克服的客观情况。"

因此,所谓"不可抗力",是指在合同订立后发生的,当事人在订立合同时不能预见且不能避免和不能克服的客观情况。可以进一步从以下方面理解不可抗力的概念:

(1) 不可抗力仅指客观情况,即独立于当事人之外的事件,不包括单个民事主体的行为,从而排除了将第三人行为导致违约作为抗辩的事由的可能。

(2) 不可抗力具有不可预见性,即合同当事人以现有的技术水平、经验无法预知。

(3) 不可抗力具有不可避免与不可克服性。不可避免,指不可抗力及其后果的发生具有必然性,而且当事人虽尽最大努力仍不能加以避免;不可克服,是指不可抗力及其损害后果发生后,当事人虽尽最大努力仍不能加以克服,因而无法履行或适当履行合同义务。

2. 不可抗力的构成要件

(1) 不可预见性。所谓不可预见性,是指当事人在订立合同时,对不可抗力事件是否会发生,以其现有的技术、经验是不能预见到的。判断合同当事人是否能够预见应采取主、客观相结合的标准。客观标准,是指在正常情况下,一般理智正常的人能否预见;主观标准,是指在某些情况下,根据行为人的主观条件,如年龄、知识水平、技术能力、生活经验等判断合同当事人应否预见。

(2) 不可避免性。所谓不可避免性,指当事人对于可能再现的意外情况尽管采取了及时合理的措施,但客观上并不能阻止这一情况的发生。如果某事件的发生虽然不可预见,但其发生完全可以因当事人及时合理的作为而避免,则不属不可避免。

(3) 不可克服性。所谓不可克服性,是指当事人对于意外情况及其损害后果的发生,虽尽最大努力仍不能加以防止对抗。

(4) 客观性(外在性)。不可抗力为客观情况,即外在于人的行为的客观情况。如果是因履行标的内部原因造成损害的,这种阻碍不是外部的,不构成不可抗力,如货运合同,卡车发生故障而不能及时发运,问题虽出在汽车上,但承运人却不能因此主张不可抗力免责。此外,客观性还表现在,能构成不可抗力的事件还必须是债务人自身原因之外的事件,否则不能免责。

(二) 不可抗力的范围

属于不可抗力的事件通常包括以下几种情况:

1. 自然灾害

自然灾害公认是一种典型的不可抗力。通常,属于不可抗力的自然灾害包括地震、台风、海啸、暴风雨等。尽管人类随着科学技术的发展,对自然灾害的认识、抗御能力大大提高,但对上述自然灾害人们往往还是无法预见、避免和克服的。

2. 社会异常事件

社会异常事件指阻碍合同履行的一些社会偶发事件,如战争、罢工、骚乱等。尽管这些事件是人为的,但对于具体的合同当事人来说,又往往是难以预见、避免与克服的,所以可以构成不可抗力事件。

3. 政府行为

政府的政策、行政措施或国家法律的变化合同当事人往往很难预见。如果当事人订立合同之后,政府颁布新政策、法律和行政措施,导致合同不能履行,应免除其不能履行的责任。

(三) 对不可抗力的处理

不可抗力可作为违约责任免除的事由是各国的通例,但具体还要视不同情况作相应的处理。我国《合同法》第一百一十七条第一款规定:"因不可抗力不能履行合同的,根据不可抗力的影响,部分或者全部免除责任,但法律另有规定的除外。当事人迟延履行后发生不可抗力的,不能免除责任。"据此,对发生不可抗力的处理应是:

1. 免除全部责任

当事人因不可抗力事件的发生致使合同全部义务无法履行的,则有权通知对方当事人解除合同,免除全部责任。

2. 免除部分责任

当事人因不可抗力事件发生不能履行合同部分义务,则应免除其部分责任,但对未受不可抗力事件影响的那部分合同义务,仍应履行,不属免责范围。

3. 延长合同的履行期

即不可抗力事件发生仅仅暂时阻碍合同的按期履行,并未导致合同履行成为不可能,则当事人可以要求延长合同义务履行期限,一旦不可抗力事件产生的影响消失,仍应继续履行合同义务。

4. 当事人违约迟延履行义务后遭受不可抗力的,不能免责

如果当事人违反合同约定迟延履行合同,在迟延履行期间发生不可抗力事件,导致不能履行合同的,则不能免责。因为,如果当事人按期履行合同的话,本来是不会遭遇不可抗力事件的,因其违约迟延履行主观上有过错,应对其过错承担后果。

我国《合同法》第一百一十八条规定:"当事人一方因不可抗力不能履行合同

的,应当及时通知对方,以减轻可能给对方造成的损失,并应在合理期限内提供证明。"据此,遭遇不可抗力事件不能履行合同的当事人,应承担两项义务:

(1)及时通知义务。发生不可抗力事件后,遭遇不可抗力的一方当事人必须将发生的不可抗力事件及其对合同履行的影响,及时通知另一方当事人,以便另一方当事人尽早采取措施,减轻可能对其造成的损失,如方便对方当事人在调解允许情况下,及时再寻找新的合作交易伙伴,或通过别的途径不让损失扩大。如果遭遇不可抗力一方当事人没有及时通知,则其要对因未及时通知而给对方造成的损失承担赔偿责任。

(2)举证义务。遭遇不可抗力事件引发当事人,必须在合理期限内向对方当事人提供证明,证明不可抗力事件发生的时间、地点及其对合同履行的影响程度,以表明其不能履行合同确实系不可抗力事件影响的结果。

三、法律的特别规定

这是指除不可抗力之外,法律有特别规定的免责条件的,一旦发生违约又符合给条件的,可免除违约责任的法定情形。如《合同法》第三百一十一条规定:"承运人对运输过程中货物的毁损、灭失承担损害赔偿责任,但承运人证明货物的毁损、灭失是因不可抗力、货物本身的自然性质或者合理损耗以及托运人、收货人的过错造成的,不承担损害赔偿责任。"该规定所说的因"货物本身的自然性质或者合理损耗以及托运人、收货人的过错"而造成货物毁损、灭失的,承运人可以主张免责,就是除不可抗力外的其他法定免责事由。

四、约定免责事由(免责条款)

(一)免责条款的概念、特征与意义

1. 免责条款的概念

约定的免责事由,通称免责条款,有广义和狭义之分。广义的免责条款不仅不可完全免除当事人责任的条款,也包括限制当事人责任的条款,其含义为:当事人双方在合同中事先约定的、旨在限制或免除其未来责任的条款;狭义的免责条款仅指完全免除责任的条款。本书限指狭义的免责条款,即指合同当事人约定的排除其将来可能发生的违约责任的条款。

2. 免责条款的特征

(1)免责条款是一种合同条款,是合同的组成部分。因此,许多国家法律规定,任何企图援引免责条款免责的当事人必须首先证明该条款已经构成合同的一部分,否则无权援引该免责条款。

(2)免责条款是当事人事先约定的。当事人约定免责条款是为了减轻或免除其未来发生的责任,只有在责任发生以前由当事人约定且生效的免责条款,才能导致当事人责任的减轻或免除。在责任产生以后,当事人之间通过和解协议而减轻责任,与免责条款有本质的区别。

(3)免责条款旨在免除或限制当事人未来所应负的责任。免责条款依据其订立的目的不同,还可分为两类:一是限制责任条款,即将当事人的法律责任限制在某种范围内的条款,如洗染店在洗衣单上写明"如不慎所洗衣服破损,本店最高只赔偿所收洗衣费10倍的损失"。二是免除责任条款,如"打折商品,概不退换"。一般情况下,法律对免除责任条款的有效条件比对限制责任条款的有效条件要求更加严格。但因为它们都是为了排除当事人未来的责任,所以一般统称它们为"免责条款"。

3. 免责条款的意义

允许当事人约定免责条款以排除未来责任,正是民法、合同法当事人意思自治原则的体现。由于免责条款的运用,使得当事人能够将合同在未来履行过程中可能发生的各种风险控制在一定的范围内,从而能够确定交易的成本、费用,这无疑对鼓励交易、实现交易当事人的意愿具有重要的作用。

(二)免责条款的生效要求

免责条款订入合同,表明当事人已经就免责事项达成合意,但已经达成的免责条款并不是当然有效。法律意义的违约责任虽具有一定程度的任意性,但又有一定的强制性。当事人在不违反法律和公共道德的情况下,可以自由设定免责条款,但从维护社会秩序、公共道德和公共利益需要出发,法律对当事人设定免责条款又加以必要的限制。只有不出现以下法律限制情形的免责条款才有法律效力:

1. 免责条款不得违反法律的强制性规定

我国《合同法》第五十二条第五项规定"违反法律、行政法规的强制性规定"的合同无效。这一规定当然同样适用于免责条款。所以,当事人订立的免责条款必须符合法律和社会公共利益的要求,不得通过其自行约定的条款排除法律的强制性规范的适用,如建筑承包合同约定"对建筑工地发生的工伤概不负责"的约定就是违反宪法和劳动法的。

2. 免责条款不得免除造成对方人身伤害的责任

我国《合同法》第五十三条规定,合同中的免责条款免除造成对方人身伤害的无效,因此,免责条款不能免除人身伤害的责任。

3. 免责条款不得免除因故意或者重大过失造成对方财产损失

我国《合同法》第五十三条规定,合同中的免责条款免除因故意或者重大过失造成对方财产损失的无效。"故意或重大过失责任不得免除"的规则来源于罗马法,并为大陆法系国家的民法典普遍接受。我国合同法采纳这一规则的依据在于:因故意或重大过失致人财产损失的,不仅表明行为人的过错程度是重大的,而且表明行为人的行为具有不法性,此种行为应受法律的谴责。

4. 格式化的免责条款,不得不合理地免除条款制作人的责任,加重对方的责任、排除对方的主要权利

我国《合同法》第四十条规定,凡是提供格式条款一方免除其责任、加重对方责任、排除对方主要权利的,该条款无效。

格式条款是合同一方事先拟定的,未与对方协商情况下制作的,格式条款的接受方往往地位上处于弱势。尽管格式条款(格式合同)有利于提高交易效率,但为平衡合同双方利益,法律对格式条款提供方规定较严格的要求,如规定,对格式条款双方有不同理解的,作不利于格式条款提供方的解释。上述第四十条的规定用意同样如此。

(三) 不可抗力条款

1. 不可抗力条款的概念

如前所述,不可抗力事件是合同当事人免责的法定事由,而当事人也可在合同中对不可抗力事件的内容和范围进行约定,即所谓的不可抗力条款。显然,不可抗力条款也是一种免责的约定条款。

2. 不可抗力条款的作用

为避免当事人滥用不可抗力的免责权,在合同中约定不可抗力的范围是由必要的。不可抗力条款的作用有二:

(1) 补充法律对不可抗力的免责事由所规定的不足。由于不可抗力情况复杂,往往在不同环境下不可抗力事件对合同的作用也不同,因此,法律不可能对不可抗力作出十分具体的规定。

(2) 在发生纠纷时有利于认定责任。不可抗力条款是对法定的不可抗力的补充,但不能违反法律关于不可抗力的规定。在当事人约定的不可抗力条款与法律对不可抗力的规定不一致时,当事人的约定往往无效。当事人关于不可抗力范围的约定常常采取列举的方式,在法律规定的基础上对不可抗力事件作出明确具体的确定。

案例分析

[案情]

甲与中间商乙订立一买卖合同,标的金额为 300 万元。合同约定甲应于 5 月 10 日将货交至乙指定的仓库。其后,乙与丙订立一买卖合同,将甲交来的货物转卖给丙,可获市场利润 40 万元。另外,乙还与丁仓库签订仓储合同,约定于 5 月 10 日至 6 月 9 日(共计 30 天)将甲交来的货物储存在丁的仓库中,仓储费为每日 2 000 元,共计 6 万元,乙有权提前解除合同。但是,甲未于 5 月 10 日交货,并于 5 月 14 日向乙发一传真,称因设备故障,无法交货,愿意解除合同,并赔偿乙的损失。乙只好向戊购买同等数量的货物,多花费用 15 万元,从而履行了与丙之间的合同。现乙诉至法院,要求甲赔偿损失。

[问题]

(1) 甲是否具有法定的免责事由,依据何在?

(2) 乙是否可要求甲赔偿 40 万元的市场利润,为什么?

(3) 甲应当赔偿的仓储费数额是多少?依据何在?

(4) 乙因向戊购买替代货物多支付的 15 万元。是否可要求甲赔偿?依据何在?

[法律依据]

《合同法》第一百一十七条规定:"因不可抗力不能履行合同的,根据不可抗力的影响,部分或者全部免除责任,但法律另有规定的除外。当事人迟延履行后发生不可抗力的,不能免除责任。本法所称不可抗力,是指不能预见、不能避免并不能克服的客观情况。"

[法律运用及处理结果]

(1) 本案甲不存在法定免责理由。因为设备故障虽属于甲生产过程中不可避免的事情,但应在甲的预见之内,且是可以克服的,因此不属于不可抗力。

(2) 不可以。因乙已履行与丙之间的合同,没有损失 40 万元的市场利润。

(3) 赔偿数应是 1 万元。因甲于 5 月 14 日向乙发出传真,表明其违约的态度。乙应于当日解除与丁之间的仓储合同,以减少损失,对乙没有积极采取措施而扩大的损失部分不能要求甲赔偿。

(4) 可以,赔偿损失以赔偿全部损失为原则,乙向戊多支付的 15 万元是因甲违约导致的损失,故应由甲赔偿。

[值得注意的问题]

应注意法律对"不可抗力"构成要件的规定,正确理解这些要件的含义。

（案例来源：http：//www.haobang888.com/news_view.php? id＝585）

【本章思考题】

1. 先合同义务的内容有哪些？
2. 简述缔约过错责任的构成要件。
3. 简述合同责任的归责原则。
4. 简述违约责任的特征、内容。
5. 简述违约补救措施。
6. 简述当事人免责的构成条件。
7. 案例思考题：

A县的甲公司与B县的乙公司于2001年7月3日签订一份空调购销合同,约定甲公司向乙公司购进100台空调,每台空调单价2 000元,乙公司负责在B县代办托运,甲公司于货到后立即付款,同时约定若发生纠纷由合同履行地的法院管辖。乙公司于7月18日在B县的火车站发出了100台空调。甲公司由于发生资金周转困难,于7月19日传真告知乙公司自己将不能履行合同。乙公司收到传真后,努力寻找新的买家,于7月22日与C县的丙公司签订了该100台空调的购销合同。合同约定：丙公司买下100台托运中的空调,每台单价1 900元,丙公司于订立合同时向乙公司支付10 000元定金,在收到货物后15天内付清全部货款；在丙公司付清全部货款前,乙公司保留对空调的所有权；如有违约,违约方应承担合同总价款百分之二十的违约金。乙公司同时于当日传真通知甲公司解除与甲公司签订的合同。铁路运输公司在运输过程中于7月21日遇上泥石流,30台托运中的空调毁损。丙公司于7月26日收到70台完好无损的空调后,又与丁公司签订合同准备将这70台空调全部卖与丁公司。同时丙公司以其未能如约收到100台空调为由拒绝向乙公司付款。请回答下列问题：

(1) 乙公司在与甲公司的合同履行期届满前解除合同的理由是什么？在此解除合同的情形下,乙公司能否向甲公司主张违约责任？

(2)假设甲公司以乙公司解除合同构成违约为由向法院起诉,请问那个法院有管辖权?为什么?

(3)遭遇泥石流而毁损的空调的损失应由谁承担?为什么?

(4)乙公司认为丙公司拒绝付款构成违约,决定不返还其定金,还要求其支付36 000元的违约金,其主张能否得到支持?为什么?

(5)丙公司与丁公司所签合同的效力如何?为什么?

(案例来源:http://www.falvguwen.info/649w.html)

第七章 转移财产权利的合同

教学要求

从本章开始,我们学习《合同法》的分则部分。通过本章的学习,要求了解和掌握转移财产权利的合同的具体包括哪些合同,每个合同各自具有什么特点以及权利义务。并在了解了合同的总则理论的基础上,能够将总则的理论与各种合同的实践应用融会贯通。

第一节 买卖合同

买卖合同是经济生活中最普遍、最常见的一种合同。

一、买卖合同的概念和特征

(一)买卖合同的概念

买卖合同是一方转移标的物的所有权于另一方,另一方支付价款的合同。转移所有权的一方为出卖人或卖方,支付价款而取得所有权的一方为买受人或者买方。

买卖合同是商品交换的典型的法律形式。广义的买卖包括各种以支付价款取得财产权的情形,可以买卖的财产权包括物权、知识产权、债权以及股票(股权)等。狭义的买卖仅指实物买卖,即出卖人向买受人转移标的物的所有权,买受人向出卖人支付价款。这里的买卖一般仅指以实物为标的物即转移所有权的买卖,而不包括其他财产权利的买卖。根据《合同法》第一百七十四、一百七十五条的规定,法律对其他有偿合同的事项未作规定时,参照买卖合同的规定;互易等移转标的物所有权的合同,也参照买卖合同的规定。

(二)买卖合同的特征

1. 买卖合同是转移财产所有权的合同

买卖合同以转移财产所有权为目的,这是它区别于租赁合同、借用合同的特征。

2. 在买卖合同中,出卖人转移财产所有权,必须以买受人支付价款为对价

买受人要取得财产所有权,必须向出卖人支付约定的价款,这是买卖合同区别于赠与合同的特征。

3. 买卖合同是双务、有偿合同

买卖双方互负一定义务,卖方必须向买方转移财产所有权,买方必须向卖方支付价款,买方不能无偿取得财产的所有权。买卖合同的实质是以等价有偿方式转让标的物的所有权,即出卖人移转标的物的所有权于买方,买方向出卖人支付价款。这是买卖合同的基本特征,使其与赠与合同相区别。

4. 买卖合同是诺成合同

买卖合同自双方当事人意思表示一致就可以成立,除法律有特别规定外,并不以实物的交付为成立要件。因而是诺成合同。

5. 买卖合同一般是不要式合同

当事人对买卖合同的形式享有很大的自由,通常情况下,买卖合同的成立、有效并不需要具备特别的形式或履行审批手续。

二、买卖合同的主体与买卖合同的标的物

(一)买卖合同的主体

我们通常所说的"卖方"称为"出卖人","买方"称为"买受人",出卖人与买受人是买卖合同的主体,在合同中享有权利和承担义务。出卖人首先可分为所有权人与处分权人,在我国,具体说来,可以作为出卖人的主体有:

1. 所有权人

这是出卖人中最常见、最普通的一种。一般指标的物的所有权人。所有权是一种绝对的、完全的物权;是民事主体对财产依法所享有的占有、使用、收益和处分的权利。

2. 非所有权性的财产权人

国有企、事业单位的财产所有权归国家,全民所有,国有企业、事业单位则拥有

非所有权性的财产权,这种财产权包括使用权、收益权和一定的处分权,财产权人可以出卖由其管理、经营的国有财产,因而也可以成为买卖合同中的出卖人。

3. 信托人

信托人是接受委托人委托,按照信托合同,对委托人的财产进行经营、管理或处分(包括出卖)的人。

4. 抵押权人

抵押权是一种约定担保物权,是指债务人或第三人向债权人提供一定的财产作为履行债务的担保,当债务人不履行债务时,债权人以其财产折价或就变卖的价款优先受偿的权利。在抵押关系中,享有抵押权的债权人为抵押权人;提供担保财产的债务人或第三人为抵押人;担保财产又称为抵押财产或抵押物。抵押财产一般为不动产或机器设备、交通运输工具等价值大的财产,而且不转移占有。在债权期限届满而债务人不为清偿时,抵押权人可以催告其清偿,否则抵押权人将可以处分抵押物,包括出卖抵押物和从所得价款中优先受偿。因此依法行使权利的抵押权人可以作为合同的出卖人。

5. 质押权人

质押权也是一种约定担保物权,与抵押权的区别在于质押物一般为动产,而且转移归质押权人占有。债务人到期不履行债务时,质押权人可以出卖质押物从所得价款中优先受偿。质押权人也可以成为买卖合同的出卖人。

6. 留置权人

留置权为法定担保物权。留置权是债权人在债权获得清偿之前留置并拒绝归还依约占有的债务人财产的权利。《担保法》规定留置权为债的担保方式之一。在经催告债务人仍不履行债务的,债权人可将留置的财产出卖从所得价款中受偿。故留置权人亦可作为买卖合同之出卖人。

7. 人民法院

人民法院作为出卖人限于特定的情形,即当事人不能执行判决或裁定时,人民法院依职权强制出卖义务人的财产以保障判决或裁定的顺利执行。人民法院以执行为目的出卖财产尤其是大宗财产时,大多采用拍卖方式。

(二)买卖合同的标的物

买卖合同的标的物即作为合同标的之"物"。首先,其应为物。但何为"物"也有不同的理解。狭义的物仅指动产和不动产,是有形的;广义上的物则除动产与不动产外,还包括权利等无形财产,如票据、股债券、提单等。

《民法通则》第五章第一节规定,物包括土地、森林、山岭、建筑物、水库等不动产和生活用品、牲畜、货币等动产。把物分为动产和不动产是民法上对物的基本划分方法。动产是能够移动且不损害其价值的物。不动产是性质上不能移动或移动会损坏其价值的物。根据我国司法解释,土地,附着在土地的建筑物及其他定着物,建筑物的固定附属设备为不动产,不动产以外的其他财产即为动产。

根据《民法通则》的有关规定以及《合同法》关于买卖合同的立法意旨,买卖合同的标的物只能是有体物,包括动产和不动产。无体物,主要是财产权利的转让,则不属于买卖合同的调整范围,而是由其他合同类型进行规范,如专利权转让适用技术转让合同。

三、买卖合同中买方和卖方的权利与义务

买卖双方的权利与义务是相互对应的,卖方的主要义务,即买方的主要权利;买方的主要义务,即卖方的主要权利。

(一)出卖方的主要义务

1. 向出卖方交付标的物并转移标的物的所有权

这是出卖方最基本的义务。交付有多种方式,如实际交付、指示交付、简易交付、占有改定等,交付与所有权转移的关系,因具体情况而异,并不完全一致。出卖方履行交付义务,必须在约定的地点、期限,按照约定的数量和品质标准交付。其中一项不符合要求,就要承担违约责任。

实际交付是出卖人将标的物的事实管领力转移于买受人,使标的物处于买受人的实际控制之下,由买受人直接占有标的物。指示交付、简易交付和占有改定是拟制交付的种类。拟制交付是指出卖人将对标的物占有的权利转移于买受人,以代替交付实物。其中简易交付是指在买卖合同订立前,买受人已因其他原因而实际占有标的物时,则买卖合同一经订立生效即视为交付完成。指示交付,是指在标的物由第三人占有时,出卖人将向第三人请求返还的权利让与买受人,以代替标的物的实际交付。最常见的指示交付是出卖人将提取标的物的提单、仓单交付给买受人,以代替货物的实际交付。所谓占有改定,是指买卖合同中约定,标的物所有权转移于买受人,但标的物仍由出卖人实际占有、买受人取得的是间接占有。

卖方应当按照约定的地点交付标的物。当事人在合同中未约定交付地点或者约定不明确的,当事人就此没有达成补充协议又不能依合同有关条款或者交易习惯确定时,适用下列规定:一是标的物需要运输的,出卖人应当将标的物交付给第一承运人以运交给买受人。二是标的物不需要运输,出卖人和买受人订立合同时知道标的物在某一地点的,出卖人应当在该地点交付标的物;不知道标的物在某一

地点的,应当在出卖人订立合同时的营业地交付标的物。标的物有从物的,按"从物随主物转移"的原则,从物随主物一起转移。

卖方应当按照约定的期限交付标的物。合同中约定交付期间的,卖方可以在该交付期间内的任何时间交付。合同中未约定交付期限或者约定不明确的,当事人之间可以达成补充协议,不能达成的,按照合同有关条款或者交易习惯又不能确定的,卖方可随时交付。标的物在订立合同之前已为买受人占有的,依简易交付,合同生效时间即为交付时间。

卖方交付的标的物应符合合同约定的数量。出卖人多交标的物的,买受人有权拒收多交的部分,但应当及时通知出卖人;也可以接受多交的部分并按合同的价格支付价款。出卖人少交标的物的,买受人可以要求出卖人继续交足,也可以拒绝接受。

卖方交付的标的物应符合质量要求,卖方对出卖的标的物本身所存在的瑕疵向买受人负担保责任。

同时买方的目的是取得标的物的所有权。不论所有权的取得是否以占有为要件,出卖人均应按照合同的约定或者法律的规定交付标的物给买受人。

依《合同法》第一百三十三条的规定,除法律另有规定或者当事人另有约定外,标的物的所有权自标的物交付时起转移。所以,在一般情形下,交付标的物即可转移物的所有权。但对于法律有特别规定的动产和不动产,因其所有权的转移须办理特别的手续,出卖人应依约定协助买受人办理所有权转移的登记等有关的过户手续,并交付相关的产权证明给买受人。《合同法》第一百三十四条规定:"当事人可以在买卖合同中约定买受人未履行支付价款或者其他义务的,标的物的所有权属于出卖人。"因此,若当事人有此约定,则虽交付标的物也不转移所有权。

《合同法》第一百三十七条规定:"出卖具有知识产权的计算机软件等标的物的,除法律另有规定或者当事人另有约定的以外,该标的物的知识产权不属于买受人。"因此,在买卖的标的物为知识产权的载体时,除法律另有规定或者当事人另有约定外,出卖人仅负有转移标的物所有权的义务,而不负有转移知识产权的义务,买受人也不能取得标的物的知识产权。为保障买受人取得所有权,出卖人应担保其出卖的标的物的所有权完全转移于买受人,第三人不能对标的物主张任何权利。除法律另有规定外,

2. 瑕疵担保义务

出卖人对其所转让的财产负权利瑕疵和物的瑕疵的担保义务。

(1)标的物权利瑕疵担保义务。标的物权利瑕疵担保义务是指出卖人就其所

移转的标的物,担保不受他人追夺以及不存在未告知权利负担的义务。《合同法》第一百五十条规定,出卖人就交付的标的物负有保证第三人不得向买受人主张任何权利的义务,这就是出卖人的权利瑕疵担保,又称为追夺担保。出卖人违反此义务即应承担权利瑕疵担保责任。权利瑕疵担保责任的构成须具备以下条件:一是须权利瑕疵于买卖合同成立时存在。所谓存在权利瑕疵,是指第三人对标的物有合法的权利主张。若权利瑕疵发生于合同成立之后,则不成立瑕疵担保责任,而仅发生出卖人的债务不履行的违约责任。二是须买受人不知有权利瑕疵的存在。若买受人于订立合同时知道或者应当知道第三人对买卖的标的物享有权利,则出卖人不负权利瑕疵担保责任。三是须于标的物交付时权利瑕疵仍未消除。若于标的物交付时权利瑕疵已消除,买受人可以取得标的物的完全所有权,则不成立出卖人的瑕疵担保责任。

(2)物的瑕疵担保义务。这种担保包括价值瑕疵担保,即出卖人担保其所出卖的标的物不存在灭失或者减少其价值的瑕疵;效用瑕疵担保,即出卖人担保标的物具备应有的使用价值;品质瑕疵担保,即出卖人担保标的物具有其所保证的品质。物的瑕疵担保责任的构成须具备以下条件:一是须标的物的瑕疵于交付时存在。出卖人交付的标的物不符合质量标准的,标的物即为有瑕疵。若于合同成立时标的物存在瑕疵,但于交付时瑕疵已消除的,则不发生瑕疵担保责任。二是须买受人于合同订立时不知标的物有瑕疵。若买受人于合同订立时已经知道标的物有瑕疵,则因买受人已自愿承担了标的物瑕疵的风险,不成立物的瑕疵担保责任。但是,若出卖人于出卖时保证标的物无瑕疵,或者出卖人故意隐瞒标的物瑕疵的,则虽买受人有重大过失于订立合同时不知标的物有瑕疵,出卖人也仍应负瑕疵担保责任。三是须买受人于规定的期间内就标的物瑕疵通知出卖人。依《合同法》第一百五十八条的规定,买受人于发现标的物质量不符合标准时应于约定的检验期间内通知出卖人,买受人怠于通知的,视为标的物的质量符合约定,不成立物的瑕疵担保责任。没有约定检验期间的,买受人在合理期间内未通知或者自标的物收到之日起两年内未通知出卖人的,视为标的物的质量符合约定标准,但对标的物有质量保证期的,不适用该两年的规定。

认定物的瑕疵的标准,合同有约定的,依合同约定;如无约定而由出卖人提供标的物的样品或有关标的物的质量说明的,以该样品或说明的质量标准为依据。不存在上述两种依据时,如当事人事后协商标准,依协商标准;如无协商标准,按照合同的有关条款或交易习惯所确定的标准。如标准仍不能确定的,按照国家标准、行业标准履行;没有国家标准、行业标准的,按照通常标准或者符合合同目的的特定标准履行。

标的物瑕疵应由出卖人负担保义务时,如有瑕疵,买受人可以请求减少价款,也可以要求出卖人更换、修理,或者自行修理,费用由出卖人负担。标的物的瑕疵使合同目的不能实现时,买受人可以拒绝接受标的物或者解除合同。

因标的物主物有瑕疵而解除合同时,解除合同的效力及于从物;反之,从物有瑕疵的,仅能部分解除合同,解除的效力不及主物。标的物为数物时,其中一物有瑕疵的,买受人仅能就有瑕疵的物解除合同;数物之价值不能分离的,则可就数物解除合同;买卖标的物是分批交付的,买受人只能就不能达到合同目的的该批标的物部分解除合同,但各批标的物有关联的,则可就该批以及以后的各批标的物解除合同。

买受人的最先期目的是获得标的物的所有权,将标的物所有权转移给买受人是出卖人的另一项主要义务,这也是买卖合同区别于其他涉及财产移转占有的合同的本质特性之一。

(二)买受人的主要义务

1. 支付价款

这是买方的基本义务。价款是买受人获取标的物的所有权的对价。依合同的约定向出卖人支付价款,是买受人的主要义务。买受人须按合同约定的数额、时间、地点支付价款。支付的方式有汇付、托收、信用证等,可以使用现金或票据作为支付工具。即时清结的买卖、金额较小的买卖,可以现金支付,其他情况下使用现金支付的较少。买方如不能按约定的时间付款,要负迟延支付的责任,除应继续支付的价款外,还要负担利息损失。对于付款地点,应在合同中约定。合同无约定或约定不明的,应依法律规定、参照交易惯例确定。

2. 接受标的物的义务

对于出卖人交付标的物及其有关权利和凭证,买受人有受领义务。买方应按合同约定的时间、地点和方式接受标的物,因买方过错未及时接收标的物造成卖方损失的,买方应承担赔偿责任。在多数情况下,标的物的交付与接受是划分风险承担的界限,如果买方延迟收取标的物,风险往往转由他承担。应当指出,接受与接收是两个不同的概念,接收仅是指收取标的物这种表面的行为,并不一定是接受。买方在接收标的物后,经检验如果发现不符合约定足以使他有权拒绝接受的。

3. 对标的物检查通知的义务

买受人受领标的物后,应当在当事人约定或法定期限内,依通常程序尽快检查标的物。若发现应由出卖人负担保责任的瑕疵时,他可通知卖方将标的物退回。

但买方在此种情况下仍有要妥善保管标的的义务；对某些不易存储的标的物如新鲜水果、蔬菜等，可采取合理的紧急措施。买方因保管和处理标的物而支出的费用，可以请求卖方予以补偿。

四、标的物意外毁损风险责任负担及孳息归属

（一）标的物的风险责任承担

标的物风险责任负担是指买卖合同履行过程中发生的标的物意外毁损灭失的风险由哪方当事人负担。在买卖合同中，对于债务不履行或不协助履行，标的物的风险通常由有过失的一方负担。在标的物非因双方当事人的故意或过失而发生意外毁损灭失的情况下，根据我国《合同法》规定，风险负担按交付原则确定。具体说来依以下原则确定：① 除法律另有规定外，标的物毁损、灭失的风险依标的物的交付而转移。② 因买受人的原因致使标的物不能按照约定的期限交付的，自约定交付之日起标的物毁损、灭失的风险转移给买受人承担。③ 出卖人出卖交由承运人运输的在途标的物的，标的物毁损、灭失的风险自合同成立时起由买受人承担。④ 当事人未明确约定交付地点或者约定不明确的，按照规定标的物需要运输的，自出卖人将标的物交付给第一承运人后，标的物毁损、灭失的风险由买受人承担。⑤ 按照约定或者规定出卖人应于特定地点交付标的物的，出卖人将标的物置于交付地点，买受人违反约定没有收取的，自买受人违反约定之日起标的物的毁损、灭失的风险转移给买受人；⑥ 因标的物质量不符合质量要求致使不能实现合同目的，买受人拒绝接受标的物或者解除合同的，标的物毁损、灭失的风险由出卖人承担。

（二）孳息归属

孳息的归属即利益承受是指于合同订立后标的物所生的孳息归谁承受的问题。物的孳息，包括天然孳息和法定孳息。利益承受一般与风险负担相一致。因此除当事人另有约定外，风险随标的物的交付而转移，利益承受也应随标的物的交付而转移。《合同法》第一百六十三条规定："标的物在交付之前产生的孳息，归出卖人所有，交付之后产生的孳息，归买受人所有。"

五、特殊买卖合同

买卖合同，根据不同的标准可以进行不同的分类。根据标的物交付时间不同，可以分为即时买卖合同和非即时买卖合同，两者都是现货交易；根据标的物自身性质不同，可分为特定物买卖合同和种类物买卖合同；依成交的方式不同，可分为自

由卖合同和竞争买卖合同；依付款时间不同，可分为现金买卖合同、赊购买卖合同、预约买卖合同及分期付款买卖合同等等。在《合同法》中列出了几种特殊的买卖合同：

（一）分期付款买卖

分期付款买卖是指买受人将其应付的总价款，在一定期限内分次向出卖人支付的买卖合同。其特点在于，合同成立之时，买卖双方约定买受人不是一次性而是分期分批地支付价款。出卖人将标的物交付给买受人，价款则依合同约定分期支付。除法律另有规定或合同另有约定外，标的物的所有权自出卖人交付时起转移给买受人。买受人应按期履行支付价金的义务，若未按期付款，应承担违约责任。由于分期付款买卖的买受人于受领标的物后分数次向出卖人付款，对出卖人而言，可能存在收不到价款的风险，必会在合同中约定特别有利于自己的条款。为保护出卖人和买受人双方的利益，法律对于分期付款的约款予以一定限制。主要包括以下两项：

1. 丧失分期利益和解除合同的限制

分期付款是买受人享有的一种期限利益，由于分期付款买卖的出卖人为保证及时收取价款，往往会在合同中约定当买受人不按期付款时出卖人有权请求买受人一并支付未到期的全部价款，所以为保障买受人的期限利益不因出卖人的规定而丧失，各国法律一般规定分期付款的出卖人不得在买受人一有违反付款义务时即要求买受人支付全部价款或者解除合同。依《合同法》第一百六十七条第一款的规定，买受人未支付到期价款的金额只有达到全部价款的 1/5 的，出卖人才可以要求买受人支付全部价款或者解除合同。

2. 解除合同损害赔偿金额的限制

《合同法》第一百六十七条第二款规定，分期付款买卖的出卖人解除合同的，有权向买受人要求支付该标的物的使用费。因此，为保护买受人的利益，出卖人已收受价款的，只可以从其收受的价款中扣除该使用费而将余额返还之，若标的物受有损害时，出卖人得要求赔偿；但若双方约定于出卖人解除合同时对其已收受的价款不予返还，则该约定应无效。

（二）样品买卖

样品买卖，又称货样买卖，是指标的物品质依一定样品而定的买卖。凭样品买卖的特殊性就在于买卖双方以确定的样品质量来决定买卖标的物的质量。当事人约定依样品买卖的，视为出卖人保证交付的货物与样品具有同一品质，其意义是出卖人提供一种质量担保。实务中，样品由出卖人提供的称为"出卖人样"，由买受人提供的称为"买受人样",由买受人提供、出卖人据此复制加工出一个类似样品由买受人确认的,称为"回样"或"确认样"。样品买卖的当事人应当封存样品,并可对样品质量作出说明。出卖人交付的标的物应当与样品及其说明的质量相同。出卖人交付的标的物与样品及其说明的质量不相同的,应承担瑕疵担保责任。若凭样品买卖的样品有隐蔽瑕疵而买受人又不知道的,则即使交付的标的物与样品相同,出卖人交付的标的物的质量仍然应当符合同种物的通常标准,否则,也应承担瑕疵担保责任。

(三)试用买卖

试用买卖,又称为试验买卖,是指合同成立时出卖人将标的物交付给买受人试用,买受人在试用期间内决定是否购买的买卖。试用买卖的特殊性在于,由买受人试用标的物并以买受人对标的物经试用后的认可为合同的生效条件。一般认为,试用买卖合同属于附停止条件的买卖合同,即在所附买卖条件成就前,出卖人应将标的物交付给买受人试验使用,最终是否同意购买取决于买受人的意愿,常见于新产品的买卖。试用买卖的当事人可以约定标的物的试用期间;当事人对试用期间没有约定或者约定不明确,依其他办法仍不能确定试用期间的,由出卖人确定试用期间。在试用期内买受人可以作出购买标的物的意思表示,也可以作出拒绝购买的意思表示。试用期间届满,买受人对是否购买标的物未作表示的,视为购买。但是,若标的物是在出卖人处由买受人试用而未交付给买受人,买受人于试用期届满后未作表示的,应视为买受人拒绝购买。

(四)拍卖

根据我国拍卖法,拍卖是指以公开竞价的形式,将特定物品或财产权利转让给最高应价者的买卖方式。它的特殊性在于,拍卖行只是一个中介机构,真正的买卖双方是委托人和竞买人。具体地说,买卖公开进行,参加竞拍的人在拍卖现场根据拍卖师的叫价决定是否应价,当某人的应价经拍卖师三次叫价无人竞价时,拍卖师以落锤或以其他公开表示拍定的方式确认买卖成交。

六、房屋买卖合同

(一)房屋买卖合同的概念和特征

1. 房屋买卖合同的概念

房屋买卖合同是指出卖人将房屋所有权依转给买受人所有,买受人支付价金的买卖合同。

2. 房屋买卖合同的特征

房屋买卖合同具有不同于其他买卖合同的以下主要特征：

(1) 房屋买卖涉及房屋宅基地使用权的转移。房屋不能离开土地而存在，房屋买卖不仅发生转移房屋所有权的后果，而且发生宅基地使用权的转移。

(2) 房屋买卖涉及不动产法律制度的适用。房屋为不动产，房屋买卖不仅适用《合同法》的规定，还须适用有关不动产的法律规定。如城市房屋的买卖须适用《城市房地产管理法》的有关规定。

(3) 房屋买卖往往涉及对第三人利益的保护。房屋为非所有人使用时，房屋的买卖涉及对房屋使用人的居住利益的保护。所有人出卖出租的房屋时，承租人享有优先购买权。

(4) 房屋买卖合同为要式合同。房屋买卖合同须采用书面形式，买卖双方需将买卖房屋的位置、面积、价金等约定于书面。法律规定须经有关部门批准的，还须办理批准手续。在城镇买卖房屋之所有权须经房屋登记机构登记后，才发生转移，如未登记，即使交付，也不发生权利转移效果。

(二) 房屋买卖合同的种类

房屋买卖合同依不同的标准可分为不同的种类。主要有以下情形：

1. 私房买卖与公房买卖

根据出卖的房屋的产权归属不同，房屋买卖可分为私房买卖与公房买卖。私房买卖出卖的标的物为私房，公房买卖出卖的标的物为公房。

在我国私有房屋的买卖原则上不受限制，一般只能出卖给自然人，单位购买私房的须经主管部门批准。私房买卖卖方要有合法产权证件；买卖的房屋不能有产权纠纷，不在国家建设征用土地范围内；住宅不能是住宅合作社等集资合建的房屋，其所有人转让房屋有限制；危房不能买卖；法院或仲裁机构裁决限制交易的私房不能买卖。

我国的公房既包括房产管理部门直接管理的公房，也包括由单位自行管理的公房。公房的买卖须执行国家的房改政策，单位管理的公房原则上只能出卖给本单位的职工。随着房改政策的实行，公房买卖的特殊性将不复存在。

2. 全产权买卖与部分产权的买卖

根据房屋买卖中买受人所取得的产权状态，房屋买卖可分为全产权买卖与部分产权的买卖。全产权的房屋买卖，买受人可取得所有权，这是房屋买卖的常态。部分产权的房屋买卖，买受人只能取得部分产权或者有限产权。部分产权的房屋买卖是我国房改中的产物，仅限于单位按照房改政策向住户出卖的房屋，该种买卖仅为房改中的一种过渡措施。

3. 现房买卖与待建房买卖

根据出卖的房屋是否已经建成,房屋买卖可分为现房买卖与待建房买卖。

现房买卖是房屋买卖的常态,是指以已建成并取得产权的房屋为标的物的房屋买卖。自然人之间的私房买卖都为现房买卖。

待建房屋买卖,也称预售房屋,是指以尚未建成的房屋为标的物的房屋买卖。待建房买卖的出卖人应于规定的期间内建成房屋并将其所有权转移给买受人,买受人应预先交付一定的价款。由于待建房屋买卖的标的物并不是现有的房屋,因而其不同于现房买卖。待建房屋买卖除须具备一般房屋买卖所需具备的条件外,按照《城市房地产管理法》的规定,还须具备以下条件:① 出卖人,即房地产开发商已领取土地使用权证和建设许可证。② 房屋建设合同是房地产开发商与待建房屋的承建人之间订立的工程承包合同已经签订。③ 出卖人已开立专门账户并按规定以建设预算总额25%以上的款项汇入该账户。④ 出卖人已取得法律规定的房屋预售许可证明。依最高人民法院《关于审理商品房买卖合同纠纷案件适用法律若干问题的解释》第二条的规定,出卖人未取得商品房预售许可证明,与买受人订立的商品房预售合同,应当认定无效,但是在起诉前取得商品房预售许可证明的,可以认定有效。

[案情]

1997年9月25日,兰某与曾某订立《投资建房协议书》约定,以甲方(第三人曾某)出建设用地,乙方(兰某)出资筹建房屋的方式,甲方同意将该建设用地153平方米交给乙方投资建房,占地面积各76.5平方米;乙方应保质保量为甲方建好占地面积76.5平方米,楼房为三层的房屋交付给甲方使用,乙方所建的另76.5平方米房屋的土地、房产权归乙方所有;乙方在建好房屋后,乙方的土地证、房产证由甲方负责办理,所需费用均由甲方自负。

协议签订后,兰某依约进行建房,并取得西侧76.5平方米的土地使用及地上所建房屋。1998年8月9日,经曾某同意,张某、刘某与兰某订立《购房合同书》约定,兰某将所建房屋西侧二层、三层出售给张某、刘某,房款计104 000元;兰某应在同年10月1日前将房屋交给张某、刘某,张某、刘某在收到产权证后交清余款

20 000元。

第三人曾某在合同上签名,并注明"协助办理有关证件"。合同签订后,兰某按约于同年10月1日交付房屋,张某、刘某按约支付部分购房款。1998年12月28日,张某、刘某与兰某、曾某到某市国土资源局办理土地使用权转让,张某、刘某交纳土地转让金14 168元。1999年1月2日,张某、刘某付给兰某购房款104 000元。

1999年3月10日,第三人曾某再次出具证明,内容:"坐落在××路90号住宅一栋共八套,由曾某与兰某共建,其中西边土地产权原属曾某名下,现已划归兰某所有,一切办证费用均由兰某承担,曾某只是协助办理证件过户手续,其余与曾某无关。"

1999年11月19日、2000年2月2日,由于兰某负债后下落不明,张某、刘某先后向法院代兰某履行法院民事判决书确定的债务10 000元。兰某、第三人曾某未按合同约定及承诺办理房屋所有权证和土地使用权证给张某、刘某。

[问题]

本案的房屋买卖合同是否有效?这是本案要解决的关键问题,对这个问题的不同理解,将会产生完全不同的法律性结论,处理结果也就会不同。

[法律依据]

《合同法》第五十四条:"下列合同,当事人一方有权请求人民法院或者仲裁机构变更或者撤销:(一)因重大误解订立的;(二)在订立合同时显失公平的。一方以欺诈、胁迫的手段或者乘人之危,使对方在违背真实意思的情况下订立的合同,受损害方有权请求人民法院或者仲裁机构变更或者撤销。"第五十八条:"合同无效或者被撤销后,因该合同取得的财产,应当予以返还;不能返还或者没有必要返还的,应当折价补偿。有过错的一方应当赔偿对方因此所受到的损失,双方都有过错的,应当各自承担相应的责任。"第一百五十条:"买卖合同由出卖人承担权利瑕疵担保责任。"

《中华人民共和国城市房地产管理法》第三十七条:"未依法登记领取权属证书的房地产不得转让。"

[法律运用及处理结果]

本案所涉及的房屋买卖合同是否有效,存在两种不同意见:

一种意见认为,《中华人民共和国城市房地产管理法》第三十七条明确规定,未依法登记领取权属证书的房地产不得转让。两原告在被告尚未取得房屋权属证书的情况下,即与其订立了房屋买卖合同,违反了法律的强制性规定,根据《合同法》

第五十八条的规定,该房屋买卖合同属无效合同,原、被告应当各自返还该无效合同所取得的财产。

另一种意见认为,本案曾某以自己取得的土地使用权作为投资与兰某出资建房,不违反法律、行政法规的强制性规定。兰某将投资建房取得的房屋出售给张某、刘某,并到土地管理部门办理了土地使用权属变更登记手续,且已交纳土地转让金,因此,张某、刘某与兰某订立的《购房合同书》应属有效。

我们同意第二种意见。

因为本案的买卖合同是否有效是双方当事人争议的焦点,也是解决本案纠纷的首要问题。笔者试从原、被告双方所订立的房屋买卖合同有无效力问题、本案的法律适用问题以及审理本案应注重的实际效果方面进行探讨,现分析如下:

1. 关于原、被告双方所订立的房屋买卖合同有无效力问题

两原告与被告签订房屋买卖合同,系当事人的真实意思表示,被告转让依法享有所有权的房屋,是其行使所有权处分权能的合法行为,未违反法律规定,即不属国家禁止流通与限制流通之不动产范围和法律、行政法规规定禁止转让的其他情形。

同时,两原告已办理了土地使用权变更登记手续,只是因被告下落不明而无法办理产权证手续。因此,本案房屋买卖合同的标的物系出卖人享有合法所有权的房屋,且不违反法律、法规的禁止性规定及损害国家、集体和社会公共利益,应确认该房屋买卖合同有效。

2. 关于本案的法律适用问题

(1) 对《城市房地产管理法》第三十七条第(六)款的正确理解。1995年1月1日起实施的《城市房地产管理法》,对加强对城市房地产的管理,维护城市房地产交易市场秩序,保护合法的房地产经营交易活动,起到积极作用。但由于该法在立法的内容上,没有充分考虑到今后房地产业发生变化后的商品房交易状况,对房地产市场的宏观调控和微观管理,显得很不健全,存在有法律滞后性现象。作为法律、行政法规设置强制性规定的目的,主要针对那些不认定无效即不能达到法律、行政法规立法目的,并将会损害国家利益的合同,才应当被认定无效的合同。

对于属双方当事人真实意思表示所订立合同效力的认定,应以诚实信用为原则,从尽量减小合同无效的范围、鼓励交易的原则出发,不宜简单地以形式推理方法来认定合同无效,如果仅仅依据《城市房地产管理法》第三十七条第(六)款的规定,一律认定合同无效,势必会造成大量合同被不适当地作无效处理,直接影响到交易安全,也会损害民法自身体系的完整性。

本案涉及不动产公示、公信原则的民法制度,事实上,未取得权属证书的房屋买卖,都是标的物有瑕疵的买卖,根据《合同法》第一百五十条的规定,应当由出卖人承担权利瑕疵担保责任。这是一种违约责任,并非无效合同责任,如果简单在认定该房屋买卖合同无效,不能从根本上保护买受人的利益,还会损害民法本身私法自治的基本原则。

(2) 最高人民法院《关于审理房地产管理法施行前房地产开发经营案件若干问题的解答》第18条对以国有土地使用权投资合作建房问题,作出以下明确规定:"享有土地使用权的一方以土地使用权作为投资与他人合作建房,签订的合建合同是土地使用权有偿转让的一种特殊形式,除办理合建审批手续外,还应依法办理土地使用权变更登记手续。未办理土地使用权变更登记手续的,一般应当认定合建合同无效,但双方已实际履行了合同,或房屋已基本建成,又无其他违法行为的,可认定合建合同有效,并责令当事人补办土地使用权变更登记手续。"本案中,两原告与被告订立《购房合同书》约定,第三人曾某在合同上签名,并注明"协助办理有关证件"。合同签订后,被告按约交付房屋,两原告按约支付了购房款。此后,原告、被告、第三人到国土资源局缴纳土地转让金,办理土地使用权转让手续。

由此可见,双方已经实际履行了合同,只不过是未依法登记领取权属证书。对于违反管理性规范的合同,没有损害国家利益、集体利益或第三人利益的行为,只产生行政管理上的法律后果,并不影响当事人之间签订的合同效力。因此,应认定该房屋买卖合同有效,责令两原告补办房屋产权证书等手续。

[值得注意的问题]

审理本案应注重取得的实际效果。

从办案的法律效果和社会效果出发,对审理本案房屋买卖合同的实际效果可以从多种角度思考。两原告与被告订立《购房合同书》后,被告按约交付了房屋,原告按约支付了购房款,并缴纳了土地转让金。由于被告下落不明,未按约为两原告办理房产证,两原告提起诉讼。

原一审在审理中,不根据本案两原告实际居住该房屋达6年之久,且被告已下落不明的现状,作出确认房屋买卖合同无效、由被告退还两原告购房款、两原告将所买房屋返还给被告的判决,致使两原告本来想依靠法律责令被告及第三人协助办理房产证,却要面临无家可归、付出购房款未能收回的结局。

这样的判决作出后,往往容易造成他们申诉上访,引发新的不稳定因素,既不利于当事人行使其诉讼权利,又违背了以诚实信用为原则。如果人民法院今后在审理未依法登记领取权属证书的房屋买卖合同纠纷中,均一律按认定无效合同处理，势必造成给少数人有钻法律空子之机，即这些人在与他人订立房屋买卖合同并收取购房款后，未办理房产证过户手续即下落不明。待过几年见房价上涨后，便马上提起要求解除无效合同的诉讼。在法院判决房屋买卖合同无效后，则出卖人又可重使伎俩与他人订立房屋买卖合同，从中得利，其结果是只能使进行公平交易的原房屋买收人到头来却无家可归。这显然不符合民法自愿、公平、等价有偿、诚实信用的基本原则，也不利于解决双方当事人间的纠纷。

况且，对未办理房产证的房屋买卖合同的效力问题，我国法学界本来就存有争议，同样有观点认为未依法登记领取权属证书的房屋买卖合同是有效的。因此，人民法院应以诚实信用为原则，充分体现人性化的现代司法理念，将尽量减小合同无效的范围作为当前审理商品房买卖合同纠纷案应当坚持的基本理念，正确审理此类案件，实现法律效果与社会效果有机统一，以增进人民内部团结，促进社会稳定。

综上所述，第二种意见是正确的。

(案例来源：http://www.cnfalv.com)

第二节 供用电、水、气、热力合同

一、供用电、水、气、热力合同的概念和特征

(一) 供用电、水、气、热力合同的概念

供用电、水、气、热力合同，是当事人约定，一方在一定期限内供给一定种类、品质和数量的电、水、气、热力于他方，而由他方给付价金的合同。

(二) 供用电、水、气、热力合同的主要特征

1. 公益性

电、水、气、热力的使用人是社会公众，而供应人往往是独此一家，具有垄断性质，因此，供应人对于相对人的缔约要求无拒绝权，其收费标准由国家规定。

2. 持续性

电、水、气、热力的提供不是一次性的，而是在一定时间内持续、不间断的，而使用人则是按期付款。

3. 格式性

供用电、水、气、热力合同是格式合同，适用法律对格式合同的规定。

二、供用电合同当事人的权利和义务

供用电、水、气、热力合同在权利义务上有相似性,供用电合同的法律规则,供水、供气、供热等合同也可准用。我国《合同法》中仅对供用电合同作了明确规定,并于第一百八十四条规定"供用水、供用气、供用热力合同,参照供用电合同的有关规定"。因此,这里仅以供用电合同双方的权利义务来说明供用电、水、气、热力合同当事人双方的权利义务。供用电、水、气、热力合同作为特殊买卖合同,一般买卖合同的规定也适用于该类合同,但在特殊处,须遵循法律的特别规定。

(一)供电人的主要义务

1. 按照国家规定的标准和约定安全供电义务

按照国家规定的供电质量标准和合同约定向用电人安全供电,是供电人的主要义务。供电人的供电质量包括电压频率、电压、供电可靠性须符合国家规定和约定的标准,供电的方式、时间、地址和电量等须符合合同的约定。《合同法》第一百七十八条规定:"供用电合同的履行地点,按照当事人约定;当事人没有约定或者约定不明确的,供电设施的产权分界处为履行地点。"依此规定,在当事人无明确约定时,供电人的电力于供电设施的产权分界处转移归用电人所有。供电人须按操作规程输送电,按约定维护供用电设施,保障线路安全畅通。供电人未按照国家规定的供电质量标准和约定安全供电,造成用电人损失的,应当承担损害赔偿责任。

2. 中断供电的通知义务

供电人因供电设施检修等原因,需要中断供电时,应当按照国家有关规定事先通知用电人,以使其做好准备。未事先通知用电人而中断供电,造成用电人损失的,应当承担损害赔偿责任。

3. 因不可抗力断电的及时抢修义务

因自然灾害等原因断电,供电人应当及时抢修。未及时抢修造成用电人损失的,应当承担损害赔偿责任。

(二)用电人的主要义务

1. 支付电费的义务

电费是用电人使用电力的代价。用电人应当按照国家有关规定和当事人的约定及时交付电费。逾期不交付电费的,应当按照约定支付违约金。没有约定违约金的,应当支付电费的逾期利息。经催告在合理的期限内仍拒绝交付电费的,供电人可按国家规定的程序终止供电。

2. 安全用电的义务

由于电力系统具有网络性,任何一个用电人的安全合理用电都关系到整个供电系统的安全,关系到社会的公共安全,所以,用电人应当严格按规定安全合理用电,不得违章用电、违约用电,以免造成重大损害。用电人应该按照国家有关规定和当事人的约定安全用电。用电人擅自改动供电人的用电装置和供电设施、擅自超负荷用电等,造成供电人损失的,应当承担损害赔偿责任。

案例分析

[案情]

被告杨某居住在广饶县××小区,是原告广饶县××供热有限公司集中供热区。被告杨某居住的该区33号楼东单元二层西户面积为77.06平方米;根据广价字(2007)40号文,该年度收费标准是居民20元/平方米,被告欠交该年度取暖费1541.2元(77.06平方米×20元/平方米)。被告杨某称多次要求物业停止给其供暖,但没有到供热公司办理停暖手续。

原告广饶县××供热有限公司诉称,被告杨某于2003年开始由我单位为其冬季采暖期供暖,至2007—2008年度的采暖期,被告继续使用我单位的供暖,但拖欠我单位取暖费1541.2元未付。请求法院依法判令被告立即支付2007—2008年度的取暖费1541.2元。被告杨某未向法庭提交证据。

被告杨某辩称,原告起诉的取暖费数额是按照建筑面积计算的,数额是对的。但被告杨某2007—2008年度不要暖气,并多次与物业公司讲,他们没有给被告停暖,故不应当支付该年度的取暖费。

原告为支持自己陈述的事实、理由和诉讼请求,向法庭提交了以下证据:① 停暖协议一份,拟证明该公司供暖用户如果不用暖气,应当与公司签订停暖协议。② 广价字(2007)40号文一份,拟证明被告所欠的取暖费1541.2元,是根据该文件计算出的。③ 山东省供热管理办法一份,拟证明根据该办法第五章第二十九条的规定,停暖应当由产权人自己负责。

[问题]

原、被告双方是否构成法律上的供用热合同,被告是否应当承担支付取暖费义务。

[法律依据]

《合同法》第二十二条:"承诺应当以通知的方式作出,但根据交易习惯或者要约表明可以通过行为作出承诺的除外。"第一百八十二条："用电人应当按照国家有关规定和当事人的约定及时交付电费。用电人逾期不交付电费的,应当按照约定支付违约金。经催告用电人在合理期限内仍不交付电费和违约金的,供电人可以按照国家规定的程序中止供电。"第一百八十四条："供用水、供用气、供用热力合同,参照供用电合同的有关规定。"

[法律运用及处理结果]

被告杨某居住在原告广饶县××供热有限公司集中供热区域,原告按照政府要求在规定时间内向其负责的区域供暖。原告该供暖行为的实施,是原告向其负责供暖区域的用户发出的要约,对该类要约的承诺应适用《合同法》第二十二条的规定,需暖单位或个人如不需暖气,应当到供热公司办理停暖协议,从事停暖行为,否则应视为对原告供暖发出要约的承诺。被告称到物业公司要求停暖,而未到应到的供热公司签订停暖协议,应视为被告同意原告要约的意思表示,该供热合同成立。该合同成立且不违背国家法律、法规的规定,是有效合同。原告履行了合同规定的供热行为,被告应当支付取暖费。

[值得注意的问题]

本案被告杨某辩称自己2007—2008年度不要暖气,并多次与物业公司讲,但物业公司没有给被告停暖,物业公司到底有没有过错?是需要查清楚的。被告在没有与供热公司签订停暖协议的情况下,而实际又享受了暖气服务,则支付费用是应当的。

(案例来源:http://www.findlaw.com)

第三节 赠与合同

一、赠与合同的概念和特征

(一)赠与合同的概念

赠与合同指一方当事人将自己的财产无偿给予他方,他方受领该财产的合同。将财产无偿给予对方的人称为赠与人,无偿接受他人财产的人称为受赠人,赠与的财产为赠与物或受赠物。赠与物应为赠与人合法所有,并为法律允许其处分的财产。赠与的动产所有权自交付时起转移,不动产所有权依不动产权利转移方式转移。

(二)赠与合同的特征

1. 赠与合同为转移财产权利的合同

赠与合同以赠与人将其财产给予受赠人,受赠人接受赠与的财产为内容。赠与的财产权利可以是物权、知识产权、债权、股票等。赠与合同的履行结果发生赠与物的财产权利的转移,这是赠与合同与买卖合同的相同之处。但是它又不同于能够发生所有权转移后果的遗赠、捐赠等单方法律行为。遗赠、捐赠行为,只要有遗赠人、捐赠人一方的意思表示就可以成立;而赠与合同只有在赠与人与受赠人双方意思表示一致时才能成立。

2. 赠与合同是单务合同

赠与人只承担将赠与物无偿地交付给受赠人的义务,而受赠人只享受接受赠与物的权利。赠与合同的当事人中仅赠与人负担将财产权利转移给受赠人的义务,而受赠人并不负担对待给付义务。相对于赠与人转移财产权利来说,受赠人一方仅享有权利而不负担相应给付的义务。即使受赠人负有一定义务,该义务与给予赠与物之间不存在对待给付关系,因而不构成双务合同。因此,赠与合同为单务合同。

3. 赠与合同是无偿合同

在赠与合同中,赠与人依约无偿转移其赠与财产的所有权于受赠人,尽管可能有各种各样的原因和理由,但不以从受赠人处取得任何财产为代价,受赠人取得赠与物无须偿付任何代价,所以赠与合同是无偿合同。这是赠与合同与买卖合同、互易合同等的根本区别。赠与合同是典型的无偿合同,法律对其他无偿合同没有规定的,除合同性质不允许外,得准用关于赠与合同的有关规定。但因赠与人的过失给受赠人造成损失的,受赠人有权请求赔偿。如赠与人故意不告知其赠与财产之瑕疵或保证无瑕疵的,对受赠人因物之瑕疵所受的损害应负赔偿责任。

4. 赠与合同除即时赠与外是诺成合同

赠与合同是实践合同还是诺成合同,各国立法规定不一。我国《合同法》规定赠与合同除即时赠与外为诺成合同,自当事人意思表示一致时起成立。

赠与合同自当事人双方意思表示一致时成立,其生效时间依赠与为现实赠与还是非现实赠与而有所不同。

现实赠与,又称即时赠与,是指于合同成立之时,赠与人即将赠与物交付给受赠人的赠与。现实赠与自赠与物交付时起生效,赠与人未将赠与物交付的,合同不生效。但对于需办理产权过户手续的赠与物,若办理了过户手续,赠与人虽未将赠与物实际交付给受赠人,赠与合同也应生效。

非现实赠与,是指于合同成立后赠与人才按照合同的约定将标的物交付受赠人的赠与。非现实赠与合同自成立时起生效,但除具有救灾、扶贫等社会公益、道德义务性质的赠与合同或者经过公证的赠与合同外,赠与人在赠与财产的权利转移之前可以任意撤销赠与,赠与合同一经撤销也就不发生效力。

二、赠与合同的效力

赠与合同为单务合同,因此赠与合同的效力主要表现为赠与人的义务和受赠人的权利。

(一) 赠与人的义务和受赠人的权利

1. 交付赠与物的义务

赠与人应按约定将赠与物之所有权交付给受赠人,在赠与物为不动产时,还要协助办理有关登记手续。赠与物的所有权转移时间,可准用买卖合同的规定。由于赠与人在赠与财产的权利转移之前可以撤销赠与。因此,赠与人在赠与财产的权利转移之前撤销赠与的,赠与人不交付赠与的财产时,受赠人不能要求赠与人交付。但根据我国《合同法》规定,在具有救灾、扶贫等社会公益、道德义务性质的赠与合同,以及经过公证的赠与合同中,受赠人可以请求交付。赠与人因故意或重大过失致使赠与财产毁损灭失的,应负损害赔偿责任。

2. 瑕疵担保责任

赠与人对赠与物的瑕疵一般不负担保责任。但赠与人故意不告知瑕疵或者保证无瑕疵,造成受赠人损失的,应当承担损害赔偿责任。

3. 受赠人的权利

受赠人的权利是接受赠与物并取得赠与财产的权利。

(二) 附义务赠与合同赠与人的义务和受赠人的权利

附义务的赠与又称为附负担的赠与,是指以受赠人以一定给付为条件,亦即使受赠人于接受赠与后负担一定义务的赠与。附义务的赠与的根本特点在于使受赠人负担一定的给付义务,而在一般赠与中受赠人不负担任何给付义务。在附义务赠与合同中,赠与所附的义务是赠与合同的内容而不是另一合同的内容。赠与所附的义务不是赠与的对价,因此,除当事人有另外的特别约定外,只有在赠与人履行给付义务后,受赠人才应履行其负担的义务。受赠人负担的义务可以是作为,也可以是不作为。受赠人给付的受益人可以是赠与人,也可以是特定第三人或者不特定的社会公众。附义务赠与合同的特别效力主要为以下两点:

1. 受赠人所附义务的履行

在附义务的赠与中,受赠人取得赠与物虽不以向赠与人履行某项义务为代价,但却是以履行所附义务为条件的,因此,受赠人应当按照约定履行所附的义务。受赠人履行其义务,仅于受赠财产的价值限度内为之,若赠与所附义务超出赠与财产的价值,则对于超出部分,受赠人不负履行的责任。受赠人不履行赠与所附义务的,赠与人或者所附义务的受益人有权要求受赠人履行义务或者撤销赠与。对于具有救灾、扶贫等社会公益、道德义务性质的赠与合同,以及经过公证的赠与合同,赠与人不交付赠与物的,受赠人可以请求交付。

2. 赠与人的瑕疵担保责任

因在附义务赠与合同中受赠人有履行所附义务的义务,就其履行义务而言,有如同买受人的地位,赠与人则有如同出卖人的地位。所以,《合同法》第一百九十一条第一款中规定:"附义务的赠与,赠与的财产有瑕疵的,赠与人在附义务的限度内承担与出卖人相同的责任。"

三、赠与合同的终止

赠与合同既可基于合同终止的一般原因而终止,也有其特有的终止方式,即赠与的撤销。赠与的撤销有任意撤销与法定撤销之分。任意撤销是指赠与人不论何种理由可任意撤销赠与。依《合同法》第一百八十六条的规定,除法律规定的赠与合同外,赠与人在赠与财产的权利转移之前可以撤销赠与,此即为任意撤销。所谓法定撤销,是指赠与合同生效后,在发生法定事由,赠与人或者赠与人的继承人或监护人有权撤销赠与时,因撤销权的行使而撤销赠与。

(一) 赠与法定撤销要件

1. 因受赠人的行为

依《合同法》第一百九十二条的规定,受赠人有下列情形之一的,赠与人可以撤销赠与:① 严重侵害赠与人或者赠与人的近亲属。所谓严重侵害,可以从行为的情节和后果等各方面分析。② 对赠与人有扶养义务而不履行。但受赠人虽有扶养义务而无扶养能力不能履行的,赠与人无权撤销赠与。③ 不履行赠与合同约定的义务。附义务赠与的受赠人不履行合同中约定的义务,赠与人可以请求其履行,也可以撤销赠与。这三项撤销权自赠与人知道或应当知道有撤销原因时起 1 年内有效。

2. 因赠与人的经济状况恶化

根据《合同法》第一百九十五条的规定,赠与合同生效后赠与人的经济状况显著恶化,严重影响其生产经营或者家庭生活时,赠与人有权撤销赠与,可以不再履行赠与义务。

(二) 赠与人的继承人或者监护人撤销赠与

因受赠人的违法行为致使赠与人死亡或者丧失民事行为能力的,赠与人的继承人或者法定代理人有权撤销赠与。但非因受赠人的违法行为而使赠与人死亡或者丧失民事行为能力的,不发生赠与的撤销。赠与人的继承人或者法定代理人的撤销权,自知道或者应当知道撤销原因之日起6个月内不行使的,撤销权消灭。

（三）撤销权的行使方法及效力

撤销权人行使赠与的撤销权,应当通知受赠人,撤销通知到达受赠人时生效。《合同法》第一百九十四条规定:撤销权人撤销赠与的,可以向受赠人要求返还赠与的财产。因此,赠与撤销权行使后,赠与物未交付的,赠与人无须履行赠与义务,可以拒绝交付;赠与物已交付或者已办理过户登记手续的,赠与人可以请求返还赠与的财产,受赠人应依不当得利的规定返还赠与物。

案例分析

[案情]

甲生前曾承诺将自己公司部分财产赠与某所贫困小学,以供其改善教育设施,并亲笔签署了一份保证书以资证明,只是提出一条件,需其公司利润达到100万元以上时,才能提取2万元作为赠与财产,期限为5年。当时该公司每年利润均在100万元以上,该小学同意并深表谢意,收存了保证书。甲去世后其公司由其弟弟乙继承,乙本来就对其兄的赠与行为极不理解,现在这笔长期的债务落在自己头上,更觉得不合算,于是想方设法不履行义务,两年以来,某小学催问多次,均被告知因公司年利润达不到100万元而不能支付赠与财产。但学校得知乙的公司事实上效益尚佳,还查明公司的部分财产已无偿转让至乙之子所开的公司,使得公司利润数额下降。该小学向乙指出这一事实,要求其履行义务。乙认为这属于公司内部事务,别人无权干涉,并提出撤销该项赠与。正当双方为此而起争执时,由于市场变化和决策的失误导致乙的公司损失惨重,濒临破产边缘。

[问题]

本案涉及以下问题:① 乙是否有权撤销该项赠与? ② 该小学可以通过什么法律途径取得赠与财产? ③ 乙是否可以以公司濒临破产为由撤销赠与?

[法律依据]

《合同法》第一百八十六条:"赠与人在赠与财产的权利转移之前可以撤销赠与。具有救灾、扶贫等社会公益、道德义务性质的赠与合同或者经过公证的赠与合同,不适用前款规定。"第一百八十八条:"具有救灾、扶贫等社会公益、道德义务性质的赠与合同或者经过公证的赠与合同,赠与人不交付赠与的财产的,受赠人可以要求交付。"第一百八十九条:"因赠与人故意或者重大过失致使赠与的财产毁损、灭失的,赠与人应当承担损害赔偿责任。"第一百九十二条:"受赠人有下列情形之一的,赠与人可以撤销赠与:(一)严重侵害赠与人或者赠与人的近亲属;(二)对赠与人有扶养义务而不履行;(三)不履行赠与合同约定的义务。赠与人的撤销权,自知道或者应当知道撤销原因之日起一年内行使。"第一百九十三条:"因受赠人的违法行为致使赠与人死亡或者丧失民事行为能力的,赠与人的继承人或者法定代理人可以撤销赠与。赠与人的继承人或者法定代理人的撤销权,自知道或者应当知道撤销原因之日起六个月内行使。"第一百九十四条:"撤销权人撤销赠与的,可以向受赠人要求返还赠与的财产。"第一百九十五条:"赠与人的经济状况显著恶化,严重影响其生产经营或者家庭生活的,可以不再履行赠与义务。"

[法律运用及处理结果]

赠与合同一般为无偿单务合同,原则上是实践合同。具有救灾、扶贫等社会公益、道德义务性质的赠与合同或者经过公证的赠与合同,赠与人不交付赠与财产的,受赠人可以请求交付。但赠与人的经济状况显著恶化,严重影响其生产经营或家庭生活的,可以不在履行赠与义务。

赠与合同的效力:① 采用口头形式的,自财产交付时生效;② 具有社会公益性质和道德义务性质的赠与,自当事人双方意思表示一致时合同生效;③ 依法需要办理登记手续的,应当办理登记手续,合同才具有效力。

赠与合同的撤销:① 受赠人严重侵害赠与人或赠与人的近亲属的利益的;② 对赠与人有扶养义务而不履行的;③ 不履行赠与合同约定义务的;④ 因受赠人的违法行为致使赠与人死亡或者丧失民事行为能力的,赠与人的继承人或监护人享有撤销权。

(1) 乙无权撤销该项赠与。《合同法》第一百八十六条将赠与分为两类:一类是一般的赠与,在赠与财产的权利移转之前可以撤销赠与;另一类是具有救灾、扶贫等社会公益、道德义务性质的赠与合同或者经过公证的赠与合同,这类赠与不能撤销。本案中乙的赠与对象是贫困地区的小学,因此属于法律规定的不能撤销的具有社会公益、道德义务性质的赠与,不能撤销。

(2) 该小学可以要求乙支付赠与的财产,并且可以在赠与义务范围内向法院请求撤销乙无偿转让给乙之子的财产的行为,以保证赠与义务得到履行。因为根据《合同法》第一百八十八条的规定,具有社会公益性质的赠与合同,赠与人不交付赠与的财产的，受赠人可以要求交付。同时《合同法》第七十四条规定了撤销权，所以该小学可以在赠与债务的范围内撤销乙的无偿转让财产的行为。

（3）已经过去两年的赠与义务形成的债务，乙不能撤销。而在乙的公司濒临破产时的赠与义务可以不再履行。因为该项赠与是不可撤销的，而且乙事先的利润降低等只是恶意阻止赠与条件的成就，所以不能以该理由为撤销赠与的理由。乙应履行其不履行赠与义务而形成的现实债务。但该公司现在真的濒临破产，根据《合同法》第一百九十五条的规定，乙在其经济状况严重恶化期间可以不再履行赠与义务。

（4）乙应当承担赔偿责任。因为《合同法》第一百八十九条规定赠与人故意或者重大过失致使赠与财产毁损、灭失的，赠与人应当承担损害赔偿责任。

[值得注意的问题]

应特别注意赠与合同的分类区别以及当事人对赠与合同的约定，还要注意赠与合同在履行中发生的新情况，根据法律规定处理由此引起的纠纷。

（案例来源：http://www.cnfalv.com）

第四节 借款合同

一、借款合同的概念和特征

（一）借款合同的概念

借款合同是借款人向贷款人借款，到期返还借款并支付利息的合同。借款合同实际上是以货币为标的物的借贷合同，因此，借款合同并非等同于传统民法中的借贷合同，而只是指以借贷货币为内容的消费借贷合同。包括金融机构与自然人、法人、其他组织间的借款关系以及自然人之间的借款关系。

（二）借款合同的特征

借款合同因贷款人是金融机构还是自然人，有不同的特点。但总体看借款合同有以下法律特征：

1. 借款合同是以转让货币所有权为目的的合同

当贷款人将借款即货币交给借款人后，货币的所有权移转给了借款人，借款人可以处分所得的货币。这是借款合同的目的决定的，也是货币这种特殊种类物作为其标的物的必然结果。借款合同是以货币为标的物的，而货币为一般等价物，是典型的代替物、消耗物，在任何情形下货币的交付均发生其所有权的转移。在许多场合货币作为一方取得某项财产利益的代价支付时,确实发生货币所有权的转移,但可能与借款合同的目的不同,借款合同的目的就是由借款人取得所借的货币的所有权。

2. 借款合同的标的物为货币

借款合同的标的物是一种作为特殊种类物的金钱,因此,原则上发生履行迟延,不发生履行不能。借款合同不同于传统民法中的借贷合同。借贷合同的标的物为可消耗物,包括金钱和其他消耗物。而借款合同的标的物仅限于货币。由于我国《合同法》上未规定借贷合同,仅规定了借款合同,因此对于以货币以外的其他消耗物为标的物的借贷关系可以参照适用关于借款合同的规定。

3. 借款合同原则上为有偿合同,也可以为无偿合同

借款合同的有偿性表现在一方贷款给对方时,对方在还清本金后,还要支付相应的对价。在我国,借款合同主要发生在金融机构与其他人之间,也就是说贷款人主要是金融机构,而依法可办理贷款业务的金融机构是以发放贷款为主营业务的,且要盈利,所以其贷款总是有利息的。因此,以金融机构为贷款人的借款合同均为有偿合同。同时借款合同的无偿性表现在一方贷款给对方,对方并不需要在还清本金的基础上,再支付额外的对价。依法律规定,自然人之间的借款,当事人双方可以约定利息,也可以不约定利息。《合同法》第二百一十一条规定:"自然人之间的借款合同对支付利息没有约定或者约定不明确的,视为不支付利息。"因此,自然人之间的借款,当事人没有明确约定利息的,该合同则为无偿合同。但如果自然人间有偿借款,其利率不得高于法定限制。最高人民法院发布的《关于人民法院审理借贷案件的若干意见》规定,民间借贷的利率可以适当高于银行的利率,但最高不得超过银行同类贷款利率的4倍;不允许计收复利。

4. 借款合同为诺成性合同,但自然人之间的借款合同为实践性合同

在现代社会中以银行出借货币为内容的借款合同已成为诺成性合同。我国法律将银行作为贷款人的借款合同规定为诺成性合同。如1985年国务院发布的《借款合同条例》中就规定,借款合同经借款方提出申请,由贷款方审查认可后即可订立,"借款合同依法签订后,即具有法律约束力,当事人双方必须严格遵守合同条款,履行合同规定的义务"。将借款合同规定为诺成性合同,有利于保护借款人的利益,使借款人能够根据借款合同所可取得的款项组织生产经营活动。

在自然人之间发生借贷合同的,借款合同为实践性合同,仅有当事人双方之间的合意,合同还不能成立生效,只有在贷与人将其出借的标的物交付给借用人,合

同才能成立生效。《合同法》第二百一十条明确规定："自然人之间的借款合同,自贷款人提供借款时生效。"自然人之间的借款合同,无论是口头形式还是书面形式的借款合同均须于贷款人将借款交付给借款人后才能成立生效。贷款人在未向借款人提供借款前其不负按期交付借款的义务,而在提供借款后其享有到期请求借款人返还本息的权利。

5. 借款合同为双务合同,但自然人之间的借款合同原则上为单务合同

借款合同既可以是双务合同,又可以是单务合同,与借款合同既可以是诺成性合同,又可以是实践性合同密切相关。以银行出借货币为内容的借款合同原则上为诺成性合同,即以金融机构为贷款人的借款合同自双方达成合意时成立生效,自合同成立后,贷款人负有按合同的约定交付借款的义务,借款人负有按期偿还借款和支付利息的义务。因此,借款合同应为双务合同,而并非单务合同。但是,由于依法律规定自然人之间的借款合同为实践性合同,只有贷款人将借款提供给借款人,合同才成立生效,而于合同生效后贷款人不再负担义务,仅有借款人一方负担返还借款的义务,所以,自然人之间的借款合同原则上为单务合同。

6. 借款合同为要式合同,但自然人之间的借款合同为不要式合同

我国法律一直要求银行借款合同须采用书面合同形式。因此,金融机构以贷款为营业业务,其发放贷款的数额较大,周期较长,采用书面形式有利于明确金融机构与借款人之间的权利义务,有利于减少纠纷,有利于保障借款人的用款计划和金融机构的信贷资金的安全。同时由于自然人之间的借款多为急用,且多发生在亲友之间,所以,法律规定自然人之间的借款合同为不要式合同,可由当事人自由选择合同的形式,即使采用口头形式,也不影响合同的效力。但是,对于有偿的或者数额较大的借款,为避免以后发生纠纷,也应以采用书面形式为宜。

二、借款合同当事人的主要义务

(一) 贷款人的主要义务

贷款人是否负有义务,依借款合同为双务合同还是单务合同的不同而有所不同。由于自然人之间的贷款合同为实践性合同,只有在贷款人将借款交付给借款人时合同才成立生效,所以在借款合同生效后,贷款人并不负担义务。而金融机构为贷款人的借款合同为诺成性合同、双务合同,自合同成立生效后,贷款人也负担义务。因此这里所说的贷款人的义务实际上是金融机构作为贷款人所负担的义务。

1. 金融机构作为贷款人的主要义务就是按照合同约定的日期、数额提供借款

借款合同订立后,借款人就会按照贷款合同中约定的借款时间和数额来安排其用款计划。如果贷款人不能按照约定的时间和数额提供借款,就会打乱借款人的用款计划,会影响借款人的生产经营活动,甚至会影响其整个资金的良性周转。因此,贷款人未按照约定的日期、数额提供借款,造成借款人损失的,应当赔偿损失。

2. 不得利用优势地位预先在本金中扣除利息

《合同法》第二百条对金融机构作为贷款人贷款的数额也作了明确的规定:贷款人提供给借款人的借款金额应当符合合同中约定的数额,而不得从中预先扣除借款违约金、保证金或者利息。利息预先在本金中扣除的,借款数额按照实际借款数额计算。

3. 贷款人不得泄漏借款人的营业秘密

贷款人不得将借款人的营业秘密泄漏于第三方,否则,应承担相应的法律责任。

(二)借款人的主要义务

借款人的主要义务因贷款人是金融机构还是自然人而有所不同。

1. 按照合同约定的时间和数额收取借款

贷款人为金融机构的,借款人有义务按照合同中约定的时间和数额收取借款。由于金融机构出借借款是其营业业务,贷款人是通过收取借款的利息达到盈利目的的。如果借款人因暂时不需要借款或者不需要约定数额的借款而未按照合同约定的日期或者数额收取借款,则会影响贷款人的资金正常周转,损害贷款人的利益。当然借款人不按照约定收取借款同样应负违约责任。《合同法》第二百零一条第二款规定:"借款人未按照约定的日期、数额收取借款的,应当按照约定的日期、数额支付利息。"也就是说,不论借款人是否按照约定的日期和数额收取借款,都须按照合同中约定的借款日期和数额计算利息。

2. 接受贷款人的用款监督,如实向贷款人提供必要的资料

尽管在订立借款合同时,为保障借款的安全,金融机构在发放贷款时,都会要求借款人就有关的情况作出说明并根据借款人的信用状况而发放贷款。但在借款后,借款人的经营状况和财务状况仍是处于不断的变动中,特别是对于借款的使用状况会直接影响到贷款人能否收回借款,所以贷款人一般要在合同中约定其对借款的使用情况有权进行监督。金融机构为贷款人的,贷款人一般要求借款人向其及时提供财务会计报表等资料,以便其能对借款人的生产经营和资信状况作出准

确的判断,并协助借款人发现和解决借款使用中出现的问题,以提高借款的使用效益,保障借款能够按时收回。

3. 按照约定用途使用借款

合同对借款有约定用途的,借款人须按照约定用途使用借款,接受贷款人对贷款使用情况实施的监督检查。借款用途与借款能否按期偿还有着直接的夹系,贷款人是根据贷款用途来确定借款人的偿还能力而同意贷款的,如果借款人擅自改变借款用途,可能会导致贷款人到期不能收回贷款。借款人不按约定的用途使用借款是一种违约行为,会损害贷款人的利益。因此,借款人未按照约定的借款用途使用借款的,贷款人可以停止发放借款、提前收回借款或者解除合同。

4. 按合同约定的还款期限及时偿还借款

《合同法》第二百零六条规定:"借款人应当按照约定的期限返还借款。对借款期限没有约定或者约定不明确,依照本法第六十一条的规定仍不能确定的,借款人可以随时返还;贷款人可以催告借款人在合理期限内返还。"依此规定,借款合同规定借款期限的,借款人应当按照约定的期限、约定的还款方式偿还借款。如果借款人在约定的还款期限届满时未还款,应当按照约定或者国家有关规定支付逾期利息,并承担违约责任。如果借款人没有按照合同约定的期限还款是提前还款的,就要看借款合同是如何规定的。如果当事人对提前还款有约定的,按照约定办理;如果当事人在合同中对提前还款没有约定的,提前还款不损害贷款人利益的,可以不经贷款人同意提前还款,利息按照实际借款期间计算。但提前还款损害贷款人利益的,贷款人有权拒绝借款人提前还款的要求。借款合同未明确规定还款期限的,当事人可以先就还款期限进行协商,如不能达成协议,则按照合同的其他条款或者交易习惯确定还款期限;如果依上述办法都不能确定,则借款人可以随时偿还借款,贷款人也可以随时要求借款人偿还借款。但贷款人要求借款人还款的,应先向借款人发出还款的催告,给借款人一合理的期限。所谓的合理期限,应依借款的用途、借款的数额等具体情况而定,以使借款人在该期限内确能筹足应偿还的款项。

5. 按照合同约定的利率和期限支付利息

利息是有偿借款合同的借款人使用借款的代价,因此,借款人的主要义务是向贷款人支付利息。借款人不仅应按照约定的数额支付利息,而且应在约定的期限支付利息。《合同法》第二百零五条规定:"借款人应当按照约定的期限支付利息。对支付利息的期限没有约定或者约定不明确,依照本法第六十一条的规定仍不能确定,借款期间不满一年的,应当在返还借款时一并支付;借款期间一年以上的,应当在每届满一年时支付,剩余期间不满一年的,应当在返还借款时一并交付。"借款人未按规定期限支付利息的,应负违约责任。当然,自然人之间的借款合同未明确约定利息的,依《合同法》第二百一十一条规定,视为不支付利息。在无息借款时,借款人无支付利息的义务。

案例分析

[案情]

此案原告为中国工商银行天津市××支行,被告为天津市××洋服有限公司和天津市××集团有限公司。1999年12月17日,原告与被告签订借款合同,借款金额120万元,利率为月息4.65‰,上浮10％,即月息5.115‰,期限至2000年4月10日止,被告天津市××集团有限公司承担连带保证。合同签订后,原告履行了合同义务,但二被告未按照合同约定还款,于是原告诉至天津市××区人民法院,要求二被告偿还借款及利息,并承担诉讼费用。

而被告天津市××洋服有限公司辩称:1999年12月17日本公司与原告签订了借款合同属实,合同约定借款用于购买原材料,但在合同签订当日,原告用本公司预留支票将部分借款用于还款,造成本公司不能将资金全部投入生产、按期还款,故本公司同意还款,但要缓期分批偿还。

被告天津××集团有限公司则辩称:原被告订立合同事实属实,但原告与被告××洋服公司在合同履行中没有严格按照合同约定使用贷款,双方都应承担一定的责任,应协商解决。

经法院调查证明,1999年12月17日,原告与被告××洋服公司签订借款合同一份,被告××洋服公司为借款方,原告为贷款方。合同约定,被告××洋服公司向原告借款人民币120万元用于购买原材料,借款期限为四个月,即自1999年12月17日起至2000年4月10日止,借款利率为月息4.65‰并上浮10％,按季结息,每季末月的20日为结息日;被告到期不能偿还借款本金及利息,对逾期借款按月计收万分之二点一的利息,并对未付利计收复利等。同日,原告与被告××集团有限公司签订保证合同,原告债权人,被告××集团有限公司为保证人。合同约定,被告××集团有限公司为被告××洋服公司向原告借款提供连带责任保证。合同签订后,原告于1999年12月21日将贷款划付被告××洋服公司账号内,而二被告未履行还付原告借款本金和利息的义务,至2000年3月20日尚欠原告贷款本金120万元及利息18 000元。

[问题]

(1) 原告的请求能否得到支持？

(2) ××集团有限公司是否应承担与××洋服公司连带返还原告贷款本息的民事责任？

[法律依据]

《合同法》第二百零一条："贷款人未按照约定的日期、数额提供借款，造成借款人损失的，应当赔偿损失。借款人未按照约定的日期、数额收取借款的，应当按照约定的日期、数额支付利息。"第二百零三条："借款人未按照约定的借款用途使用借款的，贷款人可以停止发放借款、提前收回借款或者解除合同。"

[法律运用及处理结果]

从事实可以看出，原告与被告××洋服公司签订的借款合同，意思表示真实，内容合法，是有效合同，应当受到法律保护。但原告实际发放贷款的时间，比合同约定发放贷款时间晚4天，从事实出发，贷款期限应顺延4天。原告发放贷款后，被告××洋服公司未履行还款义务，故原告的诉讼请求，应得到支持。被告××洋服公司未按合同约定的返还借款本息时间还付原告贷款本息，应承担违约责任。原告与被告××集团有限公司签订的保证合同，除该合同第10条第2款关于"本（保证）合同独立于主合同，不因主合同无效而无效"的约定，违反《中华人民共和国担保法》的规定，属无效条款外，均为有效，受法律保护。被告××集团有限公司未履行保证义务是违约行为，依照合同约定，应承担与被告××洋服公司连带返还原告贷款本息的民事责任。

关于二被告辩称贷款用途违反合同约定，原定对被告××洋服公司使用贷款监督负责，本案应调解解决一节，因为被告××洋服公司未按合同约定的用途使用贷款，已构成违约行为，原告对此并未要求其依照合同约定承担相应的违约责任。而案件调解解决，应双方当事人自愿，被告××洋服公司自己违反合同约定使用贷款，与原告是否愿意调解，两者之间没有法律上的联系，故二被告的辩称意见，于法无据，不应支持。

[值得注意的问题]

借款合同往往出现贷款人要求借款人提供担保，因此，对于借款合同的纠纷应注意根据法律有关担保方面的规定，以便准确处理有关借款合同纠纷。

（案例来源：http://www.findlaw.com）

第五节 租赁合同

一、租赁合同的概念、特征和种类

(一) 租赁合同的概念

租赁合同是指出租人将租赁物交付给承租人使用、收益,承租人支付租金的合同。在当事人中,提供物的使用或收益权的一方为出租人;对租赁物有使用或收益权的一方为承租人。租赁物须为法律允许流通的动产和不动产。

(二) 租赁合同的特征

1. 租赁合同是转移租赁物使用收益权的合同

在租赁合同中,承租人的目的是取得租赁物的使用收益权,出租人也只转让租赁物的使用收益权,而不转让其所有权。所以租赁合同仅转移标的物的使用、收益权,而不转移标的物的所有权,这是租赁合同区别于买卖合同的根本特征。由于租赁合同转移的仅是对标的物的使用、收益权,因此承租人对租赁物仅有使用并收益的权利,而无对物的处分权。这是租赁合同与借款合同的主要区别。

这里的租赁物只能是有体物,而且须为特定物或者特定化的种类物。对无体物使用权的取得不适用租赁合同。所谓使用,是指不改变物的形体和性质而对物加以利用。租赁合同以承租人取得对物的使用收益权为目的。在当事人无特别约定时,承租人承租权的内容包括使用和收益,无所有权或处分权。

租赁合同的出租人应为租赁物的所有人或者使用权人。但出租人是否为租赁物的所有人或者使用权人,不应影响租赁合同的效力。对于承租人而言,只有承租人自己独立使用租赁物的,才为租赁,并以支付租金为代价。这也是租赁合同以转移标的物的使用收益权为特征的表现。

2. 租赁合同是双务、有偿合同

在租赁合同中,交付租金和转移租赁物的使用收益权之间存在着对价关系,租赁合同当事人双方都既负有一定义务,也享有一定权利,双方的权利义务具有对应性、对价性,一方的义务也正是对方的权利,所以租赁合同为双务合同。交付租金是获取租赁物使用收益权的对价,而获取租金是出租人出租财产的目的。租赁合同当事人的任何一方从对方取得利益,都须支付一定的代价,因此租赁合同为有偿合同。

3. 租赁合同是诺成合同

租赁合同的成立不以租赁物的交付为要件，租赁合同自当事人双方意思表示一致时起合同即告成立。自成立时起当事人之间即可发生权利义务。故租赁合同为诺成性合同，而非实践性合同。

4. 租赁合同是有期限限制的合同

租赁合同转让的是租赁物的使用和收益权，租赁合同终止时，承租人须返还租赁物。租赁合同双方可以约定租赁期。对租赁期的长短的限制，我国《合同法》第二百一十四条有明确规定："租赁期限不得超过二十年。超过二十年的，超过部分无效。"当事人约定的租赁期限超过最长限期的，应缩短为法定的最长期限。这主要考虑到如果当事人之间约定的租赁期过长，这既与转让物的使用收益的目的不符合，也容易就物的返还状态发生争议，甚至使物的价值使用殆尽。

（三）租赁合同的种类

1. 动产租赁和不动产租赁

根据租赁物的不同，租赁可以划分为动产租赁和不动产租赁。不动产租赁包括房屋租赁和土地使用权租赁等。

2. 一般租赁和特殊租赁

根据法律对租赁是否具有特殊的规定，可以将租赁划分为一般租赁和特殊租赁。特殊租赁是相对于一般租赁而言的，指法律有特别要求的租赁，例如，房地产管理法律对房地产的租赁、海商法对船舶的租赁以及航空法对航空器的租赁等都有特殊的规定。

3. 定期租赁和不定期租赁

根据租赁合同是否确定期限，可以划分为定期租赁和不定期租赁。当事人可以在租赁合同中约定租赁期间，没有约定租赁期间的则为不定期租赁。对于不定期租赁，任何一方当事人都有权依自己的意愿随时解除合同，但在解除合同之前，应预先通知对方。但是，无论是否约定租赁期间，租赁期间都受 20 年法定期间的限制。

二、租赁合同的内容和形式

（一）租赁物条款

对租赁物，前面已经述及，它必须是有体物，可以是特定物或者特定化的种类物，是不可代替的非消耗物。如果是易消耗物，当物消耗殆尽时，物本身不存在，就不是转让物的使用和收益的合同了。租赁物可分为现存的物和将来之物。如果当事人约定以将来之物为标的物的,该物应为出租人于将来可取得的物。如果以不能取得的物为租赁物,则租赁合同因其自始履行不能应为无效。

(二)租赁期限的条款

当事人在合同中应明确约定租赁的期限。当事人在合同中未约定租赁期限或者约定不明确的,该租赁为不定期租赁。当事人在合同中明确约定了租赁期限的,为定期租赁。前面已经论述过,这里不加赘述。在当事人于合同规定的租赁期限届满时没有续租的,租赁关系终止。但现实生活中,经常会出现这样两种情况:一种是当事人于租赁合同期限届满后,要求续订租赁合同,这种情况我们称为约定更新,原租赁合同其他内容都不变,只是延长合同的期限。当事人续订租赁合同的,约定的租赁期限自续订之日起不得超过 20 年。另一种是当事人于租赁期限届满后,以行为表明其继续租赁关系。我们称之为法定更新或默示更新。承租人继续交付租金,出租人继续接受。当事人有此行为时则推定双方继续租赁关系,租赁期限视为更新。但在法定更新,当事人之间的定期租赁更改为不定期租赁。其后,当事人任何一方均得随时终止租赁合同。

(三)租金条款

当事人在合同中必须约定租金条款,如果合同中没有租金的约定,则该合同就不能成为租赁合同。当事人对于租金的约定应具体明确,对于租金的数额、支付的期限(一个月一交还是三个月一交等)、支付的方式(出租人上门收还是承租人交给出租人等)都要有明确的约定。

(四)租赁物维修条款

当事人在合同中要约定租赁物的维修义务及有关事项,明确当事人双方的责任。租赁物在出租的过程中,可能会出现租赁物不能正常使用的情况,租赁物的维修,是使租赁物保持正常状态以使其能为承租人使用、收益的必要措施。因此,为避免发生争议,租赁物维修条款的约定有利于租赁合同的顺利履行。当然,租赁物的维修条款不是租赁合同的必要条款。当事人就维修达不成一致意见,也不影响合同的效力。

(五)租赁合同的形式

根据《合同法》第二百一十五条的规定:"租赁期限六个月以上的,应当采用书面形式。当事人未采用书面形式的,视为不定期租赁。"但对于特殊的租赁合同,法律规定应采用书面形式、依法办理其他手续的,应依法律的规定办理。例如,土地使用权租赁不论定期或者不定期,均应采取书面形式,并需要办理登记。

三、租赁合同当事人的权利和义务

（一）出租人的义务

1. 交付出租物

出租人交付的租赁物应符合合同中约定的名称、数量，并以合同中约定的交付方式、时间、地点为之。物的使用以交付占有为必要的，出租人应按照约定交付承租人实际占有使用。物的使用不以交付占有为必要的，出租人应使之处于承租人得以使用的状态。如果合同成立时租赁物已经为承租人直接占有，从合同约定的交付时间时起承租人即对租赁物享有使用收益权。如果依合同约定的使用性质，不以标的物的交付为必要，则出租人应将租赁物作成适于承租人使用的状态。租赁物有从物的，出租人于交付租赁物的同时应交付从物。出租人交付的标的物须合于约定的使用收益目的。

2. 保持租赁物符合约定的用途

租赁合同是继续性合同，在其存续期间，出租人有继续保持租赁物的法定或者约定品质的义务，使租赁物合于约定的使用收益状态。包括出租人本身在内的任何人都不能妨害承租人的使用收益，倘发生品质降低而害及承租人使用收益或其他权利时，则应维护修缮，恢复原状。因修理租赁物而影响承租人使用、收益的，出租人应相应减少租金或延长租期，但按约定或习惯应由承租人修理，或租赁物的损坏因承租人过错所致的除外。

3. 瑕疵担保

瑕疵担保责任，包括物的瑕疵担保责任与权利瑕疵担保责任。所谓物的瑕疵担保，是指出租人应担保所交付的租赁物符合约定的用途，能够为承租人依约正常使用收益。

物存有瑕疵亦即标的物的品质或数量不合约定的标准或者不合乎标的物通常使用的状态应有的使用价值。因为租赁关系为继续性的法律关系。出租人应保持租赁物在租赁期间符合用途，所以不仅交付的标的物存有瑕疵时，出租人应承担瑕疵担保责任，而且于租赁物交付后在租赁关系存续期间租赁物发生瑕疵的，出租人也应负瑕疵担保责任。当租赁物有瑕疵或存在权利瑕疵致使承租人不能依约使用收益时，承租人有权解除合同，承租人因此所受损失，出租人应负赔偿责任，但承租人订约时明知有瑕疵的除外。

出租人的权利瑕疵担保，是指出租人应担保不因第三人对承租人主张权利而使承租人不能依约为使用收益。根据《合同法》第二百二十八条规定："因第三人主张权利,致使承租人不能对租赁物使用、收益的,承租人可以要求减少租金或者不支付租金。""第三人主张权利的,承租人应当及时通知出租人。"在第三人对承租人主张权利致使承租人不能依约定为租赁物的使用收益时,出租人即应负瑕疵担保责任,承租人可以要求减少租金或者解除合同,并可要求出租人赔偿因此所受到的损失。但是承租人在合同订立时明知有权利瑕疵,则其自愿承担了第三人主张的风险,出租人不负瑕疵担保责任。承租人在第三人主张权利时,应当及时通知出租人,以使出租人及时采取救济措施。在承租人及时通知出租人后,出租人未能排除因第三人主张权利而妨碍承租人对租赁物为使用、收益时,承租人即有权要求减少租金或者不支付租金。

同时根据《合同法》第五十三条的规定,因故意或者重大过失造成对方财产损失的免责条款无效。因此,在租赁合同中,当事人在租赁合同中以特别约定免除权利瑕疵担保责任的,如出租人故意或者重大过失不告知承租人权利瑕疵,则因该特别约定为无效,出租人仍应承担权利瑕疵担保责任。

4. 在合同终止时接受租赁物和返还押金或者担保物

在租赁合同终止、承租人返还租赁物时,出租人应当及时接受租赁物。如果出租人收有押金或者其他担保物,则出租人应当返还押金或者担保物,出租人不及时返还的,其占有为非法占有。应承担相应的民事责任。

5. 负担税负及费用的返还

租赁物有税捐等负担时,除当事人另有约定外,出租人应当承担。因为这些负担是由租赁物而发生的,而租赁合同只是使用权与收益全的转让,所有权并不转移。

出租人对于承租人为租赁物支出的费用有偿还的义务。出租人应当偿还的费用包括有益费用和必要费用两部分。

所谓有益费用,是指承租人支出而使租赁物价值增加的费用。而且这种改善或者增设行为已经出租人同意。出租人返还的有益费用的范围仅限于租赁合同终止时租赁物增加的价值额,而不能以承租人支出的数额为准。因为承租人虽支出费用改善租赁物而使租赁物的价值增加,但在承租人使用租赁物期间,该利益并不为出租人享受而为承租人享受,只有在租赁合同终止时现存的价值才能为出租人享受,才属于出租人取得的利益。当然,承租人所增设的物能够拆除的,承租人可以拆除,而不要求出租人偿还有益费用,但承租人拆除时应恢复租赁物的原状。

所谓必要费用,是指为维护租赁物所不可缺少的费用。为维持租赁物为承租人使用收益所支出的必要费用,一般应由承租人承担;为维持租赁物的使用收益状态所支出的必要费用,应由出租人负担,如此项费用已为承租人支出,出租人则有偿还的义务。

(二) 承租人的义务

1. 支付租金

承租人应当按照约定的期限支付租金。这是承租人的主要义务。承租人无正当理由未支付租金或延期支付租金的,出租人可以要求承租人在合理期限内支付。承租人逾期不支付的,出租人可以解除合同。对支付期限没有约定或者约定不明确,双方应当协商解决,协议不成的,可以按照交易习惯解决,如果以上两种办法还不能解决的,《合同法》第二百二十六条规定,租赁期间不满一年的,应当在租赁期间届满时支付;租赁期间一年以上的,应当在每届满一年时支付,剩余期间不满一年的,应当在租赁期间届满时支付。

租金一般以金钱计算,当事人约定以租赁物的孳息或者其他物充当租金的,也是可以的,但不得以承租人的劳务代租金。如果承租人未在规定的时间内交付租金,或者交付一部分租金,出租人可以要求承租人在合理期限内支付。承租人逾期不支付的,出租人可以解除合同。

2. 按照约定的方法使用租赁物

承租人应按照约定的方法使用租赁物。租赁合同成立后,承租人享有租赁权,就是享有对租赁物的使用收益。承租人因出租人交付租赁物而取得现实地对租赁物为使用收益的权利。承租人在行使使用收益权利的同时,负有按照约定的方法为使用收益的义务。如无约定的或约定不明确的,可以由当事人事后达成补充协议来确定;不能达成协议的,按合同的有关条款或交易习惯确定;仍不能确定的,应根据租赁物的性质使用。承租人按照约定的方法或者按租赁物的性质使用致使租赁物受到损耗的,因属于正常损耗,不承担损害赔偿责任。承租人不按照约定的方法或者按租赁物的性质使用致使租赁物受到损耗的,实为承租人违约,出租人可以解除合同并要求赔偿损失。

3. 妥善保管租赁物

租赁合同成立后,承租人在租赁期间占有租赁物,对租赁物仅享有占有和使用及收益的权利,而租赁物的所有权仍属于出租人,所以承租人在占有期间以善良管理人的注意妥善保管租赁物,即承租人应如同保管自己的财物一样地保管租赁物。承租人保管租赁物,合同中约定有保管方法的,应依约定的方法保管;没有约定保管方法的,应依租赁物的性质所要求的方法保管。承租人对租赁物的保管既包括对租赁物的保存,也包括对租赁物的正常维护和维持。承租人违反其妥善保管义务致使租赁物毁损灭失的,应负违约责任,赔偿出租人的损失。

4. 不得擅自改善和增设他物

承租人经出租人同意,可以对租赁物进行改善和增设他物。承租人未经出租人同意对租赁物进行改善和增设他物的,出租人可以请求承租人恢复原状或赔偿损失。《合同法》第二百二十三条第二款规定:"承租人未经出租人同意,对租赁物进行改善或者增设他物的,出租人可以要求承租人恢复原状或者赔偿损失。"

5. 瑕疵通知

在租赁关系存续期间,出现以下情形之一的,承租人应当及时通知出租人:① 租赁物有修理、防止危害的必要。所谓维修的必要,是指租赁物出现影响正常使用收益的情况,必须对其进行维修方能满足承租人依约定对租赁物为使用收益,否则就不能对租赁物为正常的使用、收益,不能发挥租赁物应有的效用。如租赁物虽有损毁但并不妨碍承租人依约为使用收益,则租赁物无维修的必要,出租人不负维修义务;② 其他依诚实信用原则应该通知的事由。因为在租赁物交付承租人占有后,出租人不占有租赁物,对于租赁物是否有维修的必要,承租人最清楚,而出租人却并不一定知道。承租人怠于通知,致出租人不能及时救济而受到损害的,承租人应负赔偿责任。

6. 返还租赁物

租赁合同终止时,承租人应将租赁物返还出租人。逾期不还,即构成违约,须给付违约金或逾期租金,并须负担逾期中的风险。经出租人同意对租赁物进行改善和增设他物的,承租人可以请求出租人偿还租赁物增值部分的费用。因此承租人当然不能以租赁物清偿承租人的债务,在承租人破产时租赁物也不能列入破产财产,出租人有取回权。

(三) 承租人的转租权

承租人经出租人同意,可以将租赁物转租给第三人。转租与债的转移不同。转租期间,承租人与出租人的租赁合同继续有效。转租是指承租人不退出租赁关系,而将租赁物出租给次承租人使用收益。只有经出租人同意的转租,才是合法转租。承租人未经同意而转租的,即非法转租的,出租人可终止合同。

因承租人的同居人和经承租人允许使用租赁物的第三人的原因造成租赁物毁损灭失的,也为因承租人未尽妥善保管义务造成的损害,承租人同样应负赔偿责任。

(四) 买卖不破租赁

根据《合同法》第二百二十九条规定:"租赁物在租赁期间发生所有权变动的,

不影响租赁合同的效力。"据此,在租赁合同有效期间,租赁物因买卖、继承等使租赁物的所有权发生变更的,租赁合同对新所有权人仍然有效,新所有权人不履行租赁义务时,承租人得以租赁权对抗新所有权人,这在学理上称之为"买卖不破租赁"。根据"买卖不破租赁"规则,租赁权得对抗不特定第三人,此又被称为租赁权的物权化。

案例分析

[案情]

王某将位于某市解放路5号的店面房一间出租给郑某,租期3年,租金为每月1 800元,双方还在租房合同中约定了违约金条款。房屋出租后,郑某与其弟合住。郑某在该出租房内故意杀害了一名同乡,成了被司法机关立案侦查并逮捕的犯罪嫌疑人。此后王某一直觉得邻居们对自己指指点点,心里十分的不受用。想到租金并不高,而且承租人郑某本人没怎么住过,一直都是郑某的弟弟住着,遂产生了解除合同、收回房子的想法,并与郑某的弟弟之间产生了争执。

[问题]

王某是否可以解除租赁合同。

[法律依据]

《合同法》第二百二十四条:"承租人经出租人同意,可以将租赁物转租给第三人。承租人转租的,承租人与出租人之间的租赁合同继续有效,第三人对租赁物造成损失的,承租人应当赔偿损失。承租人未经出租人同意转租的,出租人可以解除合同。"第二百二十七条:"承租人无正当理由未支付或者迟延支付租金的,出租人可以要求承租人在合理期限内支付。承租人逾期不支付的,出租人可以解除合同。"第二百三十四条:"承租人在房屋租赁期间死亡的,与其生前共同居住的人可以按照原租赁合同租赁该房屋。"

[法律运用及处理结果]

对于本案而言,下列情形可导致房屋租赁合同的解除:一是承租人郑某因故意杀人被判处死刑并予以执行,则该民事法律关系的一方当事人死亡,该合同也自然解除了。但最高人民法院《关于贯彻执行〈民法通则〉若干问题的意见》第一百一十九条第一款规定:承租户以一人名义承租私有房屋,在租赁期内,承租人死亡,该户共同居住人要求按原租约履行的,应当准许。同时《合同法》第二百三十四条也规定:承租人在房屋租赁期间死亡的,与其生前共同居住的人可以按照原租赁合同租赁该房屋,因此,王某若没有其他合同的理由而欲解除合同收回房子,还得看郑某的弟弟的意思表示。二是若订立房屋租赁合同时,双方约定承租人有遵纪守法的义务,不得有在租赁的房屋内有违法乱纪的现象,否则出租人可解除合同的条款,王某可据此解除合同。三是根据《合同法》第二百二十四条第二款的规定:"承租人未经出租人同意转租的,出租人可以解除合同。"如果王某能找到郑某向其弟收取租金的证据,则可以单方面解除合同。

[值得注意的问题]

关于房屋租赁合同的解除,除《合同法》明确规定的,依《合同法》的规定,《合同法》没有规定的,根据《民法通则》及其他有关法律的规定可以解除的,亦可主张解除。

(案例来源:www.bjhetong.com)

第六节 融资租赁合同

一、融资租赁合同的概念和特征

(一)融资租赁合同的概念

融资租赁合同,是指出租人根据承租人对出卖人、租赁物的选择,向出卖人购买租赁物,提供给承租人使用,承租人支付租金的合同。

融资租赁集借贷、租赁、买卖于一体,是将融资与融物结合在一起的交易方式。

(二)融资租赁合同的特征

1. 融资租赁合同涉及三方当事人

即出租人(买受人)、承租人和出卖人(供货商)。承租人要求出租人为其融资购买承租人所需的设备,然后由供货商直接将设备交给承租人。出租人只能为经营融资租赁业务的法人。这是由融资租赁合同的融资性所决定的。在融资租赁关系终止后,承租人有选择权,可以按照约定支付租赁物残余的价值购买租赁物而取得其所有权。融资租赁合同偏重于承租人的义务和责任,而出租人只享有租赁物的名义所有权,其法律地位类似于融资人。

2. 融资租赁合同包括两个以上的合同

融资租赁至少有两个合同:一个是由出卖人与买受人(租赁合同的出租人)之间的买卖合同,另一个是出租人与承租人之间的租赁合同。但其法律效力又不是买卖和租赁两个合同效力的相加。

3. 租赁标的物是由出租人依照承租人的要求购买的

在融资租赁合同中，出租人必须按照承租人的要求购买标的物，出租人购置物件的行为与出租物件的行为是联系在一起的，共同构成融资租赁关系的内容。其购买的直接目的是为了满足承租人对物件的需求，在出卖人不履行义务时，可由承租人直接向出卖人索赔。融资租赁合同的承租人通过由出租人购买所需的标的物，以解决自己一次性购买标的物所需资金的不足，从而达到融资的目的。从这一点上说，承租人等于向出租人借贷。但是，承租人并不是从出租人处取得租赁物或者金钱的所有权，而是通过租赁的形式取得标的物的使用收益权，以租金的形式偿还出租人为购买租赁物所付出的对价等费用。

4. 融资租赁合同的出租人不负担租赁物的维修与瑕疵担保义务

在租赁合同中，出租人与买卖合同中的出卖人一样地负有瑕疵担保责任，须使租赁物合于合同中约定的使用收益的状态和保证第三人不能对租赁物主张权利。而在融资租赁合同，由于出租人仅是依承租人的指示和要求去筹措资金购买物件，因此，除承租人依赖出租人的技能确定租赁物或者出租人干预选择租赁物的情况外，出租人对租赁标的物不符合约定或者不符合使用目的不承担责任。但承租人须向出租人履行交付租金义务

5. 承租人须向出租人支付的租金非仅为使用租赁物的代价

在融资租赁合同中，因其也为"租赁"而非买卖，所以承租人也须支付"租金"，但因其为"融资"租赁，所以承租人支付的代价并非对租赁物为使用收益的代价，而是"融资"的代价，租金实际上是承租人对出租人购买租赁物件的价金的本息和其应获取的利润等费用的分期偿还。

6. 融资租赁合同必须采用书面形式

融资租赁合同的内容包括租赁物名称、数量、规格、技术性能、检验方法、租赁期限、租金构成及其支付期限和方式、币种、租赁期间届满租赁物的归属等条款。融资租赁合同为不可撤销的合同。

二、融资租赁合同当事人的权利和义务

（一）出卖人的义务

1. 向承租人交付租赁物

《合同法》第二百三十九条规定："出卖人应当按照约定向承租人交付标的物。"在融资租赁中，其中的买卖合同，出卖人的对方当事人虽为出租人，其交付标的物

的义务却应向承租人履行,此为约定的代出租人履行交付义务。出卖人作为买卖合同的一方当然负有按照约定的时间、地点、方式、期限等交付标的物的义务。出卖人未按约定向承租人交付标的物的,为违约行为,应负违约责任。承租人可以要求出卖人继续履行交付义务,也可以解除合同,并要求赔偿损失。

2. 承租标的物之瑕疵担保义务和损害赔偿义务

在融资租赁中,出租人对承租人一般不负瑕疵担保责任,但这并不意味着不发生瑕疵担保责任,融资租赁中的出卖人仍应对其交付的标的物负瑕疵担保责任。不过,因出卖人是向承租人交付标的物并由承租人验收标的物,出卖人和标的物也是由承租人选择确定的,应由出卖人向承租人负瑕疵担保责任。因此,在出卖人交付的标的物不符合合同的约定时,承租人得向出卖人请求瑕疵担保责任。如出卖人交付的标的物虽不符合约定的条件但不影响使用,承租人愿意继续使用的,可以要求减少价金;若出卖人交付的标的物不能使用,则承租人可以根据情况要求出卖人予以修理或者更换;如果出卖人交付的标的物无法实现合同的目的,承租人可以要求解除合同并要求赔偿损失。

(二)出租人的义务

相对于出卖人,出租人就是买受人,其主要义务有:

1. 向出卖人支付标的物的价金

出租人应当按照买卖合同的要求及时向出卖人支付货款。因为买卖是融资租赁合同的组成部分,出租人向出卖人履行付款义务又与出卖人的交付义务相关联,涉及承租人能否取得对租赁物的使用收益,因此,出租人按照合同约定向出卖人付款,不仅是其对出卖人的义务,也为其对承租人所负的义务。出租人不按照合同约定向出卖人支付货款,致使承租人不能依照约定使用租赁物时,应向承租人承担违约责任,承租人得解除合同,或者请求减少租金,或者相应地延长租期。

2. 按照承租人的要求订立买卖合同购买租赁物

出租人应当按照承租人对出卖人、租赁物的选择购买租赁物,以实现融资租赁。购买租赁物,这本是融资租赁关系发生的前提,但从融资租赁合同的整体上看,按照承租人的选择和要求购买租赁物,是出租人的一项义务。出租人必须根据承租人对租赁物和出卖人的选择以自己的名义与出卖人签订购买租赁物的买卖合同。出租人不与出卖人订立购买租赁物的买卖合同的,应当向承租人负赔偿责任。

3. 在承租人向出卖人行使索赔权时,负有协助义务

《合同法》第二百四十条规定:"出租人、出卖人、承租人可以约定,出卖人不履

行买卖合同义务的,由承租人行使索赔的权利。承租人行使索赔权利的,出租人应当协助。"融资租赁合同涉及三方当事人,三方当事人可以约定承租人行使对出卖人的索赔权,但出租人有义务协助承租人索赔。因为在融资租赁中,虽出卖人直接向承租人履行买卖合同中的出卖人的义务,而出租人却为买卖合同的买方当事人。对出卖人不履行义务或者履行义务不符合约定或者规定的条件的,买方当事人是可以追究其违约责任的。但是在租赁合同中,出卖人是直接将标的物交付给承租人的,由承租人对标的物进行验收,出租人(买方)对其技术性能和品质要求未必了解,所以,出租人对标的物的瑕疵一般不负担保责任。由承租人直接向出卖人行使索赔权,而出租人承担些组的义务。

4. 不变更买卖合同中与承租人有关条款的不作为义务

《合同法》第二百四十一条规定:"出租人根据承租人对出卖人、租赁物的选择订立的买卖合同,未经承租人同意,出租人不得变更与承租人有关的合同内容。"依该条规定,出租人不仅须按照承租人的要求订立买卖合同,并且不得擅自与出卖人变更买卖合同中有关承租人的内容。这是因为尽管买卖合同的当事人双方为出租人与出卖人,但购买标的物的目的是为提供给承租人使用的,合同中的有关内容与承租人有着直接的利害关系。买卖合同的主体为出租人与出卖人,由于出卖人是根据承租人的选择确定的,是由承租人在融资租赁合同中指定的,承租人对出卖人的选择决定于其对出卖人的产品的信赖,所以,未经承租人同意,出租人不得擅自将买卖合同的主体、标的物以及标的物交付的进行变更。买卖合同的当事人双方虽为出卖人与出租人,但因融资租赁而发生的买卖,出卖人是直接向承租人履行交付标的物的义务的,出卖人交付标的物的时间直接决定承租人起租的时间,能否按约定交付标的物关系到承租人能否按约定对租赁物为使用收益,故未经承租人同意,出租人不得擅自变更标的物的交付时间、地点和方式等。出租人未经承租人同意,擅自变更与承租人有关的买卖合同内容的,其行为构成对融资租赁合同的违反,应向承租人承担违约责任,承租人有权拒收标的物,解除合同,并有权要求出租人赔偿损失。

5. 例外情况下的瑕疵担保责任

《合同法》第二百四十四条规定:"租赁物不符合约定或者不符合使用目的的,出租人不承担责任,但承租人依赖出租人的技能确定租赁物或者出租人干预选择租赁物的除外。"依此规定,在例外的情形下,出租人的瑕疵担保责任不能免除,即使当事人之间有此特约也是无效。

出租人应负瑕疵担保责任的情形包括:① 由出租人选择决定标的物的种

类、规格、型号、商标、出卖人等,但是出租人仅是向承租人介绍、推荐出卖人和标的物而由承租人自己作出选择决定的,免责特约仍有效;② 出租人干预择租赁物,如出租人迫使承租人选择出卖人、标的物,出租人擅自变更标的物等,应负瑕疵担保责任;③ 出租人明知租赁标的物有瑕疵而不告知或者因重大过失而不知有瑕疵,其免责的特约由于违反诚实信用原则而无效;④ 出租人与出卖人之间有密不可分的关系,如融资租赁公司为出卖人的子公司,免责的特约无效;⑤ 因当事人之间的约定使承租人不能或者无法直接向出卖人行使索赔的权利,免责的特约无效。

(三) 承租人的义务

1. 根据约定向出租人支付租金

融资租赁的承租人应交付租金。《合同法》第二百四十八条规定:"承租人应当按照约定支付租金。承租人经催告在合理的期限内仍不支付租金的,出租人可以要求支付全部租金;也可以解除合同,收回租赁物。"承租人支付的租金的义务不因承租人违约由出租人收回标的物而改变;也不因承担标的物灭失的风险责任而改变。

2. 要善保管和使用租赁物并担负租赁物的维修义务

在租赁期间,承租人占有租赁物,对租赁物负有妥善保管的义务,并且负有维修标的物的义务。

承租人在租赁合同中取得出租人购买的租赁物的使用收益权。虽然租赁物是根据承租人选定的,由出租人购买的,但其所有权归出租人所有。《合同法》第二百四十二条明确规定也印证了这点:"出租人享有租赁物的所有权。承租人破产的,租赁物不属于破产财产。"为保护出租人利益的需要,承租人应负妥善保管租赁物的义务。在融资租赁中,出租人不负标的物的瑕疵担保责任,因而对租赁物无维修义务,但出租人却享有于租赁期间届满后收回标的物加以使用或者处分的期待利益,因此,承租人需保障出租人期待利益的实现,不仅须妥善保管标的物,而且负有维修标的物的义务。由于承租人承担租赁期间标的物意外灭失的风险,并应保障出租人于租赁期间届满后应得到的期待利益,所以,除合同另有约定外,出租人应将租赁物投保,而保险费用由承租人负担。

3. 依约定支付租金,并于租赁期间届满时返还租赁物

《合同法》第二百五十条规定:"出租人和承租人可以约定租赁期间届满租赁物的归属。对租赁物的归属没有约定或者约定不明确,依照本法第六十一条的规定仍不能确定的,租赁物的所有权归出租人。"一般说来,融资租赁合同中一般约定在

租赁期间届满后,承租人得请求以一定的价格买下租赁物(即留购),也可以请求继续租赁(即续租)。承租人要求留购的,承租人有优先购买权,得支付一定的价格购买下租赁物。当事人也可以约定租赁期间届满租赁物即归承租人所有。《合同法》第二百四十九条规定:"当事人约定租赁期间届满租赁物归承租人所有,承租人已经支付大部分租金,但无力支付剩余租金,出租人因此解除合同收回租赁物的,收回的租赁物的价值超过承租人欠付的租金以及其他费用的,承租人可以要求部分返还。"承租人请求续租的,当事人双方应当更新租赁合同。在继续租赁时,租金的标准应以预计的租赁物残存的价值为基础来确定,而不应适用原来的租金标准。如果合同中无承租人得选择购买或者续租的权利,或者虽有约定而承租人不购买也不继续租赁的,于租赁期间届满时,因租赁物归出租人所有,承租人有义务将租赁物返还给出租人。

案例分析

[案情]

上诉人(原审原告)是中国××信托投资公司(以下简称信托公司),被上诉人(原审被告)是××市纺织集团公司(以下简称纺织公司);被上诉人(原审被告)是××市商业银行(以下简称商业银行);被上诉人(原审被告)是××市财务开发公司(以下简称财务公司)。1995年3月20日,信托公司与纺织公司签订回租购买合同书,主要内容为:信托公司应纺织公司的要求,向纺织公司购买POY偏细丝生产设备(以下简称合同货物)并出租给纺织公司使用,纺织公司以租回使用为目的,向信托公司出售上述合同货物,合同货物总价格为171万美元;纺织公司应于合同生效后90日内将合同货物全部交付信托公司,合同货物的所有权于合同生效日起由纺织公司全部转让给信托公司;信托公司收到纺织公司提供的供货方出具的有关合同货物的发票复印件、纺织公司签署的租赁物件收据、纺织公司要求支付合同货物款的通知函并在合同生效后10日内,将货款汇付纺织公司。同日,信托公司与纺织公司、越城银行、财务公司又签订了融资租赁合同书,约定了租赁物件、租赁日期、租金及租金支付、租赁物件交付、违反合同处理、担保等内容。其中担保条款为:如果纺织公司未按合同规定偿还租金、利息、罚息及其他费用,越城银行、财务公司负有50%代为清偿的连带责任。当日,纺织公司向信托公司出具了购买宝越公司的合同货物的发票复印件、租赁物件收据及要求信托公司支付合同货物款的通知函。1995年3月28日,信托公司按照纺织公司要求支付合同货物款的通知函的指令,将合同货物款1 658 700美元电汇至宝越公司。此后,纺织公司向信托公司共支付租金13.8万美元。另查明:1996年12月6日,经××市人民政府批准,越城银行等九家信用合作社被纳入××市合作银行组建范围。1997年11月27日,中国人民银行批复××省分行,同意××市合作银行开业,包括越城银行在内的九家信用合作社同时解散,成为××市合作银行的分支机构。1998年5月14日,经中国人民银行××市分行批准,××市合作银行更名为商业银行。在原审法院审理过程中,纺织公司与信托公司均确认合同货物的实际使用人为某公司;纺织公司确认其不是合同货物所有权人。信托公司主张纺织公司系合同货物的所有权人,但未能举出相应的证据。

原审原告诉称,1995年3月20日,信托公司在北京与××纺织公司签订回租购买合同书,约定:信托公司向纺织公司购买POY偏细丝生产设备并出租给纺织公司使用,纺织公司以租回使用为目的,向信托公司出售上述租赁物,租赁物总款为171万美元;货物的所有权于合同生效日起归信托公司。同日,信托公司与纺织公司、××商业银行、财务公司根据购买合同在北京签订了融资租赁合同书,约定:信托公司为出租方,纺织公司为承租方,商业银行、财务公司为担保方;租金币种为美元;租赁物与购买合同中的货物相同,其实际成本包括至合同生效日止投资公司为购买及向纺织公司交付租赁物所发生的全部费用,金额与购买合同中租赁物总价款相同;租金分六期支付;租赁期限36个月,即从1995年3月20日起至1998年3月20日止;如纺织公司未按合同规定履行义务,信托公司除有权收回租赁物外,纺织公司须按迟延支付期间中国银行公布的一至三年期三个月浮动贷款利率120%、按复利方式计算支付迟延罚息;商业银行、财务公司承诺对合同项下的全部租金、利息、罚息及其他费用各承担50%的代为清偿的连带责任。合同签订后,纺织公司于1995年3月20日向信托公司发出货物支付通知书、供货方出具的有关合同货物的发票复印件及签署的租赁物件收据。信托公司于1995年3月28日向纺织公司支付了全部购货款。纺织公司除支付租金13.8万美元外,其余租金尚未支付,至1998年7月31日共计2 122 563.69美元。信托公司多次催要未果,故请求法院判令三被告偿还租金本息、迟延利息至1998年7月31日共计2 122 563.69美元及自1998年6月20日起至实际支付日止的租金利息,并承担全部诉讼费用及相关费用。

原审被告纺织公司,对信托公司起诉的事实及请求无异议。

原审被告商业银行辩称,1995年3月20日,信托公司与纺织公司签订了融资租赁合同,××市越城银行在该合同上盖章,承诺在纺织公司应向信托公司支付的全部租金及费用的50%范围内承担连带保证责任。在商业银行开业时,越城银行已自动解散,因此信托公司起诉越城银行不符合民事诉讼法的规定,应依法予以驳回。纵观信托公司起诉时提供的所有附件不难发现,承租人纺织公司并没有租赁合同所指的租赁物件,租赁物件所有权从回租购买合同发票看应属宝越公司而非纺织公司,故信托公司与纺织公司整个交易过程中仅有资金而无物件,是名为融资租赁实为借贷的行为,是出租人为争得较高利息而与承租人签订的虚假合同。纺织公司明知所涉物件所有权并非归属自身,仍以物件所有人名义欺骗担保人,担保人越城银行并不知悉实情,承诺承担保证责任是违背自身真实意思表示的,故保证合同无效,保证人不承担责任。按照《××省融资租赁管理暂行规定》及法律规定,信托公司自行就未生效合同进行履行,也与担保单位无涉,由此产生的责任也不应当由商业银行承担。

原审被告财务公司辩称,信托公司与纺织公司签订的合同名为融资租赁实为借贷,合同无效,保证合同也无效。

[问题]

融资租赁合同出租人与承租人的权利义务法律规定是怎么样的?融资租赁合同项下货物的处置权如何安排?

[法律依据]

《合同法》第二百三十七条:"融资租赁合同是出租人根据承租人对出卖人、租赁物的选择,向出卖人购买租赁物,提供给承租人使用,承租人支付租金的合同。"第二百四十一条:"出租人根据承租人对出卖人、租赁物的选择订立的买卖合同,未经承租人同意,出租人不得变更与承租人有关的合同内容。"第二百四十二条:"出租人享有租赁物的所有权。"第二百四十八条:"承租人应当按照约定支付租金。承租人经催告后在合理期限内仍不支付租金的,出租人可以要求支付全部租金;也可以解除合同,收回租赁物。"

[法律运用及处理结果]

(1) 本案纠纷的性质是:融资租赁合同项下的租赁物的出卖方与承租方为同一主体,出租人在并未实际取得租赁物的所有权的情况下与承租人签订回租购买合同及融资租赁合同,在出租人履行了给付货款义务后,承租人拒绝按合同支付租金,担保人拒绝承担担保义务而引起的经济纠纷案件。

(2) 信托公司与纺织公司签订了回租购买合同,但合同项下的货物受海关监管,纺织公司通过合同将其所有权转让给信托公司的行为是违反法律规定的,该货物的所有权也不可能转让给信托公司,因此该回租购买合同应认定为无效。

(3) 本案中回租购买合同无效,信托公司仅取得了货物发票的复印件,并未实际取得租赁物的所有权,纺织公司也没有实际占有、使用租赁物,因此融资租赁合同的标的租赁物事实上是不存在的,当事人仅进行了资金往来,该融资租赁合同也应认定为无效合同。对于合同的无效,信托公司及纺织公司负有过错。

(4) 本案中融资租赁合同的担保方越城银行在签订了担保合同之后丧失主体资格,并入商业银行,其权利义务由商业银行继续承受。

(5) 本案的担保方商业银行及财务公司并不知悉出租方未取得租赁物的所有权的情况,所签订的担保合同违背了其真实意思表示,担保合同应认定为无效,商业银行及财务公司不需要承担担保义务。

具体到本案,供货人与承租人均为纺织公司,根据双方签订的回租购买合同及融资租赁合同,纺织公司先将其名下的货物卖给信托公司,获得一笔融通资金,然后再以租赁的方式租用已卖出的货物,按约定分期向信托公司支付租金。我国《民法通则》、《合同法》等民事法律法规并没有禁止当事人采用这种方式融通资金,在民事法律关系中,法无禁止,便视为许可。但是,本案特殊之处却在于,供货人兼承租人纺织公司所称的货物实际上是处于被海关监管状态的,在未经海关批准并补缴关税的情况下不得转让,因此导致了以转让该批货物所有权为目的的回租购买合同无效,买受人兼出租人信托公司没有也不可能取得该批货物的所有权。而本案中的融资租赁合同是以回租购买合同项下的货物作为租赁标的物的,但出租人信托公司既没有取得该租赁物的所有权,承租人纺织公司也没有实际占有、使用该租赁物,也就是说,融资租赁合同项下的租赁物没有实际出现也不可能出现在当事人的融资租赁关系中。失去了标的物,融资租赁合同也就没有了存在的基础,因此该合同应被认定为无效。信托公司和纺织公司对于两个合同的无效都有过错,应各自承担相应的民事责任。本案中没有证据显示担保方商业银行和财务公司明知合同无效或对合同无效负有过错,应认定其提供担保的行为是在违背真实意思表示的情况下所为,可不再承担担保责任。

[值得注意的问题]

融资租赁合同是比较复杂的一类合同,涉及当事人权利义务的事务较多,往往是买卖合同和租赁合同的交合,因此,分析处理融资租赁合同时要结合民法通则、担保法、合同法等多种法律规定,才能做正确的裁断,这是应特别注意的地方。

(案例来源:www.findlaw.cn)

【本章思考题】

1. 买卖合同的特殊性表现在哪些方面?
2. 简述供电合同供电方的权利义务的表现。
3. 赠与合同是单务合同还是双务合同?
4. 借款合同是诺成性合同还是实践性合同?
5. 租赁合同出租方和承租方的权利义务有哪些?
6. 简述融资租赁合同的法律特征。
7. 案例思考题:

1986年初,某光镜厂欲进口一套生产线设备,某仪电公司作为光镜厂的进口代理人,于1986年9月23日与香港某公司签订购买该设备的合同,约定设备总计为428 880元,货到先付90%,余款在收到最终用户证明后给付。12月2日,仪电公司将购货合同转让给某租赁公司。转让合同约定:租赁公司按购货合同约定付款,取得设备所有权后作为出租人将购进设备租赁给光镜厂,对购货合同的其他权利、义务不负责任,购货合同本身及合同执行发生争议的索赔、仲裁由仪电公司按购货合同处理,同时,仪电公司向租赁公司出具了租金偿还保证书,保证光镜厂按时偿付租金。12月4日,光镜厂与租赁公司签订融资租赁合同,租金为502 376元,租期42个月,共分7期,1987年5月30日起,每半年一期,每期偿还租金时,须按当期的半年期美元Libor+1%的利率调整租金,迟延则罚息,此后,仪电公司、光镜厂共赴香港考察购置设备。

1987年5月9日,设备运抵,经开箱检查,存在严重缺陷,但租赁公司此时已付款385 992元,光镜厂催促仪电公司向香港方索赔,租赁公司则多次声明:设备为其所有,光镜厂不得擅自处理。1988年10月31日,仪电公司以香港公司为被申请人向中国国际经济贸易仲裁委员会申请仲裁,1991年5月10日,作出裁决:设备退还香港方,由其退还货款369 949元,卖方应于7月20日前取回设备,逾期则由申请方仪电公司处理。裁决后,光镜厂多次致函租赁公司,要求处理设备,租赁公司再次强调未经其书面同意,不得拆移设备,后光镜厂以10万元处理了设备,租赁公司也未能找到更高出价者。仪电公司向香港法院申请执行裁决。由于光镜厂及仪电公司仅付租赁公司租金113 008.61元,租赁公司遂起诉追偿下余租金。

争议观点:

（1）租赁公司与光镜厂签订的融资租赁合同为有效合同，光镜厂长期拖欠租金及应付利息，显属违约，应立即偿还所欠租金、利息、罚息及保险费。至于设备的质量问题，因合同有明确约定：在任何情况下承租方均需交纳租金，且承租方承担租赁物的质量瑕疵风险是融资租赁合同的基本特征，仪电公司通过仲裁索赔，也说明租赁物的质量争议是与租赁公司无关的另一法律关系，故租赁设备有质量问题不得成为偿付租金之抗辩理由。

（2）租赁合同有效，租赁公司对设备质量不负有责任。但设备自运抵后发现有质量问题至出售时止历时三年有余，此间设备贬值造成损失是由于租赁公司不及时同意处理所导致，故应由其承担。既然租赁物的所有权属租赁公司，则设备处理价款应归租赁公司，光镜厂和仪电公司应承担支付租赁合同总额及利息中扣除设备贬值及处理价值后剩余款项的义务。

请根据合同法的相关规定，对本案加以分析。

第八章 完成工作成果的合同

教 学 要 求

完成工作成果的合同包括两种合同,分别是承揽合同和建设工程合同。通过本章的学习,读者可以了解和掌握有关承揽合同和建设工程合同的定义、种类、内容以及当事人权利义务等相关知识。

第一节 承 揽 合 同

一、承揽合同的概念、特征和种类

(一)承揽合同的概念

承揽合同,是指当事人一方按他方的要求完成一定工作,并将工作成果交付他方,他方接受工作成果并给付酬金的合同。提出工作要求、按约定接受工作成果并给付酬金的一方是定作人;按指定完成工作成果、收取酬金的一方是承揽人。承揽合同的承揽人可以是一人,也可以是数人。在承揽人为数人时,数个承揽人即为共同承揽人,如无相反约定,共同承揽人对定作人负连带清偿责任。

(二)承揽合同的法律特征

1. 承揽合同以完成一定的工作并交付工作成果为标的

在承揽合同中,承揽人必须按照定作人的要求完成一定的工作,但定作人的目的不是工作过程,而是取得承揽人完成的一定工作成果。这是与单纯的提供劳务的合同的不同之处,虽然承揽人进行工作须提供劳务,但是承揽合同的定作人所需要的并非承揽人完成工作的过程,而是承揽人完成的工作成果。按照承揽合同所要完成的工作成果可以是体力劳动成果，也可以是脑力劳动成果；可以是物，也可以是其他财产。

2. 承揽合同的标的物具有特定性

承揽合同是为了满足定作人的特殊要求而订立的，因而定作人对工作质量、数量、规格、形状等的要求使承揽标的物特定化，使它同市场上的物品有所区别，该标的物，是不能通过市场任意购买的。这是承揽合同与买卖合同的主要区别。有时，承揽合同与买卖合同是很难区别的。比如当由承揽人提供原材料制作成成品而供给定作人时（制作物供给合同），双方的关系是买卖还是承揽呢？一般要看合同的目的，由合同的目的来确定。如果当事人订立合同的目的主要在于特定标的物的完成，以满足定作人的特殊需要上，则应为承揽。

3. 承揽人工作具有独立性

承揽人以自己的设备、技术、劳力等完成工作任务，不受定作人的指挥管理，独立承担完成合同约定的质量、数量、期限等责任。承揽人不得擅自将承揽的工作交给第三人完成。在交付工作成果之前，对标的物意外灭失或工作条件意外恶化风险所造成的损失承担责任。故承揽人对完成工作有独立性，这种独立性受到限制时，其承受意外风险的责任亦可相应减免。

4. 承揽合同的承揽标的具有特定性

承揽合同的定作人需要的是具有特定性的标的物。这种特定的标的物只能通过承揽人完成工作来取得。因为，定作人是根据承揽人的技术、设备、能力等方面的条件认定其能够完成工作来选择承揽人的，定作人注重的是特定承揽人的工作条件和技能，而不是其他一般人的工作条件和技能。

5. 承揽合同是诺成性合同、有偿合同、双务合同、不要式合同

承揽合同自当事人双方意思表示一致即可成立生效，而不以当事人一方实际交付标的物为合同的成立生效要件，故承揽合同是诺成性合同。承揽合同一经成立，当事人双方的权利义务相对应，所以承揽合同是双务合同。承揽合同的定作人须为工作成果的取得支付报酬，任何一方从另一方取得利益均应支付对价。因此，承揽合同是有偿合同。若当事人一方为另一方完成一定工作，另一方接受该工作成果却并不需给付报酬，则当事人之间的关系不属于承揽关系。承揽合同的形式可由当事人约定，法律并无特别要求，所以承揽合同为不要式合同。

（三）承揽合同的种类

承揽合同是满足自然人、法人和其他组织的生产、生活的特殊需要的一种法律手段。按照《合同法》第二百五十一条的规定："承揽包括加工、定作、修理、复制、测

试、检验等工作。"因而也就有相应类型的合同。它的种类极为广泛,现列出以下几种:

1. 承揽加工

承揽加工是承揽人以自己的力量,按照定作人的要求,用定作人提供的原材料,为定作人加工成成品,定作人接受该成品并支付报酬。

2. 承揽定作

承揽定作是指承揽人用自己的原材料和技术,按照定作人的要求为定作人制作成品,定作人接受该特别制作的成品并支付报酬。

3. 承揽修理

承揽修理是指承揽人为定作人修复损坏或者功能欠缺的物品,定作人为此支付报酬。

4. 承揽房屋等不动产的修缮、改建

承揽房屋等不动产的修缮、改建是指承揽人为定作人修缮或者改建房屋等不动产,定作人为此支付约定报酬。但是对于构成基本建设工程的不动产改建,属于建设工程合同的调整范围。

5. 承揽改造、改制

承揽改造、改制是指承揽人按照定作人的要求,将定作人提供的物品改制成一种新的物品,定作人接受新物品并支付报酬。

6. 承揽印刷

承揽印刷是指承揽人按照定作人的要求,将定作人交付的文稿打印、印刷成定作人所需要的形式,定作人接受印制的成果并支付报酬。

7. 承揽复制

承揽复制是指承揽人按照定作人的要求,根据定作人的样品,为定作人重新制作类似物品,定作人接受该复制品并支付报酬。

8. 承揽测试

承揽测试是指承揽人按照定作人的要求以自己的仪器、设备和技术,按照定作人的要求为定作人完成某一特定项目的测试任务,定作人接受测试成果并支付报酬。但为完成基本建设工程的测量任务而订立的合同不为承揽合同。

9. 承揽检验

承揽检验是指承揽人以自己的技术和仪器、设备等对定作人提出的特定事物的性能、问题等进行检验,定作人接受检验成果并支付报酬。

10. 完成其他工作

一方为他方理发、美容、化妆、照相、绘图、洗车、洗衣、收割、粉刷油漆、搬家、清扫、打蜡、擦鞋等,他方给付报酬的,都属于承揽合同。

二、承揽合同当事人的权利义务

(一)承揽人的义务

1. 按约定完成工作

承揽人应按合同约定的时间、方式、数量、质量完成交付的工作。这是承揽人的首要义务,也是其获得酬金应付出的对价。承揽人应按照合同约定的时间着手进行工作,并在规定的期限内完成工作。在承揽合同中,除有相反的规定以外,只有在承揽人交付工作成果时,定作人才有给付报酬的义务。因此,承揽人不能以定作人未给付报酬为由而拒绝开始工作。承揽人未在合同约定的期间着手进行工作的,定作人得请求承揽人着手进行工作。在承揽人不能如期完成工作时,定作人可以解除合同,但造成承揽人损失的,应当赔偿损失。承揽人应当按照定作人的要求按质按量地完成工作。承揽人在工作中应当遵守定作人提出的标准和要求,以保证完成工作的质量。在完成工作过程中,遇有下列情形时应当通知定作人:① 定作人提供的图纸或者技术要求不合理;② 定作人提供的材料不符合约定;③ 可能影响工作质量或者履行期限的其他不可归责于承揽人的情形。承揽人怠于通知或者未经定作人同意擅自修改定作人的技术要求或者调换定作人提供的材料的,对因此而造成的工作质量仍应承担责任。

承揽人应以自己的设备、技术和劳力亲自完成约定的工作,未经定作人同意,承揽人不得将承揽的主要工作交由第三人完成。承揽人将承揽的辅助工作交由第三人完成,或依约定将承揽的主要工作交由第三人完成的,承揽人与定作人之间的合同效力对于承揽人与第三人之间的合同效力也无影响。承揽人就第三人的完成的工作对定作人负责。

2. 提供或接受原材料

完成定作所需的原材料,可以约定由承揽人提供或由定作人提供。

承揽人提供原材料的,应按约定选购并接受定作人检查;《合同法》第二百五十五条规定:"承揽人提供材料的,承揽人应当按照约定选用材料,并接受定作人检验。"合同中没有明确由何方提供材料,而依合同的其他条款或者补充协议或者交易习惯应由承揽人提供材料的,也应由承揽人提供材料。承揽人选用材料,应当接受定作人检验。定作人对承揽人选用的材料质量提出异议的,承揽人应当调换。

承揽人隐瞒原材料的缺陷或者使用不符合合同规定的原材料的,对因此而造成的定作物的质量问题应当承担责任。定作人对承揽人选用的材料未及时检验的,则视为同意,不得再对材料的质量提出异议定作人提供的,承揽人应及时检查、妥善保管,并不得更换材料。依《合同法》第二百五十六条的规定,合同约定由定作人提供原材料的,承揽人应当及时接受并检验定作人交付的材料。承揽人经验收发现定作人提供的材料不符合合同约定的,应及时通知定作人更换、补齐或者采取其他补救措施。承揽人对定作人提供的材料不得擅自更换,对定作人提供的承揽工作物的基础(称为工作基底)不得更换不需要修理的零部件。承揽人对于定作人提供的材料负有保管的义务,因其保管不善造成定作人交来的材料毁损、灭失的,承揽人应承担损害赔偿责任。

3. 保密义务

对于完成的工作,定作人要求保密的,承揽人应保守秘密,不得留存复制品或技术资料。《合同法》第二百六十六条规定:"承揽人应当按照定作人的要求保守秘密,未经定作人许可,不得留存复制品或者技术资料。"依此规定,定作人要求承揽人对其完成的工作保密的,承揽人对其所完成的工作负有保密义务,不得泄露定作人的秘密,否则对定作人因此而受到的损失应负赔偿责任。承揽人在完成工作后,应将复制品及定作人的技术资料一并返还给定作人,未经定作人许可,不得留存复制品或者技术资料。

4. 接受监督检查

承揽人在完成工作时,应接受定作人必要的监督和检验,以保证工作符合定作人的要求。承揽人在工作期间,应当如实地向定作人反映工作情况,不得故意隐瞒工作中存在的问题。承揽人应当接受并按定作人的指示以及提出的技术要求的变更,改进自己的工作。定作人对工作所作的指示,应当按照合同中约定了监督范围和方法进行。定作人对承揽工作的监督检验不得妨碍承揽人的正常工作。定作人妨碍承揽人的工作,或者定作人指示错误,或者定作人中途变更设计图纸或者对工作的要求,因此而给承揽人造成损失的,定作人应负赔偿责任。

5. 交付工作成果

承揽人完成的工作成果,应及时交付给定作人,并提交与工作成果相关的技术资料、质量证明等文件。但在定作人未按约定给付报酬或材料价款时,承揽人得留置工作成果。

《合同法》第二百六十一条规定:"承揽人完成工作的,应当向定作人交付工作成果,并提交必要的技术资料和有关质量证明。"承揽定作合同的定作人定作的目的是要取得工作成果的所有权,因此承揽人在完成工作后应将工作成果的所有权转移给定作人。工作成果附有所有权凭证的,承揽人在交付工作成果的同时应一并交付所有权凭证。承揽人交付完成的工作成果应当按照合同中约定的方式和地点将工作成果移交定作人占有。交付可以是由承揽人送交,也可以是由定作人自提,还可以是通过运输部门或者邮政部门代运送。为便于定作人的验收和检验,承揽人交付工作成果的同时,应提交必要的技术资料和有关质量证明。

6. 对工作成果的瑕疵担保

承揽人交付的工作成果应符合约定的质量,承揽人对已交付工作成果的隐蔽瑕疵及该瑕疵所造成的损害承担责任。交付的工作成果有隐蔽瑕疵,验收时用通常方法或约定的方法不能发现,验收后在使用过程中暴露或致定作人或第三人受损害的,承揽人应根据合同约定或法律规定,承担损害赔偿责任。对工作成果的瑕疵轻微,定作人要求承揽人进行修理的,因修理而造成工作成果迟延交付的,承揽人应承担逾期交付的违约责任;工作成果的瑕疵严重,定作人不同意修理而要求重作的,承揽人应依定作人的要求予以重作或者调换。因承揽人重作或者调换而逾期交付的,承揽人仍应承担逾期交付的违约责任。工作成果虽有瑕疵,但定作人同意利用的,应按质论价,承揽人应相应的减少报酬;因工作成果的瑕疵给定作人的人身或者财产造成损害的,定作人有权要求承揽人赔偿该损失,承揽人应对因此造成的损害负赔偿责任。

(二) 定作人的义务

1. 支付报酬

定作人应依约定的期限和数额向承揽人支付报酬、材料费及其他费用。定作人须支付的报酬和材料费等费用的标准,合同中有约定的,按照约定的数额支付;合同中对支付期限约定不明确的,依通常标准支付。所谓通常标准,应为工作成果交付的当地当时的同种类工作成果的一般报酬标准。定作人延期支付报酬的,应当承担逾期支付的利息。按照《合同法》第二百六十四条的规定:"定作人未向承揽人支付报酬或者材料费等价款的,承揽人对完成的工作成果享有留置权。"承揽人的留置权是保证承揽人实现其报酬请求权的一种法定担保物权。但在当事人特别约定承揽人不得留置时,或者留置工作成果有悖于社会公德或者公共利益的,承揽人的留置权不能成立。

2. 协助义务

为了使承揽人及时完成工作成果,定作人应依约定及按诚实信用原则,积极协助承揽人工作。《合同法》第二百五十九条规定:"承揽工作需要定作人协助的,定作人有协助的义务。"定作人是否有协助的义务,依合同的约定和承揽工作的性质决定。协助的内容既包括完成工作所需要的材料、技术方面的,也包括完成工作所需要的生活条件和生产环境方面的。定作人不履行协助义务的,承揽人有权顺延履行期限,并在定作人对所提供的不符合要求的原材料及图纸等拒绝补正时有合同解除权。若定作人不履行协助义务并不导致承揽工作不能完成的,则承揽人不能解除合同,而只得请求赔偿损失;若因此而使工作完成的期限拖延的,则定作人应负迟延履行责任,承揽人不承担因此而造成的工期迟延的责任。《合同法》规定,由定作人提供材料的,定作人应按照约定提供材料。

3. 验收并受领工作成果

对承揽人完成并交付的工作成果,定作人应及时检验,对符合约定要求的,应接受该工作成果。依《合同法》第二百六十一条的规定,定作人在受领工作成果时应当验收该工作成果。验收工作成果的费用负担,合同中有约定的,从其约定;如合同中无另外的约定,则定作人应承担验收的费用。验收时,定作人发现工作成果的质量不符合要求的,应当及时通知承揽人,以使承揽人承担瑕疵担保责任。定作人无正当理由拒绝受领工作成果的,承揽人得请求定作人受领并支付报酬。定作人超过约定的期限受领工作成果的,不仅应负违约责任并应承担承揽人所支付的保管、保养费用,而且应当承担应受领的工作成果的风险。

三、承揽中的风险负担

承揽合同中的风险负担,是指在承揽工作完成中,工作成果因不可归责于当事人任何一方的原因而毁损、灭失时,应由何方负担损失。如果由承揽人负担风险,则承揽人不能向定作人请求支付报酬或者其他有关费用;如果由定作人负担,则定作人虽不能得到工作成果,也仍应支付报酬或者有关费用。一般来说,承揽合同中的风险负担分一下几种情况:

(一) 工作成果需要实际交付的风险

按照承揽合同的约定,工作成果需要实际交付的,在工作成果交付前发生风险的,由承揽人负担;交付后发生风险的,由定作人负担。在定作人受领迟延时发生的,则应由定作人承担该风险。

(二) 工作成果无须实际交付的风险

按照承揽合同的约定,工作成果无须实际交付的,在工作成果完成前发生的风险由承揽人负担;在工作成果完成后发生的风险,则由定作人负担。如于完成维修任务后房屋发生意外毁损、灭失,则定作人仍应向承揽人支付报酬。

(三) 定作人提供的材料意外毁损、灭失的风险

定作人提供的材料在承揽人占有下意外毁损、灭失的,应由何方承担责任?依《合同法》第二百六十五条的规定,承揽人对定作人提供的材料有保管的义务,如因保管不善造成毁损、灭失的,承揽人当然应当承担赔偿责任。但在该材料因不可归责于双方的事由意外毁损灭失时,不应由承揽人承担责任。因为按照风险责任的一般原理,所有人应当承担标的物意外毁损灭失的风险。

四、承揽合同的终止

承揽合同是合同的一种具体形态,合同终止的一般规定也适用于承揽合同。但承揽合同是以当事人之间的信赖关系为基础的,当合同履行中,这种信赖关系受到破坏时,法律允许当事人解除合同。因此,承揽合同当事人除了可以基于一般的合同解除原因解除合同外,还有以下特殊的法定终止合同的原因:

(一) 承揽合同因一方行使解除权而终止

承揽合同在一方当事人严重违约致使合同不能继续履行时,另一方有权解除合同。

1. 承揽人解除权

对于定作人不履行协助义务的,承揽人可催告其在合理期限内履行,定作人逾期仍不履行的,承揽人有权解除合同。

2. 定作人解除权

承揽人未经许可将主要的承揽工作交由第三人完成的,定作人可以解除合同。

定作人在不作解释任意解除合同时,对解除合同造成承揽人的损失,负损害赔偿责任。

(二) 承揽合同因当事人协议而终止

承揽合同因当事人双方的合意而成立,也可以因双方的合意而解除。在当事人双方协议解除合同时,承揽合同因协议解除而终止。

(三) 承揽合同的法定终止

根据承揽合同的性质,承揽合同可因下列事由而终止:

1. 承揽人死亡或者失去工作能力

因为承揽合同是以承揽人的特定技能为前提的,承揽人的债务履行具有一定的人身性质。因此,在承揽人死亡或者丧失工作能力时,因承揽的工作已无完成的客观条件,则合同理应终止。

2. 定作人死亡,而其继承人不需要该项工作

定作人死亡,若其继承人需要承揽人承揽的工作,承揽人应继续将工作完成,自应由定作人的继承人承担给付报酬的债务;但若其继承人不需要该项工作时,承揽合同应当终止,承揽人不应再继续完成未完成的工作。这要分两种情况:一种是承揽人还未开始工作,定作人的继承人应将定作人死亡的事实和其不再需要承揽人继续完成未完成工作的意思通知承揽人,否则定作人的继承人对于承揽人于定作人死亡后完成的工作仍应当受领并支付相应的报酬。另一种是承揽人已经完成了部分工作,并且该部分工作对定作人或者定作人的继承人有用,则定作人或者其继承人应当验收承揽人已完成的工作部分并支付相应的报酬。

3. 承揽人或者定作人被宣告破产

由于定作人被宣告破产,承揽人已经部分完成的工作以及全部完成的工作,承揽人应当支付的报酬,就会成为破产债权,和其他债权人在定作人的破产财产中清偿,所以合同应当终止。

在承揽人被宣告破产时,由于其已经没有继续完成承揽工作的能力和条件,因此,承揽合同也应当终止。在这种情况下,定作人应当接受对其有用的承揽人已完成的工作部分并支付相应的报酬,同时定作人对于交付给承揽人的其所有权属于自己的材料等(如承揽加工中提供的材料、承揽修理中交付的标的物),应有取回权。

案例分析

[案情]

2003年1月1日,H县某建材机械总厂与L市某水泥有限公司订立《工业品买卖合同》一份,约定由机械厂为水泥公司生产规格为 Φ3.2 m×14 m 的高细磨一台,总价款为312万元。合同第三条"出卖人对质量负责的条件和期限"中载明,出卖人对制造质量负责,买受人对工艺、使用负责。双方在合同中约定交货地点为买受人厂内。合同中加注有"配置详见合同附件"的字样。双方在作为合同附件的《MB32140水泥磨的订货要求》中约定:磨机的净长度按14.25 m加工,筒体外形总长为148.3 dm;主减速机为南京高速齿轮箱厂的MBY-900;磨机产量为45 t/h—48 t/h。

2003年3月8日,水泥公司至机械厂处,就原合同标的物的技术、加工制造、组

装发运等事宜进行了协商,并再行订立协议一份。协议约定:球磨机研磨体最大装载量为135吨,衬板材质中一仓为铬钼合金、二仓为中碳多元合金、三仓为铬合金;双方对加工制造进度、标的物部件的联接组装发运等事项同时进行了约定,并表明该协议也作为合同附件。

合同履行中,机械厂交付了合同标的物,水泥公司亦给付280.8万元。2006年1月,机械厂以水泥公司尚欠其报酬31.2万元为由,以定作合同纠纷向H县法院提起诉讼。

[问题]

本案的关键问题在于正确认识具体合同的定性问题,本案涉及争议的是货物买卖合同,还是加工承揽合同?据此,才能正确根据法律的相关规定,作出分析、裁判。

[法律依据]

《合同法》第二百六十一条:"承揽人完成工作的,应当向定作人交付工作成果,并提交必要的技术资料和有关质量证明。定作人应当验收该工作成果。"第二百六十二条:"承揽人交付的工作成果不符合质量要求的,定作人可以要求承揽人承担修理、重作、减少报酬、赔偿损失等违约责任。"

[法律运用及处理结果]

对于本案,产生有分歧性的不同意见,一种观点认为:本案所涉及的合同是买卖合同,并非机械厂所主张的承揽合同。因为双方所订合同名称为"工业品买卖合同",且合同本身及附件上均注明了出卖人、买受人;同时,机械厂是格式合同的提供者,在合同性质发生争议时,法院应当按照有利于买受人的原则对格式合同的性质进行确认。双方在合同中约定的交货地即履行地在水泥公司处,机械设备调试地也在水泥公司处。因此,本案属于买卖合同纠纷,机械厂作为原告提出诉讼时,被告所在地和合同履行地均在L市,因而本案应由L市法院管辖。

另一种观点认为:原告机械厂与被告水泥公司签订的合同名称虽为买卖合同,但双方在合同中注明配置见合同附件、买受人对工艺负责;在作为合同附件的订货要求及2003年3月8日的补充协议中,对标的物的外型尺寸、生产能力、研磨体的最大装载量、衬板材质、主减速机的生产厂家等均作出了特别约定,所作约定与国家建材行业标准及原告企业自身的标准均不完全一致,据此应认定本案所涉合同实际上是原告按照被告对标的物的特定要求完成定作任务,并交付工作成果的定作合同。定作合同作为承揽合同的一种,应按照承揽合同的法律规定确定案件管辖权。

我们认为,双方签订的合同名称虽为买卖合同,但加工承揽的内容明确,应认定为定作合同关系。本案合同的加工行为地即合同履行地在 H 县,故 H 县法院对本案享有管辖权。支持第二种观点。本案主要涉及合同履行地的确定在案件管辖中的意义问题。

最高人民法院《关于在确定经济纠纷案件管辖中如何确定购销合同履行地问题的规定》第一条规定:"当事人在合同中明确约定履行地点的,以约定的履行地点为合同履行地。当事人在合同中未明确约定履行地点的,以约定的交货地点为合同履行地。"这个司法解释公布时,我国《合同法》尚未出台,带有一定的计划经济烙印,其中的购销合同就是后来《合同法》规定的买卖合同。最高人民法院《关于适用〈中华人民共和国民事诉讼法〉若干问题的意见》第二十条同时规定:"加工承揽合同,以加工行为地为合同履行地,但合同中对履行地有约定的除外。"从上述两个司法解释中可以看出,在民事诉讼程序法上,除非当事人之间有约定外,买卖合同以交货地为履行地,而加工承揽合同则以加工行为地为履行地;买卖合同不以货物生产地为履行地,而加工承揽合同则不以是交货地为履行地。因而,两者在履行地的判断上有着显著区别。

联系到本案,下面所要探讨的自然是合同的性质问题。买卖合同是出卖人转移标的物的所有权于买受人,买受人支付价款的合同。我国《合同法》出台前,承揽合同在一系列法律、法规中习惯称之为加工承揽合同,是承揽人按照定作人的要求完成工作,交付工作成果,定作人给付报酬的合同。承揽合同包括加工合同、定作合同、修理合同、复制合同、测试合同和检验合同等。加工合同是定作人为承揽人提供原材料,由承揽人以自己的设备、技术和劳动将原料加工为成品,定作人接受成品并给付报酬的合同。定作合同是承揽人用自己的设备、技术、材料和劳力,应定作人的特殊要求制作成品,定作人接受成品并支付报酬的合同。由于原材料是由承揽人提供,因而定作合同与买卖合同在司法实践中往往较难区分。这也是本案认定合同性质的难点所在。

司法实践中,一般认为承揽合同与买卖合同有四点区别:① 买卖合同中出卖人的主要义务是转移标的物的所有权;承揽合同中转移标的物的所有权只是承揽人完成工作后的一项附随义务。② 买卖合同的标的物可以是种类物,也可以是特定物;承揽合同的标的物是一种工作成果,这种工作成果是特定物。③ 买卖合同的买受人有权请求出卖人按约定的条件交付标的物,无权过问出卖人生产经营或标的物取得情况;承揽合同的定作人有权在不影响承揽人工作的前提下,对承揽人的工作状况进行监督检查。④ 买卖合同中当事人可以约定自合同成立起标的物意外灭失的风险,可由买受人承担,也可以由出卖人承担。承揽合同中在工作完成前,只能由承揽人自己承担工作物意外灭失的风险。

从本案的情况看,原告机械厂与被告水泥公司签订的合同名称虽为买卖合同,但根据双方在合同及所附附件、补充协议中约定的内容,水泥公司对所需高细磨机提出的要求既不符合国家行业标准,也不符合机械厂自身的企业标准,机械厂实质上是按照水泥公司的特定要求为其生产标的物,同时水泥公司对机械厂生产中的工艺负责,这些都符合定作合同的基本特征,而与买卖合同的特征相距甚远。最高人民法院《关于经济合同名称与内容不一致时如何确定管辖权问题的批复》第一条规定:"当事人签订的经济合同虽具有明确、规范的名称,但合同约定的权利义务内容与名称不一致的,应当以该合同约定的权利义务内容确定合同的性质,从而确定合同的履行地和法院的管辖权。"因此,综合原、被告约定的权利义务内容,可以认定本案涉讼合同实为定作合同,其履行地为加工行为地,即原告所在 H 县,而不是双方当事人约定的交货地(水泥公司处)。

《中华人民共和国民事诉讼法》第三十五条规定:"两个以上人民法院都有管辖权的诉讼,原告可以向其中一个人民法院起诉;原告向两个以上有管辖权的人民法院起诉的,由最先立案的人民法院管辖。"由于本案是定作合同纠纷,被告水泥公司住所地的 L 市法院,合同履行地(加工行为地)的 H 县法院都有管辖权,机械厂以原告身份起诉时,其选择 H 县法院并无不当。

[值得注意的问题]

本案的关键问题是确定争议的合同的性质及具体适用的相关法律规定,理解案件管辖的法院的意义。

(案例来源:www.findlaw.cn)

第二节 建设工程合同

一、建设工程合同的概念和特征

(一)建设工程合同的概念

建设工程合同,是指一方依约定完成建设工程,另一方按约定验收工程并支付酬金的合同。前者称承包人,后者称为发包人。建设工程合同包括工程勘察、设计、施工合同,属于承揽合同的特殊类型,因此,法律对建设工程合同没有特别规定的,适用法律对承揽合同的相关规定。

(二) 建设工程合同的特征

建设工程合同作为承揽合同的特殊类型,除具有承揽合同的一般法律属性外,例如诺成性合同、双务合同、有偿合同等外,还具有以下特征:

1. 合同主体的限定性

建设工程合同的主体即发包人和承包人是有限制的。建设工程合同的发包人一般为建设工程的建设单位,即投资建设该项工程的单位。按照国家计委1996年发布的《关于实行建设项目法人责任制的暂行规定》,国有单位投资的经营基本建设大中型项目,在建设阶段必须组建项目法人,由该项目法人作为发包人订立建设工程合同。国有建设单位投资的非经营性的工程建设,应由建设单位为发包人签订建设工程合同。建设工程合同的承包人只能是具有从事勘察、设计、建筑、安装任务资格的法人,并且承包人是按照其拥有的注册资本、专业技术人员、技术装备和完成的建筑工程业绩等资质条件,分为不同的资质等级,只有取得相应的资质等级,才能在其资质等级许可的范围内承包相应的工程。自然人个人既不能为发包人,也不能为承包人。承包人未取得建筑施工企业资质、超越资质等级、没有资质的实际施工人借用有资质的建筑企业名义、建筑工程必须进行招标而未招标或者中标的无效。

2. 建设工程合同属要式合同,应当以书面方式订立

《合同法》第二百七十条规定:"建设工程合同应当采用书面形式。"法律对建设工程合同的形式作强制性的书面形式的规定,主要是建设工程合同承包的标的主要是基本建设工程,具有建设周期长,质量要求高的特点,而且"百年大计,质量第一",这就要求承包人必须具有相应的相当高的建设能力和条件,要求发包人与承包人之间的权利、义务和责任明确,相互密切配合。建设工程合同采用书面形式便于当事人在履行合同中明确自己的义务,分清责任,在发生纠纷时也"有据可查"。

3. 合同标的的限定性

建设工程合同承包人承包建设的标的只能是属于基本建设的工程而不能是其他的工作。由于基本建设工程有着特殊的要求和意义,承包人承揽的工作不同于承揽合同承揽的工作,建设工程合同才成为与承揽合同不同的独立的一类合同。如果建设工程合同中完成的工作构成不动产的,通常要涉及对土地的利用,受强制性规范的限制,当事人不得违反规定自行约定。

4. 合同管理的特殊性

建设工程合同因涉及基本建设规划,承包人所完成的工作成果不仅具有不可移动性,而且需长期存在和发挥效用,事关国计民生,因此,国家要实行严格的监督

和管理。对于承揽合同,国家一般不予以特殊的监督和管理,而对于建设工程合同,从合同的签订到合同的履行,从资金的投放到最终的成果验收,都受到国家的严格管理和监督,法律都有特别的要求。如建设工程合同的签订一般应通过招标投标程序,合同的履行中一般要由监理人监理等。

二、建设工程合同的订立和主要条款

建设工程合同的订立首先须遵守国家规定的程序。各种建设工程合同的订立都要有一定的依据。按照1992年12月30日建设部《工程建设施工招标投标管理办法》第二条的规定,凡政府和公有制企业、事业单位投资的新建、改建、扩建和技术改造工程项目的施工,除某些不适宜招标的特殊工程外,均应实行招标投标。具体规定如下:

(一)建设工程合同的订立

1. 勘察、设计合同的订立

勘察、设计包括初步设计和施工设计。勘查、设计单位接到发包人的要约和计划任务书、建设地址报告后,经双方协商一致而成立,通常在书面合同经当事人签字或盖章后生效。勘察、设计如由一单位完成,可签订一个勘察设计合同;若由两个不同单位承担,则应分别订立合同。建设工程的设计由几个设计单位共同进行时,建设单位可与主体工程设计人签订总承包合同,由总承包人与分承包人签订分包合同。总承包人对全部工程设计向发包人负责,分包人就其承包的部分对总承包人负责并对发包人承担连带责任。

2. 施工、安装工程承包合同的订立

发包人和承包人根据已获批准的初步设计、技术设计、施工图和总概算等文件,就合同的内容协商一致时,即可成立建筑施工和安装工程承包合同。发包人可以将全部施工安装工程发包给一个单位总承包,也可以发包给几个单位分别承包。一个承包人总承包的,可以将承包的工程,部分分包给其他分包单位,签订分包合同,总承包人对发包人负责,分包人对总承包人负责并与总承包人对发包人负连带责任。《合同法》第二百七十二条规定:"承包人不得将其承包的全部建设工程转包给第三方或者将其承包的全部工程肢解以后,分别转包给第三人,禁止承包人将工程分包给不具备相应资质条件的单位。禁止分包单位将其承包的工程再分包。"

3. 分承包的禁止

根据建设工程的性质,对于应当由一个施工人完成的工程,总承包人不得将工程肢解发包给若干个分承包人;总承包人经发包人许可,可将承包的部分工作交由第三人完成,但不得将全部工程交由第三人完成。如果违反上述法律规定,可以准用承揽合同的有关规定,发包人有合同解除权。

(二)建设工程合同的主要条款

据《合同法》第二百七十四条规定:"勘察、设计合同的主要条款包括提交有关基础资料和文件(包括概算)的期限、质量要求、费用以及其他协作条件等条款。"

根据《合同法》第二百七十五条规定:"施工合同的主要条款包括工程范围、建设工期、中间交工工程的开工和竣工时间、工程质量、工程造价、技术资料交付时间、材料和设备供应责任、拨款和结算、竣工验收、质量保修范围和质量保证期、双方相互协作等条款。"

三、建设工程合同当事人的权利和义务

(一)勘察、设计合同当事人的权利、义务

1. 发包人的主要义务

(1)设计合同的发包人应当按照合同的约定提供设计的基础资料、设计的技术要求和相应的程序:在初步设计前,应当提供经批准的计划任务书、选址报告以及原料(或者经过批准的资源报告)、燃料、水、电、运输等方面的协议文件和能满足初步设计要求的勘察资料、需要经过科研取得的技术资料;在施工图设计前,应提供经批准的初步设计文件和能满足施工图设计要求的勘察资料、施工条件,以及有关设备的技术资料;在勘察设计人员入场工作时,发包人应当为其提供必要的工作条件和生活条件,以保证其能正常开展工作。

(2)按合同约定向勘察、设计人支付勘察、设计费。发包人未按合同约定的方式、标准和期限支付勘察、设计费的,应负延期付款的违约责任。依《合同法》第二百八十五条的规定,因发包人变更计划,提供的资料不准确,或者未按照期限提供必需的勘察、设计工作条件而造成勘察、设计的返工、停工或者修改设计,发包人应当按照勘察人、设计人实际消耗的工作量增付费用。

(3)维护勘察成果、设计成果。发包人对于勘察人、设计人交付的勘察成果、设计成果,不得擅自修改,也不得擅自转让给第三人重复使用。发包人擅自修改勘察、设计成果的,对由此引起的工程质量责任,应由发包人自己承担;擅自转让成果给第三人使用的,应向勘察人、设计人负责。

2. 承包人的主要义务

(1)按照合同约定按期完成勘察、设计工作。承包人应当按照合同的约定按期完成勘察、设计工作,并向发包人提交勘察成果、设计成果;对勘察、设计成果负

瑕疵担保责任。《合同法》第二百八十条规定:"勘察、设计的质量不符合要求或者未按照期限提交勘察、设计文件拖延工期,造成发包人损失的,勘察人、设计人应当继续完善勘察、设计,减收或者免收勘察、设计费并赔偿损失。"继续完善勘察、设计,可由原承包人完成,也可以由发包人另行承包给第三人完成,而由原承包人负担有关的费用。

(2) 按合同约定完成协作的事项。设计人应当按照合同的约定对其承担设计任务的工程建设配合施工,进行设计交底,解决施工过程中有关设计的问题,负责设计变更和修改预算等。对于大中型工业项目和复杂的民用工程应派人现场设计,并参加隐蔽工程验收。

(二) 施工合同当事人的权利义务

1. 发包人的主要义务

(1) 发包人应当做好施工前的准备工作,按照合同约定提供材料、设备、技术资料等。施工前的准备工作,是整个工程建设过程的重要组成部分,是保证工程建设按期开工和保证工程质量的一个重要环节。发包人应当按照合同的约定做好施工前准备工作,主要包括以下几个方面:① 在施工前办妥正式工程和临时设施范围内的土地征用、租用;② 根据工程的需要申请施工许可证和占道、爆破及临时铁道专用线接岔许可证;③ 做好确定建筑物(或者构筑物)、道路、线路、上下水道的定位标桩、水准点和坐标控制点的工作;④ 开工前,接通施工现场水源、电源和运输道路,依约定清除施工现场的障碍物;⑤ 组织有关单位对施工图等技术资料进行审定,并按约定的时间和份数提供给承包人。

如果施工合同中约定由发包人提供材料和设备的,发包人应按照约定的范围和时间向承包人提供材料和设备。依《合同法》第二百八十三条的规定:"发包人未按照约定的时间和要求提供原材料、设备、场地、资金、技术资料的,承包人可以顺延工程日期,并有权要求赔偿停工、窝工等损失。"

(2) 发包人要为承包人提供必要的条件,保证施工工程建设的顺利进行。在施工过程中需要发包人与承包人相互配合。比如在施工过程中,发包人应当派驻工地代表,对工程进度、工程质量进行必要的监督,检查隐蔽工程,办理中间交工工程的验收手续,负责鉴证、解决应由发包人解决的问题。只有发包人按照合同的约定向承包人提供必要的条件,确实履行其承担的义务,才能保证工程建设的顺利进行。发包人不得中途变更工程量,应保证其提供的材料、设备的质量。依《合同法》第二百八十四条的规定:"因发包人的原因致使工程中途停建、缓建的,发包人应当采取措施弥补或者减少损失,赔偿承包人因此造成的停工、窝工、倒运、机械设备调迁、材料和构件积压等损失和实际费用。"

（3）组织工程验收，包括隐蔽工程的验收和工程竣工的验收。《合同法》第二百七十八条规定："隐蔽工程在隐蔽以前，承包人应当通知发包人检查。发包人没有及时检查的，承包人可以顺延工程日期，并有权要求赔偿停工、窝工等损失。"发包人在接到承包人检查隐蔽工程的通知后应及时检查；发包人未按期进行检查的，经承包人催告后应在合理的期限内检查。因发包人对隐蔽工程不予以检查，承包人就无法进行隐蔽施工，因此发包人接到承包人检查的通知未进行检查时，承包人有权暂停施工。因发包人未及时检查而造成工期拖延，承包人停工、窝工等损失的，发包人自应承担赔偿损失的责任。《合同法》第二百七十九条规定："建设工程竣工后，发包人应当根据施工图纸及说明书、国家颁发的施工验收规范和质量检验标准及时进行验收。"因此，在工程完成时组织竣工验收，也是发包人的主要义务之一。建设工程竣工经验收合格后，方可交付使用；未经验收或者验收不合格的，不得交付使用。发包人对未经验收的工程，提前使用或者擅自动用的，对发现的质量问题由发包人自行承担责任。

（4）接受建设工程并按约定支付工程价款。发包人在施工工程建设完成后，对竣工验收合格的工程应予以接受并应当按照合同约定的方式和期限进行工程决算，向承包人支付价款。发包人未按合同约定的期限支付价款的，应当负逾期付款的违约责任。依最高人民法院《关于审理建设工程施工合同纠纷案件适用法律问题的解释》第十七条、十八条的规定，当事人对欠付工程价款利息计付标准有约定的，按照约定处理；没有约定的，按照中国人民银行发布的同期同类贷款利率计息。利息从应付工程价款之日计付。当事人对付款时间没有约定或者约定不明，一般来说下列时间为应付款时间：建设工程已实际交付的，为交付之日；建设工程没有交付的，为提交竣工结算文件之日；建设工程未交付，工程价款也未结算的，为当事人起诉之日。《合同法》第二百八十六条规定："发包人未按照约定支付价款的，承包人可以催告发包人在合理期限内支付价款。发包人逾期不支付的，除按照建设工程的性质不宜折价、拍卖的以外，承包人可以与发包人协议将该工程折价，也可以申请人民法院将该工程依法拍卖。建设工程的价款就该工程折价或者拍卖的价款优先受偿。"按照该条规定，在发包人不按约定支付价款时，承包人可催告发包人在合理期限内支付，发包人经催告在合理期限内仍不支付的，承包人有权从该建设工程的价款中优先受偿。因为在这种施工工程中，不适用留置权的应用。理由是：第一，留置权的标的物一般应为动产，而承包人完成的工程为不动产；第二，留置权的成立条件之一是债权人占有标的物，而在发包人不支付价款时，一般情形下承包人已经不占有标的物,因为工程已经验收;并交付给发包人。施工工程也不适用抵押权的规定。不适用法定抵押权的主要理由是:第一,依我国法律规定,不动产抵押权以登记为生效要件,如承包人未登记则不能取得抵押权;第二,在建设工程合同中建设人往往已为取得贷款而就工程设定了抵押权,于此情形下,两个抵押权的优先性不易确定,因为银行抵押权往往成立在先,而从抵押权所担保的债权性质上说,承包人的抵押权又应优先于银行的抵押权。承包人的该项权利就是从建设工程的价款中优先受偿其价款债权的优先权。承包人的优先权的效力优先于发包人的其他债权人的担保物权,在规定的期限届满发包人不支付价款经催告于规定的期限内仍不支付时,承包人得就拍卖建设工程所得的价款优先受偿。

按照最高人民法院《关于施工合同的解释》第九条的规定,发包人具有下列情形之一,致使承包人无法施工,且在催告的合理期限内仍未履行相应的义务,承包人可以请求解除建设工程施工合同:一是未按约定支付工程价款的;二是提供的主要建筑材料、建筑构配件和设备不符合强制性标准的;三是不履行合同约定的协助义务的。

2. 承包人的主要义务

(1) 承包人应当按时开工和按要求施工。开工的时间是施工工程合同约定的,所以,承包人应按照合同约定的开工日期按时开工。在施工中,承包人须严格按照施工图及说明书进行施工,并做好以下工作:① 开工前,承包人应当按照合同的约定做好开工前的准备工作,负责做好施工场地的平整,施工界区内的用水、用电、道路以及临时设施的施工;② 编制施工组织设计(或者施工方案);③ 按照约定做好材料和设备的采购、供应和管理;④ 向发包人提出应由发包人供应的材料、设备的计划。承包人对于发包人提供的施工图和其他技术资料,不得擅自修改。承包人不按照施工图和说明书施工而造成工程质量不合合同约定条件的,应当负责无偿修理或者返工。

(2) 接受发包人的必要监督。承包人应当按照合同的约定,及时向发包人提出开工通知书、施工进度报告表、施工平面布置图等;在隐蔽工程隐蔽以前及时通知发包人检查;在工程完工时及时发出验收报告;在施工过程中按照约定向发包人提供有关作业计划、施工统计报表、工程事故报告等。所谓必要的监督,《合同法》第二百七十七条是这么规定的:"发包人在不妨碍承包人正常作业的情况下,可以随时对作业进度、质量进行检查。"因此,发包人的监督,不应影响承包人的工程建设,而承包人有义务接受发包人(包括发包人委托的监理人)对工程进度和工程质量的必要监督,对于发包人或者工程监理人不影响其工作的必要监督、检查应予以支持和协助,而不得拒绝。

(3) 按期按质完工并交付工程。承包人不仅应当按照合同约定的期限完成工程建设,还要按照合同约定的质量完成工程。因为承包人的原因,显然不能按期完工,会严重影响发包人使用,并且致使合同目的不能实现的,发包人应有权解除合同。但发包人解除合同时应当接受承包人已经完成的部分建设工程,并支付相应部分的价款或者报酬。承包人于工程竣工后、交工前应当完成以下工作:负责保管完成的工程并清理施工现场;按照合同的约定和有关规定提出竣工验收技术资料,通知发包人验收工程并办理工程竣工结算和参加竣工验收。对未经验收或者验收不合格的工程,承包人不得交付发包人使用。承包人完成的工程质量应当符合合同的约定,《合同法》第二百八十一条规定:"因施工人的原因致使建设工程质量不符合约定的,发包人有权要求施工人在合理期限内无偿修理或者返工、改建。经过修理或者返工、改建后,造成逾期交付的,施工人应当承担违约责任。"

(4) 对建设的工程负瑕疵担保责任。承包人对其施工建设的工程质量负有瑕疵担保责任。在工程质量保证期内,工程所有人或者使用人发现工程瑕疵的,有权直接请求承包人修理或者返工、改建。为保证建设工程的质量,当事人可以约定保证金。当事人双方在合同中约定质量保证金的,发包人在支付价款时可以扣留约定的保证金。发包人所扣留的质量保证金,在质量保证期内不予归还。只有在保证期届满后,未发现工程有瑕疵或者虽有瑕疵但承包人进行了维修或者返工、改建经验收合格时,发包人归还质量保证金。对质量保证期限,当事人可以在承包合同中约定,也可以在单独的保修合同中约定。质量保证期限应当与工程的性质相适应,不能过短。保证期限应当自发包人在最终验收记录上签字之日起算,分单项验收的工程应分别计算质量保证期限。

(5) 对建设工程合理使用期限内的质量安全负担保责任。承包人不仅对建设工程保证期内的工程质量瑕疵负担保责任,而且应担保建设工程在合理的使用期限内不会因其质量造成人身和财产损失事故。依《合同法》第二百八十二条的规定:"因承包人的原因致使建设工程在合理使用期限内造成人身和财产损害的,承包人应当承担损害赔偿责任。"承包人对建设工程造成的人身和财产损害承担的损害赔偿责任按照性质来说是一种侵权的民事责任,此种民事侵权责任的构成条件为:一是须有因建设工程倒塌、脱落等造成人身损害(如伤亡)和财产损害的事实存在。二是损害须发生在建设工程的合理使用期限内。建设工程的合理使用期限,依建设工程的不同而有所不同,如一般民用建筑的耐久年限为 50 年至 100 年。三是须是因承包人自身的原因造成建设工程的倒留塌、脱落等。根据《民法通则》

第一百二十六条的规定,建筑物等工作物发生倒塌、脱落等造成他人损害的,它的所有人或者管理人应当承担民事责任,但能够证明自己没有过错的除外。因此,在因建设工程发生倒塌、脱落等造成他人损害时,受害人可以要求建设工程的所有人或者管理人承担责任;若工程所有人或者管理人能够证明自己没有过错,损害是因承包人的原因造成的,则受害人可以要求建设工程的承包人承担损害赔偿责任。如果是因承包人的原因致使建设工程发生倒塌、脱落等事故的,即使是工程的所有人或者管理人,只要是因建设工程发生倒塌、脱落等造成损害的,都是受害人,受害人就有权请求承包人承担损害赔偿责任。根据最高人民法院《关于施工合同的解释》第八条的规定,承包人如果明确表示或者以行为表明不履行合同主要义务的;在合同约定的期限内没有完工,且在发包人催告的合理期限内仍未完工的;承包人已经完成的建设工程质量不合格,并拒绝发包人的要求修复的;将承包的建设工程非法转包、违法分包的,发包人可以请求解除建设工程施工合同。

案例分析

[案情]

1998年8月1日,××市某房地产开发公司(以下简称甲方)与建筑承包商黄某签订《项目承包合同书》,并出具《委托书》一份。1999年3月11日,黄某以甲方委托代理人名义与某建筑公司(以下简称乙方)签订《大亨花园第二期建设工程施工合同》。合同签订后,乙方于1999年3月18日进场施工。9月17日,乙方向甲方发出《关于天琼大厦工程停工经济损失费用通知》,声明甲方未按约定在甲方已完成主体工程施工情形下支付工程款,遂决定停工。

1999年12月13日,黄某以甲方名义向乙方发出《通知》,限期乙方在同月15日前恢复施工。27日,乙方又要求甲方向乙方支付工程款,并拒绝由黄某作为甲方代表进行磋商。30日,乙方在天琼大厦建设工地张贴因甲方欠款致工程停工、要求购房户找甲方解决天琼大厦权属问题的《公告》。2000年1月,甲方指出乙方未按时恢复施工,限乙方于同月20日前撤出施工现场,在1月20日后,将按《施工合同》办理工程结算,在扣减乙方造成的停工及侵害商业信誉的经济损失后,分期支付工程款。

2000年2月28日乙方向××市中级人民法院提起诉讼。2001年4月,××市中院经审理后作出一审判决,判令解除乙方与甲方签订的《大亨花园第二期建设工程施工合同》;由甲方支付乙方工程款 360 万元及利息;由甲方公司赔偿乙方停工损失 43 万元等。甲方不服判决,向××省高级人民法院提出上诉。

[问题]

本案的关键问题在于建筑合同中,当事人在什么情况下可以中止履行合同,如何把握解除合同的尺寸,正确维护自己的合法权益。

[法律依据]

《合同法》第六十八条规定:"应当先履行债务的当事人,有确切证据证明对方有下列情形之一的,可以中止履行:(一)经营状况严重恶化;(二)转移财产、抽逃资金,以逃避债务;(三)丧失商业信誉;(四)有丧失或者可能丧失履行债务能力的其他情形。当事人没有确切证据中止履行的,应当承担违约责任。"

[法律运用及处理结果]

本案即涉及不安抗辩权的运用。不安抗辩权,指双务合同成立后,应当先履行的当事人有证据证明对方不能履行义务,或者有不能履行合同义务的可能时,在对方没有履行或者提供担保之前,有权中止履行合同义务。

××省高院于 2001 年 10 月下旬作出终审判决:解除乙方与甲方签订的《大亨花园第二期建设工程施工合同》;由甲方支付乙方工程款 360 万元及利息。由甲方赔偿乙方律师代理费 2.4 万元;驳回乙方其他诉讼请求。

在这个案件中,乙方即是行使了不安抗辩权先中止履行合同,最后解除了合同。不安抗辩权在建设工程施工合同履行中的具体运用表现为:承包人完成工程进度后发包人不支付进度款时,承包人有权中止履行合同义务即停工、要求顺延工期和损失赔偿。工程通过竣工验收,发包人不按约支付结算款时,承包人就有权拒绝交付工程。另外,在有证据证明建设单位财务情况恶化、没有支付能力等情形下,还可以行使不安抗辩权,要求其提供相应担保,在未提供担保或消除不良情况前可以停工。依据《合同法》第六十九条的规定,当事人中止履行的,应当及时通知对方。对方提供适当担保时,应当恢复履行。中止履行后,对方在合理期限内未恢复履行能力并且未提供适当担保的,中止履行的一方可以解除合同。

[值得注意的问题]

需要特别注意的是:建筑合同解除合同退场要注意,一定要合法退场。在主张对方违约时应有充分依据,同时要对已完工程量的固定和工程质量进行取证,以免将来发生纠纷时承包商自己没有证据。在单方解除合同前还应依法催告;在退场时还应书面告知对方具体退场时间,防止损失进一步扩大。因为根据《合同法》第一百一十九条第一款规定:"当事人一方违约后,对方应当采取适当措施防止损失的扩大;没有采取适当措施致使损失扩大的,不得就扩大的损失要求赔偿。"

(案例来源:北京惠诚(成都)律师事务所,张笛)

【本章思考题】

1. 简述承揽合同承揽方的权利与义务。
2. 简述建设工程合同的法律特征。
3. 案例思考题：

1997年4月5日,某化肥厂与某建筑工程公司签订了建筑工程承包合同。合同规定,化肥厂一幢职工宿舍的建筑工程由建筑工程公司承包,化肥厂提供建筑设计图纸,并对工期、质量、拨款、结算等作了详细规定。合同约定于7月1日开工,次年4月1日竣工验收。

合同签订后,施工一切顺利,到次年3月,二层内装修完毕,眼看大楼就要完工。此时,化肥厂正在着手分房,分到一二层的职工因多年住房紧张,见内装修完毕,便强行搬了进去,厂领导劝阻无效,便听之任之。以后每装修完一层,便住进去一层。

到4月1日完工时,此楼已全部投入使用。此时化肥厂对宿舍楼进行验收,发现一二层墙皮剥落,门窗关启困难等问题,要求施工单位返工。建筑工程公司遂对门窗进行检修,但拒绝重新粉刷墙壁,于是化肥厂拒付剩余的工程款5万元,双方发生纠纷。

到12月5日,建筑工程公司向法院起诉,要求化肥厂付清拖欠的工程款5万元及利息。

建筑工程公司诉称:自己在合同期限内完成了工程,化肥厂就应付给工程费。至于化肥厂拒付的理由,即一二层墙皮剥落,应重新粉刷,建筑工程公司认为与自己根本无关,完全是化肥厂职工在墙壁未干、工程未交工前就使用而造成的,后果不应由工程公司承担。

化肥厂辩称:职工宿舍先使用不假,但发现质量问题是在验收前,并非在验收后。达不到合同规定的质量,就应返工;不返工,剩余的工程款不给,用于雇人施工。双方为此争执不下,诉至法院。

请问:本案所涉及的是对于未经验收、发包方提前使用的问题到底应如何认定?验收时发现质量问题应怎么处理?

第九章 提供劳务的合同

教 学 要 求

通过本章的学习,熟悉各种提供劳务合同的共同特征,以及各自的自身独有的特点;明晰运输合同、保管合同、仓储合同、委托合同、行纪合同和居间合同的法律特征,及相互之间的联系与区别。并结合对相关案例的研究,熟练掌握各类提供劳务合同的法律规则。

第一节 运 输 合 同

一、运输合同的概念与特征

(一)运输合同的概念

运输合同,是指承运人将旅客或货物从起运地点运送到约定地点,旅客、托运人或者收货人支付票款或者运费的合同。其中,将旅客或货物运送到约定地点的人为承运人,将自己或他人的物品交付承运人并支付运费的人为托运人,从承运人处接收物品的人为收货人。

(二)运输合同的法律特征

运输合同具有以下法律特征:

1. 运输合同是双务、有偿合同

承运人与旅客、托运人相互享有权利、承担义务,承运人负有将旅客或货物准时、安全运至约定地点的义务,享有收取运输费用的权利;旅客、托运人负有按规定支付票款或运费的义务。因此,运输合同是运输合同是双务、有偿合同。

2. 运输合同是诺成合同

运输合同的双方当事人就运输事项达成一致意见时,合同即告成立。在客运合同中,当旅客购得车票时,合同即告成立;在货运合同中,当托运人与承运人之间办理完货物运输事项时,合同即告成立,无需等到将货物实际交给承运人时合同才成立。因此,运输合同是诺成合同。

3. 运输合同的标的是承运人的运送行为

在运输合同中,承运人以运送旅客或货物为履行目的,即实现旅客或货物的空间转移。承运人为旅客或托运人提供的是一种运输服务,运输合同的标的不是一般的劳务,也不是被运输的旅客或货物,而是承运人的运送行为。

4. 运输合同的主体具有特殊性

(1) 承运人主体特定。法律要求运输承运人要具有一定的承运能力,从事运输业务须取得有关部门的批准,领取运营许可证。

(2) 旅客和托运人主体广泛,每个公民都有乘坐车、船、飞机的权利,同时,每个公民和单位都有可能需要利用运输部门运送货物,所以,任何个人或单位都可以订立运输合同,成为一方当事人。

(3) 在货物运输合同关系中,时常会出现第三方主体即收货人。收货人是一个特殊的运输主体,在领取货物时,与承运人发生一定的权利义务关系。

5. 运输合同一般为格式合同

因为承运人要与不特定的任何人随时建立运输合同关系,加之运输合同范围比较广泛。为快捷方便,简便手续,提高工作效率,降低运输成本,事先拟定格式合同即成为通例,其合同形式多为表格式和票证式。

6. 运输合同当事人权利义务具有法定性

运输合同当事人的权利义务基本上都是由法律、法规、规章规定的,当事人双方按照有关规定办理相关手续合同即告成立。但当事人对合同的内容也可以依法进行修改。对于法律规定的强制性条款,当事人不能协商。对于选择性的条款或者提示性的条款当事人可以协商。凡是当事人协商的补充条款,原则上具有法律效力。随着市场经济的不断发展,当事人自由协商订立合同的情况越来越多,因此,合同法特别强调当事人的约定的作用。

二、运输合同的种类

从不同的角度、以不同的标准,可以对运输合同作不同的分类。

（一）以运输对象为标准

以运输对象为标准,运输合同可分为旅客运输合同和货物运输合同两种。

（二）以运输工具为标准

以运输工具为标准,运输合同可分为:铁路运输合同、公路运输合同、海上运输合同、航空运输合同、管道运输合同等。

（三）以运输方式为标准

以运输方式为标准,运输合同科分为单一运输合同和联合运输合同。所谓运输方式即采取什么样的运送方式。如是采用单一运输工具进行全程运输,为单一运输方式;如果采用两种以上运输工具完成运送,如既用火车又用飞机进行运送,为联合运输方式。由此,运输合同相应分为单一运输合同与联合运输合同。

三、运输合同的一般权利和义务

我国《合同法》第十七章第一节规定了运输合同当事人的一般权利义务:

（一）承运人不得拒绝合理运输要求的义务

我国《合同法》第二百八十九条规定:"从事公共运输的承运人不得拒绝旅客、托运人通常、合理的运输要求。"因此,该条是关于对承运人强制性义务的规定。公共运输的特点是有明确的运输时间表,由运输的线路和工具,为社会每个人提供服务。相对于公共运输是为企业自身服务的内部运输。对于从事公共运输业的企业来说,应当按照其向社会作出的运输承诺承担运输责任,对于旅客、托运人按照其公布的运输条件而要求运输时,不能不提供运输服务。拒绝提供的,要承担相应的责任。如果承运人能够证明发生自己不能按照已经公布的运输条件运输的特殊情况的,可以排除这一义务性要求,但应提前公布。

（二）承运人有按照约定期间或者在合理期间的安全运输义务

我国《合同法》第二百九十条规定:"承运人应当在约定期间或者合理期间内将旅客、货物安全运输到约定地点。"

本条规定了承运人的两项基本义务:一是安全,二是正点。承运人要把旅客或者货物安全运到旅客、托运人指定的地点。安全运输是承运人的首要义务。承运人必须按照法律法规的规定,改善运输条件,完善安全保障措施,确保旅客和货物的运输安全。正点,就是按照规定的运输期限将旅客、货物运到目的地。承运人与旅客、托运人约定的运输期限是合同的重要内容,承运人应当保证在约定的期限内将旅客、货物运到目的地;没有约定期间的,应当在合理期间将旅客、货物安全运到约定地点。

(三)承运人按照适当的线路运输的义务

《合同法》第二百九十一条规定:"承运人应当按照约定的或者通常的运输线路将旅客、货物运输到约定地点。"

根据这一规定,承运人不得擅自绕道运输。承运人应当按照合同的规定,用最快的速度、最短的路线、最有效的方式将旅客或者货物运送至目的地。

(四)旅客、托运人或者收货人支付票款或者运输费用的义务

《合同法》第二百九十二条规定:"旅客、托运人或者收货人应当支付票款或者运输费用。承运人未按照约定路线或者通常路线运输增加票款或者运输费用的,旅客、托运人或者收货人可以拒绝支付增加部分的票款或者运输费用。"

支付票款或者运输费用是旅客、托运人或收货人的基本义务。通常,旅客票款在购票时已经支付。货物的运输费用在托运时也要支付,但当事人也可以约定在到站时由收货人支付。

承运人未按照约定路线或者通常路线运输行为,属于违约,对因此增加票款或者运输费用的,旅客、托运人或者收货人可以拒绝支付增加部分的票款或者运输费用,这是承运人应承担的违约责任。

四、客运合同

(一)客运合同的概念和特征

1. 客运合同的概念

客运合同,又称旅客运输合同,指承运人与旅客达成的有关旅客运输运输权利义务关系的协议。根据该协议,承运人应当按照规定的期限、班次将旅客运送至旅行目的地,旅客支付相应运输费用。

2. 客运合同的特征

(1)客运合同的标的为运送旅客的运输行为。

(2)客运合同为实践性合同。客运合同自承运人向旅客交付客票时成立,当事人另有约定的除外。(《合同法》第二百九十三条)

(3)客运合同是标准合同。旅客只需向承运人提出相应的旅行条件,承运人出售客票合同即成立。旅客运输合同的基本形式是客票,这是承运人打印的标准格式的旅客乘车、乘船、乘机的旅行凭证。

(二)客运合同成立

根据《合同法》第二百九十三条规定:"客运合同自承运人向旅客交付客票时成立,当事人另有约定的除外。"实践中,客运合同的成立大致有以下情形:

(1) 在采用先购票的方式下,旅客向承运人提出到站、线路等要求为要约,承运人出售旅客合乎其要求的客票为承诺,旅客付款承运人交付客票时,合同成立。这是客运合同成立的一般情形。

(2) 旅客先上车(船),后补票的,客运合同自旅客上车(船)时即告成立,因为此时双方的行为表明双方已就乘运达成合意,旅客补票是书面确认。

(3) 预订客票的,旅客的预订行为魏预约合同,旅客要求取票或承运人送票为要约,交付客票(签收客票)为承诺,合同自双方交接客票时成立。

(三) 客票的法律性质

客票包括车票、船票和机票,是承运人与旅客证件存在运输合同关系的基本证明。客票的法律性质表现为:

1. 客票具有有价证券的性质

客票不仅表明旅客乘坐车(船、飞机)的班次、时间,而且其中还表明了旅客的旅行费用。承运人出售客票,实际上是承认了客票的相应价值。客票的有价证券性还表现在客票在乘坐前可以自由转让给他人(机票除外,因航空管理原因)。

2. 客票具有旅客运输合同的性质

旅客付款取得客票,在旅客逾承运人之间形成旅客运输合同关系。一张小小的客票,就是一份法律文书,是承运人与旅客关系的证明。

(四) 客运合同旅客的基本义务

1. 持有效客票乘运的义务

根据《合同法》第二百九十四条的规定:"旅客应当持有效客票才能乘运。旅客无票乘运、超程乘运、越级乘运或者持失效客票乘运的,应当补交票款,承运人并可按照规定加收票款。旅客不交付票款的,承运人可以拒绝运输。"

2. 限量携带行李的义务

客运合同不仅约定将旅客运送到目的地,而且要约定将旅客的行李随同送达的内容。根据《合同法》第二百九十六条的规定:"旅客在运输中应当按照约定的限量携带行李",否则应办理托运手续。

3. 不得携带或夹带违禁物品的义务

根据《合同法》第二百九十七条的规定:"旅客不得随身携带或者在行李中夹带易燃、易爆、有毒、有腐蚀性、有放射性以及有可能危及运输工具上人身和财产安全的危险品或者其他违禁品。"旅客违规携带、夹带违禁品的,承运人可以将违禁品卸下、销毁或者送交有关部门。旅客坚持携带、夹带违禁品的,承运人应当拒绝运输。

（五）客运合同承运人的基本义务

1. 告知义务

承运人应当向旅客及时告知有关不能正常运输的重要事由和安全运输应当注意的事项。承运人有义务向旅客披露与旅客运输有关的各种信息，包括：运输时刻表，各种车次、班次、航次的名称、代号和始发和到达时间；旅客旅行须知；票价；安全注意事项；允许携带物品的重量等等，如果因承运人信息披露不够而导致纠纷的，承运人应当承担相应的责任。

2. 按约定运送旅客义务

客票上载明的时间、班次等经承运人和旅客双方意思表示一致，已成为客运合同的内容，双方均应按约定履行。对于承运人未按客票载明的时间和班次进行运输的，旅客有权要求安排改乘其他班次或退票。

承运人擅自变更运输工具而降低服务标准的，应当根据旅客的要求退票或减收票款；提高服务标准的，不应当加收票款。

3. 运输过程中的救助义务

承运人在运输过程中，应当尽力救助患有急病、分娩、遇险的旅客，这不仅是道义责任，也是法律要求。因为旅客在旅行途中，完全处于承运人的管理之下，当遇有紧急情况时，承运人的工作人员负有帮助和解决的责任。如果承运人对患有急病、分娩、遇险的旅客不予救助，因其不作为可被要求承担民事责任。

4. 安全运送义务

承运人负有将旅客安全送达目的地的义务，即在运输中承运人应保证旅客的人身财产安全。对于旅客在运输过程中的伤亡，承运人应承担相应的赔偿责任，但伤亡是旅客自身健康原因造成的或者承运人能证明伤亡是旅客故意、重大过失造成的除外。这表明，承运人应对旅客人身伤亡承担无过错责任。

承运人对于旅客伤亡的赔偿责任及其免责事由的适用，不限于正常购票乘运的旅客，也适用于按照规定免票、持优待票或者经承运人许可搭乘的无票旅客（《合同法》第三百零二条的规定）。除上述旅客外，对于无票乘坐又未经承运人许可的人员的伤亡，因为没有合法的合同关系存在，承运人不承担赔偿责任。

承运人有安全运输旅客自带物品的义务。在运输过程中旅客自带物品毁损、灭失，承运人有过错的，应当承担赔偿责任。

（六）客运合同的变更和解除

1. 因旅客自身原因导致的变更或解除

旅客运输合同成立后，在合同履行前，旅客一方因自己的原因不能按照客票记载的时间乘坐的,可以在法定或约定的时间内变更或解除合同,即变更客票记载或办理退票手续,逾期不办理的,承运人可以不退票并不再承担运输义务。

2. 因承运人的原因导致变更或解除合同

因承运人原因导致客运合同变更或解除,称为非自愿的变更或解除,主要包括两种情况:

(1) 因承运人的迟延运输导致的变更或解除。承运人本应当按照客票载明的时间和班次运输旅客。承运人迟延运输的,应当根据旅客的要求安排改乘其他班次、变更运输路线以到达目的地或退票。

(2) 承运人擅自变更运输工具引起的合同变更、解除

在客运合同订立后,承运人单方变更运输工具的,应视为一种违约行为。承运人擅自变更运输工具而降低服务标准的,旅客有权要求退票或者减收票款。承运人变更运输工具提高服务标准的,不应当加收票款。

五、货运合同

(一) 货运合同的概念和特征

1. 货运合同的概念

货运合同,即货物运输合同,是指承运人将托运人交付运输的货物运送到约定地点,托运人支付运费的合同。根据运输工具的不同,货运合同可以再分为铁路货物运输合同、公路货物运输合同、水路货物运输合同和航空货物运输合同。

2. 货运合同的特征

货运合同除具有一般运输合同的基本特征外,还有以下自身的特征:

(1) 货运合同往往涉及第三人。货运合同由托运人与承运人订立,托运人与承运人为合同的当事人,但托运人既可以为自己的利益托运货物,也可以为第三人的利益托运货物。在第三人为收货人的情况下,收货人虽然不是订立合同当事人,但却是合同的利害关系人。此种情况下的货运合同即属于为第三人利益订立的合同。

(2) 货运合同以将货物交付给收货人为履行完毕。货运合同中,承运人除按照合同约定将货物运送至目的地外,还须将货物交付给收货人,方为完全履行义务。这与客运合同承运人将旅客运送至目的地即算履行完全义务不同。

(3) 货运合同的风险责任一般由承运人承担。根据《合同法》第三百一十一条规定,承运人对于运输过程中货物毁损、灭失承担损害赔偿责任。

(二)货运合同托运人的基本义务

1. 如实申报义务

托运人在将货物交付托运时,有对法律规定或当事人约定的事项进行如实申报的义务。《合同法》第三百零四条规定,托运人办理货物运输,应当向承运人准确表明收货人的名称或者姓名或者凭指示的收货人,货物的名称、性质、重量、数量、收货地点灯有关货物运输的必要情况,以便承运人填写货物运输的有关单据,决定运输线路、核定运费等。因托运人申报不实或者遗漏重要情况,造成承运人损失的,托运人应当承担赔偿责任。

2. 提交有关文件及说明义务

托运人办理托运手续时,应提交依据法律、行政法规规定的必要文件,如木材运输需要有出省的准运证,进出口动植物运输需要有动植物检疫证,等等。这些证件应当由托运人提供,这是托运人的基本义务之一。如托运人不提供的,则承运人有权拒绝承运。

3. 妥善包装的义务

货运合同对货物的包装方式有约定的,托运人有按照约定的方式包装的义务。合同对包装方式没有约定或者约定不明的,双方可以协议补充,不能达成补充协议的,按照合同有关条款或者交易习惯确定;仍不能确定的,应当按照通用的方式包装,没有通用方式的,应当采取足以保护货物的包装方式。

如果托运人不按上述要求方式包装货物的,承运人可以拒绝运输;如因包装本身原因致使货物毁损、灭失的,托运人应自负其责任。

4. 托运危险品时的特别义务

托运人托运易燃、易爆、有毒、有腐蚀性、有放射性以及有可能危及运输工具上人身和财产安全的危险品的,应当按照国家有关危险品运输的规定,对危险品妥善包装,作警示性标志和标签,并将有关危险品的名称、性质和防范措施的书面材料提交给承运人。托运人违反上述义务的,承运人可以拒绝运输,也可以采取措施以避免危险的发生,因此产生的费用由托运人承担。

5. 政府运费及其他必要费用的义务

在承运人完全履行运输合同义务的情况下,托运人或者收货人有按照约定支付运费、保管费以及其他运输费用的义务。托运人或者收货人不支付运费、保管费以及其他运输费用的,承运人有对相应的运输货物享有留置权,但当事人另有约定的除外。货物在运输过程中因不可抗力灭失,未收取运费的,承运人不得要求支付运费,已经支付的,托运人可以要求返还。

(三) 承运人的基本义务

1. 按时运输的义务

承运人应约定,按时受领托运物并将其运送交至收货人。如果合同没有约定运输期间或约定不明确的,承运人应依习惯或合理期间内履行运输义务,否则因承担迟延履行的违约责任。

2. 安全运输的义务

承运人应依照合同约定,将托运人交付的货物安全运至约定地点。在运输过程中,货物毁损、灭失的,承运人应承担损害赔偿责任。货物的毁损、灭失的赔偿额,当事人有约定的,按照其约定;没有约定或者约定不明的,当事人可以协议补充,不能达成补充协议的,按照合同有关条款或者交易习惯确定。仍不能确定的,按照交付或者应当交付时货物到达地的市场价格计算。法律、行政法规对赔偿额的计算方法和赔偿额另有规定的,依照其规定。如果承运人能证明货物的毁损、灭失是因不可抗力、货物本身的自然性质或者合理损耗以及托运人、收货人的过错造成的,不承担损害赔偿责任(《合同法》第三百一十一条规定)。

3. 对货物的妥善保管义务

承运人自受领所运货物起至交付时止,应以善良管理人的注意保管货物,如防止被雨淋、防盗、妥善装卸、放置等。因承运人违反该义务给货物所有人造成损失的,应承担赔偿责任。

4. 通知义务

货物到达目的地后,承运人负有及时收货人的义务。当然,承运人只有在知道或应该知道收货人的通讯地址或联系方法的情况下,才负有上述的通知义务。如因托运人或收货人的原因,如托运人在运单上填写的收货人名称、地址不准确,或者收货人更换了填写地址而未告知承运人的,承运人免除上述通知义务。

(四) 收货人的义务

1. 及时提货义务

收货人虽然没有直接参与货运合同的签订,但受承运人、托运人双方签订货运合同的约束。收货人在接到提货通知后,应当及时提货,逾期提货的,应当向承运人支付保管费用等费用。

收货人不及时提货的,承运人有权提存货物。根据《合同法》第三百一十六条的规定,在货物运输合同履行过程中,承运人提存货物的法定事由有以下两项:一是收货人不明,即无人主张自己是收货人,通过现有证据,如运输合同也无法确认谁是收货人,以及虽有人主张自己是收货人,但根据现有证据,包括货运合同及主张人提供的证据,无法认定其为收货人等情形;二是收货人无正当理由拒绝受领货物。

2. 及时检验货物的义务

收货人在提货时,应当及时对货物进行检验,以确定货物是否准确、完好。收货人应在约定的期限检验货物,如无明确约定检验期限的,应当按交易习惯确定的期限或合理期限内检验货物。

收货人对货物进行检验后,如发现货物存在毁损等情况的,应当在约定的期限或合理期限内向承运人提出异议,否则视为承运人已按合同履行了约定的义务。

3. 支付托运人未付或者少付的运费及其他费用

一般情况下,运费由托运人在发站向承运人支付,但如果合同约定由收货人在到站支付或者托运人未支付的,收货人应当支付。在运输中发生的其他费用,应由收货人支付的,收货人也应支付。

(五)货运合同的变更或解除

托运人或货物凭证持有人可以请求货运合同中如下具体内容的变更或解除:

(1)要求解除合同,由承运人终止运输,返还货物;

(2)要求承运人变更到达地;

(3)要求承运人将货物交给其他收货人,即变更收货人。

托运人并非可随时要求变更或解除货运合同,其请求变更或解除货运合同的时间,应是在承运人将货物交付收货人之前。如果承运人已经将货物交付收货人,货运合同已经履行完毕,失去了变更和解除合同的必要和可能。对承运人因变更和解除合同所遭受的损失,托运人应予赔偿。

六、联运合同

(一)联运合同的概念

联运合同,即联合运输合同,指当事人约定由两个或两个以上的承运人通过衔接运送,用同一凭证将货物运送到指定地点,托运人支付运输费用而订立的合同。联运合同包括单式联运合同和多式联运合同。

所谓单式联运合同,是指当事人约定由两个以上承运人以同一种运输方式将货物运至约定地点,托运人支付运费的货物运输合同。

所谓多连式联运合同,是指多式联运经营人与托运人订立的,约定以两种或者两种以上的不同运输方式(如铁路——航空——公路运输),采用同一运输凭证将货物运输至约定地点的货物运输合同。

（二）单式联运合同的法律规则

我国《合同法》第三百一十三条规定："两个以上承运人以同一运输方式联运的，与托运人订立合同的承运人应当对全程运输承担责任。损失发生在某一运输区段的，与托运人订立合同的承运人和该区段的承运人承担连带责任。"

上述是法律关于单式联运合同法律责任的规定。该规定明确以下内容：

1. 缔约承运人要对运输的全过程负责

不管因哪个阶段的承运人责任造成货物不能如期交付或者损失的，缔约承运人都要负责。托运人或者收货人都可以向缔约承运人要求赔偿损失。

2. 造成损失区段的承运人要负连带责任

托运人或收货人可以向负有损害责任的区段承运人要求赔偿，区段承运人不得推诿。

（三）多式联运合同

如前所述，多式联运是指两种以上的运输方式完成同一货物的运送全过程的行为。多式联运涉及两个及两个以上不同运输方式的承运人。多式联运承运人，又称为多式联运经营人，是指本人或者委托他人以本人名义与托运人订立多式联运合同的人。与其他运输方式相比，多式联运具有如下特征：

1. 有一个多式联运承运人

多式联运承运人又称为多式联运经营人。多式联运承运人至少是两个以上的运输法人，而且是不同运输方式的运输法人，如公路运输企业与铁路运输企业进行联合运输，是多式联运。如果是两个公路运输企业进行联合运输，不能成为多式联运。

2. 存在一个多式联运合同

合同明确规定多式联运经营人和托运人之间的权利、义务，由此出现了一份单据、统一收取运费和对全程负责的问题。

多式联运经营人收到托运人交付的货物时，应签发多式联运单据。此单据具有合同的效力。缔约承运人的行为对全体承运人均具有法律效力。运费的单一性、运输全程化是多式联运的基本特征。

3. 使用一份全程多式联运单据

多式联运单据是由多式联运经营人在接管货物时签发给发货人的，用以证明多式联运合同以及证明多式联运经营人已接管货物并交付货物的单据。多式联运单据与提单具有相同的功能。

4. 由两种以上多式联运经营人对全程运输负责

多式联运经营人与货主签订多式联运合同,按照合同规定,多式联运经营人对全程运输负总的责任。但为了履行合同,多式联运经营人可将部分运输以自己的名义委托给承运人办理。

多式联运经营人负责履行或者组织履行多式联运合同,对全程运输享有承运人的权利,承担承运人的义务。因此,经营人享有全程运输的全部权利,包括收取运输费用、在托运人违约时请求赔偿等;同时,经营人也需向托运人履行全部义务和承担全部责任。在各实际承运人在运送中造成迟延或者旅客或货物损害时,由经营人负责赔偿。

多式联运经营人可以参加多式联运的各区段承运人,就多式联运合同的各区段运输约定相互之间的责任,但该约定不影响多式联运经营人对全程运输承担的义务。根据《合同法》第三百二十一条规定,多式联运的货物的毁损、灭失发生于多式联运的某一运输区段的,多式联运经营人的赔偿责任和责任限额,适用调整该区段运输方式的有关法律规定(网状责任制)。货物毁损、灭失发生的运输区段不能确定的,经营人承担全部责任(统一责任制)。

案例分析

[案情]
甲乙双方签订水果购销合同,约定由甲方送货。甲与丙运输公司签订了运输合同,如期发运价值10万元的水果一车。丙送货途中,因洪水冲垮公路,被迫绕道,迟延到达,导致水果有轻微的腐烂现象,乙方以逾期交货和货物不符合合同约定为由拒收货物拒付货款。丙多次与乙交涉无果,发现水果腐烂迅速扩大,当即决定以6万元价格将水果就地处理。

[问题]
本案水果价值减少的损失由谁承担?丙就地处理水果的费用由谁承担?

[法律依据]
《合同法》第一百四十二条:"标的物毁损、灭失的风险,在标的物交付之前由出卖人承担,交付之后由买受人承担,但法律另有规定或者当事人另有约定的除外。"
第三百一十一条:"承运人对运输过程中货物的毁损、灭失承担损害赔偿责任,但承运人证明货物的毁损、灭失是因不可抗力、货物本身的自然性质或者合理损耗以及托运人、收货人的过错造成的,不承担损害赔偿责任。"

[法律运用及处理结果]

根据《合同法》第三百一十一条的规定,承运人丙不承担水果价值减少的损失。因为,承运人虽然有安全运输、合理保管运送货物的义务,但本案货物的损失是由于自然灾害,即洪水冲垮道路,绕道延迟造成的,属不可抗力,承运人对此不负责任。该损失由甲承担,因为,合同规定由甲送货,在货物到达前的风险应由出卖人承担(根据《合同法》第一百四十二条的规定),所以该损失由出卖人甲承担。

丙为避免水果更大的损失,就地处理是合理的,因此产生的处理费用由托运人甲负担。

[值得注意的问题]

注意本涉及货物买卖合同和货物运输合同二个合同,根据合同法的规定,本案的卖方甲委托丙运输货物,对于货物损失,甲对买方乙赔偿,乙因与承运人丙之间不存在合同关系,所以不能直接要求丙承担赔偿责任。

(案例来源:杜万华主编《合同法精解与案例评析(下)》,法律出版社 1999 年版)

第二节 保 管 合 同

一、保管合同的概念与特征

(一)保管合同的概念

保管合同,又称寄托合同、寄存合同,是指约定由一方当事人保管另一方当事人交付的物品并届时返还该物品的合同。其中,保管物品的一方为保管人或受寄托人,其所保管的物品为保管物,交付保管物品的一方为寄存人,或称寄托人。

(二)保管合同的特征

1. 保管合同为实践合同

除非当事人另有约定,寄托人交付保管物是保管合同的成立要件。因此,保管合同是实践合同。

2. 保管合同为不要式合同

保管合同的订立只要有当事人双方的合意即可,不以特别方式为必要的合同形式,合同采用何种形式,由当事人自由选择,法律不作强制性规定。因此,保管合同为不要式合同。

3. 保管合同可以是有偿的,也可以是无偿的

保管合同履行后,寄托人向保管人支付报酬,此为有偿的保管合同;在保管关系中,保管人并不要求寄存人支付代价,如宾馆免费为旅客保管物品等,此类保管合同为无偿保管合同。我国《合同法》第三百六十六条规定,保管合同既可以是有偿的,也可以是无偿的,是否有偿,依当事人约定,当事人没有约定货约定不明,也无法达成补充协议的,依合同目的或惯例也无法确定的,应认为保管合同是无偿的。

4. 保管合同的标的为保管行为

保管合同的直接目的是由保管人保管物品,而不是使保管人获得保管物的使用权或所有权。故保管合同的标的是保管人的保管行为。保管人应依约定合理妥善地看管保管物,不能对保管物加以改变、利用,也不能允许第三人加以改变、利用,当事人另有约定的除外。

二、保管合同当事人的义务

(一) 保管人的义务

1. 给付保管凭证的义务

除非另有交易习惯,寄存人向保管人交付保管物,保管人应当给付保管凭证。保管凭证的给付,并非保管合同成立要件,也非保管合同的书面形式,仅为证明保管合同关系存在的凭证。保管到期,寄存人凭保管凭证向保管人请求返还保管物。

2. 保管保管物的义务

(1) 妥善保管义务。保管保管物是保管人的主要义务。保管人对保管物应尽相当的注意。一般来说,无偿的保管合同中,保管人有重大过失时,应对保管物的毁损、灭失负赔偿责任;在有偿的保管合同中,保管人应尽善良管理人的注意,即对因其自身的故意或过失造成的保管物毁损、灭失的,向寄存人承担赔偿责任。为充分保护消费者的利益,应注意到特定场合下的保管合同所具有的间接有偿性。商业经营场所对顾客寄存物品的保管即属此类,此时不论其保管是有偿还是无偿,保管人都应尽善良保管人的注意。作为保管人妥善保管义务的体现,对保管人保管物的方法和场所,当事人有约定的,从其约定;无约定的,应依保管物的性质、合同的目的以及诚实信用原则确定。当事人约定了保管方法和场所的,保管人不得擅自更改,但为了维护寄托人的利益,基于保管物自身的性质或者因紧急情况必须改变保管方法或场所的,保管人得予以改变。保管人违反妥善保管义务,致使保管物毁损灭失的,保管人应承担违约赔偿责任。当保管物的毁损、灭失是由于保管人自

身的侵权行为所致时,还发生侵权责任与违约责任的竞合。

(2) 亲自保管的义务。保管合同关系往往是基于寄存人对保管人的信任而建立的。因此,保管人应当亲自保管保管物,不得擅自转由第三人进行保管。寄存人对第三人的履行能力并不了解,而且保管物转交第三人后,保管人也难以控制保管物的状态,对寄存人极为不利。当然,如果当事人在订立保管合同时,约定许可保管人可将保管物转由第三人保管的,则不受保管人亲自保管规则的限制。此外,在某些特别情况下,保管人无法亲自履行保管义务的,为维护寄存人的利益,保管人得将保管物交由第三人保管,但应及时通知寄存人。保管人违法转保管的,对于保管物因此而发生的损害,保管人应负赔偿责任。保管人擅自将保管物转由第三人保管的,即使保管物系因意外而毁损灭失,保管人也应负赔偿责任。但若保管人能够证明即使不让第三人代为保管仍不可避免损害之发生的,保管人可不负责任。

3. 不得使用或许可他人使用保管物的义务

保管人占有保管物,但不得使用保管物,也不能让第三人使用保管物。保管物被使用,会使保管物的原状由于使用而发生改变,降低保管物的价值,也与保管合同的目的相悖。

如果经寄存人同意或基于保管物的性质必须使用(即使用使用保管方法的一部分)的情形,则保管人可使用保管物。

如果保管人未经寄存人同意,其使用也不属保管物的性质所必要,擅自使用保管物或让第三人使用保管物的,则无论保管人主观上有无过错,均应向寄存人支付相当的报酬,以作为补偿。报酬的数额可比照租金标准计算。

4. 危险通知的义务

所谓危险通知,指在出现寄存的保管物因第三人或自然原因可能会失去的危险情形时,应当通知寄存人。根据《合同法》第三百七十三条的规定:"第三人对保管物主张权利的,除依法对保管物采取保全或者执行的以外,保管人应当履行向寄存人返还保管物的义务。第三人对保管人提起诉讼或者对保管物申请扣押的,保管人应当及时通知寄存人。"以便寄存人能够参加诉讼或者对扣押提起异议,或者请求其他的防御方法,如提起反诉等。保管人如不履行或迟延履行该及时通知义务,致使寄存人遭受损失的,应负赔偿责任。

5. 返还保管物义务

保管合同期满或者寄存人提前领取保管物时,保管人应及时返还。合同没有规定返还期限的,保管人可以随时返还,寄存人也可以随时要求返还;如果保管合同规定有返还期限,则保管人非因不得已的事由不得提前返还。寄存人可以在期限届满前随时要求返还,因此给保管人造成损失的,寄存人应予以补偿。

保管人返还的保管物,应当是寄存人交付保管时的原物,而不能以相同的种类、品质、数量的物品替代。保管物在保管期间产生孳息的,保管人应将该孳息一并返还寄存人。

返还地一般应为保管地,保管人无送交的义务,当事人另有约定的除外。

根据合同相对性规则,保管人应对合同的相对人即寄存人履行返还义务。如第三人对保管物主张权利时,除非有关机关已经对保管物采取了保全或者执行措施,否则保管人仍应向寄存人履行返还保管物的义务。

(二)寄存人的义务

1. 支付保管费用的义务

保管合同为有偿时,寄存人应当按照约定向保管人支付保管费。就保管人因保管保管物所支出的必要费用,寄存人应予以偿还。当事人另有约定的,依其约定。

如寄存人未按约定支付保管费用构成违约,保管人可对保管物行使留置权。行使留置权后,寄存人经一定期限仍不能给付保管费用的,保管人可将保管物进行变卖,从变卖的价款中优先受偿,如变卖价款不足清偿保管费用的,保管人可继续向寄存人索求。保管费用的支付期限,当事人没有明确约定,且依《合同法》第六十一条规定仍不能确定的,寄存人应在领取保管物时同时支付。

2. 告知义务

寄存人在交付保管物时,应将保管物自身所存在的瑕疵告知,或根据保管物的性质须采取特殊的措施告知于保管人。寄存人因其过错未履行告知义务的,保管物发生了毁损、灭失等后果,保管人不负责任;如保管人因此受到损害的,寄存人要承担赔偿责任。

对在保管合同成立时,保管人已知或应知保管物有发生危险的性质或瑕疵的情况下,寄存人得免除上述赔偿责任;保管人因过失而不知前述情形时,寄存人仍不能免责,此时,应适用过失相抵规则。寄存人以保管人于合同成立时知道或应知道保管物的性质或瑕疵而主张免责的,应负举证责任;因保管物的性质或瑕疵而给第三人造成损害的,寄存人对第三人承担赔偿责任,不过,这是侵权责任而不是违约责任。

3. 声明义务

寄存人寄存的是货币、有价证券或者其他贵重物品,应向保管人声明。寄存人声明后,保管人应当验收、核实,并密封保管。如寄存人违反该项声明义务,保管物发生毁损、灭失，保管人仅按一般物品予以赔偿。

案例分析

[案情]

杨某夫妇星期天开着自家的福特轿车到一家大型商厦购物。上午 10 点他们将车泊在商厦附近的收费停车场。下午 2 点他们从商厦出来准备开车离开时，发现轿车的前门玻璃窗被砸，车上物品被盗。他们找来停车场的工作人员，表示将拒交停车费，并要求停车场赔偿损失。停车场表示：可免除杨某的停车费，但不能赔偿他们的损失，因为停车收费按每小时 5 元计算，杨某提出的赔偿要求高达 5 400 元，明显对停车场不公平，而且杨某存车时并未向工作人员讲明车内存放了其他物品。杨某交涉无效，向法院起诉：请求认定被告没有履行保管义务，造成原告损失，包括汽车维修费 2 000 元、原告放在车内的羊绒大衣价值 3 400 元，共计 5 400 元。

[问题]

原告包括汽车维修费 2 000 元、放在车内的羊绒大衣价值 3 400 元，共计 5 400 元的损失，被告应否承担赔偿责任。

[法律依据]

《合同法》第三百七十条："寄存人交付的保管物有瑕疵或者按照保管物的性质需要采取特殊保管措施的，寄存人应当将有关情况告知保管人。寄存人未告知，致使保管物受损失的，保管人不承担损害赔偿责任；保管人因此受损失的，除保管人知道或者应当知道并且未采取补救措施的以外，寄存人应当承担损害赔偿责任。"第三百七十四条："保管期间，因保管人保管不善造成保管物毁损、灭失的，保管人应当承担损害赔偿责任，但保管是无偿的，保管人证明自己没有重大过失的，不承担损害赔偿责任。"

[法律运用及处理结果]

本案原被告之间存在一份有偿保管合同，被告作为被管人应当承担保管期间保管物的毁损、灭失的风险。原告的汽车在存放期间发生毁损，显然是被告没有妥善看管好保管物，被告没有充分履行自己的保管义务，应当赔偿原告因此所受到的损失。原告声称其损失还包括车内存放的羊绒大衣，但由于其存车时没有向停车场说明并征得同意，而停车场主要业务是向对方提供临时保管车辆的服务，保管车主其他物品不是其业务范围，所以这部分的损失应当由原告自己承担。

[值得注意的问题]

实践中如果保管人以自己没有收取保管费为由,而对保管物丢失、损坏拒绝赔偿,这是没有道理的!关键是看双方是否存在保管合同关系,这是应予注意的。

(案例来源:杜万华主编《合同法精解与案例评析(下)》,法律出版社1999年版)

第三节 仓储合同

一、仓储合同的概念与特征

(一)仓储合同的概念

仓储合同,又称仓储保管合同,是指当事人双方约定由保管人(仓库营业人)为存货人保管储存的货物,存货人为此支付报酬的合同。仓储合同性质上属商事合同。

(二)仓储合同的法律特征

1. 仓储保管人须为由仓储设备并专事仓储保管业务的主体

在仓储活动中,为他人存储和保管仓储物的保管人,必须同时具备两个条件:① 须有仓储设备。即须有可用于保管和储存货物的基本设施。② 须具有从事仓储业务的资格。即保管人必须取得专门从事或者兼营仓储业务的许可。

2. 仓储合同为诺成性合同

根据《合同法》第三百八十二条规定:"仓储合同自成立时生效。"这表明,仓储合同是诺成性合同,这是仓储合同与保管合同的一个区别。如果仓储合同已签订,仓储保管人即会做好相应的准备工作,以便货物入库。

3. 仓储合同为双务有偿、不要式合同

仓储合同的当事人双方于合同成立后互负给付义务:保管人须提供仓储服务,存货人须给付报酬和其他费用,双方的义务具有对应性和对价性,所以,仓储合同是双务有偿合同。

对于仓储合同是否为要式合同,有不同的看法。有认为仓储合同是要式合同,必须采取书面形式。我们倾向于认为仓储合同为不要式合同,因为:现行法律并没有规定仓储合同必须采用特定的形式。虽然仓储合同的保管人在接受储存物时应当给付存货人仓单或其他凭证,但开具仓单并非是合同的成立要件,而是保管人履行义务的表现。所以,仓储合同应为不要式合同。

4. 仓单在仓储合同中具有重要的作用

存货方主张货物已交付或行使返还请求权以仓单为凭证,这是仓储合同的重要特征。仓单是表示一定数量的货物已交付的法律文书,属于有价证券的一种,其性质为记名的物权证券。仓储合同的存货人凭仓单提取储存的货物,存货人或者仓单持有人以背书方式并经保管人签字或盖章,可以将仓单上所载明的物品所有权移转于他人。所以,仓单在仓储合同中具有特别的重要作用。

二、仓储合同的主要内容

(一)仓储合同保管人的义务

1. 给付仓单的义务

保管人(仓库营业人)应当向存货人给付仓单。《合同法》第三百八十五条规定:"存货人交付仓储物的,保管人应当给付仓单。"不论存货人是否要求,保管人在存货人交付仓储物之后,都要向存货人签发并给付仓单。这既是其接收仓储物的必要手续,也是其履行仓储合同义务的一项重要内容。

仓储物在储存过程中,由于其自身的自然性质可能发生损耗,如酒精会自然挥发。所以,仓单中应对仓储物的损耗标准作明确的记载,以免此后发生纠纷。

仓单上所载的权利与仓单是不可分离的,故仓单具有以下效力:其一,受领保管物的效力;其二,移转保管物的效力。仓单所记载的货物,非由货物所有人在仓单上背书,并经保管人签名,不发生所有权转移的效力。

如因仓单毁损或遗失、被盗或灭失,存货人或仓单持有人丧失仓单的,可依据《民事诉讼法》的规定,通过公示催告程序确定其权利。

2. 接收、验收义务

保管人应按合同的约定,接收存货人交付储存的货物。保管人不能按合同约定的时间、品名、数量接受仓储物入库的,应承担违约责任。

根据《合同法》第三百八十四条的规定,保管人在接受存货人交存仓储物入库时,"应当按照合同约定对入库仓储物进行验收",如在验收时发现入库的仓储物与合同约定不符的,应当及时通知存货人,并要求存货人予以改正。保管人未按规定的项目、方法、期限验收或验收不准确的,应承担由此造成的实际损失。

在双方交接仓储物中发现问题的,保管人应妥善暂存,并在有效验收内通知存货人处理,暂存期间所发生的一切损失和费用由存货人负担;仓储物验收时保管人未提出异议的,视为存货人交付的仓储物符合合同约定的条件。保管人验收后,发生仓储物的品种、数量、质量不符合约定的,保管人应承担损害赔偿责任。

3. 通知义务

当仓储物出现危险状态时,可能会影响到仓储合同的履行,也会危及存货人或仓单持有人的利益，保管人应以善良管理人的注意履行保管义务，并以足够的谨慎对仓储物的状态进行监督检查，一旦发现入库仓储物有变质或其他损坏时，保管人有危险的及时通知义务。例如，发现仓储物出现异状，仓储物发生减少或价值减少的变化，保管人因及时通知存货人或仓单持有人；对外包装或仓储物标记上标明或合同中申明了有效期的仓储物，保管人应当提前通知失效期。遇有第三人对保管人提起诉讼或者对保管物申请扣押时，保管人也应及时通知存货人或者仓单持有人。

保管人发现入库仓储物有变质或其他损坏，危及其他仓储物的安全和正常保管的，应当催告存货人或者仓单持有人作必要的处置。因情况紧急，保管人可做必要的处置，但事后应将该情况及时通知存货人或仓单持有人。

4. 妥善保管义务

保管人应当按照合同约定的储存条件和保管要求，妥善保管仓储物。储存易燃、易爆、有毒、有腐蚀性、有放射性等危险品的，应当具备相应的保管条件，按照国家或合同规定的要求操作和储存；在储存保管过程中不得损坏货物的包装。如因保管或操作不当使包装发生损毁的，保管人应负责修复或照价赔偿。

因保管人保管不善而非因不可抗力、自然因素或货物（或包装）本身的性质而发生储存物的灭失、短少、变质、损坏、污染的，保管人均应承担损害赔偿责任；因仓储物的性质、包装不符合约定或者超过有效仓储期造成仓储物变质、损坏的，保管人不承担责任。

5. 容忍义务

在实践中，存货人或仓单持有人对仓储物的检查是很有必要的。如贵重物品的仓储，存货人经常清点物品数量、检验物品的质量，有利于其对存储物的状态有最新的了解；对于仓储期限较长的货物，存货人或仓单持有人经常进行抽查，也可以促使保管人勤勉履行妥善保管义务，确保货物的安全与品质的良好。有时当涉及对仓储物的买卖行为时，仓单的背书受让人，一般也都会对作为买卖标的的仓储物进行必要的检查或提取样品，以决定是否受让仓储物。保管人根据存货人或仓单持有人的要求，应当同意其检查仓储物或者提取样品，这是保管人的容忍义务。

（二）存货人或仓单持有人的义务

1. 按约交货入库义务

存货人应按合同约定的时间、品种、数量将货物交付入库。如其不按合同约定交货入库，应承担违约责任。如因此给保管人造成损失的，存货人应予赔偿。

2. 说明义务

储存易燃、易爆、有毒、有放射性等危险品或者易腐等特殊货物的，根据《合同法》

第三百八十三条规定,存货人应当向保管人说明货物的性质和预防危险、腐烂的方法,提供有关的保管、运输等技术资料,并采取相应的防范措施。存货人违反该义务,保管人有权拒收该货物;因接受该货物造成损害的,存货人应承担损害赔偿责任。

3. 支付仓储费和偿付其他必要费用的义务

支付仓储费是存货人或仓单持有人的主要义务。仓储费的数额、支付期限、支付方式等,仓储合同双方当事人应在合同中加以明确约定。

如存货人或仓单持有人不能履行支付仓储费用为,则保管人可依法行使留置权,经催告后一定期限存货人或仓单持有人仍不交付的,保管人可将仓储物拍卖、变卖,从拍卖、变卖的价款中优先受偿。

对保管人在履行仓储合同过程中所支出的必要费用,如搬移费、保险费、修缮费等,存货人或仓单持有人在提取仓储物时应予以偿付。

4. 提取仓储物的义务

当事人对储存期间没有约定或约定不明确的,存货人或仓单持有人可以随时提取仓储物,保管人也可以随时要求存货人或仓单持有人提取仓储物,但应给予必要的准备时间。合同约定有储存期间的,存货人或仓单持有人应当按照合同约定及时提取仓储物,逾期提取的,应当加付仓储费。

在仓储期限届满前,保管人不得要求返还或要求存货人或仓单持有人取回储存物。在存货人或仓单持有人要求返还时,保管人不得拒绝返还,但不减收仓储费。

存货人或仓单持有人对于临近失效期或有异状的货物,应及时提取或予以处理。在约定的期限届满,或在未约定期限而收到保管人合理的货物出库通知时,应及时办理货物的提取。存货人或仓单持有人提取货物时须提示仓单并缴回仓单。由于存货人或仓单持有人的原因不能使货物如期出库造成压库的,存货人或仓单持有人应承担违约责任。

案例分析

［案情］

甲为某市经营农副产品的个体户,乙为某县物资储运站。甲在某县准备收购蒜头5 000公斤,打算搭过往车一次运回,所以将蒜头按收购情况分三次存放在乙处。双方签订仓储保管合同约定:最后一批货入库后第三天,货物全部出库。对蒜头按比例抽检。其他条款齐全。事后,双方抽检发现有20%的蒜头湿度大,不符合规定。由于蒜头自身质量问题,并且乙方仓库通风采光不足,蒜头大面积"发烧",约50%的蒜头在储存中发生不同程度的霉变,乙将情况告诉了甲。合同期满时,甲拒绝提货并拒付保管费,要求乙赔偿全部损失,双方相持不下,诉诸法院。

[问题]

本案哪方违约?乙要不要赔偿蒜头的损失?

[法律依据]

《合同法》第三百九十条:"保管人对入库仓储物发现有变质或者其他损坏,危及其他仓储物的安全和正常保管的,应当催告存货人或者仓单持有人作出必要的处置。因情况紧急,保管人可以作出必要的处置,但事后应当将该情况及时通知存货人或者仓单持有人。"第三百九十四条:"储存期间,因保管人保管不善造成仓储物毁损、灭失的,保管人应当承担损害赔偿责任。因仓储物的性质、包装不符合约定或者超过有效储存期造成仓储物变质、损坏的,保管人不承担损害赔偿责任。"

[法律运用及处理结果]

根据《合同法》的规定,存货人有提取仓储物的义务,即便仓储物有异状也应如此。由于存货人或仓单持有人的原因不能使货物如期出库造成压库的,存货人或仓单持有人应承担违约责任。因此,本案甲不按时提货的行为构成违约,应承担违约责任,支付违约金。

另外,仓储保管合同的保管人有验收、妥善保管的义务。本案验收即有20%的蒜头本身不合格,因此保管人乙应对其他80%部分蒜头的损失负责。在赔偿时,以甲的进价为准,并且,对甲在知情后不及时处理出现异常情况的蒜头造成的扩大损失,以及甲不按时提货造成的损失,不负赔偿责任。

[值得注意的问题]

《合同法》对仓储合同的规定较简要,对于仓储合同部分没有规定的,适用保管合同的有关规定。

(案例来源:教学辅导中心《合同法配套测试》,中国法制出版社2007年版)

第四节 委托合同

一、委托合同的概念和特征

(一)委托合同的概念

委托合同,又称委任合同,是指根据约定,一方委托他方处理一定的事务,他方允诺处理事务的合同。委托他方处理事务的为委托人,允诺为他方处理事务的为受托人。

(二)委托合同的特征

1. 委托合同是以为他人处理事务为目的的合同

委托合同是一种典型的提供劳务的合同。委托人和受托人订立委托合同的目的,在于通过受托人办理委托事务以实现委托人期望的结果,合同的客体是受托人办理委托事务的行为。

2. 委托合同的订立以委托人和受托人之间相互信任为前提

委托合同建立在委托人和受托人相互信任的基础上,因此在委托合同生效后,如果一方对另一方产生了不信任,可随时终止委托合同。

3. 委托合同是诺成、不要式合同

委托合同双方当事人意思表示一致,合同即告成立,无须以物之交付或当事人的履行为合同成立要件,所以委托合同为诺成合同。

委托合同为不要式合同,当事人可根据实际情况自行选择适当的形式,书面、口头形式均可。但如法律规定或依委托事项的性质应采用书面形式的,委托合同应作成书面形式,如房地产买卖委托等。

4. 委托合同一般为无偿合同,也可以是有偿合同

传统法律理论认为,委托合同以无偿为原则,法国、德国的民法典也规定委托合同以单务无偿为原则。但在商务委托中,受托人所办理的事务可为委托人带来经济利益,此时大多数委托合同往往是双务、有偿合同。我国《合同法》对此没有限制规定,即由当事人自己决定是否为有偿。

(二)委托合同的种类

1. 概括委托与特别委托

根据委托事务的不同,委托合同可以分为概括委托与特别委托。概括委托是指委托人委托受托人处理一切事务的委托;特别委托则指委托人特别委托受托人处理一项或数项特定事务的委托。我国《合同法》第三百九十七条规定:"委托人可以特别委托受托人处理一项或数项事务,也可以概括委托受托人处理一切事务。"

2. 单独委托与共同委托

根据受托人的数量的不同,可以将委托合同分为单独委托与共同委托。单独委托指受托人为一人的委托;共同委托指受托人为两人以上的委托。我国《合同法》第四百零九条规定:"两个以上的受托人共同处理委托事务的,对委托人承担连带责任。"

3. 直接委托与转委托

根据受托人产生的不同,委托合同可分为直接委托与转委托。直接委托是指委托人直接选任受托人的委托;转委托则是指受托人再为委托人选任受托人的委托。受托人为委托人进行转委托,除紧急情况下为维护委托人利益之必需外,应征得委托人的同意。关于转委托,我国《合同法》第四百条规定:"经委托人同意,受托人可以转委托。转委托经同意的,委托人可以就委托事务直接指示转委托的第三人,受托人仅就第三人的选任及其对第三人的指示承担责任。转委托未经同意的,受托人应当对转委托的第三人的行为承担责任,但在紧急情况下受托人为维护委托人的利益需要转委托的除外。"

(三) 委托合同与其他相关合同的区别

1. 委托合同与代理关系

委托与代理是容易混淆的两个概念。我国《民法通则》第六十三条即对代理关系作了规定:代理人在代理权限内以被代理人的名义实施民事法律行为,被代理人对代理人的民事行为承担民事责任。代理关系的发生基于代理权,代理权由法律直接规定的情形下(法定代理),与委托并无关系;若委托事务为非法律行为,也不发生代理问题。但是,若委托事务是法律行为,委托人基于委托合同的约定而授予受托人代理权,受托人对外以委托人的名义处理委托事务,在这种情况下委托与代理的确存在因果联系,此种情况下,委托关系是代理关系的法律基础关系,代理权的授予本身就成为委托合同的内容,两者相互联系。但两者有显明的区别:

(1) 两者产生的前提不同。委托合同产生于委托人与受托人的合同约定,这是双方法律行为,而代理关系中的委托代理的产生基于被代理人的授权,这是单方的方法论行为,无须双方合意。

(2) 两者的适用范围不同。代理关系包括委托代理、法定代理、指定代理等类型,其中,委托只是发生代理的情况之一,其他大量的代理关系均非因委托合同而发生。同时,委托合同并不一定产生代理这一结果。委托的事务既可以是法律事务,也可以是非法律事务,但代理关系只能适用在法律事务中,当受托人办理的是非法律事务时,就不可能产生代理权。

(3) 两者的效力范围不同。代理关系属于对外关系,存在于本人、代理人及第三人之间,不对外就无所谓代理,因此,代理的效力范围涉及三方当事人;而委托关系属于内部关系存在于委托人与受托人之间,即使委托合同中约定代理关系的,也只是为被代理人向代理人授予代理权提供法律前提,但委托合同本身对合同外的第三人不产生法律约束力。如表9-1所示。

表 9-1　委托合同与代理关系的区别

区别	委托合同	代理关系
产生前提	委托人与受托人的双方协议	法律规定、被代理人的授权
适用范围	法律事务或非法律事务	法律事务
效力范围	涉及委托人、受托人两方内部关系	涉及代理人、被代理人、第三人三方对外关系

2. 委托合同与承揽合同

委托合同的目的在于处理委托事务,与承揽合同以完成一定工作为目的颇为类似,但两者有显明的不同:

(1) 合同目的不同。承揽合同以完成一定工作为要求,承揽人根据定作人的要求从事工作所完成的工作成果是当事人签订承揽合同的目的,而委托合同则不以受托人完成事务的一定结果为必要,委托人看重的是受托人是否按约履行这一行为。

(2) 合同的履行要求有不同。承揽合同注重工作的完成成果,所以承揽人可将部分次要工作交由他人完成;而委托合同注重的是处理委托事务的特色,因此,受托人原则上不能再将受托事务转托他人去完成。

(3) 合同性质上有不同。承揽合同通常为有偿合同;委托合同可以为有偿合同,也可以为无偿合同,实践中无偿的委托合同相当普遍。有人认为委托合同以无偿为原则。

(4) 风险责任承担不同。承揽合同中,承揽人在交付工作成果之前一直承担风险,直到实际将工作成果交付给定作人止;而委托合同中,受托人只须按合同完成一定的行为,无须承担该行为所带来的风险责任,其后果均由委托人承担。两者区别见表 9-2。

表 9-2　委托合同与承揽合同的区别

区别	委托合同	承揽合同
合同目的	从事委托事务	完成一定工作成果
履行要求	受托人原则上不能将受托事务转托	承揽人可以转将工作交他人完成
合同性质	以无偿为原则,也可以是有偿合同	一般为有偿合同
风险承担	受托人不承担从事受托事务的风险	承揽人始终承担工作中的风险

二、委托合同当事人的权利和义务

(一) 委托人的义务

1. 支付费用的义务

无论委托合同是否有偿,委托人都有向受托人支付处理委托事务所需费用的义务。委托人支付费用的方式有两种:预付费用和偿还费用。

根据《合同法》第三百九十八条的规定,委托人应当向受托人预付处理委托事务的费用。预付费用的多少以及预付的时间、地点、方式等,应依委托事务的性质和处理的具体情况而定。非经约定,受托人并无垫付费用的义务。如经请求,委托人不预付费用的,受托人可以拒绝履行或迟延履行处理委托事务的义务。

同时,因为预付费用是为了委托人的利益,因而受托人并无申请法院强制委托人预付费用的义务和权利。但在委托合同为有偿合同的场合下,因委托人拒付费用以致影响受托人基于该合同应获得的收益或者给受托人造成损失时,受托人有权请求赔偿。

受托人没有为委托人垫付费用的义务,一旦垫付,有请求委托人偿还的权利,与此相对应,委托人有偿还费用的义务。委托人偿还的费用一般应限于受托人为处理事务所支出的必要费用及其利息。所谓必要费用,是指处理受托事务不可缺少的费用,如交通费、住宿费、手续费等。当事人就必要的费用范围发生争议时,委托人应就其认为不必要的部分举证,以免使提前垫付费用的受托人处于不利地位,维系委托人和受托人之间利益的均衡。

委托人偿还费用时,应加付利息。利息从受托人垫付之日起计算。双方关于利息有约定的,依约定;没有约定的,应以当时的法定存款利率计算。

对于受托人在处理受托事务时所支出的有益费用,双方当事人没有约定货约定不明时,应根据无因管理或不当得利的规定,向委托人请求偿还。

2. 支付报酬义务

在有偿的委托合同中,委托人与受托人约定,受托人处理完委托事务,委托人向受托人支付相应报酬的,则委托人有支付报酬的义务。应支付报酬的数额,可以由当事人约定,有国家规定的则应按照国家规定执行。如合同未约定,国家也没有相应规定标准的,按习惯或委托事务的性质在合理范围内确定。

对于因不可归责于受托人的事由,致使委托合同解除或委托事务不能完成的,此属委托合同的风险负担问题。依《合同法》第四百零五条规定,这种风险由委托人承担,因此,委托人仍然应向受托人支付报酬。

因为，委托合同的目的在于处理一定的事务，而不像承揽合同那样纯粹追求工作成果，即便因故委托事务不能完成，受托人已付出相当的劳务，委托人对受托人已处理的事务支付相应报酬，是符合委托合同的宗旨的。

当然，对于因可归责于受托人的事由而致使委托合同终止或委托事务不能完成的，受托人无报酬请求权，委托人无支付报酬之义务。

关于报酬支付的时间，除非当事人另有约定，一般实行"后付主义"，即在受托人完成或部分完成委托事务时，委托人才支付报酬。

3. 损害赔偿义务

在处理委托事务过程中，受托人受到损失的，只要不是由于受托人自己的过错造成的，由委托人承担赔偿责任。受托人处理委托事务获得的利益归委托人，委托人享有收益，当然也承担风险。

不论是有偿委托合同，还是无偿委托合同，均适用这一损害赔偿义务。如果受托人对损害的发生也有一定的过错，应相应减轻或免除委托人的赔偿责任。

(二) 受托人的义务

1. 忠实义务

我国《合同法》第三百九十九条规定："受托人应当按照委托人的指示处理委托事务。需要变更委托人指示的，应当经委托人同意；因情况紧急，难以和委托人取得联系的，受托人应当妥善处理委托事务，但事后应当将该情况及时报告委托人。"

委托合同以双方当事人的相互信任为基础。委托人将自己的事务交由受托人处理，受托人应忠实地遵照委托人的意愿为之，这即是受托人的忠实义务。委托人的意愿是通过他对委托事务的指示体现出来的。指示构成委托合同的一个组成部分。指示依其性质，可分为三种：① 命令式指示，即委托人对事务的处理做出的硬性规定，原则上必须遵守，不得变更，如："必须于×时×地交货"；② 指导式指示，即委托人仅对事务处理做出原则性的指示，可在一定条件下变更，如："以不低于5万元的价格出售"；③ 任意的指示，即委托人对事务的处理无具体的限定，原则依具体情形按最有利的方式处理即可，如："选择合理的人员出任部门经理"。

处理委托事务需要变更指示的，指受托人需要超出自己的自由裁量权的界限处理事务，因而会与现有指示相违背的情形。受托人变更指示，原则上需要经委托人同意。这里的同意通常指事先的同意，因受托人有在变更指示前通知委托人的义务。但委托人事后追认的，变更仍然有效。但在紧急情况下，难以和委托人取得联系的，受托人可以不经委托人同意而变更指示。所谓的紧急情况，指事务的发展过程发生了突发性变化，致使若仍按原来的指示行事必然给委托人带来较大的损失。这种情况下,受托人可自行变更指示,依据变化了的情况选择最有利的方式处理事务。

应注意的是,紧急情况下受托人变更指示处理委托事务,不仅是受托人的权利,也是他的义务,只要变更指示是有利于委托人利益的,受托人就应当按更有利的方式妥善处理委托事务。但应在事后及时将变更指示的原因及变更情况报告给委托人,以便委托人及时重新做出新指示,不及时报告的,受托人应对委托人由此而遭受的损失负责。

2. 亲自处理委托事务的义务

根据我国《合同法》第四百条规定,受托人应当亲自处理委托事务。经委托人同意,受托人可以转委托。转委托经同意的,委托人可以就委托事务直接指示转委托的第三人,受托人仅就第三人的选任及其对第三人的指示承担责任。

以上就是受托人亲自处理委托事务的义务。委托人之所以将自己的事务交由受托人处理,是因为相信受托人的能力和经验。所以,原则上受托人应当亲自处理委托事务。但如果经委托人同意,也不妨再将委托事务转托他人处理。

转委托,是指受托人在特定情况下,将委托人委托的部分或全部事务转由第三人处理,使委托人与第三人之间直接发生委托合同关系。第三人由受托人选定。该被委托的第三人称次受托人。转委托的内容,应依照原委托的内容。转委托后,委托人与受托人、次受托人三者之间的关系应区分情形而确定:

(1) 经委托人同意的转委托。委托人与次受托人之间就转委托事务的处理直接产生权利义务关系。委托人可以直接向次受托人发出指示;次受托人接受指示并向委托人直接负责,次受托人就需要变更指示的情形向委托人发出通知,在委托事务处理过程中及处理完毕后向委托人履行报告义务。委托人直接向次受托人预付和偿付费用,并支付报酬。

委托人与受托人之间原则上从原有的委托关系中解脱出来,但因为次受托人是由受托人选任的,因此,如果次受托人明显欠缺处理事务能力的,或者次受托人明显不利于委托事务处理的,受托人应对委托人因此遭受的损失承担赔偿责任。此外,受托人对次受托人也有发出指示的权利,如受托人的指示不当而使次受托人的行为给委托人带来损失的,受托人也应负责。

受托人可以对次受托人发出指示,次受托人接受该指示向受托人负责并履行报告义务,并在事务处理终结时向受托人请求支付报酬。

因此,就同一委托事务,委托人和受托人都可以向次受托人提出要求,由此形成一种连带债权关系,次受托人选择向委托人或受托人履行义务,其行为均有效。

不过,在委托人和受托人的指示发生冲突时,应遵从委托人的指示,因为,受托人本身最终也受委托人指示的约束。委托人和受托人对次受托人的报酬承担连带责任,但如受托人向次受托人的指示不当的,委托人在对次受托人支付报酬后可以就相应部分向受托人追偿。

(2) 未经委托人同意的转委托。此种情况下,委托人与次受托人之间不产生直接的权利义务关系。受托人与次受托人之间的权利义务关系等同于委托人与受托人的关系。次受托人只对受托人负责并享有报酬请求权。若因次受托人的原因给委托事务造成损害的,委托人只能向受托人要求赔偿。受托人无论自己是否有过错,都必须先予赔偿,再向次受托人追偿。

但是,委托人如果事后对转委托进行追认的,或虽未追认,但以其他方式默示认可的(如向次受托人指示,接受次受托人给付),其效果视同同意转委托。

例外的情形是:转委托虽未经委托人同意,但因情况紧急,受托人为保护委托人的利益不得不转委托,其效果等同于经同意的转委托。

3. 报告义务

受托人应当按照委托人的要求,随时或者定期报告受托事务的处理情况。委托事务终了或者委托合同终止时,受托人应当将处理委托事务的始末和处理结果报告给委托人,并提交证明文件,如各种账目、收支统计情况等。

4. 财产交付义务

受托人因处理委托事务所取得的金钱、物品及其孳息等,应该交付给委托人。这些财物不论是委托人名义,还是以受托人名义取得的,也不管是由次受托人取得的,还是由受托人自己在处理委托事务时直接取得的,受托人均应将其交给委托人。受托人擅自挪用或拒不转交的,构成民事侵权行为,委托人有权追回,并追究其民事责任。

5. 损害赔偿义务

受托人在处理委托事务中,应尽合理的注意义务,如因其过错使委托人遭受损失的,受托人应承担损害赔偿责任。但受托人的注意义务依委托合同的不同而有所不同:① 有偿的委托合同。因受托人为获利而接受委托处理事务,所以应比一般人更勤勉地履行注意义务,这时,受托人的违约责任较无偿委托合同的受托人更加严格,只要因其过错致委托人损害的,即应负赔偿义务。② 无偿的委托合同。无偿委托合同的受托人在处理委托事务的注意义务轻于有偿合同的受托人注意义务,他只要做到与处理自己事务时一样的注意义务就可以了,只有在因受托人故意或重大过失给委托人造成损失时,受托人方向委托人承担损害赔偿责任。

三、委托合同当事人与第三人的关系

由于委托合同中受托人在处理委托事务时,往往要涉及第三人,因此,第三人与委托合同的当事人之间的权利义务会发生联系,这时,委托合同与法律上的代理制度构成关联。我国《民法通则》第六十三条的规定属于直接代理的规定,而《合同法》的有关规定,借鉴了英美法的代理制度,实际上涉及了不披露委托人的代理和隐名代理的情况,这样一来,我国法律对直接代理、不披露委托人的代理和隐名代理都有了规定,进一步完善了我国的代理法律制度规定。

我国《合同法》在委托合同章中的规定,确立了委托合同当事人与第三人的关系:

1. 第三人知道委托人与受托人之间的代理关系时

我国《合同法》第四百零二条规定:"受托人以自己的名义,在委托人的授权范围内与第三人订立的合同,第三人在订立合同时知道受托人与委托人之间的代理关系的,该合同直接约束委托人和第三人,但有确切证据证明该合同只约束受托人和第三人的除外。"该条规定属于隐名代理的情况。隐名代理虽然未表明被代理人(委托人)的身份,但因第三人知道受托人实际上是在代理他人与自己订立合同,因此隐名代理的效果和显名代理(直接代理)一样,即代理人订立的合同"直接约束委托人和第三人"。即第三人知道委托人与受托人之间代理关系的,委托人可以对受托人与第三人订立的合同直接享有权利并直接承担义务。

应注意的是,该合同必须是受托人"在委托人的授权范围内与第三人订立的合同"如果受托人超出授权范围订立合同,同时又不以被代理人(委托人)名义订立,此时,委托人就不对受托人订立的合同负责。

而"有确切证据证明该合同只约束受托人和第三人的除外",是因为在隐名代理情况下,有时代理人的个人事务与代理行为容易混淆,如果代理人是为自己的利益与第三人订立合同,则合同关系肯定只发生在代理人与第三人之间,与委托人实际无关,不约束委托人。

2. 第三人不知道委托人与受托人之间的代理关系时

《合同法》第四百零三条规定:"受托人以自己的名义与第三人订立合同时,第三人不知道受托人与委托人之间的代理关系的,受托人因第三人的原因对委托人不履行义务,受托人应当向委托人披露第三人,委托人因此可以行使受托人对第三人的权利,但第三人与受托人订立合同时,如果知道该委托人就不会订立合同的除外。受托人因委托人的原因对第三人不履行义务,受托人应当向第三人披露委托

人,第三人因此可以选择受托人或委托人作为其相对人主张权利,但第三人不得变更选定的相对人。委托人行使受托人对第三人的权利的,第三人可以向委托人主张其对受托人的抗辩。第三人选定委托人作为其相对人的,委托人可以向第三人主张其对受托人的抗辩以及受托人对第三人的抗辩。"本规定对未披露委托人的代理中委托人的介入权和第三人的选择权委托制定相应的规则:

(1) 委托人的介入权。当受托人因第三人的原因对委托人不履行义务,受托人应当向委托人披露第三人,委托人因此可以行使受托人对第三人的权利,这就是委托人的介入权。委托人的介入有三个前提:① 须是未披露委托人的代理,即受托人以自己的名义与第三人订立合同,同时第三人不知道受托人与委托人之间的代理关系;② 须是因第三人的原因对委托人不履行义务,即受托人非因自己的过失,而仅是因为第三人不按约履行合同而导致自己对委托人也违约。此时,受托人有义务向委托人披露第三人;③ 须委托人向第三人表明自己的委托人身份,只有表明了自己作为委托人的身份,才能证明自己对第三人享有合同权利。但第三人与受托人订立合同时,如果知道该委托人就不会订立合同的除外。这是因为在未披露委托人的代理中,第三人是本着对受托人的依赖订立合同的,如果他当初就知道受托人的代理人身份,可能就会因为对委托人的信用或履行能力的不信任而拒绝订立合同。委托人介入合同后,实际上取代了受托人而成为合同的当事人,第三人可能因委托人信用或履约能力低下而受到不应有的损失。所以,法律规定第三人如果在订立合同时知道了委托人就不会订立合同的,委托人无权介入。

委托人行使受托人对第三人的权利的,第三人可以向委托人主张其对受托人的抗辩。因为,与第三人直接订立合同的是受托人,第三人可以对受托人的合同抗辩权,在委托人介入后,也当然可以对委托人行使。

(2) 第三人的选择权。为平衡委托人与第三人之间的利益,《合同法》在承认委托人的介入权的同时,也承认了第三人的选择权。受托人因委托人的原因对第三人不履行义务,受托人应当向第三人披露委托人,第三人因此可以自由选择受托人或委托人作为其相对人主张权利,这即是第三人的选择权。根据法律规定,当受托人因委托人的原因对第三人不能履行义务时,受托人有义务向第三人披露委托人,否则应当向第三人承担责任。第三人在受托人披露委托人后,可以选择其中一人作为相对人,但这种选择只能行使一次,一旦选定,不得变更,以维护合同关系的稳定。如果第三人选择受托人作为相对人的,受托人应向委托人转交从第三人取得的财产,受托人因此支出的费用,也可从委托人处获得补偿。第三人选择委托人作为相对人的,委托人可以向第三人主张其对受托人的抗辩以及受托人人对第三人的抗辩。

(3) 受托人的披露义务。为实现委托人的介入权与第三人的选择权,受托人在以下情况下应负披露义务:在受托人与第三人订立合同时,第三人不知道受托人与委托人之间的代理关系的:① 当受托人因第三人的原因不履行合同义务时,受托人应负向委托人披露第三人的义务,从而使得委托人可以行使介入权,对第三人主张权利;② 在受托人因委托人的原因对第三人不履行合同义务时,为便利第三人选择权的行使,受托人也应履行向第三人披露委托人的义务。

四、委托合同中的连带责任问题

委托和代理往往联系在一起,委托也是代理关系发生的常见原因,而委托代理产生后,受托人为处理委托事务,也往往需要与第三人发生联系,因而,委托合同的受托事务在履行过程中难免存在着连带责任问题。简述如下:

(一) 因委托合同授权不明产生的连带责任

我国《民法通则》第六十五条规定:"委托书授权不明的,被代理人应当向第三人承担民事责任,代理人负连带责任。"

当事人订立委托合同时,委托人应在合同中明确规定受托人的权利义务,这是受托人正确处理委托事务的前提。如果委托人对受托人的授权范围含糊不清,就可能使受托人在处理委托事务中出现偏差,给第三人造成损失,对此,委托人负有不可推卸的责任,应与受托人一道承担连带责任。

(二) 因受托人与第三人恶意串通而产生的连带责任

受托人本对委托人负有忠实义务,应当恪守其依照委托人指示努力为委托人利益办妥受托事务的义务。如受托人与第三人恶意串通,就严重违背了委托人对其的信任,必然损害委托人的利益。发生这样的情况,受托人和第三人应对委托人承担连带责任。

(三) 违法接受委托产生的连带责任

受托人办理受托事务的行为,应当是委托人委托受托人处理的合法事务的行为,该委托办理的事务和办理事务的具体行为均不得违反法律的禁止性规定和公序良俗原则。如果受托人明知委托事项违法仍予接受、办理,或者委托人在合同履行过程中明知受托人办理事务的具体行为不符合法律规定,仍听之任之,不予否认,因而给第三人造成损害或产生其他民事责任的,委托人和受托人应承担连带责任。

（四）共同受托人的连带责任

我国《合同法》第四百零九条规定："两个以上的受托人共同处理委托事务的，对委托人承担连带责任。"受托人一方为两人以上，共同处理委托事务的情形即为共同受托，它与重复委托不同，重复委托是指将同一委托事务通过两个以上的委托合同委托给两个以上的受托人，存在着多个委托关系；共同委托（受托）是将同一问题事务在一个委托合同中委托给两个以上的受托人，它只存在一个委托关系，不过受托人为复数主体。

共同受托人内部无论是否划分对委托事务的管理权限，对外都应承担连带责任，当然，这并不妨碍受托人彼此之间的追偿。如：甲委托乙、丙两人为其管理商店，乙、丙商定乙负责进货，并负责销售。后来因乙在进货中的过失给商店带来损失，则乙与丙对此损失负连带责任，丙不得以进货事宜由乙管理为由拒绝对甲承担责任。但若丙赔偿商店损失后，可向乙要求追偿。

五、委托合同的终止

（一）委托合同终止的一般原因

委托合同终止的一般原因为一般合同所共同存在的终止原因，主要包括委托事务处理完毕、委托合同的履行已不可能、委托合同期限届满等。

（二）委托合同的解除

委托合同解除，即委托合同成立后，没有履行或履行完毕前，当事人一方行使解除权，使委托合同的效力归于消灭的行为。我国《合同法》第四百一十条规定："委托人或者受托人可以随时解除委托合同。因解除合同给对方造成损失的，除不可归责于该当事人的事由以外，应当赔偿损失。"

委托合同是建立在委托人与受托人相互信赖基础上的，这种信赖一旦动摇，即使勉强维系委托关系，也将影响当事人订立委托合同的目的的实现，所以，法律赋予委托合同双方当事人随时解除合同的权利，而无须征得另一方的同意，且不问合同有偿或无偿、定有期限或未定期、事务处理是否告一段落等等，可一概不问。

根据《合同法》第九十六条的规定，一方当事人主张解除合同的，必须以明示的方式向对方发出通知，该通知自到达对方当事人时生效。同时，解除合同的通知一旦生效后即不可撤销。

委托合同虽然可以由当事人随时解除，但依诚实信用原则，当事人一方在不利于对方的情况下解除合同时，应对因解除合同而给对方造成的损失承担赔偿责任，但由于"不可归责于该当事人的事由"而解除的除外。所谓"不可归责于该当事人的事由"是指不可归责于解除合同一方当事人的事由。即只要解除合同一方对合同的解除没有过错，那么他就不对对方当事人的损失负责，而无论合同的解除是否应归咎于对方当事人或第三人或外在的不可抗力，如受托人因伤残无法处理委托事务，虽然是因受托人自身的原因（伤残）而解除合同，但受托人对此并无过错可言，因此并不对委托人因解除合同而遭受的损失负责。

（三）委托合同终止的特殊原因

委托合同终止的特殊原因是指导致委托合同终止的特有原因。我国《合同法》第四百一十一条规定："委托人或者受托人死亡、丧失民事行为能力或者破产的，委托合同终止，但当事人另有约定或者根据委托事务的性质不宜终止的除外。"该条规定的就是委托合同终止的特殊原因（法定解除），包括：

1. 一方或双方当事人死亡

委托人死亡，委托事务的处理对其已无意义，同时委托人也无从对委托事务再作指示；而如受托人死亡，委托事务也无从继续进行。因此，当事人一方或双方死亡的，委托关系应终止。

这里的所谓死亡，包括自然人死亡和法人死亡。自然人死亡有真实死亡和宣告死亡两种；法人死亡及指法人的终止。

2. 一方或双方丧失行为能力

在委托人丧失行为能力的情况下，其委托事务将归其法定代理人处理或者由其法定代理人另外或重新委托，原委托关系终止；若受托人丧失行为能力，其自身的事务都需要由他人代为处理，根本没有能力处理委托事务，委托合同也应当终止。

3. 委托合同当事人破产

如委托合同当事人为企业法人，破产意味着法人消灭。所以，当事人破产，委托合同应当终止。

但上述的委托合同终止的原因的法律规定并非强制性规定，当事人可以通过约定排除或限制《合同法》第四百一十一条的规定的效力。如：双方可约定，委托人死亡的，委托关系继续存在，由委托人的继承人或其他人继承委托人的地位，原受托人对继承人继续履行委托合同义务；在某些情况下，即使一方或双方当事人死亡、丧失行为能力或破产，但依据委托事务的性质不宜终止委托合同。例如，有关营业或企业事务的委托，受托人的地位处于次要地位，其死亡的，委托关系也以继续存在为宜，以保证营业的连续性。

（四）例外规定

1. 特定情况下，受托人继续处理委托事务的义务

我国《合同法》第四百一十二条规定："因委托人死亡、丧失民事行为能力或者破产，致使委托合同终止将损害委托人利益的，在委托人的继承人、法定代理人或者清算组织承受委托事务之前，受托人应当继续处理委托事务。"

受托人履行继续处理义务的前提：因委托人死亡、丧失民事行为能力或者破产，致使委托合同终止将损害委托人利益的条件下，受托人承担继续处理委托事务之义务。所谓合同终止将损害委托人利益的情形，指委托合同终止后，若受托人立即停止对委托事务的处理，将使委托人所有的或其前身所有的权益受损。

受托人继续处理委托事务的性质：这属于原委托合同义务的继续，因此受托人就对委托事务的继续处理有权要求支付报酬，委托人的继承人或法定代理人也有要求受托人按原委托合同报告和转移财产的权利。

2. 受托人的继承人、法定代理人、清算组织采取必要措施的义务

我国《合同法》第四百一十三条规定："因受托人死亡、丧失民事行为能力或者破产，致使委托合同终止的，受托人的继承人、法定代理人或者清算组织应当及时通知委托人。因委托合同终止将损害委托人利益的，在委托人作出善后处理之前，受托人的继承人、法定代理人或者清算组织应当采取必要措施。"

受托人的继承人、法定代理人或者清算组织应当采取的仅限于"必要措施"，而不是原合同义务的继续，它们只要暂管财产之类就行，不必像受托人那样继续去处理委托事务。

案例分析

[案情]

大兴公司与全宇公司签订委托合同，由大兴公司委托全宇公司采购500台彩电，并预先支付购买彩电的费用50万元。全宇公司经考察发现甲市W区的天鹅公司有一批质优价廉的名牌彩电，遂以自己的名义与天鹅公司签订了一份彩电购买合同，双方约定：全宇公司从天鹅公司购进500台彩电，总价款130万元，全宇公司先行支付30万元定金；天鹅公司采取送货方式，将全部彩电运至乙市S区，货到验收后一周内全宇公司付清全部款项。天鹅公司在发货时，工作人员误发成505台。在运输途中，由于被一车追尾，20台彩电遭到不同程度的损坏。全宇公司

在 S 区合同约定地点接收了 505 台彩电,当即对发生损坏的 20 台彩电提出了质量异议,并将全部彩电交付大兴公司。由于彩电滞销,大兴公司一直拒付货款,致全宇公司一直无法向天鹅公司支付货款。交货 2 个星期后,全宇公司向天鹅公司披露了是受大兴公司委托代为购买彩电的情况。

[问题]

天鹅公司事先并不知晓全宇公司系受大兴公司委托购买彩电,知悉这一情况后,天鹅公司能否要求大兴公司支付货款?为什么?

[法律依据]

《合同法》第四百零三条:"受托人以自己的名义与第三人订立合同时,第三人不知道受托人与委托人之间的代理关系的,受托人因第三人的原因对委托人不履行义务,受托人应当向委托人披露第三人,委托人因此可以行使受托人对第三人的权利,但第三人与受托人订立合同时如果知道该委托人就不会订立合同的除外。受托人因委托人的原因对第三人不履行义务,受托人应当向第三人披露委托人,第三人因此可以选择受托人或者委托人作为相对人主张其权利,但第三人不得变更选定的相对人。"

[法律运用及处理结果]

天鹅公司可以要求大兴公司支付货款。因为,根据《合同法》第四百零三条的规定,受托人以自己名义与第三人订立合同时,因委托人的原因对第三人不履行义务,受托人向第三人披露委托人后,第三人可以选择受托人或者委托人作为相对人主张其权利。

[值得注意的问题]

本案另外还涉及其他一些问题,包括:① 全宇公司与天鹅公司订立的合同中的定金条款效力如何?② 大兴公司多收的 5 台彩电应如何处理?这些问题应一并予以考虑,才能完整解决该案。

(案例来源:http://www.haobang888.com)

第五节 行纪合同

一、行纪合同的概述

(一) 行纪合同的概念和特征

1. 行纪合同的概念

行纪合同,又称信托合同,指一方根据他方委托,以自己的名义为他方从事贸易等活动,并收取报酬的合同。其中,以自己的名义为他人办理业务者,为行纪人;由行纪人为其办理业务并支付报酬者,为委托人。

2. 行纪合同的特征

(1) 行纪合同主体的限定性。行纪合同的行纪人应当是经过批准可以从事行纪业务的自然人、法人和其他组织。

(2) 行纪人以自己的名义为委托人办理业务。行纪人在接受委托办理业务时,须以自己的名义,而非委托人的名义进行民事活动。行纪人在处理委托业务中,涉及与第三人的法律关系时,行纪人以自己的名义加入该关系,委托人原则上不直接与第三人发生法律关系,不直接就行纪人对第三人的行为承担责任。

(3) 行纪人为委托人的利益办理业务。行纪人虽以自己的名义对外活动,但并非为自己的利益而活动。行纪人之行为所产生的权利、义务最终归属委托人,其经济上的实益最终由委托人承受。在实施行纪行为过程中,行纪人为委托人购、售的物品的所有权属于委托人,非因行纪人的原因发生的物品的毁损、灭失的风险,也由委托人承担。

(4) 行纪合同的标的是行纪人为委托人进行的特定贸易活动。行纪合同是由行纪人为委托人提供劳务的合同,但能成为行纪合同标的的劳务须是向第三人实施的法律行为,事实行为不能成为行纪合同的标的。我国合同法将行纪合同的标的限于贸易活动,该贸易活动是具有交易性质的财产上的法律行为,没有商业上交易性质的财产性活动如赠与、民间私人少量消费品买卖不包括在内,动产及其他类似动产买卖行为,如以有价证券、期货等具有商业交易性质的行为应包括在行纪合同的标的之内。

(5) 行纪合同为双务有偿、诺成、不要式合同。行纪人负有为委托人办理买卖或其他商务交易义务,而委托人负有给付报酬的义务,双方义务相会对应;行纪人完成事务收取报酬,为有偿服务而不是无偿服务;双方的利益具有对价关系,所有行纪合同是双务有偿合同。另外,行纪合同只需双方当事人之间的意思表示一致即告成立,一般无须具备特别形式,故行纪合同是诺成、不要式合同。

(二) 行纪合同与相关概念的联系与区别

1. 行纪合同与委托合同

行纪与委托有许多共同的特征。在某些国家的立法中,行纪被作为委托的一种。我国《合同法》第四百二十三条规定,除行纪合同另有规定外,可以准用委托合同的规定。但该法又将委托合同与行纪合同规定为各自独立的两种有名合同。两者的区别是(见表9-3):

表 9-3 行纪合同与委托合同的区别

区别	行纪合同	委托合同
委托事务要求	特定事务	事务不特定
合同性质	须为双务有偿性	可以是双务有偿,也可以是单务无偿
主体资格	有特别要求	无特别要求
对外效力	行纪人须以自己名义对外订约,不直接约束委托人	受托人以委托人的名义对外订约,直接约束委托人

(1) 行纪合同所指事务,是特定的,限于动产、有价证券买卖以及其他商事交易活动;委托合同中的事务不特定,范围广泛,不以商事交易为限。

(2) 行纪合同是有偿双务合同,而委托合同可以是无偿单务合同。

(3) 行纪合同的一方当事人行纪人有特殊的资格要求,即专为动产、有价证券买卖的商人;委托合同的受托人则无此要求。

(4) 行纪合同中,行纪人只能以自己的名义对外活动,因而其与第三人订立的合同不能直接对委托人发生效力;而委托合同中,受托人以委托人的名义对外活动,故与第三人订立的合同应视为委托人与第三人订立的合同,应由委托人直接承受其后果。

2. 行纪合同与信托制度

行纪合同虽然也被称为信托合同,但和英美法上的信托制度全然不同。英美法上的信托制度是一种财产管理制度,属于财产法(相当于大陆法国家的物权法)的范畴,它由一方当事人(信托人)将自己的财产(信托财产)的所有权转移于另一方当事人(受托人),受托人负有为第三方(信托受益人)的利益而管理使用信托财产的义务,并在信托关系终止时,将信托财产的所有权复归于信托人。而行纪合同是债权合同,由债权法调整,行纪人并不拥有委托物的所有权,也不存在第三方作为受益人问题。可见,行纪与信托在法律关系性质、内容、成立要件上都不同,不能混淆(见表 9-4)。

表 9-4 行纪合同与信托制度的区别

区别	行纪合同	信托制度
法律关系性质	合同关系,债权性质	财产管理关系,物权性质
当事人	两个:行纪人与委托人	三个:委托人、受托人和受益人

续表

区别	行纪合同	信托制度
成立要件	诺成合同,不以财产交付为成立要件	只有交付,才成立信托关系;除双方协议外信托还可以单方法律行为(如立遗嘱)成立
财产所有权是否转移	不转移	转移于受托人
法律责任	违反者,承担违约责任	违反者,承担信托责任(不同于违约责任和侵权责任)

3. 行纪合同与承揽合同

行纪合同与承揽合同都属于一方当事人为另一方当事人处理一定事务(完成一定工作)的合同。但在承揽合同中承揽人只是完成一定工作并交付成果,其完成一定工作的行为是事实行为而不属于法律行为;而在行纪合同中,行纪事务则必须是民事法律行为,并且必须是贸易活动。承揽人无须与第三人发生法律关系,而行纪人则必须与第三人进行交易。

4. 行纪合同与代理行为

行纪又称为间接代理,一般的代理为直接代理,两者的共同点在于都可发生三方当事人之间的关系,并且都是为他人利益而行为。区别是:在行纪中,行纪人以自己的名义活动,其与第三人订立的合同,直接对自己发生效力,而在(直接)代理中,代理人以被代理人的名义活动,其与第三人订立的合同,由被代理人直接承受起效力。

二、行纪合同当事人的权利和义务

(一)行纪人的义务

1. 依委托人的指示处理事务的义务

行纪人应遵循委托人的指示进行交易活动,这是行纪人的最基本义务。具体来讲,行纪人应:

(1) 行纪人以低于指定价格卖出或者高于指定价格买入的,应当经委托人同意,未经委托人同意,行纪人补偿其差额的,该买卖对委托人发生效力;

(2) 行纪人以高于指定价格卖出或者以低于指定价格买入委托物的,可以按

照约定增加报酬,没有约定或者约定不明的,依照《合同法》第六十一条的规定仍不能确定的,该利益属于委托人;

(3) 委托人对于价格有特别指示的,行纪人不得违背该指示买进或卖出。

2. 负担行纪费用义务

行纪费用是指在处理委托事务时所支出的费用。行纪人为处理委托事务所支出的费用,相当于获得利润而支付的成本,因此,该费用原则上由行纪人自己负担。事实上,在完成委托事务后,行纪人的这项成本可以从委托人支付的报酬中得到补偿。如果行纪人支出的费用超过了其获得的行纪报酬,这属于正常的商业风险,也由行纪人自行承担。

但如果当事人之间另有约定的,行纪费用按约定也可以由委托人支付。

3. 妥善保管义务

行纪人占有委托物的,应当妥善保管。行纪合同为有偿合同,因此行纪人对委托物的保管应尽善良管理人的注意。

4. 合理处分委托物的义务

委托物交付给行纪人时有瑕疵或者容易腐烂、变质的,经委托人同意,行纪人可以处分该物。与委托人不能及时取得联系的,行纪人可以合理处分。行纪人违反对委托物的合理处分义务的,应承担违约责任,赔偿对委托人造成的损失。

(二) 行纪人的权利

1. 报酬请求权

行纪合同为有偿合同,行纪人为委托人办理委托事务,可请求委托人支付报酬。对于报酬额,按合同约定,无约定的,可以依照国家或行业的法定收费标准,或以商业习惯确定。即使合同当事人未约定是否给付报酬及报酬数额,行纪人仍可向委托人请求报酬给付。

2. 介入权

所谓介入权是指在行纪合同无相反约定时,委托人委托行纪人进行市场交易,行纪人有权以自己作为相对人,介入交易活动,而成为与委托人进行交易的卖出方或买入方,其结果是:行纪人与委托人之间直接成立买卖关系。

行纪人行使介入权,须符合一定要求:

(1) 须为买卖有市场定价的证券或其他商品。这是行纪人介入的前提条件,也是判断行纪人是否以不利于委托人的方式介入并因此而应承担赔偿责任的标准。所谓市场定价,指交易的标的在市场上有公示的统一价格,单个交易者之间不能通过个别的磋商在此市场价格之外另行确定交易价格。交易标的有市场定价,则行纪人不能任意左右其价格，这时行纪人的介入才能免除其从中获取不正当利益的危险。

行纪人卖出或者买入的商品采用市场定价，也不能违背《合同法》第四百一十八条关于委托人对价格的指示的规定，如不能超出委托人规定的交易价格上下幅度。

（2）委托人不禁止介入。当事人双方可在行纪合同中明示或默示地约定禁止行纪人介入，则行纪人不能介入。即使双方在订立合同时并无这样的约定，委托人在其后也可以随时以单方的意思表示任意地排除行纪人的介入权。委托人排除行纪人的介入权，应以明示方式表示。

（3）须行纪人尚未对第三人卖出或买进。行纪人已对第三人卖出或买进，交易相对人已确定，行纪人已无介入的余地。

行纪人行使介入权，则在委托人与行纪人之间直接成立了买卖合同，无须委托人再承诺，因此，介入权属于一种形成权。行纪人介入后，兼有行纪人和交易相对人双重身份，行纪人依行纪合同负担的义务并不因此减弱或免除，如其以善良管理人的注意保管委托物义务、通知义务等，仍须履行，否则仍应承担违反行纪合同的违约责任。而行纪人介入后，也仍然可以向委托人主张行纪报酬。

3. 提存权

行纪人依委托人指示买入物品，委托人无正当理由拒绝受领，行纪人在催告后，委托人仍逾期不受领的，行纪人可以依《合同法》有关规定，对该物品进行提存。

4. 留置权

行纪人完成或部分完成委托事务的，委托人应当向其支付报酬。委托人不支付的，行纪人对委托物享有留置权，并依照法律的规定以委托物折抵其该得报酬或从拍卖、变卖该财产所得价款中优先受偿。

当然，当事人也可对留置权是否行使及如何行使，通过约定加以限制或排除。

（三）委托人的义务

1. 支付报酬的义务

行纪人完成委托事务的，有权向委托人请求支付报酬，委托人有支付报酬的义务。如果行纪人以优于行纪合同的条件完成行纪行为，对增加的利益部分，如果合同约定行纪人可以提取一定比例的，委托人亦有义务向行纪人给付。

2. 及时受领行纪人交付的行纪行为的结果的义务

委托人应当及时接收行纪人所交付的实施行纪行为的法律后果，即买入的商品或有价证券、收到的货币、取得的权利等，不得无故拒绝接受或迟延受领。以便及时解除行纪人的保管义务。若委托人逾期提取委托物的，应当增交保管费用，并对逾期受领期间,标的物意外灭失的风险承担责任。委托人因受领迟延而给行纪人造成损失的,委托人应当承担赔偿责任。

案例分析

[案情]

杨某一家擅长编制草帽,1996年冬季杨某全家赶制出1 000顶草帽,为了使草帽销销顺畅,杨家与县农贸公司签订合同,委托农贸公司以每顶3元的价格出售,农贸公司从中每顶提取1元的手续费。1997年3月,杨家将1 000顶草帽交给农贸公司,农贸公司4月与某百货商场签订买卖合同,按照每顶3元价格将1 000顶草帽卖给百货商场。5月份,杨某去县百货商场购物,发现自己家编制的草帽正在销售,杨某便与农贸公司联系,催要草帽款,农贸公司以百货商场没有付款为由拒付杨某的草帽款,而百货商场则声称:现草帽市场滞销,卖不动,不能给付农贸公司草帽钱。杨某因急于用钱买农用拖拉机,便向法院起诉农贸公司与百货商场,要求支付草帽钱。

[问题]

杨某的起诉要求法院能够支持吗?该案应如何判处?为什么?

[法律依据]

《合同法》第四百二十一条规定:"行纪人与第三人订立合同的,行纪人对该合同直接享有权利,承担义务。第三人不履行义务致使委托人受到损害的,行纪人应当承担损害赔偿责任,但行纪人与委托人另有约定的除外。"

[法律运用及处理结果]

依据《合同法》第四百二十一条规定,杨某全家与县农贸公司之间达成的是有效的行纪合同,行纪人与第三人县百货商场订立的买卖合同也是有效合同。因为行纪人农贸公司是以自己的名义同第三人百货商场订立合同,行纪人对第三人享有权利承担义务。本案由于第三人不履行合同义务,致使委托人杨家利益受到损害,行纪人应当承担责任,即应支付杨家2 000元的草帽价款,行纪人不得以第三人不履行合同义务而免于其给付草帽价款的责任。法院应依法判决县农贸公司偿付杨某全家的草帽价款。

[值得注意的问题]

实践中应特别注意行纪合同与一般的委托合同、代理合同、居间合同合同的不同,区别它们之间细致的区别。

（案例来源：杜万华主编《合同法精解与案例评析》,法律出版社1999年版）

第六节 居 间 合 同

一、居间合同的概述

（一）居间合同的概念和特征

1. 居间合同的概念

居间合同,也称中介合同,是指双方当事人约定一方为他方报告订立合同的机会或者提供订立合同的媒介服务,他方给付报酬的合同。其中,报告订立合同机会或者提供订立合同的媒介服务的一方为居间人,支付报酬的一方为委托人。提供、报告订立合同机会的居间,称为报告居间,提供订立合同媒介服务的居间,称为媒介居间。

2. 居间合同的特征

（1）居间是信息媒介劳务合同。居间是为他人报告订立合同机会或充任订约媒介,因此居间以劳务给付为标的,属于一种特别的劳务合同,居间人所实施的劳务,是信息的提供和订约的媒介。一个具体的居间活动可能是报告居间或媒介居间,也可能两者兼而有之。

（2）居间合同是双务有偿合同。居间人为委托人提供劳务,委托人向居间人支付报酬,两者互为对价,因而居间属双务有偿合同。

（3）居间合同为诺成不要式合同。在居间合同中,居间人的报酬请求权虽以其所媒介行为的成立为前提,但居间合同在当事人意思表示一致时即告成立,而无须以标的物之交付为要件,并且居间合同的订立也无须采用特定的形式为条件,所以,居间合同是诺成和不要式合同。

（4）居间合同委托人的给付义务具有不确定性。在居间合同中,居间人的活动实现居间目的时,委托人才会履行支付报酬的义务。而居间人能否实现居间目的具有不确定性,因此委托人的给付义务也具有不确定性。

（二）居间合同与相关概念的联系与区别

1. 居间合同与委托合同

居间仅限于报告订约机会或为他人订约充当媒介,其服务范围有限,而委托则是为他人处理事务,事务的范围种类很广泛,法律未明文限制;居间为有偿合同,而委托合同可为无偿合同；居间是以自己的名义从事居间活动，而受托人在为委托人订立合同的场合，是以委托人的代理人的身份进行活动。

2. 居间合同与行纪合同

居间与行纪都是一方受他方委托为他方办理一定事务的合同，都属于提供劳务的合同，也都是有偿合同，但两者也有显著的不同（见表9-5）：

表9-5 居间合同与行纪合同的比较

比较		行纪合同	居间合同
相同点	合同总体性质、目的	均属提供劳务合同，均为委托人利益而进行	
	合同订立前提	均基于双方的相互信任而订立	
	合同法律性质	均为双务有偿合同	
	合同主体要求	行纪人与居间人有一定资格要求	
不同之处	提供服务内容	为委托人利益与第三人发生关系	仅提供订约机会或媒介服务
	决定委托人与第三人合同关系	与第三人之间的合同，直接在行纪人与第三人之间发生效力	由委托人自己决定，不对居间人发生效力
	费用承担	行纪费用一般行纪人自行承担	居间费用由委托人负担
	报酬取得	行纪人的报酬仅从委托人处取得	居间人可从委托人和相对人双方取得
	合同义务内容	行纪人有移交事务后果及报告义务	居间人无前述行纪人义务

（1）居间人所提供的服务，仅限于提供订立合同的机会或提供订立合同的媒介服务，而不得参与委托人与第三人之间的法律关系，不能决定委托人与第三人之间法律关系的内容；行纪人在履行合同时，必然与第三人建立一定的法律关系，而且要依委托人的意思和利益对与第三人之法律关系的内容予以确定。

（2）居间人仅向委托人提供有关交易的信息或媒介，没有替委托人作有效意思表示的效力。最终决定订立合同的，是当事人（委托人）自己的意思表示，所订立的是委托人与第三人之间的合同；而行纪人虽然必须依照委托人的意愿作意思表示，但与第三人订立合同，在行纪人与第三人之间发生效力。

（3）费用承担方面两者有不同。居间人进行居间活动的费用，在居间人促成委托人与第三人的合同成立的，由委托人负担，未促成合同成立的，居间人仅可要求委托人支付必要的居间费用;在行纪合同中,除当事人另有约定外,由行纪人自己负担处理委托事务而支出的费用。

(4) 在居间合同中,居间人在为订约媒介居间时,可以从委托人和其相对人双方取得报酬;而行纪合同中,行纪人只能从委托人处取得报酬。

(5) 行纪合同中,行纪人有将处理事务的后果移交给委托人的义务和报告义务,而居间合同的居间人并无这类义务。

二、居间合同当事人的权利和义务

(一) 居间人的义务

1. 如实报告义务

这是居间人的基本义务。在报告居间中,居间人对于订立合同的有关事项,如相对人的信用情况等,都要如实反映报告给委托人;在媒介居间中,无论居间人是同时接受主合同双方当事人委托,还是仅接受委托人一方委托的,居间人都负有向双方报告的义务。

2. 忠实和尽力义务

居间人就自己所为的居间活动,有忠实义务,包括:① 应将所知道的有关订约情况或商业信息等,如实告知给委托人;② 不得对订立合同实施不利影响,损害委托人利益;③ 居间人对于所提供的信息、成交机会及后来的订约情况,负有向其他人保密的义务。

同时,居间人还负有尽力义务。如,媒介居间人应尽力促使未来可能订立合同的双方达成合意,消除双方的不同意见,对于相对人与委托人之间所存阻碍,尽力加以说合和克服。

3. 居间费用负担义务

居间人为委托人了解订约信息、有关人的资信状况、知名度等情况,必然会有一定的费用支出。此类费用,如居间人和委托人事先没有约定由哪一方承担,则应由居间人承担。这是因为,此费用一般可从委托人支付的居间报酬中得到补偿。

但如果居间人没有促成合同成立的,因为委托人无义务支付居间报酬,则居间人从事居间活动所支出的必要费用,由委托人负担。

(二) 委托人的义务

1. 支付居间报酬义务

支付居间报酬,是居间合同委托人的主要义务。如居间人促成合同的,委托人应向居间人支付报酬。关于报酬的数额,原则依当事人的约定,当事人没有约定或约定不明的,按《合同法》第六十一条的规定确定,若仍然不能确定的,则依据居间活动的情况合理确定。

2. 支付必要的居间费用义务

居间人未促成合同成立的,可以要求委托人支付从事居间活动支出的必要费用。所谓"必要费用",指居间人为居间活动的进行而必需且合理支出的费用,如材料费、差旅费等,超出必要限度的费用,则由居间人自己负担。

案例分析

[案情]

2004年6月,毛小姐为了购买住房,与某房产中介公司签订了一份《房地产买卖居间协议》,约定由中介公司作为居间人将庄先生坐落于浦明路的一套房屋介绍给毛小姐,房款为人民币245万元,双方在《协议》中约定了付款方式、意向金的数额及处理办法等事项。其中,还在第十条约定:"由于毛小姐的原因导致房地产买卖合同未签订的,毛小姐应向中介公司支付总房款3%的违约金。"协议签订后,毛小姐按约支付给中介公司意向金5 000元。后由于毛小姐与上家庄先生在付款问题上不能达成一致意见,买卖合同没有签成。中介公司遂诉至法院,以毛小姐拒绝签订买卖合同为由,请求判令毛小姐按照约定支付违约金49 000元。

[问题]

(1) 中介公司与毛小姐签订的《房地产买卖居间协议》第十条约定的"由于毛小姐的原因导致房地产买卖合同未签订的,应向中介公司支付总房款3%违约金"是否有效;

(2) 中介公司在被毛小姐及案外人因故未签订《房地产买卖合同》时,是否可收取相应费用。

[法律依据]

《合同法》第四十条:"提供格式条款一方免除其责任、加重对方责任、排除对方主要权利的,该条款无效。"第四百二十六条:"居间人促成合同成立的,委托人应当按照约定支付报酬。对居间人的报酬没有约定或者约定不明确,依照本法第六十一条的规定仍不能确定的,根据居间人的劳务合理确定。因居间人提供订立合同的媒介服务而促成合同成立的,由该合同的当事人平均负担居间人的报酬。居间人促成合同成立的,居间活动的费用,由居间人负担。"第四百二十七条:"居间人未促成合同成立的,不得要求支付报酬,但可以要求委托人支付从事居间活动支出的必要费用。"

[法律运用及处理结果]

二手房买卖中,中介公司的活动能否最后达成成果,促使上下家顺利签约具有不确定性,不是完全可由中介公司的意志决定的。有时,尽管中介公司为了促成合同的成立也尽了向委托人报告或者媒介的义务,但合同却因种种原因没有成立,甚至有些委托人违背诚实信用原则抛开中介与第三人"手拉手"私下成交。对此情况,法律赋予了中介公司请求委托人支付中介活动必要费用的权利。但必要费用与报酬毕竟不是同一概念,而且在数额上往往也相差很大。因此,中介公司在与委托人签订居间合同时,就中介公司前期的报告、媒介、陪同看房、参与协商等服务活动,可约定按服务项目实行菜单式收费。如此才可以有效起到制约委托人以及弥补中介公司成本损失的作用,最终达到减少双方纷争的目的。

法院经审理后认为,《合同法》第四十条规定:"提供格式条款一方免除其责任、加重对方责任、排除对方主要权利的,该条款无效。"本案中,《房地产买卖居间协议》系中介公司提供的格式条款,其中第十条约定的内容,剥夺了买卖双方进一步协商的权利,意味着房屋买卖必须成交,否则委托人即应承担违约责任。而中介公司却使自己居于无论居间行为是否成功均可获得相应报酬的有利地位,显与当事人应当遵循公平原则确定各方的权利和义务的法律规定相悖,故该约定的条款无效。中介公司依此收取违约金的主张不受法律保护。

《合同法》规定:"居间人促成合同成立的,委托人应当按照约定支付报酬。"、"居间人未促成合同成立的,不得要求支付报酬,但可以要求委托人支付从事居间活动支出的必要费用。"鉴于房地产居间人在居间活动中往往要为委托人提供权籍调查、使用情况调查、行情调查、确定成交意向、订立交易合同等基本服务内容,而要完成这些服务内容,居间人需有一定的经济成本支出。因此,中介公司在毛小姐与上家签订《房地产买卖合同》之前,只能向毛小姐主张其进行居间活动所支出的经济损失。

法院判决,对中介公司要求毛小姐支付违约金的诉讼请求不予支持。

[值得注意的问题]

实践中,房屋交易中介往往与委托人订协议,规定订金条款,即便房屋买卖合同未成立,该订金也往往不退,这种做法与《合同法》关于居间合同的规定不一致,这是应予以注意的。

(案例来源:http://www.falvguwen.info/631w.html)

【本章思考题】

1. 说明客运合同承运人的主要义务。
2. 请比较委托合同与承揽合同的不同之处。
3. 说明保管合同与仓储合同的关联性与区别。
4. 简述行纪合同行纪人的主要义务。
5. 简述居间合同委托人的权利与义务。
6. 案例思考题：

案例一

李某系一商店老板，专门经营皮货。一日李某与某贸易公司订立合同，委托贸易公司以每件 800 元的价格购买男皮大衣 10 件，最新款式；以每件 850 元的价格购买女士皮大衣 10 件，最新款式。委托事项完成应不迟于 9 月底。

贸易公司不久与内蒙古一家皮衣制造厂签订了 10 件男式及 10 件女式皮衣的加工合同。厂家于 9 月 10 日将 20 件最新款式男女皮大衣，交给贸易公司。贸易公司通知李某带款取货。9 月 15 日，李某到贸易公司时，贸易公司声称皮衣还没有到，李某看到贸易公司陈列的新款皮衣，质问公司，公司老板说：该皮衣不是代李某购买的，而是为其他客户购买的，李某如要则每件加 100 元。双方发生争议，起诉到法院。

问：法院应如何处理该案？

案例二

原告：杭州××科技有限公司

被告：上海××国际物流有限公司

2005 年 8 月 19 日，原告与其客户 PJ 公司签订外销合同，约定 PJ 公司向原告买入 13.6 吨二甲基硫醚，金额为 23 528 美元（按 2005 年 12 月 30 日的汇率计算折合人民币 189 400.40 元），付款方式为信用证。8 月 29 日，原告与案外人东业公司签订了购销合同，约定原告向东业公司购买 13.6 吨二甲基硫醚，总计人民币 133 280 元。

9 月 21 日，原告为履行外销合同与被告签订了货运代理合同，约定由原告向被告支付所有代理费用为人民币 2 610 元。被告为原告出口的 13.6 吨二甲基硫醚办理报关与订舱手续，从中国上海到印度孟买，承运人为马士基公司，如未遇到不可抗拒因素,最晚出运日期为2005年9月30日,且提单上的装运日期不得晚于2005年9月30日。否则,被告应承担责任和由此造成的损失。

9月26日,原告将货物送达仓储站,并向上海海事局申办了危险货物出境托运手续,被告向原告出具了提单确认通知书。后由于马士基公司拒绝运输涉案货物,货物未能出运,货物一直存放于仓库。2006年1月19日,原告与案外人高凯公司签订购销合同,高凯公司以人民币81 600元买入了涉案所有货物。同日,原告与千通公司签订运输合同,约定由千通公司将货物运至常州市某化轻总公司301仓库,运费为人民币2 000元。原告于同年1月20日,向千通公司支付了运费人民币2 000元及代垫的仓储费人民币2 500元。

原告确认外贸合同中的成交价包括海运费4 000美元、内托费人民币2 610元及保险费人民币208.37元。另查明,就涉案货物未能出口结汇,产生退税损失人民币14 808.89元,税率为13%,符合国家有关规定。

问:法院应如何处理该案?请说明理由。

第十章 技术合同

> **教学要求**
>
> 技术合同是特殊的合同种类。通过学习本章内容,可以了解各技术合同的特殊性特征,熟悉技术合同的种类及其相关的法律规则。同时,也能够注意到技术合同不仅受《合同法》的调整,也往往要受《专利法》等知识产权法的调整,这样,我们可以在经济生活中更充分运用这些规则,保护自己的合法权益。

第一节 技术合同概述

一、技术合同的概念和特征

(一)技术合同的概念

技术合同是指当事人之间就技术开发、技术转让、技术咨询或服务所订立的,确立相互间权利与义务的合同。

(二)技术合同的特征

1. 技术合同的标的是技术提供行为

所谓提供技术的行为包括提供现存的技术成果、对尚未存在的技术进行开发以及提供与技术有关的辅助性帮助等行为,也就是技术合同概念中技术开发、技术转让、技术咨询或服务行为。因此,技术合同性质上属于特种买卖,其标的所涉对象为技术。有的专家将技术合同的标的物定为技术成果和技术秘密。

作为技术合同对象的"技术",是指根据生产实践经验和科学原理而形成的,作用于自然界一切物资设备的操作方法和技能。"技术"具有以下特征:它是人类脑力劳动的产物,具有价值和使用价值,上升为法律对象的技术集知识性与商品型于一身;技术是无形物,其载体是有形的人、设备、工具、数据、公式等。技术依不同的标准可分为:专利技术和专有技术(技术秘密)、生产型技术(如机械技术、通讯技术等)和非生产性技术(如管理技术、医疗技术等)。确定有关合同是否为技术合同,首先就应从其标的所涉对象上考察。

2. 技术合同的履行有特殊性

技术合同履行除必须遵守《合同法》关于合同履行的一般原则(如全面履行、诚信履行等)外,还具有如下特殊性:

(1) 技术合同的履行主要在于技术许可或提供技术服务,而不在于交货;

(2) 技术合同的履行往往产生与技术有关的其他产权归属问题,这些问题不仅由《合同法》调整,而且还受知识产权法律制度(如《专利法》)调整;

(3) 由于技术成果的不确定性及技术开发的风险性,《合同法》中的实际履行制度可能在技术合同中无法适用;

(4) 由于一些技术合同的订立是基于当事人之间的信赖,这些技术合同具有一定的人身性,很难由第三人替代履行;

(5) 鉴于技术的秘密性及技术合同的履行主要是技术实施,技术合同中的协助、保密义务特显重要性。

3. 技术合同是双务有偿合同

技术合同当事人双方都承担相应的义务,一方进行技术开发、技术服务,另一方支付价款或报酬,两者互为代价,因此,技术合同通常是双务有偿合同。

4. 技术合同当事人具有广泛性和特定性

我国《合同法》并没有限定技术合同的主体资格,因此,自然人、法人、社会组织均可成为技术合同的当事人,故技术合同当事人具有广泛性。

但技术合同的主体一方或双方应具有从事技术开发、转让、咨询、服务的能力,因此,技术合同的主体又具有特定性。

二、技术合同的种类

根据《合同法》规定,技术合同可分为四类:

(一) 技术开发合同

指当事人就新技术、新产品、新工艺和新材料及其系统的研究开发所订立的合同。技术开发合同又可再分为委托开发合同和合作开发合同两种。

（二）技术转让合同

指当事人之间就专利权转让、专利申请权转让、非专利技术转让、专利实施许可及技术引进所订立的合同。

（三）技术咨询合同

指当事人一方就特定技术项目提供可行性论证、技术预测、专题技术调查、分析评估报告等咨询服务，他方支付相应报酬的合同。

（四）技术服务合同

指当事人一方以技术知识为另一方解决特定技术问题所订立的合同，不包括建设工程的勘察、设计、建筑、安装合同和承揽合同。

三、技术合同的订立

（一）订立技术合同的基本原则

作为合同的一种，技术合同的订立应遵循《民法通则》、《合同法》关于合同的一般原则规定，如公平、自愿、诚实信用等原则。此外，技术合同的签订，还应遵循其自身特有的一些原则。我国《合同法》第三百二十三条规定："订立技术合同，应当有利于科学技术的进步，加速科学技术成果的转化、应用和推广。"这是在订立技术合同时应遵守的特定原则，说明如下：

科学技术只有与生产实践相结合，才能使科技成果转化为生产力，而技术合同正是这一结合的桥梁，以产品工艺更新、技术改造、专业技术指导为内容的技术合同，其目的都是为了促进科学技术转化为生产力。合同法还规定妨碍技术进步、非法垄断技术的合同无效，技术合同法对非法侵犯他人专利权、专利实施权、非专利技术转让权、使用权的技术合同当事人的处理原则、方法作了明确规定，以促进科学技术的发展。

（二）技术合同的形式

技术合同是诺成合同，受要约人一经承诺，合同即告成立。法律对技术合同的形式，根据不同的技术合同种类，作不同的规定要求：

1. 技术开发合同、技术转让合同属于要式合同，必须采用书面形式订立

上述采用书面的必要性表现在：首先，技术合同关系到当事人技术权益和经济利益，如涉及知识产权的保护、技术成果的分享、技术情报保密等；其次，技术合同的标的是无形的知识形态产品，订立合同的环节多，履行期限长，保持与价款的支付与一般合同也有不同；再次，技术合同还涉及国家对技术市场在财政、信贷、税收、奖励等方面的优惠政策实施。这些，如果采用口头约定形式确定，在发生纠纷

时,证据不易确认,采用书面形式则对当事人更有利,还有利于有关部门的监督管理。

2. 技术咨询合同和技术服务合同归属为不要式合同,采用口头、书面形式均可

技术咨询合同与技术服务合同的形式,由当事人具体约定。

3. 技术引进合同,为要式合同,应采用有关法律法规规定的形式

根据有关法规,技术引进合同当事人应书面订立协议,且技术引进合同的受让方在合同成立之日起30日内,提出书面申请,报国家有关主管部门审批。审批机关在收到申请书之日起60日内决定批准与否,经批准的合同自批准之日起生效。如果审批机关逾期未予决定的,视为申请有效。

实践中,书面形式的技术合同一般分主件和附件两部分。主件指当事人在订立、变更、解除技术合同时确定的主要条款的内容及双方来往的信件、电报、电传等;附件指对主体条款的内容所作的文字或图表说明,如技术背景资料、可行性论证、技术评估报告、项目任务书、计划书、技术标准、技术规范、原始设计和工艺文件以及图案、表格、数据和照片等。我国国家工商局还制定有技术合同的标准格式供当事人选用。

(三) 技术合同的条款内容

根据《合同法》第三百二十四条规定,技术合同的条款内容由当事人约定,一般包括以下条款:① 项目名称;② 标的的内容、范围和要求;③ 履行的计划、进度、期限、地点、地域和方式;④ 技术情报和资料的保密;⑤ 风险责任的承担;⑥ 技术成果的归属和收益的分成方法;⑦ 验收标准和方法;⑧ 价款、报酬或者使用费及其支付方法;⑨ 违约金或者损失赔偿的计算方法;⑩ 解决争议的方法;⑪ 名词和术语的解释。

另外,与履行合同有关的技术背景资料、可行性论证、技术评估报告、项目任务书、计划书、技术标准、技术规范、原始设计和工艺文件以及图案、表格、数据和照片等,按照当事人的约定,也可以作为合同的组成部分。

案例分析

[案情]

1993年2月22日,甲方与乙方就柴油添加剂生产技术订立技术转让合同。甲

方依照合同约定向乙方支付了技术转让费15万元。乙方也向甲方交付了有关技术资料、生产技术及配方,并派技术人员进行指导。在按照乙方所提供的技术组织生产和销售后,用户对该产品反映不佳,造成大量退货和积压,给甲方造成经济损失。经查,乙方提供的油样分析报告、外特性测试报告等有关技术资料系伪造,而且有关部门明确规定该技术属于淘汰技术,在产业上不能应用。甲方以乙方所转让的技术有问题及采取欺骗手段订立合同为由,向法院起诉,要求判令该技术转让合同无效,被告返还技术转让费和赔偿经济损失。

[问题]

本案的关键问题在于正确认识技术转让合同对当事人履行技术合同义务的法律规定,明确法律对技术合同的原则要求,在此基础上判定本案的是非。

[法律依据]

《合同法》第三百二十三条:"订立技术合同,应当有利于科学技术的进步,加速科学技术成果的转化、应用和推广。"第三百四十五条:"专利实施许可合同的让与人应当按照约定许可受让人实施专利,交付实施专利有关的技术资料,提供必要的技术指导。"第三百四十七条:"技术秘密转让合同的让与人应当按照约定提供技术资料,进行技术指导,保证技术的实用性、可靠性,承担保密义务。"

[法律运用及处理结果]

本案中被告提供的有关技术的实施情况证明是伪造的,由于原告不能完全了解该技术的真实情况,而与被告订立合同。被告的行为显然属于欺诈。从实质讲,被告的行为也违反了技术合同的基本原则,即订立技术合同应当有利于科学技术的进步,加速科学技术成果的转化、应用和推广。被告的技术属于淘汰技术,不但技术本身有问题,而且实施该技术也会造成严重的环境污染,有关部门明令其属于不得在产业上应用的技术。被告明知这一情况,仍然为了经济利益,欺骗原告订立技术转让合同。因此,该技术转让合同可判令其无效,并退还已收的技术转让费,赔偿原告的经济损失。

[值得注意的问题]

应注意本案除应用合同法分则有关技术合同部分的规定外,还别忘合同法总则有关合同订立的一般原则的规定,如当事人订立合同应遵守诚实信用原则,不能对他方当事人有隐瞒欺诈的行为。

(案例来源:杜万华主编《合同法精解与案例评析》,法律出版社1999年版)

第二节 技术开发合同

一、技术开发合同概述

(一)技术开发合同的概念和特征

1. 技术开发合同的概念

技术开发合同,是指当事人之间就新技术、新产品、新工艺或新材料及其系统的研究开发所订立的合同。技术开发合同应采用书面形式。

2. 技术开发合同的特征

技术开发内容中的新技术、新产品、新工艺或新材料及其系统,是指当事人在订立技术开发合同时尚未掌握的产品、工艺、材料及其系统等技术方案,如果就技术上没有创新,而只是对现有的产品外形、工艺变更、材料配方调整以及技术成果的检验、测试和使用订立的合同,则不属技术开发合同之列。技术开发合同除具有技术合同的一般法律特征以外,还具有以下特征:

(1)合同履行的协作性。技术开发合同的目的,是当事人力求在高技术、高知识领域有所突破、创新,而要实现这一目的,须合同双方通力合作,如在委托开发合同中,委托方应保证提供研究开发经费,受托方应提供科技研究成果。

(2)技术开发合同标的物的新颖性。新颖性,一是指合同标的物是前人或他人所未知的发明创造项目,可以是世界范围内的新项目,也可以是国内范围的首创项目,还可以是地区性或行业性的新项目;二是指在订立合同时开发人尚未掌握的,需经过长期艰苦努力和创造型劳动才能获得的新项目。凡是新技术、新产品、新工艺或新材料及其系统的科研开发项目,都可作为技术开发合同标的物。

(3)技术开发合同成果的创造性。技术开发合同成果是研究开发方按照合同要求,经过长期的创造性劳动而取得的新的技术成果,而不是在签订合同之前就已经解决了的技术项目。技术开发合同的标的是新技术、新产品、新工艺或新材料及其系统,如果作为技术开发合同的标的的技术已经由他人公开,致使技术开发合同的履行没有意义,当事人可以解除合同。

(4)技术开发合同具有高风险性。技术合同往往与风险相联系,这在技术开发合同中表现得尤为突出。所谓技术开发中的风险指的是因技术上随机性的意外因素的存在而导致的技术工作失败的可能性。

技术开发是向未知领域的一种探索,而一项创造性劳动意味着成功与失败的几率并存,因而与其他技术合同相比,技术开发合同是否能够达到订立合同的目的,不仅依赖于当事人能否按照合同约定全面履行合同和依赖诚实信用原则履行附随义务,还不可避免地会受到开发者或者人类现有的认识水平、技术水平和科学知识等因素的影响。由于这些因素的影响,有时即使开发方主观上尽了努力,也会导致开发的失败。据文献的统计,从事技术开发项目的失败率通常高达65%,其中由于技术因素导致失败的比例则一般不低于10%。所以,对于技术开发合同的当事人约定风险的承担责任是十分必要和重要的。

(二)技术开发合同的种类

依技术开发的方式不同,技术开发合同可分为委托开发合同和合作开发合同两种。委托开发合同,指当事人一方委托另一方进行研究开发所订立的合同;合作开发合同,指当事人各方就共同进行研究开发所订立的合同。两者的区别是:

(1)合作开发合同的当事人共同进行研究开发工作,而委托开发合同只需研究开发的一方进行研究开发工作;

(2)合作开发合同的当事人都必须具备一定的技术能力、提供一定的科技工作人员以及共同提供一定的技术设备等,而委托开发合同只需研究开发方具备上述能力、人员和条件;

(3)合作开发合同的当事人共享技术开发成果,而委托开发合同一般是委托方当事人享有技术开发成果,而另一方当事人则得到报酬。

二、委托开发合同

(一)委托开发合同的概念和特征

1. 委托开发合同的概念

委托开发合同是指一方当事人依照另一方当事人的要求完成约定的研究开发工作,另一方当事人接受研究开发成果并给付报酬的技术合同。完成工作的一方称为研究开发方,接受成果的一方称为委托方。

2. 委托开发合同的特征

(1)委托开发合同的标的是研究开发方的脑力劳动的创造成果。这一特征将委托开发合同与承揽合同区别开来。委托开发合同的标的不是研究开发方技术人员脑力劳动本身,而是其脑力劳动的创造成果——技术成果,以图纸、资料、中试产品等为目的,并不包括加工、定作、修理等承揽活动中形成的劳务成果。

(2)委托开发合同的标的是订立合同时尚不存在的技术成果。这是委托开发合同与技术转让合同的主要区别。技术转让合同的标的是订立合同时已经存在的技术成果,而委托开发合同是研究开发方依照委托方提出的特定技术、经济指标去履行研究开发工作,所以其标的是订立合同时并不存在的技术成果,该技术成果需在合同订立后,经研究开发方的研究、探索、试验等才能获得。

(3) 委托开发合同一般约定由委托人承担风险。技术开发合同的风险性决定了其当事人须就技术开发活动的风险承担问题事先达成协议。一般是约定委托方有义务向研究开发方提供开发经费,并承担由于客观原因造成的研究开发工作失败或者部分失败的投资风险。这也与承揽合同的风险一般由承揽人承担所不同。

(4) 研究开发方以自己名义、技术、劳务独立从事研究开发。一般委托合同的受托方一般以委托人的名义从事对外活动,而委托开发合同则是受托的研究开发方以自己名义、技术、劳务独立从事研究开发。

(二) 委托开发合同委托人的义务和权利

1. 委托人的义务

根据《合同法》第三百三十一条的规定,委托开发合同的委托人主要承担以下义务:

(1) 支付研究开发经费和报酬的义务。这是委托人的主要义务。所谓研究开发经费是指完成研究开发工作所需的成本,主要包括设备、材料、能源、试验、试制、安装、调试、文件编制、资料整理等项开支。报酬是指研究开发成果的使用费和研究开发人员的科研补贴,亦由委托人承担。双方可以在合同中约定具体的支付办法,如据实支付或包干使用。

(2) 按照合同约定提供技术资料、原始数据并文化层协作事项的义务。这是研究开发方顺利进行研究开发工作、实现预期目的的基本保证,如果委托人不按照合同的约定履行应尽的义务,由此产生的风险由委托方自行承担,如导致开发工作停滞、延误、失败的,研究开发方有权解除合同,并要求委托方支付违约金、赔偿由此给研究开发方造成的损失。

(3) 按期接受研究开发成果的义务。该义务是委托方协作履行合同的体现。委托方一旦接受了研究开发成果,就表明了对该科技成果的认可,在报酬支付方式采用利润额或销售额分成方式的情况下,委托方拖延技术成果实施期的,将会损害研究开发方的利益。由于委托方无故拒绝或迟延接受技术成果,给研究开发方造成损失的,委托方应承担责任。

2. 委托人的权利

(1) 委托人有检查研究开发方履行合同和研究开发经费使用情况的权利,但不得妨碍研究开发方的正常工作的进行;

(2) 委托人有接受研究开发成果的权利,有免费实施研究开发方取得专利权

的该项专利的权利。研究开发方转让成果专利申请权时,委托人有优先受让专利申请权;

(3) 若研究开发方不能按计划实施研究开发工作,委托人有权要求其实施研究开发计划并采取补救措施的权利。如果研究开发方逾期两个月仍不实施研究开发计划,委托人有权解除合同;

(4) 如果研究开发人将研究开发经费用于履行合同以外的目的,委托人有权制止并要求其退还相应的经费而用于研究开发工作。如果逾期两个月仍不退还经费用于研究开发工作时,委托人有权解除合同;

(5) 作为技术开发合同标的的技术已经由他人公开,致使合同履行没有意义的,委托人有权解除合同;

(6) 开发完成的技术秘密成果使用权、转让权利以及利益分配方法,合同没有约定或约定不明,按照《合同法》有关规定仍不能确定的,委托人和研究开发人都有使用和转让的权利。

(三) 研究开发人的义务和权利

1. 研究开发人的义务

(1) 制定和实施研究开发计划的义务。研究开发人要根据委托开发合同所确定的预期目标,制定开发计划,并通报委托人;研究开发人还应亲自实施研究开发计划,确保研究开发任务的顺利完成。

(2) 合理使用研究开发经费的义务。研究开发人应本着节约的原则合理使用研究开发经费,避免浪费。不能将研究开发经费用于合同规定的研究开发项目以外的其他目的。

(3) 按期完成研究开发工作、交付开发成果的义务。这是研究开发人最基本的义务。研究开发方提交的研究开发成果必须真实、正确、充分、完整,以保证委托人实际应用该成果。如果因研究开发人的过错,致使研究开发成果不符合或部分不符合合同约定的,应支付违约金或赔偿损失;造成研究开发失败的,研究开发人应当返还部分或全部开发经费。

2. 研究开发人的权利

(1) 有接受委托人支付的研究开发经费和享受科研补贴的权利;

(2) 有要求委托人补充必要的背景资料和数据(不超过履行合同所需范围)的权利;

(3) 委托人逾期两个月不支付研究开发经费或报酬时,研究开发人有解除合同的权利;

(4) 委托人逾期两个月不提供技术资料、原始数据和协作事项时,研究开发人有解除合同的权利;

(5) 委托人逾期6个月不接受研究开发成果时,研究开发人有处分成果和请求委托人赔偿损失的权利;

(6) 委托人开发所完成的发明创造,除合同另有约定外,研发人享有申请专利的权利;

(7) 作为合同标的的技术已经由他人公开,致使技术开发合同的履行没有意义的,研究开发人也有权解除合同;

(8) 开发完成的技术秘密成果的使用权、转让权及利益的分配方法,合同没有约定或约定不明,按照《合同法》有关规定仍不能确定的,研发人与委托人一样有权使用和转让。

三、合作开发合同

（一）合作开发合同的概念和特征

1. 合作开发合同的概念

合作开发合同,是指两个或两个以上当事人为完成一定的技术开发项目,各方共同参与研究开发工作并共享工作成果、共担风险的技术合同。与委托开发合同不同,合作开发合同因其共同参与性,所以不存在相对立的当事人。从民法原理讲,合作开发合同属合伙合同的一个特例。

2. 合作开发合同的特征

(1) 合作当事人共同投资。合作开发各当事人共同对研究开发项目提供资金、设备、场地、材料及技术等。

(2) 合作当事人共同参与研究开发活动。各方都要参与研究开发活动,对研究项目共同作出技术贡献。

(3) 合作当事人共同承担研究开发风险。为了实现共同开发项目,各方需要共同承担风险。但共同承担风险并不意味着均担风险,合作开发合同当事人之间可以约定承担风险的比例,但应当体现权利与义务相一致的原则。

(4) 合作各方共同分享研究开发成果。根据权利义务相一致原则,合作各方当事人共同投资、共同开发、共担风险,当然也共同分享研究开发成果。

（二）合作开发合同当事人的义务

1. 互约出资义务

共同出资是合作开发的一个重要标志。合作开发当事人可以资金、设备、场地、材料及技术等各种方式对研究开发项目进行投资。采用资金以外的方式进行投资的,应折算成相应的金额。各方的投资比例,可在合同中作具体的约定。

任何一方不履行投资义务,他方当事人可以请求其履行。如因一方的违约行为造成开发工作停滞、延误或失败的,应支付违约金或赔偿他方当事人的损失。他方当事人可以视具体情况提出解除合同。

2. 依合同约定参与研究开发工作的义务

合作各方应按约定的计划和分工共同进行或分别承担设计、工艺、试验、试制等研究开发工作。各方都应通过提供给技术构思、完成技术方案或成果,对研究开发项目作出实质性的贡献。

3. 协作配合研究开发的义务

各方都应尽力协作他方进行工作。相互协作将直接关系到项目的成功与否。各方当事人可以成立指导机构,对研究开发工作中的重大课题进行决策、协调合组织工作,以保证研究开发工作的顺利开展。

如任何一方不正确履行约定的参与研究开发或不积极协作配合研究开发工作的,其他各方当事人可以请求其采取补救措施继续履行义务,如其仍不履行,其他当事人可以拒绝其继续参加研究开发工作,并要求其承担违约责任。

四、技术开发合同的风险责任

(一) 风险责任的概念和确定原则

1. 风险责任的概念

风险责任,是指在研究开发过程中,虽然经研究开发人员尽了最大努力,但由于认识水平、技术水平和科学知识及其他条件的限制,最终仍无法实现当事人预期的目的,导致技术开发工作失败而引起的财产责任。这种风险不是当事人的过错造成的,而是一种技术风险。由此产生该风险责任的承担问题。

2. 风险责任的确定原则

根据《合同法》第三百三十八条的规定,技术开发合同中的风险负担,按以下原则确定:

(1) 按约定承担。即当事人在技术开发合同签订时,就研究开发的技术风险责任问题予以明前的约定。

(2) 当事人合理分担。合同没有约定或约定不明确的,由当事人协议补充;协商不成的,按合同的有关条款或交易习惯确定;如仍不能确定,根据技术开发合同履行中的具体情况(如合同的标的、价金、风险程度等),由各当事人合理分担。

(3) 通知义务的履行和扩大损失的承担。当事人一方在合同履行过程中发现无法克服的技术困难,可能导致研究开发失败或者部分失败的情况时,应当及时通知他方当事人并采取适当措施减少损失。没有及时通知并采取适当措施,致使损失扩大的,应当就扩大的损失承担责任。适当的措施一般包括:停止不必要的试验、通知他方修改方案、妥善保存有关设备、材料、资料等。

五、技术开发合同技术成果归属问题

(一)委托开发合同技术成果归属

委托开发完成的发明创造,除当事人另有约定外,专利申请权归研究开发人;研究开发人最终取得专利权的,委托人可以免费实施该专利。如研究开发人转让专利申请权的,委托人在同等条件下,享有优先受让的权利。

(二)合作开发合同技术成果归属

合作开发完成的发明创造,除当事人另有约定的外,申请专利权属于合作开发当事人共有。如一方当事人转让其共有的申请权的,其他各方当事人享有以同等条件下优先受让的权利。

合作开发当事人一方声明放弃其共有的专利申请权,可以由另一方单独或由其他各方共同申请,申请取得专利权的,放弃申请的一方可以免费实施该专利。如果合作开发一方当事人不同意申请专利的,另一方或其他各方当事人不得申请专利。

(三)技术秘密的使用权、转让权归属

履行技术开发合同所完成的技术成果中,有大量的技术秘密成果,包括未申请专利的技术成果、未被授予专利权的技术成果及专利法规定不授予专利权的技术成果。对这样的技术成果,技术合同当事人在合同中约定其使用权、转让权的归属和分享办法的,依其约定;合同中没有约定的或约定不明确,根据《合同法》第六十一条的规定仍不能确定的,当事人均有使用和转让的权利,但委托开发的研究开发人不得在向委托人交付研究成果之前,将该成果转让给第三人。

案例分析

[案情]

某厂(以下称甲方)与某科研所(以下简称乙方)于 1999 年 10 月 15 日签订了一份技术开发合同。合同约定:甲方委托乙方研究开发某太阳能发电装置。双方

约定,研制费由甲方支付,研制出来的成果归甲方使用。四个月后,乙方研制成功,甲方按约定支付研制费,同时依约定享有成果使用权。2000年4月,乙方将该技术成果向专利局申请发明创造专利权。甲方得知后也向专利局申请该技术的发明创造专利权。依我国《合同法》的有关规定,该技术成果申请专利的权利归哪方所有?若一方取得专利权,另一方可以享有什么权利?

[问题]

本案的关键问题在于确定技术开发合同对当事人履行技术合同义务的法律规定,明确法律对技术开发合同技术开发成果归属的有关规定。

[法律依据]

《合同法》第三百三十九条:"委托开发完成的发明创造,除当事人另有约定的以外,申请专利的权利属于研究开发人。研究开发人取得专利权的,委托人可以免费实施该专利。研究开发人转让专利申请权的,委托人享有以同等条件优先受让的权利。"

《合同法》第三百四十条:"合作开发完成的发明创造,除当事人另有约定的以外,申请专利的权利属于合作开发的当事人共有。当事人一方转让其共有的专利申请权的,其他各方享有以同等条件优先受让的权利。"

[法律运用及处理结果]

依据《合同法》第三百三十九条规定,本案该项技术成果的专利申请权归乙方所有,而甲方作为委托人可以免费使用该项专利,如果乙方转让专利申请权的,甲方享有优先受让的权利。

[值得注意的问题]

应注意本案技术开发合同开发成果的技术开发成果的归属约定,如果没有约定或约定不明的,则根据合同法相关条款的规定处理。

(案例来源:杜万华主编《合同法精解与案例评析》,法律出版社1999年版)

第三节 技术转让合同

一、技术转让合同概述

(一)技术转让合同的概念和法律特征

1. 技术转让合同的概念

技术转让合同,指一方当事人将一定的技术成果交给另一方当事人,而另一方当事人接受这一成果并为此支付约定的价款或费用的合同。其中,交付技术成果的一方为让与人,接受技术成果并支付报酬的一方为受让人。

2. 技术转让合同的法律特征

(1) 技术转让合同的客体是现有的技术成果。技术成果不是普通的有形商品,而是属于知识形态的特殊商品。作为技术转让的客体的技术成果必须是已经获得的、现有的,尚未开发出来的技术成果,不能作为技术转让合同的对象。

(2) 技术转让合同是双务有偿合同。技术转让合同的转让方要转让技术成果的使用权或所有权,受让方则要支付价金或使用费,双方的权利义务相互对应,因此,技术转让合同是双务有偿合同。

(3) 技术转让合同是诺成、要式合同。除法律规定,涉及专利技术应当依法办理有关法律手续外,一般技术转让合同一经当事人意思表示一致即告成立,不必以技术成果的实际交付为合同成立条件,所以是诺成合同。又根据《合同法》第342条规定,技术转让合同应当采用书面方式,所以,技术转让合同是要式合同。

(二) 技术转让合同的种类

根据《合同法》第三百四十二条的规定,技术转让合同分以下几类:

1. 专利申请权转让合同

这是指让与人将其就特定的发明创造申请专利权移交受让方,受让方支付约定价款的合同。专利权转让合同指专利权人将其发明创造的所有权或持有权移交受让方,受让方支付约定价款的合同。该权利转让受专利法调整,须按专利法履行法定的手续。如,须登记公告;全民单位的专利权或专利申请权转让,须经上级主管部门批准;中国人向外国人转让专利权或专利申请权的,须经国务院主管部门批准等。

专利申请权转让合同成立后,受让人成为新的专利申请权人,如果其申请专利被驳回,不得请求返还价款。

2. 专利实施许可合同

专利实施许可合同,又称为专利许可证合同,是指专利权人或其授权的人作为转让方,许可受让方在约定的范围内实施专利技术,受让方按约定支付使用费的合同。专利实施许可合同又可再分为普通专利许可合同、非排他性专利许可合同和独占专利许可合同等。专利实施许可合同以转让专利技术使用权为目的,转让方不因转让使用权失去专用权。

3. 技术秘密转让合同

指转让方将其拥有的技术秘密提供给受让方,明确相互间技术秘密使用权、转让权,受让方支付约定使用费的合同。

此外,技术转让合同还包括专利技术和技术秘密及商标权混合转让合同,专利申请阶段的技术转让合同,阶段性技术成果转让合同等。

二、技术转让合同当事人的义务与责任

(一)专利权转让合同当事人义务

1. 转让方的义务

转让方的主要义务是依照合同约定将专利权转交给受让方,保证该项专利权真实、有效;对转让的技术承担权利瑕疵担保责任,即保证自己为专利权的合法转让人,否则要对由此产生的对第三人权益的侵害,转让人应承担相应的责任。

转让方逾期两个月仍未办理专利权移交手续的,受让方有权解除合同,转让方承担违约责任。

2. 受让方的义务

受让方应按约支付价款。否则承担违约责任;受让人在获取专利权后,不得侵害原发明人的人身权利,否则也要承担法律责任;受让人逾期两个月仍未办理专利权移交手续的,转让方有权解除合同,受让方承担违约责任。

(二)专利申请权转让合同当事人的义务

1. 转让方的义务

转让人应按约定将发明创造申请专利的权利转让给受让人,并提供申请专利和实施该专利所需的技术情报和资料,帮助其了解该项技术;专利申请权一经转让,原专利申请权人不再享有该项权利。

2. 受让方的义务

受让方应当向转让方支付约定的价款,未按约定支付的,应当补交使用费并按照约定支付违约金。否则有义务返还专利申请权及有关技术资料,同时还应承担违约责任。

(三)专利实施许可合同当事人的义务

1. 让与人的义务

我国《合同法》第三百四十五条规定:"专利实施许可合同的让与人应当按照约定许可受让人实施专利,交付实施专利有关的技术资料,提供必要的技术指导。"

让与人未按约定转让技术的,应当返还全部或部分使用费,并承担违约责任;让与人违反约定擅自许可第三人实施该项专利的,应当停止违约行为,承担违约责任。

2. 受让人的义务

根据《合同法》第三百四十六条规定:"专利实施许可合同的受让人应当按照约定实施专利,不得许可约定以外的第三人实施该专利;并按约定支付使用费。"如果

受让人未按约定支付使用费,则应补交使用费并按照约定支付违约金。不补交使用费或者支付违约金的,应当停止实施专利,交还技术资料,承担违约责任;实施专利超过约定范围的,未经让与人同意擅自许可第三人实施该专利的,应当停止违约行为,承担违约责任。

(四)技术秘密转让合同当事人的义务与责任

1. 转让方的义务

(1)按照合同规定向受让人提供实施该项技术秘密的情报资料与技术资料,保证其完整、无误、有效。

(2)保证技术的实用性和可靠性。实用性是指技术秘密的价值,即能够满足受让人的需要;可靠性是指转让人提供的技术秘密必须确定有效,没有被他人使用而且没有超出有效期限。此外,它还指技术秘密性能的可靠性;

(3)承担约定的保密义务。转让人不得对第三人泄露其秘密,让第三人实施该秘密技术,否则应支付违约金或损害赔偿金。

2. 受让人的义务

(1)受让人使用该技术,不得超越约定的范围;未经让与人同意,不得擅自许可第三人使用该技术;

(2)应按约定支付使用费;

(3)承担约定的保密义务。不得将技术秘密中未公开部分向他人泄露,否则应支付违约金或损害赔偿金。

三、技术转让合同后续改进的技术成果分享问题

根据《合同法》第三百五十四条的规定,技术转让合同的当事人可以按照互利原则,在合同中约定实施专利、使用技术秘密后续改进的技术成果的分享办法;合同中没有约定或约定不明确,又不能依据《合同法》其他条款或交易习惯确定的,后续改进的技术成果归属于取得该成果的一方,其他任何一方无权分享该方后续改进的技术成果。

案例分析

[案情]

某化工技术开发公司向某农药厂转让一种高效氯氰菊酯制备技术秘密。在化

工技术开发公司的一再要求下,双方在技术转让合同中规定了在某农药厂使用该项技术秘密时,不得对该技术秘密作任何的技术改进。后来,农药厂在使用该技术秘密中为了适应生产条件进一步提高产品质量,对该技术做了改进。某化工技术开发公司以某农药厂违约,向法院起诉要求赔偿。

[问题]

本案的关键问题在于明确技术转让合同当事人在履行技术转让合同中产生新技术成果的处理,严格按照法律相关规定对此予以界定。

[法律依据]

《合同法》第三百五十四条:"当事人可以按照互利的原则,在技术转让合同中约定实施专利、使用技术秘密后续改进的技术成果的分享办法。没有约定或者约定不明确,依照本法第六十一条的规定仍不能确定的,一方后续改进的技术成果,其他各方无权分享。"第三百二十三条:"订立技术合同,应当有利于科学技术的进步,加速科学技术成果的转化、应用和推广。"

[法律运用及处理结果]

某化工技术开发公司向某农药厂转让一种高效氯氰菊酯制备技术秘密的合同,合同约定了受让人不得对技术做任何改进的条款。该条款实质是对技术进步的一种限制,不利于技术竞争和技术进步,属于违反法定义务的无效条款。法院应判令驳回某化工技术开发公司的起诉。

[值得注意的问题]

应注意技术合同当事人对合同内容的约定不能违反法律对技术合同的原则性规定,否则其约定为无效。

(案例来源:杜万华主编《合同法精解与案例评析》,法律出版社1999年版)

第四节 技术咨询合同与技术服务合同

一、技术咨询合同

(一) 技术咨询合同的概念和特征

1. 技术咨询合同的概念

根据《合同法》第三百五十六条的规定,技术咨询合同是指当事人一方为另一方技术项目提供可行性论证、技术预测、专题技术调查、分析评估报告所订立的合同。其中,提供咨询的一方为受托人,接受技术咨询报告并支付报酬的一方为委托人。技术咨询合同在我国是一种新型的合同,在一定意义上是软科学合同、知识服务合同。

2. 技术咨询合同的特征

(1) 技术咨询合同具有特定的调整对象。技术咨询合同是委托人在完成特定技术项目时提供可行性论证、技术预测、专题技术调查、分析评估报告等软科学研究活动产生的民事法律关系。

(2) 技术咨询合同标的的内容具有综合性和决策参考性。技术咨询合同的标的不是技术成果,而是供委托方决策和选择的咨询报告。技术咨询合同顾问人按照经济规律,以市场为导向,就科学研究、技术开发、技术改造、成果推广、工程设计、科技管理等项目提出建议、意见和方案,作为委托人在技术项目决策时的科学依据,这些依据只是作为其参考依据,这也决定了技术咨询合同与技术服务合同的区别。

(3) 技术咨询合同具有特殊的风险责任承担原则。我国《合同法》第三百五十九条第三款规定:"技术咨询合同的委托人按照受托人符合约定要求的咨询报告和意见作出决策所造成的损失,由委托人承担,但当事人另有约定的除外。"这一特征决定于技术咨询合同标的的决策参考性。

(二) 技术咨询合同当事人的权利和义务

1. 委托人的权利

(1) 委托人有要求受托人提供符合约定条件的咨询报告和意见的权利;

(2) 有依照合同约定,利用咨询报告和意见的权利,包括引用、发表和向第三人提供的权利;

(3) 在受托人违约时,有依《合同法》规定解除合同、要求赔偿损失等权利。

2. 委托人的义务

(1) 提出并阐明咨询的问题,按照合同约定提供技术背景资料及有关技术资料和数据义务;

(2) 应为受托人进行调查研究和论证提供必要的工作条件,补充有关资料和数据义务;

(3) 受托人提出的咨询报告和意见,除合同另有约定外,受托人自己有引用、发表和向第三人提供的权利;

(4) 在接到受托人关于所提供的技术资料和数据有错误或缺陷的通知后,有进行补充、修改、保证咨询报告和意见符合合同约定的条件的义务;

(5) 按合同约定的保密范围和期限,承担保密义务;

（6）未经受托人的同意，不得引用、发表咨询报告和意见，不得擅自将咨询报告和意见提供给他人。

3. 受托人的权利

（1）有权要求委托人按照合同约定支付价款或者报酬；

（2）有权要求委托人提供有关技术资料、数据等，在发现委托人提供的技术资料和数据有明显的错误或缺陷时，有权及时通知委托人进行补充、修改；

（3）受托人提出的咨询报告和意见，除合同另有约定外，受托人有引用、发表和向第三人提供的权利；

（4）委托人逾期不提供或不补充技术资料、数据和工作条件，导致受托人无法开展工作的，受托人有权根据《合同法》规定解除合同。

4. 受托人义务

（1）利用自己的技术知识，按照合同约定，按时完成咨询报告或者解答委托人的问题，且提出的咨询报告必须达到合同约定的要求；

（2）除合同另有约定外，受托人进行调查研究、分析论证、试验测定的经费由受托人自己负担；

（3）按照合同约定的保密范围和期限，承担保密义务。

（三）技术咨询合同的违约责任

1. 委托人的违约责任

（1）委托人未按照约定提供必要的资料和数据，影响工作进度和质量，如迟延提供约定资料、提供的数据、资料有严重缺陷、错误等，委托人应如数支付报酬，并支付违约金或赔偿损失；

（2）委托人如不按约定接受或者逾期接受受托人的工作成果，应向受托人补交未支付的报酬，已经支付的不得追回，还应向受托人支付违约金；

（3）委托人未按期支付报酬，应当补交报酬，并支付违约金或赔偿损失。

2. 受托人的违约责任

（1）受托人迟延提交咨询报告和意见的，应当支付违约金；

（2）受托人提交的咨询报告和意见不符合合同约定的条件的，应当减收或者免收报酬；

（3）受托人不提交咨询报告和意见，或者所提交的咨询报告和意见质量低劣，不得要求收取报酬，并向委托人支付违约金或赔偿损失。

二、技术服务合同

(一) 技术服务合同的概念和特征

1. 技术服务合同的概念

技术服务合同,是指当事人一方以技术知识为另一方解决特定技术问题所订立的技术合同。其中,以自己的技术知识为另一方解决特定问题的是受托人,接受受托人工作成果并支付报酬的一方为委托人。

2. 技术服务合同的特征

(1) 技术服务合同的受托人须具有相当的专业技术技能,具备从事一定的专业技术工作的实际能力。因此,不能把技术服务工作与一般的提供简单劳务等同。当事人的订立合同时一定要注意审查对方的主体资格。

(2) 技术服务合同的标的是智力劳动。受托人利用自己所掌握的技术知识,通过提供知识密集性较高的智力劳动,为委托人进行一定的专业技术服务,如编制施工方案、进行工程设计、产品及材料鉴定或培训人员等。

(3) 技术服务合同受托人向委托人提供的技术通常不包括专利技术和专有技术,而是大量日常专业技术工作中反复运用的现有技术,或称公有技术,一般不具有保密性质。如果提供的是专利技术或专有技术,则当事人应当签订技术转让合同而非技术服务合同。

(4) 技术服务合同传递的专业技术知识不涉及专利和技术秘密成果的权属问题。技术服务合同是知识、经验的传播,包括完整的产品和工艺等技术方案,但不涉及专利或技术秘密的转让,否则属于技术转让合同,而不是技术服务合同。

(二) 技术服务合同的种类

根据有关法律规定以及技术服务业的具体情况,接受服务合同一般分为以下三类:

1. 普通技术服务合同

普通技术服务合同,是指当事人一方运用自己的技术知识为委托人解决特定的专业技术问题而订立的合同,即符合技术服务合同一般要求的技术服务合同。

2. 技术培训服务合同

技术培训服务合同,指培训方为委托人指定的人员进行特定的技术培训和训练所订立的合同。

3. 技术中介服务合同

技术中介服务合同,指当事人一方以自己的技术知识,为促成委托人与第三人订立技术合同而进行的介绍活动,并协助解决约定问题而订立的合同。

按《合同法》规定,法律、行政法规对技术中介合同、技术培训合同另有规定的,依照其规定。因此,由行政法规建立的技术中介服务合同、技术培训合同规范和制度,应当继续适用。本书以下的内容除另有说明外,主要指普通技术服务合同,不包括技术中介合同和技术培训合同。

(三) 技术服务合同当事人的主要义务

1. 委托人的主要义务

(1) 按合同约定提供工作条件,完成配合事项。受托人履行技术服务合同,是根据委托人的要求解决技术问题,因此需要委托人说明具体要解决的技术问题的内容,提供有关的背景资料、技术数据,有时还需要委托人提供材料、场地、样品等其他工作条件。这些都应具体在合同中加以约定。完成这些配合事项,是委托人应履行的义务。

(2) 接受受托人的工作成果并支付报酬。受托人按合同要求完成工作成果,委托人应加以接受并支付约定的报酬。

2. 受托人的主要义务

(1) 按照约定完成技术服务项目,解决技术问题,保证工作质量。受托人应当按照约定的时间、数量和质量完成委托人交付的工作,使委托人的技术问题得到解决。对于受托人工作的质量标准与验收办法,当事人应在合同中明确约定。

(2) 向委托人传授解决技术问题的知识。受托人不仅要通过自己的专业技术工作解决委托人的技术问题,还应当通过技术服务传授解决技术问题所需的科技知识、信息和经验。这种知识的传播,是技术服务合同与其他如承揽合同等一般劳务合同相区别之处。

(3) 在发现委托人提供的技术资料、数据、样品或工作条件不符合合同规定的,应及时通知委托人。

(4) 在履行合同期间,发现继续工作对材料、样品或设备等有损坏危险时,应当中止工作,并及时通知委托人或提出补救建议。

(四) 技术服务合同当事人的违约责任

1. 委托人的违约责任

(1) 委托人未按合同约定提供有关技术资料、数据、样品及其他工作条件影响工作质量进度的,应当如数支付报酬;

(2) 委托人逾期不提供约定的物质技术条件的,应当支付违约金或赔偿损失;

(3) 委托人逾期不支付报酬或违约金的,应当交还工作成果,补交报酬,支付

违约金或赔偿损失;

(4)委托人迟延接受工作成果,应当支付违约金和保管费;

(5)委托人逾期不接受工作成果的,受托人在经过催告的合理期限后,受托人可以对工作成果依法处理,从获得的收益中扣除应得报酬、保管费和违约金,仍不足补偿的,委托人还应赔偿受托人的损失;

(6)受托人发现委托人提供的技术资料、样品、数据等不符合约定,在接到受托人通知后,未及时答复的,委托人应承担相应的责任;

(7)委托人违反合同约定的保密义务、因委托人使用、保管不当引起服务质量缺陷的,委托人应承担违约责任。

2.受托人的违约责任

(1)受托人迟延交付工作成果的,应当支付违约金;

(2)受托人逾期不交付工作成果构成根本违约的,应当交还技术资料、样品,退还已收报酬,支付违约金或赔偿损失;

(3)受托人提交的工作成果有缺陷、委托人同意利用的,受托人应当减收报酬,采取适当的补救措施;有严重质量缺陷,没有解决合同约定的技术问题,受托人应免收报酬,支付违约金或赔偿损失。

三、技术咨询合同与技术服务合同的后续建设成果的归属

技术咨询合同、技术服务合同的履行过程中,是一个当事人相互沟通技术信息、交流技术成果的过程,从中可能创造出一些新的技术成果。对这些新创造的技术成果的归属,当事人可以在合同中加以规定,约定其归属、分享办法;如果当事人没有约定,本着"谁完成,谁拥有"原则解决。我国《合同法》第三百六十三条对此问题明确规定:"受托人利用委托人提供的技术资料和工作条件完成的新的技术成果,属于受托人。委托人利用受托人的工作成果完成的新的技术成果,属于委托人。"

案例分析

[案情]

顺风科技开发公司欲开发一个"农作物病虫害技术指导专家系统",决策作出后,与一顾问小组签订了解释咨询合同。合同约定,顾问小组对"专家系统"进行技

术经济论证，评估该项目所需费用、投资和实施后可取得的技术经济效益，咨询方式为顾问小组对咨询题目提交以定量分析为主的咨询报告，期限为合同签字后一个月之内。顺风公司的义务为：提供充分和必要的资料、数据及有关协作事项，支付咨询活动的一切经费和一次性支付报酬2万元。

上述合同条款双方均履行完毕。数月后，顺风公司开发的"专家系统"软件正式发表并投放市场，但因价格高、难以推广等原因，市场销售情况并不好，不仅未达到预期的经济效益，而且连开发投资也没有收回。在这种情况下，顺风公司认为这与顾问小组未能预测到不利情况有很大关系，顾问小组提交的咨询报告"报喜多，报忧少"，导致项目草率实施，遂提出要求收回2万元咨询报酬，顾问小组不依，双方遂起纠纷。

[问题]

本案的关键问题是如何评价技术咨询、服务合同的履行，如何约定技术咨询、服务合同的条款及如何验收履行义务的情况，明确法律对此规定的要点，在此基础上正确分析本案的纠纷。

[法律依据]

《合同法》第三百六十条："技术服务合同的委托人应当按照约定提供工作条件，完成配合事项；接受工作成果并支付报酬。"第三百六十一条："技术服务合同的受托人应当按照约定完成服务项目，解决技术问题，保证工作质量，并传授解决技术问题的知识。"第三百六十二条："技术服务合同的委托人不履行合同义务或者履行合同义务不符合约定，影响工作进度和质量，不接受或者逾期接受工作成果的，支付的报酬不得追回，未支付的报酬应当支付。技术服务合同的受托人未按照合同约定完成服务工作的，应当承担免收报酬等违约责任。"第三百六十三条："在技术咨询合同、技术服务合同履行过程中，受托人利用委托人提供的技术资料和工作条件完成的新的技术成果，属于受托人。委托人利用受托人的工作成果完成的新的技术成果，属于委托人。当事人另有约定的，按照其约定。"

[法律运用及处理结果]

本案的技术咨询合同已经履行完毕。顺风公司开发的"专家系统"因销售不好，造成投资无法收回的结果，完全是该公司自身决策失误造成的。首先，本案所涉技术咨询合同，是在顺风公司作出决策后，委托顾问小组对决策项目进行技术经济分析而订立的，是先决策后论证，而不是决策以前的可行性分析；其次，双方当事人在订立合同时并没有对实施咨询方案发生的损失由谁承担作特别的约定。因此，顺风公司的损失应由其自己承担，与顾问小组无关。

[值得注意的问题]

应特别注意技术咨询、技术服务合同风险承担的约定,否则很容易在这类合同中产生纠纷。

(案例来源:杜万华主编《合同法精解与案例评析》,法律出版社1999年版)

【本章思考题】

1. 简述技术合同的特征和分类。
2. 简述技术开发合同研究开发人的主要义务。
3. 说明技术咨询合同与技术服务合同的异同。
4. 案例思考题:

某市食品厂为开发利用当地的枸杞资源,与某食品研究所签订了一项技术合同。合同约定,由研究所提供技术指导,食品厂组织生产,生产出枸杞保健饮料,厂方先一次性付给技术服务费5 000元,待产品合格后再付其余技术服务费1万元。1999年11月,食品厂在研究所协助指导下生产出第一批枸杞饮料,经当地食品卫生检验部门检验合格正式投放市场,但产品销路不好,厂内原料积压,资金周转困难。厂方认为产品销路不好与研究所提供的服务不好有关,故未给研究所技术服务费1万元。

问:厂方的做法是否正确?为什么?请根据合同法有关技术服务合同的规定进行分析。

参 考 文 献

[1] 戚伟平. 商事组织法. 上海财经大学出版社,1997.
[2] 朱立芬. 国际商法. 立信会计出版社,2000.
[3] 施一飞,等. 国际商法. 立信会计出版社,2005.
[4] 张文博. 英美商法指南. 复旦大学出版社,1995.
[5] 曹建明. 国际经济法概论. 法律出版社,1994.
[6] 沈四宝. 国际商法教案. 百度文库.
[7] 福步外贸论坛(FOB BUSINESS FORUM)外贸政策.
[8] 宋连斌. 我国内地与港澳台地区相互执行仲裁裁决若干问题探讨. 中国涉外商事海事审判网,2005-5.
[9] 国际商事仲裁的承认与执行. 法律常识网,2010-1-28.
[10] 江平. 中华人民共和国合同法精解. 法律出版社,1999.
[11] 王学先. 国际商事法. 大连理工大学出版社,1998.
[12] 杜万华. 合同法·精解与案例评析. 法律出版社,1999.
[13] 国际私法统一协会. 国际商事合同通则. 法律出版社,1996.
[14] [英]施米托夫. 国际贸易法文选. 中国大百科全书出版社,1993.
[15] 冯大同. 国际商法. 中国人民大学出版社,1994.
[16] 杨良宜. 国际货物买卖. 中国政法大学出版社,1999.
[17] 赵维田. 世界贸易组织(WTO)法律制度. 吉林人民出版社,2000.
[18] 王军. 美国合同法判例选评. 中国政法大学,1995.
[19] 曹建明. 关税与贸易总协定. 法律出版社,1994.
[20] 石广生. 世界贸易组织基本知识. 人民出版社,2001.
[21] 朱榄叶. 世界贸易组织国际贸易纠纷案例评析. 法律出版社,2000.
[22] 尤先迅. 世界贸易组织法. 立信会计出版社,1997.
[23] 郑成思. 知识产权法通论. 法律出版社 1986.

[24] 齐景升,等. 国际技术贸易实务教程. 中国海关出版社,2003.
[25] 陈笑影,等. 经济法. 格致出版社,2009.
[26] 张学森. 国际商法(英文版). 复旦大学出版社,2008.
[27] 陈慧芳. 英国商务法律. 立信会计出版社,2008.
[28] 杨立新. 合同法专论. 高等教育出版社,2006:294.
[29] 河山、肖水. 合同法概要. 法律出版社,1999:127.
[30] 王利明主编. 民法. 中国人民大学出版社,2007(3):685.
[31] 吴飚,朱晓娟. 合同法 原理 规则 案例. 清华大学出版社,2006:303.
[32] 江平. 中华人民共和国合同法精解. 中国政法大学出版社,1999:283.
[33] 孙邦清. 技术合同实务. 知识产权出版社,2005:186.